한국국가기록연구원 교육총서 2

전자기록관리론

임진희 지음

 도서출판 선인

한국국가기록연구원 교육총서 **2**
전자기록관리론

초판 1쇄 발행   2013년 2월 28일
　　 5쇄 발행   2022년 5월 27일

기　획 ㅣ (사) 한국국가기록연구원
지　음 ㅣ 임진희
발행인 ㅣ 윤관백
발행처 ㅣ 도서출판 **선인**

등록 ㅣ 제5-77호(1998.11.4)
주소 ㅣ 서울시 양천구 남부순환로48길 1(신월동 163-1) 1층
전화 ㅣ 02)718-6252 / 6257
팩스 ㅣ 02)718-6253
E-mail ㅣ sunin72@chol.com
Blog ㅣ blog.naver.com/suninbook

정가   22,000원
ISBN   978-89-5933-608-1   94020
ISBN   978-89-5933-606-7 (세트)

· 잘못된 책은 바꾸어 드립니다.

발 간 사

　한국국가기록연구원 교육총서를 발간합니다. 2013년 3월의 제1회 전문요원 시험을 코앞에 두고 말입니다. 여러 어려움이 있었습니다. 하지만 시험을 앞두고 교재를 발간하는 일을 미룰 수는 없었습니다. 안 되는 일을 되게 하는 비상한 노력이 있었습니다. 해서 이 총서가 출간 가능했습니다. 연구자들의 속성상 짧은 일정에, 그것도 시험 대비라는 아주 현실적인 목적에서 책을 집필하는 것은 큰 결단을 요구하는 일이었을 겁니다. 집필자들을 설득해주고 또 책 출간을 위해 궂은일을 마다하지 않은 선임연구원들에게 감사의 말을 전합니다. 집필에 응하는 결단을 내려주시고 집중적인 노력을 기울여 주신 집필자 여러분께도 진심으로 감사드립니다.

　교육총서는 여러 의미를 갖는다고 생각합니다. 우선 하나는 기록관리 기본지식의 범위를 명확히 하는 것입니다. 국가기록원이 전문요원 시험에 대비하여 기록관리 직무능력을 정의하는 프로젝트를 시행한 것이 중요한 기반이 되었습니다. 직무를 수행하는 데 필요한 지식을 정의하고 이 지식의 구체적 내용을 서술하는 방식으로 총서를 구성했습니다. 이로써 수험생이나 공부하는 석사과정 학생들이 무엇을 어느 수준까지 공부해야 하는지를 알 수 없어 헤매는 일은 막을 수 있게 되었습니다. 내용이 불충분한 것은 개정 작업을 통해 보완될 것으로 기대하고 있습니다.

　다른 하나는 교과과정의 안정화에 기여하는 것입니다. 각 대학원, 교육원의 교과과정은 그간 나름의 발전을 거듭해왔습니다. 하지만 최소수준의 공통성을 기하는 노력이 요구되기도 하였습니다. 교육총서는 이 요구에 응하는 최초의 작업으로서의 의미를 지닙니다. 이 공통성은 각 교과과정의 독자적 발전을 보장하는 토대가 되기도 할 것입니다. 교육총서 각권에 제시된 참고문헌 역시 교과과정을 이수하는 학생들에게 읽기 자료의 최소 범위를 제시하는 효과를 발휘하리라 기대됩니다.

이 책이 학문의 다양성과 공부하는 학생들의 자주성을 저해하지 않기를 바랍니다. 학문은 주체의 자주성을 전제로 할 때 건전하게 발전할 수 있습니다. 시험에 대비한다는 형식 자체가 단순한 지식 주입의 폐해를 낳을 수 있습니다. 부디 제한적인 의미에서 이 책이 이용되기를 바랍니다. 기본지식을 확인하는 필요에서만 이 책이 사용되고 학문 그 자체는 보다 자주적으로 또 다양하게 발전해가야 한다고 생각합니다.

  책 출간에 응해주신 도서출판 선인에 감사드립니다. 시간적으로나 경제적으로나 쉽지 않은 일이었습니다. 사장님의 결단이 없었으면 전문요원 시험 전에 책을 세상에 내지 못했을 것입니다. 세상일은 여러 사람의 따듯한 조력에 의해 달성된다는 것을 다시 한 번 경험했습니다.

  열심히 공부해서 전문요원 시험에 모두 합격하시기를 기원합니다. 시험 합격은 단지 개인적 성취에 머무르지 않을 것입니다. 우리 사회에 내용이 꽉 찬 기록전문가가 더 많아지는 계기가 되리라 믿어 의심치 않습니다. 이 책은 기록정보관리 영역의 발전에 이바지하고자 하는 이들의 작은 노력의 산물입니다. 그 노력은 앞으로도 지속될 것입니다.

  2013년 2월
  한국국가기록연구원장 김 익 한

　1999년 「공공기관의 기록물관리에 관한 법률」 시행 이후 공공의 영역에서 기록관리는 크나큰 발전을 하였습니다. 몇십 명에 불과하던 정부기록보존소는 이제 몇백 명을 헤아리는 국가기록원으로 성장하였습니다. 성남에 설립된 나라기록관은 규모와 시설 면에서 남부럽지 않은 수준을 갖추었습니다. 또한 대통령기록물관리법이 제정되었고, 세종시에는 대통령기록관이 건립되고 있습니다. 그러나 기록관리에 있어 무엇보다 큰 변화이자 발전은 공공기관에 기록관리 전문인력이 배치된 것이라고 생각합니다. 법령이나 시설이 아무리 뛰어나도 이를 운영하는 전문인력이 없다면 '죽은 법령'이요 '사상누각의 시설'으로 전락할 수밖에 없습니다. 다시 말해 전문인력의 양성과 배치야말로 기록관리 영역에서 가장 중요한 요소입니다. 공공의 영역에 있어 전문인력의 배치는 아직 맹아의 수준입니다. 엄청난 기록물을 생산하고 있는 중앙행정 각 부처에 단 한명의 전문인력이 배치되었을 뿐이고, 한 명의 전문인력마저도 없는 지방자치단체, 교육청, 공기업 등이 대다수입니다.

　길다면 길고, 짧다면 짧은 기간 우리나라의 기록관리가 꾸준히 발전하는 속에서 기록관리학도 나름대로 정착해갔고, 학계에도 많은 변화가 있었습니다. 전국 곳곳에 학문의 뿌리를 내릴 수 있는 대학원 과정이 개설되고 많은 연구성과와 연구자 및 전문인력들이 배출되었습니다. 그러나 이러한 양적인 성장에 비례할 만큼 질적인 성장이 뒷받침되지 못한 것도 사실입니다. 기록관리학계에 일부 책임을 지고 있는 본인 스스로도 책임을 통감하고 있습니다.

　그러나 다른 학문의 발전과정과 비교해보면, 10여 년 남짓 되는 기간에 기록관리학은 정말 큰 발전을 이루었습니다. 나름의 발전을 이룰 수 있었던 배경에는 한국국가기록연구원의 역할이 매우 컸습니다. 그동안 백 권이 넘는 외국의 선진 기록관리학 도서를 번역 출판했고, 세계 기록관리학계의 이슈에 대응하여 '이슈페이퍼'를 출간했고, 여러 프로젝트를 수행하는 과정에서 많은 연구성과물을 산출했습니다. 이밖에 국내외 전문학술회의를 개최하고, 한국기록학회의 창립을 지원하였습니다. 또한 부설기관으로서 한국기록관리학교육원을 창립하여 수많은 전문인력을 양성하였으며, 이들은 공적 영역뿐 아니라 사적 영역에서 기록관리 전문가로서 활동하고 있습니다.

본래 기록물관리 전문요원은 기록관리학 석사 이상 또는 그에 상응하는 기록관리 교육을 이수한 자로 제한되어 있었으나, 정부의 학력규제 완화방침(2010. 6)에 따라 기록물관리 전문요원의 학력요건을 석사에서 학사로 완화하게 되면서 전문성 검증을 위한 시험제도가 도입(2012. 2 시행)되게 되었습니다. 이에 문헌정보학이나 역사학의 학사 소지자로서 기록관리 교육과정을 이수한 졸업생들을 대상으로 2013년 3월 제1회 기록물관리 전문요원 시험이 시행됩니다. 이를 위해 한국국가기록연구원이 이번 시리즈를 발간하는 것은 시의적절할 뿐만 아니라 기록관리학계에도 큰 도움과 지침을 주리라고 생각합니다. 단지 수험생을 위한 수험서를 넘어, 출제의 지침을 제시하고, 나아가 기록관리학계의 '교과서'적인 역할을 기대합니다. 또한 이후 개정과 수정이라는 지속적 연마를 거듭해 '세계적 수준'으로 발전하기를 기원합니다.

2013년 2월

한국기록학회장 이 승 휘

추 천 사

　우리나라에서 기록관리 전문직 교육이 본격적으로 시작된 지 어느덧 햇수로 15년을 헤아리게 되었습니다. 2005년도에 처음으로 당시 「공공기관의 기록물관리에 관한 법률」에 의해 '기록물관리 전문요원'을 선발하여 국가기록원 및 중앙행정부처에 배치한 이후, 지금까지 각급 공공기관에서 전문적인 교육을 받은 기록관리 전문직의 배치가 미흡하게나마 꾸준히 이루어져 오고 있습니다. 그동안 기록관리학 연구와 교육의 수준은 매우 빠른 속도로 성장하여 이제는 상당한 수준에 올랐다고 자부합니다.

　현행 「공공기록물 관리에 관한 법률」에서 규정하고 있는 '기록물관리 전문요원'의 자격기준에 의해서 올해 3월 제1회 기록물관리 전문요원 시험이 시행되게 되었습니다. 기록관리 전문직의 법정 자격기준의 변경이 기록관리 전문직이 성숙함에 따라 자발적으로 이루어진 것이 아니고 정부의 학력규제 완화방침에 따른 타율적인 변화인지라 여러 가지 우려가 없지 않았던 것도 사실입니다. 그러나 이제는 기록물관리 전문요원 시험을 통해 기록관리 전문직의 전문성이 더욱 공고해지기를 기대해야겠지요.

　이처럼 중요한 의미를 가지는 기록물관리 전문요원의 전문성 제고를 위해 한국국가기록연구원의 기획으로 교육 교재가 발간된다고 하니 여간 기쁜 일이 아닙니다. 특히 이 교육총서는 우리나라 기록관리학 분야의 권위 있는 연구진들이 오랜 시간 고민하면서 집필한 결과물입니다. 그러므로 기록관리학을 공부하는 모든 사람들에게 큰 도움이 됨은 물론이거니와, 기록물관리 전문요원 시험을 준비하는 많은 수험생들에게도 좋은 참고자료가 될 것으로 생각됩니다. 나아가서는 이제 막 첫발을 내딛는 기록물관리 전문요원 시험 제도의 안착에도 큰 보탬이 될 것으로 기대합니다.

2013년 2월

한국기록관리학회장 서 혜 란

저자서문

저는 기록관리를 통해 기관의 의사결정 과정을 투명하게 만들고 절차적 민주주의를 강화할 수 있다는 믿음을 갖고 있습니다. 달리 말하자면 기록관리가 이 세상을 더 좋게 만드는 데 훌륭한 도구가 된다는 믿음입니다. 저는 이처럼 명분 있는 분야에서 일하는 것에 큰 자긍심과 행복을 느낍니다. 제가 느끼는 기록관리의 긍정적 가치에 대해 많은 분들과 공유해 나가고 싶습니다. 또한, 기록관리가 제 믿음에 걸맞은 역할을 할 수 있도록 미력한 힘이나마 보태고자 합니다.

2004년 10월 처음 기록관리 영역의 일을 하기 시작했습니다. 컴퓨터프로그래밍, 데이터베이스 설계, ERP 컨설팅, 비즈니스 컨설팅 등의 경력을 바탕으로 지난 8년 여 동안 다수의 전자기록관리 프로젝트를 수행해 왔습니다. 그간의 경험을 토대로 기록관리자가 되기 위해 꼭 알아야 할 전자기록관리에 관한 내용을 이 책에 담아보고자 했습니다.

이 책이 전자기록관리 수업을 진행하는 데 도움이 되면 좋겠습니다. 또한, 기록물관리 전문요원 자격증 시험을 준비하시는 분들에게도 도움이 되면 좋겠습니다.

미흡한 점이나 오류가 발견되면 yimjhkr@mju.ac.kr로 연락 주십시오. 개정 시 반영하도록 하겠습니다.

책 작업 동안 가까이서 저를 도와준 김명종 조교와 교정 작업을 도와준 친구들에게 감사를 전합니다.

2013년 2월

임 진 희

일러두기

첫째, 이 책은 2013년부터 시행되는 기록물관리 전문요원 자격증 시험 필수과목인 전자기록관리론을 공부하는 분들이 쉽게 참고할 수 있도록 목차를 만들었습니다. 국가기록원에서 공표한 시험출제영역—주요항목—지식—세부지식의 내용을 최대한 목차에 반영하여 집필하였습니다.

국가기록원의 시험출제영역과 이 책의 목차는 다음에 나오는 표와 같이 연결됩니다. 1장의 '3절 2. 전자문서 제도', 4장의 '2절 1. 국제표준의 동향', '2절 5. 국제표준 ISO 16175', '3절 1. 전자기록생산시스템 기록관리 기능요건 표준', 5장의 '3절 2. 위험관리 프레임워크', '3절 4. 국가기록원 전자기록장기보존 위험관리 사례', '3절 5. 대통령기록관 디지털아카이브 업무진단 사례'는 시험출제영역과 매핑되지 않습니다.

둘째, 이 책은 현실적 요구와 집필시간의 제약 상 전체적으로 공공기록관리 영역을 주로 다루었고 민간영역의 전자문서 제도를 충분히 다루고 있지 못합니다. 향후 기록관리 분야의 전망을 고려할 때 기업기록관리와 개인기록 디지털 아카이빙 영역도 포괄하는 보완이 필요합니다. 또한, 4장에서는 국내외의 기록관리 상용패키지(COTS)와 매뉴스크립트형 디지털 아카이브에 대한 소개를 넣지 못해 아쉬웠고, 5장에서는 다양한 국내외 테스트베드를 소개하지 못해 아쉽습니다.

셋째, 이 책에서는 전자기록관리에 관한 법령, 표준, 지침, 논문, 간행물 등 여러 자료를 참고하고 인용하였습니다. 참고자료의 핵심적인 내용을 알리고 원문을 읽을 때 가이드가 될 만한 개요를 서술하고자 노력했습니다. 이 과정에서 참조한 문장마다 일일이 인용출처를 다는 것이 읽기에 방해가 될 수 있어 문단이나 소주제 단위로 참고문헌의 인용출처를 명기하는 방식을 택했습니다. 혹시 실수로 출처가 빠진 경우가 있었다면 저자 분들께 진심어린 양해를 구합니다. 또한, 필자가 현행화된 자료를 구하지 못해 수 년 전의 자료를 참조한 부분도 있습니다. 독자들의 양해를 구합니다.

넷째, 세부 내용을 서술할 때는 그간의 강의 경험을 살려 상세도를 달리했습니다. 예를 들어, 비트스트림에 대한 이해나 Base64 인코딩 부분은 기본을 강조하여 설명하고자 했습니다. 반면 지침류의 내용을 설명할 때는 지면의 한계를 고려하여 대강의 핵심만 언급하고자 했습니다. 공부하시는 분들은 책에 설명된 내용이 전부가 아니니 참고문헌을 충분히 활용해주시기 바랍니다.

다섯째, 총서 시리즈를 구성하는 다른 책에서 다룰 내용은 가급적 줄이고자 했습니다. 예를 들어, 개론(법령 부분), 조직론, 보존론, 평가론, 서비스론 등 각론에서 다룰 부분은 중복되지 않도록 내용을 최소화했습니다. 따라서, 3장의 내용을 소략하게 작성하였음을 알려드립니다.

여섯째, 장별로 내용 이해도를 평가하도록 시험문제 예시도 만들어 보았습니다. 자격증 시험에 대비하여 객관식 문제도 구성해 보았습니다. 물론, 이 문제들은 장별 내용을 모두 포괄하지는 않는다는 점을 감안하시고 이용하시기 바랍니다.

〈국가기록원 지식요소별 수험서 매핑표〉

출제영역	주요항목	지식 - 세부지식	전자기록관리론
전자기록 생산환경	전자정부법과 공공기관의 전자기록 생산시스템	전자기록관리 법규 환경 - 전자정부법, 전자정부법 시행령	1장 1절 1, 1절 2
		국내 기록시스템 사례 - 전자문서시스템	1장 2절 1
		국내 기록시스템 사례 - 업무관리시스템	1장 2절 2
		국내 기록시스템 사례 - 행정정보시스템	1장 2절 3
	전자문서 및 전자거래 기본법과 기업정보화	전자기록관리 법규 환경 - 전자문서 및 전자거래 기본법, 전자문서 및 전자거래 기본법 시행령, 전자문서 및 전자거래 기본법 시행규칙	1장 3절 1, 3절 2
전자 기록의 구조와 특성	전자기록의 개념	전자기록의 개념과 기본 이론 - 정보와 기록의 구분	2장 1절 1
		전자기록의 개념과 기본 이론 - 디지털 정보의 내용정보와 표현정보	2장 1절 2
		전자기록의 개념과 기본 이론 - 전자기록의 구조와 구성	2장 1절 3
	포맷의 종류와 유형별 특성	다양한 유형의 전자기록 - 전자문서, 문서관리카드	2장 3절 1
		다양한 유형의 전자기록 - 데이터세트	2장 3절 2
		다양한 유형의 전자기록 - 웹기록, 복합기록물, SNS 데이터	2장 3절 4, 3절 5
		다양한 유형의 전자기록 - 이메일	2장 3절 3
	전자기록의 계층적 구조와 구성	전자기록 건단위 정보객체 분석 - 전자기록 철의 정의, 철 메타데이터	2장 2절 2
		전자기록 건단위 정보객체 분석 - 전자기록 건 정의, 메타데이터	2장 2절 1, 2절 2
		전자기록 건단위 정보객체 분석 - 디지털 컴포넌트 정의, 메타데이터	2장 2절 2
	전자기록의 4대 속성	전자기록의 개념과 기본 이론 - 진본성	2장 4절 1
		전자기록의 개념과 기본 이론 - 신뢰성	2장 4절 2
		전자기록의 개념과 기본 이론 - 무결성	2장 4절 3
		전자기록의 개념과 기본 이론 - 이용가능성	2장 4절 4
전자 기록의 관리 절차	국내 법령 및 제도	전자기록관리 법규 환경 - 전자기록관리 (공공기록물 관리에 관한 법률 제20조)	3장 2절 1, 2절 2, 2절 3, 2절 4, 3절 1, 3절 2
	국내외 기록관리 표준	기록관리시스템 국내외 표준 - ISO 15489	3장 1절 1
		기록관리시스템 국내외 표준 - ISO 23081:2006	3장 1절 2
		기록관리시스템 국내외 표준 - ISO/TR 26122:2008	3장 1절 3

출제영역	주요항목	지식 - 세부지식	전자기록관리론
전자 기록 시스템 설계	기록시스템 설계 및 구축 방법론	기록관리시스템의 생애주기 - 기획→요구분석→기초설계→상세설계→구현→ 테스트→이용→유지보수 등의 단계 이해	4장 1절 1
		기록관리시스템의 생애주기 - ISO 15489의 DIRS 8단계와 각 단계별 수행 내역	4장 1절 2
	국내외 기록시스템 기능요건 표준	기록관리시스템 국내외 표준 - 국가기록원 기록관리시스템 기능요건 표준	4장 3절 2
		기록관리시스템 국내외 표준 - 영구기록관리 시스템 기능요건 표준	4장 3절 3
		기록관리시스템 국내외 표준 - ISO/TR 14721:2003	4장 2절 4
		기록관리시스템 국내외 표준 - DoD 5015.2 STD	4장 2절 2
		기록관리시스템 국내외 표준 - Moreq2010	4장 2절 3
	국내 기록시스템 사례	국내 기록관리시스템 사례 - 자료관 시스템	4장 4절 1
		국내 기록관리시스템 사례 - 표준RMS	4장 4절 2
		국내 기록관리시스템 사례 - CAMS	4장 4절 3
		국내 기록관리시스템 사례 - PAMS	4장 4절 4
전자기록 장기보존	장기보존 전략별 특성 및 사례	파일 포맷 - XML과 Base64 인코딩	5장 2절 1
		파일 포맷 - PDF/A와 NEO	5장 2절 1
		장기보존 - 에뮬레이션, 마이그레이션, 인캡슐레이션	5장 1절 1
		장기보존 - 문서보존포맷과 장기보존포맷	5장 1절 2
		전자매체 - 보존매체, 저장매체, 이관매체의 구분	5장 1절 3
	국내 공공부문 장기보존 전략과 도구	디지털 기술 - 국가지식정보화 사업 중 기록디지털화 작업 수행 절차	5장 2절 3
		디지털 기술 - 전자서명, 전자서명장기검증, 타임스탬프 관리체계	5장 2절 2
		디지털 기술 - ISO/TR 13028	5장 2절 3
	업무연속성과 위험관리	장기보존 - InterPARES 1 진본전자기록 장기보존을 위한 정책 프레임워크	5장 3절 1
		장기보존 - DRAMBORA(The Digital Repository Audit Method Based in Risk Assessment)	5장 3절 3

목 차

▌표 차례

▌그림 차례

1장_ 전자기록
생산 환경의 이해

개   요

공공기관 업무담당자들이 업무활동을 수행하는 법적 근거를 살펴보는 것은 중요하다. 어떤 기록이 남아야 하고, 기록에 어떤 내용이 담기게 될지 이해하는 데 기본이 되기 때문이다. 특히, 종이문서 대신 전자문서를 이용하여 민원처리할 수 있도록 규정한 전자정부법은 공공부문 기록관리자에게 시사하는 바가 크다. 공공부문은 이제 본격적인 전자기록 생산 및 관리의 시대가 된 것이다.

업무과정에서 사용하는 업무시스템, 즉 기록생산시스템을 살펴보는 것은 기록의 분포와 형태적 특성을 파악하는 데 중요하다. 이에 전자정부법령과 행정 업무의 효율적 운영에 관한 규정을 통해 전자기록이 생산·유통되는 구조를 살펴보고, 전자문서시스템, 업무관리시스템, 행정정보시스템 등 기록생산시스템의 종류별 특징을 살펴보고자 한다.

민간영역의 정보화는 공공영역보다 속도나 심도에서 뒤지지 않는다. 민간기업들이 생산·유통하는 전자문서나 전자거래 정보가 늘어나면서 전자문서의 법적 효력을 인정하기 위한 여러 제도가 만들어지고 있다. 공공기록으로 접수되는 민간 전자기록을 이해하고, 향후 기업기록관리를 전문화하기 위해 민간영역의 정보화 특성과 전자문서 제도의 내용을 이해하는 것이 필요하다. 이에 전자문서 및 전자거래 기본법령과 전자문서 제도에 대해 살펴보고자 한다.

이 장에서 숙지해야 할 내용은 다음과 같다.

▇ 전자정부법령의 제정 목적과 기록관리 관련 내용을 이해한다.

▇ 행정업무의 효율적 운영에 관한 규정을 통해 공공기관 업무담당자의 사무
처리 실무를 이해한다.

▇ 전자문서시스템의 도입 배경과 핵심 기능을 이해한다.

▇ 업무관리시스템의 도입 배경과 핵심 기능을 이해한다.

▇ 행정정보시스템의 범주와 기록정보 관리의 필요성을 이해한다.

▇ 전자문서 및 전자거래 기본법령의 제정 목적과 기록관리 관련 내용을 이해
한다.

▇ 전자문서 제도의 내용을 이해한다.

1절 공공기관의 전자기록생산과 관련된 법규

1. 전자정부법과 시행령

■ 전자정부의 정의

'전자정부'란 '정보기술을 활용하여 행정기관 및 공공기관의 업무를 전자화하여 공공기관 상호 간의 행정업무 및 국민에 대한 행정업무를 효율적으로 수행하는 정부'를 말한다(국가법령정보센터 홈페이지: 전자정부법). 즉, 전자정부란 정보통신기술을 활용하여 행정의 효율성을 개선함으로써 행정서비스에 대한 국민의 접근성·활용성을 높인 새로운 정부이다. 광의로 보면 입법부와 사법부를 포함한 국가 전체를 포괄하는 개념이지만, 오늘날 대부분 국가에서 협의의 개념으로 사용하고 있다. 우리나라의 전자정부법은 행정부를 중심으로 하되 입법부와 사법부도 이를 준용할 수 있게 하여 국가기관 전체가 전자정부를 구현하는 방향을 지향하고 있다(행정안전부 2010a, 3).

■ 전자정부법의 제정 배경과 연혁

우리나라의 전자정부법은 1990년대 말 국가의 주요 정책 아젠다로 '전자정부'가 등장하면서 그 필요성이 제기되었다. 2001년 3월 「전자정부구현을위한행정업무등의전자화촉진에관한법률」이 제정되었고, 2003년 5월 일부 법조문이 개정되었으며, 2007년 1월 일부개정을 통해 「전자정부법」으로 개명하였고, 2010년 2월 전부개정을 통해 현재의 법체계가 구축되었다(국가법령정보센터 홈페이지: 전자정부법).

〈표 1-1〉 전자정부법 제개정 이력

	조항수	특징 및 주요 내용	개정 포인트
2001.3.28 "전자정부구현을위한행정업무등의 전자화촉진에관한법률" 제정	총52조	- 행정부뿐만 아니라 국회, 법원 등 헌법기관에서도 정보기술을 활용하여 행정기관의 사무를 전자화하도록 함(제2조) - 전자정부의 구현 및 운영 등에 관하여 필요한 원칙을 정함(제6조 등) - 행정기관의 문서는 전자문서를 기본으로 작성·관리, 전자문서에 적합한 서식 마련하여 활용할 수 있도록 함(제17조) - 전자공문서에 전자관인 사용, 행정기관의 전자거래에는 전자서명법에 의한 전자서명 사용(제20조)	제정 이유: 행정업무의 전자적 처리를 위한 기본원칙·절차 및 추진방법 등을 규정함으로써 전자정부의 구현을 위한 사업을 촉진시키고, 행정기관의 생산성·투명성 및 민주성을 높여 지식정보화시대의 국민의 삶의 질 향상
2003.5.15 제1차 개정 (일부개정)	총52조	- 전자관인을 행정전자서명으로 명칭 변경, 사용범위를 행정기관에서 일반 공무원까지 확장(제2조제6호) - 행정기관의 장은 민원인의 요청이 있는 경우, 구비서류를 발급하는 행정기관으로부터 그 구비서류를 전자문서로 발급받아 업무를 처리할 수 있도록 함(제33조의2제1항)	개정 이유: 행정전자서명의 사용 및 사용범위 확장, 행정기관 간 행정정보의 공동활용 등 현행 규정의 운영상 나타난 미비점을 개선·보완
2007.1.3 제2차 개정 (일부 개정)	총52조	- 법의 제명이 행정내부의 전자화 촉진에 한정된 것으로 협소하게 해석될 여지가 있어 『전자정부법』으로 제명을 변경 - 행정전자서명의 발급범위를 확대하여 기존 행정기관 및 공무원에서 공공 및 금융기관까지 확대(제2조제6호) - 전자문서 유통 및 행정정보 공동이용 대상기관을 "행정기관"에서 "공공기관등"까지 확대(제18조 등)	개정 이유: 급변하는 정보화 추진 환경에 대응하기 위하여 행정정보 공동활용 대상기관 확대, 행정정보 보안 기능 강화, 전자정부 관련 사업에 대한 중복투자 방지 등 현행 제도의 운영상 나타난 미비점 개선 보완
2010.2.4. 전부개정	총84조 (부칙 포함)	- 유사·중복 법률 및 위원회 등 통합·정비 - 전자정부서비스 활성화·효율화로 이용자 편익 제고(제2장) - 행정기관 내부의 정보보호 강화(제3장) - 행정정보공동이용으로 국민편익 및 행정효율 향상(제4장) - 정보자원의 효율적 관리(제5장) - 전자정부 구현을 위한 시책 등(제6장)	개정 이유: - 정보화관련 법률 간 소화 및 통·폐합 - IT기술 및 정책 환경의 변화에 적극 대응 (Web 2.0 등 새로운 IT 기술의 발전과 유비쿼터스 환경에 대응)

*출처: 행정안전부 2010a.

「전자정부구현을위한행정업무등의전자화촉진에관한법률」은 행정부 내의 전자화를 촉진하는 것으로 협소하게 해석될 여지가 있어 「전자정부법」으로 개명하게 되었다. 이후, 행정정보 공동활용 대상기관 확대, 행정 정보 보안 기능 강화, 전자정부 관련 사업에 대한 중복투자 방지를 위한 조항을 강화하고 정보화 관련 법률을 간소화 및 통·폐합했으며, IT 기술 및 정책 환경 변화에 적극 대응하는 내용을 추가하였다.

■「전자정부법」에 사용되는 기록관련 용어 정의

「전자정부법」 제2조에서는 기록과 연관되는 다음과 같은 용어들을 정의하고 있다.

- "행정정보"란 행정기관 등이 직무상 작성하거나 취득하여 관리하고 있는 자료로서 전자적 방식으로 처리되어 부호, 문자, 음성, 음향, 영상 등으로 표현된 것을 말한다.
- "전자문서"란 컴퓨터 등 정보처리능력을 지닌 장치에 의하여 전자적인 형태로 작성되어 송수신되거나 저장되는 표준화된 정보를 말한다.
- "전자화문서"란 종이문서와 그 밖에 전자적 형태로 작성되지 아니한 문서를 정보시스템이 처리할 수 있는 형태로 변환한 문서를 말한다.
- "행정전자서명"이란 전자문서를 작성한 다음 기관 또는 그 기관에서 직접 업무를 담당하는 사람의 신원과 전자문서의 변경 여부를 확인할 수 있는 정보로서 그 문서에 고유한 것을 말한다.

■「전자정부법」의 기록관련 내용

기록관리와 관련한 주요 내용은 다음과 같다.

제25조에서 행정기관의 문서는 전자문서를 기본으로 하여 작성, 발송, 접수, 보관, 보존 및 활용되어야 한다고 정하고 있고, 제 26조에서는 전자문서와 전자화문서는 종이문서와 동일한 효력을 가질 수 있다고 정하고 있으며, 제 33조에서는 종이문서를 지속적으로 줄여갈 것을 권고하고 있다. 이 법조문들을 통해 행정기록의 기본 생산 형태가 전자적으로 전환되었으며 따라서 기록관리도 본격적인 전자기록 관리체계로 진입하게 되었음을 알 수 있다.

제36조에서 중앙사무관장기관의 장은 행정정보의 생성·가공·이용·제공·보존·폐기 등 행정정보의 효율적 관리를 위하여 관련 법령 및 제도의 개선을 추진해야 한다고 의무화하고 있다. 행정정보 데이터세트 기록의 관리를 체계화하는 기록관리의 과제와 연관된 조항이라 할 수 있다.

제46조에서 행정기관의 정보기술아키텍처 도입을 의무화하고 있고 제49조에서는 정보시스템 간 상호운용성 확보의 중요성을 강조하고 있다. 기록의 생산시스템과 관리시스템 모두 이 법의 적용을 받는다는 점을 기억할 필요가 있다. 기록관리자 입장에서는 기록생산시스템의 현황과 이력을 파악하고, 각 시스템에서 생산되는 기록정보를 평가해야 하는데 정보기술아키텍처 정보를 이용할 수 있기 때문이다.

■ 「전자정부법 시행령」의 기록관련 내용

제6조에서 전자화문서의 진본성을 확인해줄 의무에 대해 규정하고 있으며, 전자화문서의 진본성 확인 및 위조·변조의 방지를 위한 기술적인 대책을 마련할 것에 대해, 그리고 전자화문서의 형태·규격·해상도 등의 기준을 마련할 것을 규정하고 있다. 이는 기록관에서 관리하는 문서를 전자화할 때와 기록관에서 전자화문서를 관리할 때에도 적용되는 규정이므로 전자기록관리 체계와 시스템에서 이를 충족할 수 있도록 해야 한다.

제14조에서는 행정정보를 전자적으로 국민들이 쉽게 찾을 수 있는 방식으로

제공해야 한다고 정하고 있다. 전자정부법령에서 정의한 행정정보 중에서 기록의 가치를 갖는 대상을 선별하고 이를 국민에게 적극적으로 제공하는 것이 기록관리의 중요한 업무활동임을 인식할 필요가 있다.

제40조에서는 행정기관에서 작성하는 정보파일에 관한 공개 조항을 제시하고 있다. 정보파일이란, 행정정보를 검색할 수 있도록 체계적으로 구성된 행정정보의 집합물로서 전자적 정보저장매체에 기록된 것을 말한다. 여기서 말하는 정보파일들은 기록으로서 관리할 필요가 있는 행정정보일 가능성이 높다. 따라서, 정보파일에 기록관리 기준을 적용하여 관리할 필요가 있다는 점을 고려해야 한다.

제 34조와 제 37조에서는 공인전자서명과 행정전자서명 등 전자서명 사용을 허용하고 있다. 기록이 생산될 때 붙여진 전자서명을 기록관리 과정에서 어떻게 취급할 것인지를 고려해야 한다. 인증서 기반의 전자서명은 유효기간이 짧기 때문에 장기보존 전자기록의 경우 특별한 조치가 필요하게 된다. 기록의 장기보존을 감안한 전자서명 제도를 고려해볼 수도 있을 것이다.

2. 행정업무의 효율적 운영에 관한 규정

■ 사무관리의 정의

'사무관리'란 '조직의 목적달성에 필요한 정보처리과정이 효율적이고도 합리적으로 이루어질 수 있도록 행하는 제반 활동'이라고 말할 수 있다. 이를 달리 표현하면, 사무관리란 '조직의 목적을 효과적으로 달성하기 위하여 사무작업을 능률화하고 사무비용을 경제화하기 위한 각종 관리활동'이라 할 수 있다. 조직체가 수행하는 사무는 용이성·정확성·신속성 및 경제성이 확보될 수 있도록 관리되어야 하며, 이러한 원칙은 행정기관의 사무관리에도 적용된다.

사무관리의 대상에는 사무환경, 사무장비, 사무관리기법이 있다. 사무장비에는 사무자동화 기기(컴퓨터, 모사전송기, 복사기 등), 전산시스템 및 네트워크(전자문서시스템, 업무관리시스템, 행정정보시스템, 정보통신망 등) 등이 포함된다(행정안전부 2008, 9).

■ **「행정업무의 효율적 운영에 관한 규정」의 제정과 변천사**

정부는 1991년 종전 개별법령에 분산되어 있던 정부공문서관리, 보고사무, 협조사무, 관인관리 및 서식에 대한 사항을 통합하고 자료관리, 업무편람, 사무자동화, 사무환경에 관한 사항을 추가하여 「사무관리규정」 및 「사무관리규정시행규칙」을 제정하였다. 이후 전자결재제도를 도입하고 전자문서유통의 근거를 마련하였으며, 전자문서의 보안 및 전자서명의 인증제를 도입하고, 정부전자관인인증센터의 설치근거를 마련하는 등 전자정부 구현을 위한 기반을 구축하였다.

2004년에는 문서처리의 전 과정을 전자화하도록 재설계하고 전자문서시스템과 행정정보시스템을 도입하는 근거를 마련하는 등 공문서 및 전자문서시스템 관리체제를 대폭 개선하였다. 2006년에는 전자문서시스템 인증제를 폐지하고, 전자문서의 유통범위를 확장하며, 업무관리시스템을 도입·운영하는 근거를 마련하는 등 업무처리를 효율적으로 관리하기 위한 시스템을 정비하였다. 「사무관리규정」은 2011년 12월 전부개정을 통해 「행정업무의 효율적 운영에 관한 규정」으로 개명되었다.

■ **행정업무에 사용되는 기록관련 용어 정의**

「행정업무의 효율적 운영에 관한 규정」 제3조에서는 기록과 연관되는 용어를 다음과 같이 정의하고 있다.

- "공문서"란 행정기관에서 공무상 작성하거나 시행하는 문서(도면·사진·디스크·테이프·필름·슬라이드·전자문서 등의 특수매체기록을 포함한다. 이하 같다)와 행정기관이 접수한 모든 문서를 말한다.
- "전자문서"란 컴퓨터 등 정보처리능력을 가진 장치에 의하여 전자적인 형태로 작성되거나 송신·수신 또는 저장된 문서를 말한다.
- "처리과"란 업무 처리를 주관하는 과·담당관 등을 말한다.
- "행정전자서명"이란 기안자·검토자·협조자·결재권자 또는 발신명의인의 신원과 전자문서의 변경 여부를 확인할 수 있도록 그 전자문서에 첨부되거나 결합된 전자적 형태의 정보로서「전자정부법 시행령」제29조에 따른 인증기관으로부터 인증을 받은 것을 말한다.
- "전자문서시스템"이란 문서의 기안·검토·협조·결재·등록·시행·분류·편철·보관·보존·이관·접수·배부·공람·검색·활용 등 모든 처리 절차가 전자적으로 처리되는 시스템을 말한다.
- "업무관리시스템"이란 행정기관이 업무처리의 모든 과정을 제22조제1항에 따른 과제관리카드 및 문서관리카드 등을 이용하여 전자적으로 관리하는 시스템을 말한다.
- "행정정보시스템"이란 행정기관이 행정정보를 생산·수집·가공·저장·검색·제공·송신·수신하고 활용할 수 있도록 하드웨어·소프트웨어·데이터베이스 등을 통합한 시스템을 말한다.

■「행정업무의 효율적 운영에 관한 규정」의 기록관련 내용

이 규정 제11조와 제18조에 업무담당자가 생산한 문서와 접수받은 문서를 기록으로 등록하도록 의무로 정하고 있다. 이 규정을 준수하자면 업무담당자가 다루는 문서 중 기록으로 관리될 필요가 있는 문서는 시스템에 의해 자동으로 혹은 업무담당자의 수작업에 의해 등록될 수 있어야 한다. 장기간 다수의 업무담당자가 사용하는 업무시스템에서 문서가 생산되거나 접수된다면 기록 등록 기능이 시스템 내부에 구현되어 있는 것이 유리할 것이다. 단기간 소수의 업무담당자가 사용하는 업무시스템에서 문서가 생산되거나 접수된다면 기록 등록 기능을 시스템에 구현하기 어려우므로 수작업으로 등록할 수 있는 대안이 마련되어야 한다.

제22조에는 업무관리시스템을 이용하여 업무를 추진할 때는 과제관리카드와 문서관리카드를 사용해야 하며, 문서관리카드에는 기안내용, 의사결정과정에서 제기된 의견, 수정 내용과 지시 사항, 의사결정 내용이 포함되도록 작성할 것을 정하고 있다. 문서관리카드는 의사결정과정의 투명성과 책임행정을 구현하기 위해 설계된 양식이다. 따라서, 문서관리카드 설계 시의 의도에 맞게 기안내용이 결정되기까지의 과정정보가 의미 있게 채워지느냐가 기록의 신뢰성과 품질을 좌우한다. 기록관리자는 기관에서 업무시스템이 원래의 역할과 목적에 맞게 사용되고 있는지를 확인할 필요가 있으며 업무담당자의 이용 행태를 관찰하여 기록의 품질을 평가할 수 있어야 한다.

제23조에는 효율적인 업무수행을 위해 업무관리시스템 또는 전자문서시스템을 기능분류시스템 등 행정정보시스템과 연계하여 운영할 것을 권고하고 있다. 기록관리자는 기록의 주요 생산시스템이 연계를 맺고 있는 행정정보시스템을 분석하여 기록을 획득할 때 연계된 행정정보시스템에서도 함께 획득한 필요가 있는 정보를 선별하여야 한다.

2절 공공기관의 전자기록생산시스템

1. 전자문서시스템

▣ 전자문서시스템의 발전과정

앞서 살펴본 바와 같이 전자정부법령과 행정업무의 효율적 운영에 관한 규정에서는 전자문서시스템을 '문서의 기안 · 검토 · 협조 · 결재 · 등록 · 시행 · 분류 · 편철 · 보관 · 보존 · 이관 · 접수 · 배부 · 공람 · 검색 · 활용 등 모든 처리절차가 전자적으로 처리되는 시스템'으로 정의하고 있다.

1990년대와 2000년대 초 전자정부 추진과정에서 공공기관들은 각기 전자결재시스템, 그룹웨어를 도입하여 사용하고 있었다. 이후 2004년 사무관리규정을 개정하면서 '행정기관의 전자문서시스템 규격', '행정기관 간 전자문서유통 표준', '전자문서시스템과 행정정보시스템 간 연계표준' 등 3가지 표준을 반영한 시스템을 새로운 전자문서시스템으로 도입하게 되었다.

표준을 반영한 전자문서시스템을 신전자문서시스템, 그 이전은 구전자문서시스템이라 부른다. 신전자문서시스템은 빠른 속도로 확산되어 2004년 말 조사결과 700개 이상의 공공기관이 도입을 마친 것으로 파악되었다(정부혁신지방분권위원회 2005).

▣ 신전자문서시스템의 기능 구성

신전자문서시스템의 주요 기능은 전자결재 기능, 전자문서유통 기능, 전자문서관리 기능, 전자우편 기능, 전자게시판 기능, 시스템 운영 · 관리 기능(관리자 기능) 등으로 구성된다(행정안전부 2010b). 기능 구성도를 예시해 보면 다음과 같다.

〈그림 1-1〉 신전자문서시스템 기능 구성도

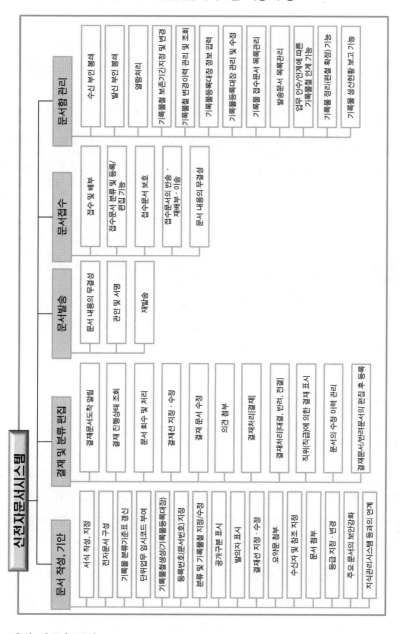

*출처: 한국정보공학 2004.

구전자문서시스템과 신전자문서시스템의 기능 차이를 비교해 보면 다음과
같다.

〈표 1-2〉 구전자문서시스템과 신전자문서시스템 비교표

구분	구 전자문서시스템	신 전자문서시스템
문서서식, 처리	기안문, 시행문 별도 시행	기안문(시행문 겸용)으로 서식 간소화 및 문서처리절차 축소
문서분류 편철	보존기간별 문서분류로 인한 편철 자동화 미비	기록물체계에 따른 분류, 편철의 자동화
문서 검색, 관리	항목별, 대장별 단순검색 및 관리기능 지원	대량의 축적된 문서의 체계적 검색, 관리기능 제공
문서보존	전자문서시스템 내 자료보관으로 영구보존의 어려움	문서보존을 위한 자료관과의 연계제공을 통한 기록보존성 증대
행정전자서명	평문으로 공문서 송신, 수신	행정전자서명을 적용한 암호화된 공문서 송신, 수신
문서의 등록관리	2004.1.1부터는 사무관리규정 및 기록물관리 법률에 따라 새로운 등록 분류 편철 조항이 전면 시행되어야 하나, 신 전자문서시스템 미도입기관의 상황을 고려하여 기록물 등록번호, 기록물 등록대장 등은 종전의 방식을 사용	전자문서로 생산 또는 접수한 기록물은 처리과별로 기록물 등록대장에 등록 관리함. 비 전자문서도 기록물 등록대장에 생산 및 접수사항을 등록 관리 예시) [전자문서] 등록번호 : 총무과-1000/[비전자문서 첨부물] 분리등록 번호 : 총무과-1000-1

*출처: 신전자문서시스템 규격 참조.

■ 신전자문서시스템의 특징

신전자문서시스템이 갖는 특징은 다음과 같다.

첫째, 문서처리 전 과정을 전자화하겠다는 목표에 맞춰 문서처리 과정을 재
설계한 후 만든 시스템이다. 재설계의 주요 내용으로는 불필요한 문서 처리 절
차가 폐지되었으며, 기안문과 시행문이 하나로 통합되었고, 결재단계가 3~4단계
로 축소되었다.

둘째, 처리과 단계의 기록관리 기능을 구현한 시스템이다. 결재 완료된 전자
문서를 기록물철에 편철·등록하는 기능, 기록물철 관리기능, 기록물 정리 기
능, 생산현황 통보 기능, 기록관으로 기록물 이관 기능 등을 갖고 있다.

셋째, 기록물분류기준표를 탑재하고 이를 관리하는 기능을 구현한 시스템이다.

넷째, 현재는 폐지되었지만 도입 초기에는 시스템에 대한 시험인증제가 적용되었다. 즉, 전자문서시스템 규격을 준수하는 제품인지 시험을 거쳐 통과한 인증제품만이 공공기관에 설치될 수 있었다.

다섯째, 도입 초기에는 자료관시스템과 연계되도록 설계된 시스템이다. 전자문서시스템에서 생산·접수된 기록은 2년 이내에 자료관시스템으로 이관되도록 구현되었으나, 자료관시스템이 표준기록관리시스템으로 업그레이드되면서 현재는 표준기록관리시스템과 연계되도록 변경되었다.

2. 업무관리시스템

■ 업무관리시스템의 도입과정

앞서 살펴본 바와 같이 전자정부법령과 행정업무의 효율적 운영에 관한 규정에서는 업무관리시스템을 '행정기관이 업무처리의 모든 과정을 제22조제1항에 따른 과제관리카드 및 문서관리카드 등을 이용하여 전자적으로 관리하는 시스템'으로 정의하고 있다.

행정환경이 전자정부, 지식정부, 참여정부로 변화함에 따라 2007년 정부는 일하는 방식을 혁신하기 위하여 정부기능분류체계(BRM, Business Reference Model)에 기반하여 업무과정을 시스템화·기록화하는 온-나라 업무관리시스템 등을 개발·보급하였다. 온-나라 업무관리시스템은 2004년 대통령비서실에 구축했던 'e지원시스템' 기능을 행정기관의 업무에 맞춰 정리하여 만든 시스템이다. 2006년 행정자치부에서 '하모니' 업무관리시스템을 가장 먼저 도입하였고, 선도부처를 시작으로 중앙행정기관들이 먼저 '온-나라' 업무관리시스템을 도입하게 되었다(국가기록원 2007a).

2008년 이후 대통령비서실의 업무관리시스템은 '위민시스템'을 사용하고 있으며, 지방자치단체와 교육기관 등 공공기관에도 업무관리시스템이 확산되고 있다. 중앙정부기능분류체계 외에도 지방정부기능분류체계와 교육기능분류체계가 만들어져 운영 중이다.

■ 업무관리시스템의 과제관리와 문서관리 기능

e지원시스템과 온-나라 업무관리시스템은 과제관리와 문서관리가 핵심이다. 〈그림 1-2〉에서 보는 바와 같이 업무담당자는 직무 분장에 따라 단위과제를 배정받아 업무를 수행하게 되며, 단위과제 별로 일정 입력, 일지 작성, 문서관리카드 작성, 메모보고 등과 같은 업무추진 실적을 쌓아 관리하게 된다. 온라인으로 이루어지는 각종 보고와 결재, 지시사항관리와 회의관리를 통해 의사결정 과정이 투명하고 체계적으로 관리된다.

〈그림 1-2〉 업무관리시스템의 과제관리와 문서관리의 관계

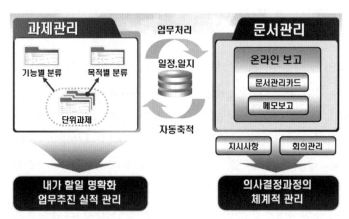

*출처: 2007년 7월 18일 한국행정학회·행정자치부 주최 「시스템 행정과
민주주의: 온-나라시스템」 심포지움 발표자료.

■ 업무기능분류체계의 구성

정부기능분류체계(이하, "BRM")는 정부가 상시적으로 수행하는 업무를 〈그림 1-3〉에서 보는 바와 같이 총 6 레벨로 분해하여 별도의 BRM시스템으로 관련 정보를 관리하고 있다. 업무관리시스템에서는 BRM시스템의 업무기능분류체계에서 최하위 단위인 단위과제를 참조하여 업무진행을 위한 단위과제카드를 만들어 사용하게 된다.

업무는 기능분류 외에도 목적별 분류를 할 수 있다. 연두보고 등 목표를 달성하기 위해 부과한 과제도 BRM시스템으로 관리하고 있다. 업무관리시스템에서는 BRM시스템의 목적별 분류체계에서 최하위 단위인 관리과제를 참조하여 업무진행을 위한 관리과제카드를 만들어 사용할 수 있다. 모든 단위과제는 기능별 분류에 반드시 속하지만, 일부의 단위과제 만이 목적별 분류에 포함되게 된다.

〈그림 1-3〉 업무기능의 다중분류체계

*출처: 2007년 7월 18일 한국행정학회 · 행정자치부 주최 「시스템 행정과 민주주의: 온-나라시스템」 심포지움 발표자료.

■ 단위과제와 단위과제카드의 역할

단위과제(Elementary Business Function)는 직제상 규정을 기초로 개인의 업무 실적을 관리하는 단위이다. 단위과제는 하나의 기록물철과 같은 규모로 볼 수 있는 업무의 범위 및 크기이다. 단위과제에는 법령, 조직, 규제 등 해당 단위과 제와 연관된 속성 정보들이 정의되어 있다.

업무관리시스템에서는 하나의 단위과제가 계획-집행-평가되는 일련의 전 과 정을 통합하여 하나의 단위과제카드로 관리하고 있다. 단위과제카드에 쌓인 실 적들은 업무담당자 개인의 성과와 기관의 업무평가 시 기초자료로 사용된다. 단위과제를 참조한 단위과제카드를 생성하기 위해서는 BRM시스템과 업무관리 시스템의 연계가 필요하다.

〈그림 1-4〉 단위과제와 단위과제카드의 역할

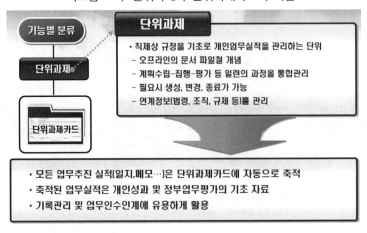

*출처: 2007년 7월 18일 한국행정학회·행정자치부 주최 「시스템 행정과 민주주의:온-나라시스템」 심포지움 발표자료.

■ 문서관리카드의 역할과 구조

업무관리시스템의 보고 기능에는 문서관리카드와 메모보고 기능이 있다. 문서관리카드는 모든 의사결정과정을 온라인으로 처리하면서 결재문서를 작성하는 기능이다. 메모보고는 긴급한 현안 보고사항이나 구두보고 등을 메모형태로 간단하게 온라인 보고 할 때 사용한다.

공문서를 기안하여 결재를 받기 위해서는 문서관리카드를 작성해야 한다. 보고의 절차는 〈그림 1-5〉와 같다. 문서관리카드는 〈그림 1-6〉과 같이 표제부, 경로부, 문서정보의 3영역으로 구성된다. 표제부는 문서 제목, 문서 작성의 이유나 취지 등을 밝히는 필드들로 구성된 영역이고, 경로부는 문서의 내용이 보고되는 경로나 회의를 통해 의견을 수렴하는 과정에 관한 정보가 기록되는 영역이며, 문서정보는 문서의 공유 및 활용을 위해 접근권한과 공개여부 등의 기준값을 입력하는 필드들로 구성된 영역이다. 문서정보 영역의 필드들은 문서관리카드가 결재를 종료한 후 기록으로 관리될 때 어떻게 취급해야할 지를 제시하는 중요한 메타데이터가 된다.

〈그림 1-5〉 문서관리카드 보고 절차

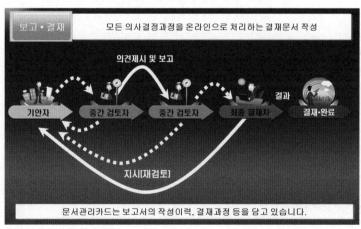

*출처: 확산사업단 교육팀 2006. 12, 57.

<그림 1-6> 업무관리시스템 문서관리카드의 구조

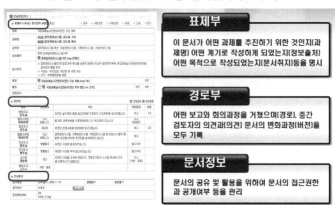

* 출처: 2007년 7월 18일 한국행정학회·행정자치부 주최 「시스템 행정과
민주주의: 온-나라시스템」 심포지움 발표자료.

<그림 1-7> e지원시스템 문서관리카드 예시

◉ 문서관리카드

〔▶보고처리〕〔▶문서처리〕〔▶종료처리〕〔▶계속검토〕〔▶보고경로〕〔▶참고자료로등록〕〔▶인쇄〕〔▶닫기〕

◉ 표제부

제목	대통령비서실 기록관리혁신을 위한 정보화 계획수립 사업계획서		
검색어	기록관리시스템, RMS, 정보화전략계획, ISP, 전자정부		
과제명	비서실 기록관리시스템(RMS) 구축 〔과제조회〕		
정보출처			
문서취지	이지원 시스템의 각종 문서의 기록관리를 위한 '기록관리시스템'의 구축에 앞서, 이지원시스템 내의 기록관리속성 분석 및 기록관리 표준 장착을 위한 '정보화전략계획수립 계획서 ISP'입니다. 본 사업은 행정자치부 '전자정부 사업예산'중 '국정과제 실시간 관리 예산'으로 추진할 계획이며, 다음주 월요일(28일) 정부혁신위원회 회의에 상정할 예정입니다. 🗐 [본문 1.0] 주간업무보고(050826).hwp [25k]		
별첨	🗐개인별 주간업무보고(050826).hwp [609K]		
작성일	2005.08.26	작성자	기록관리비서관실 행정요원 배이철

◉ 경로부
⑦ 전체경로보기

경로	요청상태	내용	처리결과	본문
행정요원 배이철			보고	1.0
행정관 김정섭	참고바랍니다		보고	
국정기록비서관 정안화	시행		보고	

◉ 관리속성부
[홍보관리]
⑦ 홍보관리변경이력

홍보기준	개별문서
홍보여부	홍보(원본)
홍보방법	홈페이지게재
홍보시기	즉시(종료처리 3일 후)
홍보의견	

*출처; 대통령비서실 2005.

〈그림 1-7〉는 업무관리시스템의 모태인 e지원시스템에서 설계한 문서관리카드이다. e지원시스템 문서관리카드의 '관리속성부'가 업무관리시스템의 '문서정보'로 변경되었다. 한편, 메모보고는 수신자를 지정하여 보고하고 의견을 주고받을 수 있으나 문서관리카드와 같이 표제부, 경로부, 문서정보 영역을 나누어 관리하지는 않는다. 메모보고는 기관 내 손쉬운 의사소통의 방법으로 활용되고 있다.

앞에서 살펴본 바와 같이 현재 행정업무의 효율적 운영에 관한 규정 제22조에서는 문서관리카드란 문서의 작성·검토·결재·등록·공개 등 문서처리의 모든 과정을 기록·관리하는 카드라고 정의하고, 문서관리카드에는 첫째, 기안 내용, 둘째, 의사결정 과정에서 제기된 의견과 수정 내용 및 지시 사항, 셋째, 의사결정 내용 등이 포함되어 있어야 한다고 정하고 있다.

■ 업무관리시스템 기능 개요

업무관리시스템은 행정기관의 업무담당자와 관리자 모두가 직무상 부여받은 업무와 과제를 수행하는 데 필요한 기능들로 구성되어 있다. 과제를 생성하고 관련 업무를 추진하는 과정에서 발생하는 중요한 정보를 모두 입력하도록 하며, 중요한 의사결정은 문서관리카드 보고나 메모보고, 회의 등을 통하도록 하고 있다. 관리자는 현재 일의 진행상황을 상시 모니터링할 수 있으며 특히 최고 이해관계자의 지시사항이 잘 추진되고 있는지 확인할 수 있다. 업무담당자들은 온라인으로 신속하게 결재를 얻고 관련 담당자들과 손쉽게 정보를 공유할 수 있다.

온-나라 업무관리시스템의 사용자 대메뉴는 〈그림 1-8〉와 같이 일정관리, 온라인보고, 과제관리, 지시사항관리, 회의관리 등으로 구성된다. 업무관리시스템은 기록관의 표준기록관리시스템과 시스템적으로 연계되어 있다. 업무관리시스템에서 생산되는 정보 중에서 단위과제카드, 문서관리카드, 메모보고, 지시사항, 회의록(안건) 등이 기록으로 판단되어 기록관의 표준기록관리시스템으로 이관되고 있다(국가기록원 2012a).

〈그림 1-8〉 온-나라 업무관리시스템의 주요 메뉴 구성

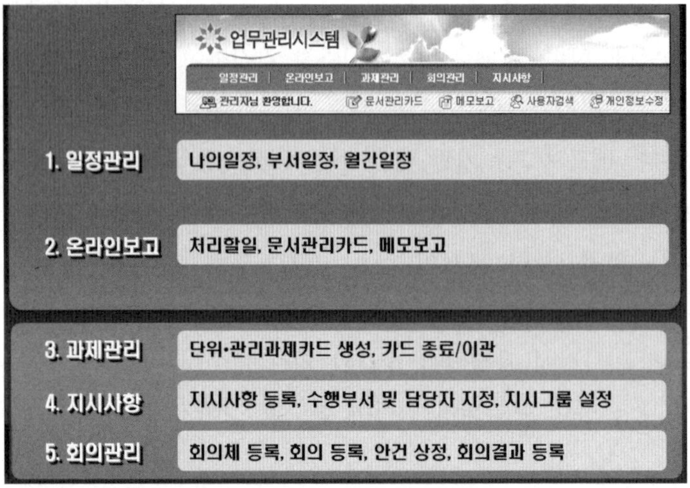

*출처: 확산사업단 교육팀 2006. 12, 3.

3. 행정정보시스템

■ 행정정보시스템의 정의와 예시

앞서 살펴본 바와 같이 전자정부법령과 행정업무의 효율적 운영에 관한 규정에서는 행정정보시스템을 '행정기관이 행정정보를 생산·수집·가공·저장·검색·제공·송신·수신 및 활용하기 위한 하드웨어·소프트웨어·데이터베이스와 처리절차 등을 통합한 시스템'으로 정의하고 있다.

행정정보시스템은 행정기관에서 다양한 업무처리를 위하여 개발해서 사용하고 있는 전자적 업무처리시스템으로서, '정부통합지식관리시스템', '디지털 예산·회계시스템', '통합정보공개시스템' 등을 예로 들 수 있다(행정안전부 2008). 2008년도에 제작된 행정안전부 사무관리실무편람의 질의 및 답변에 보면, 행정정보시스템의 사례에 '기록관리시스템'을 포함하고 있는 것을 볼 수 있다. 법령

에서 업무관리시스템과 전자문서시스템을 행정정보시스템에 포함하지 않고 따로 구분하는 것과 마찬가지로 기록관리 입장에서는 기록관리시스템도 행정정보시스템에 포함하지 않고 따로 별도의 특화된 시스템으로 다루는 것이 기록관리 체계를 이해하는 데 도움이 될 것이다.

■ 행정정보의 기록화 필요성

2005년 작성된 기록관리혁신 로드맵에서 〈그림 1-9〉에서 보는 바와 같이 공공업무 수행의 철저한 기록화라는 아젠다를 제시한 바 있다. 공공업무 수행과정에서 발생되는 다양한 유형의 기록을 모두 포착하여 관리하는 것이 기록관리의 의무이며 공공기관의 설명책임 제고에 필수적이라 본 것이다.

〈그림 1-9〉 행정정보의 기록화 아젠다

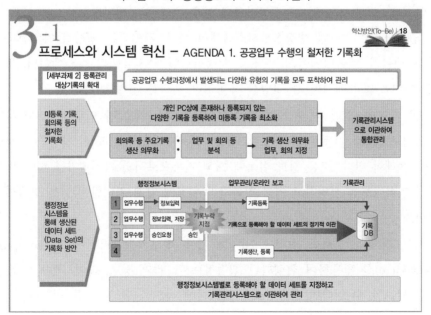

*출처: 정부혁신지방분권위원회 2005, 18.

그러나 공공기관의 고유 업무 수행과정에서 사용하는 핵심 업무시스템들이 전자문서시스템이나 업무관리시스템과 연계되어 전자결재를 이용하는 경우는 있으나 표준기록관리시스템과 자동으로 연계되어 기록정보가 기록관리체계에 편입되도록 구현된 사례는 거의 없다. 따라서 〈그림 1-9〉의 과제는 현재로도 남아있는 시급한 과제라 할 수 있다.

■ 행정정보의 기록화 전략

기록관리 입장에서는 기록이 생산되는 업무시스템 중에서 업무관리시스템과 전자문서시스템을 제외한 모든 정보시스템이 행정정보시스템에 포함되는 것으로 해석할 수 있다. 따라서 행정정보시스템은 사례로 든 디지털 예산·회계시스템처럼 여러 기관에서 공유하여 사용하는 커다란 시스템일 수도 있지만 기관의 업무담당자가 PC에 설치하여 쓰는 비교적 간단한 응용프로그램과 데이터베이스일 수도 있다. 규모가 큰 공공기관의 경우 운영하는 행정정보시스템이 백 개가 넘기도 한다. 또한 행정정보시스템에서 생산, 관리되는 행정정보는 전자문서, 웹페이지, 데이터베이스, 이메일, 시청각파일, SNS 데이터, GIS 데이터, 캐드캠 데이터, BIM 데이터 등 다양한 유형이라는 점을 고려해야 한다.

공공기관의 입장에서는 기관 전체의 업무를 분석하고 각 업무에서 사용하는 행정정보시스템 기능을 파악한 후 해당 기능을 이용하여 생성, 저장되는 정보를 분석해야 한다. 모든 정보 항목에 대해 기록으로서의 가치평가를 하여 관리대상 기록정보를 선별하고 이를 기록관리 원칙에 맞게 관리할 방안을 모색해야 한다.

기관 전체의 정보화 현황을 알 수 있는 정보기술아키텍처(EA, Enterprise Architecture)를 활용하여 현행화된 행정정보시스템의 정보, 데이터베이스의 정보를 확보할 수 있다면 행정정보의 기록화에 속도를 낼 수 있을 것이다.

3절 민간영역의 전자기록 관련 제도

1. 전자문서 및 전자거래 기본법과 시행령

◼ 전자문서와 전자거래에 관한 정의

「전자문서 및 전자거래 기본법」의 제2조에서는 전자문서와 전자거래라는 용어를 다음과 같이 정의하고 있다.

- "전자문서"란 정보처리시스템에 의하여 전자적 형태로 작성, 송신·수신 또는 저장된 정보를 말한다.
- "전자거래"란 재화나 용역을 거래할 때 그 전부 또는 일부가 전자문서에 의하여 처리되는 거래를 말한다.

앞에서 살펴본 「전자정부법」에서는 전자문서를 다음과 같이 정의하고 있다.

- "전자문서"란 컴퓨터 등 정보처리능력을 지닌 장치에 의하여 전자적인 형태로 작성되어 송수신되거나 저장되는 표준화된 정보를 말한다.

두 정의문에서 차이가 나는 부분은 전자정부법에는 '표준화된 정보'라는 표현이 나온다는 것이다. 공공영역에서는 전자문서시스템, 업무관리시스템, 문서유통시스템을 표준화하여 사용하고 있기 때문에 전자문서를 표준화된 규격에 맞쳐 생산, 유통하는 것이 가능하다. 하지만, 민간영역에서는 거래하는 당사자끼리 서로의 필요에 의해 규격을 맞추는 경우는 있어도 일괄적인 표준을 제정하여 통제하기는 쉽지 않다. 공공영역과 민간영역에서 규제를 이용한 통제력의 차이가 전자문서의 정의에도 반영된 것으로 볼 수 있다.

■ 전자문서 및 전자거래 기본법의 제정 배경과 연혁

'전자거래'라 함은 재화나 용역을 거래할 때 그 전부 또는 일부가 전자문서에 의하여 처리되는 거래를 말한다(국가법령정보센터 홈페이지: 전자거래기본법). 정보화시대가 도래함에 따라 전자문서에도 서면문서, 즉 종이문서와 동일한 수준의 법률적 효력을 부여하는 것이 필요해졌고 나아가 전자문서에 기반한 전자거래의 신뢰성 확보, 소비자의 보호, 전자거래의 촉진이 필요해졌다. 이에 전자거래에 관한 기본적인 사항을 정해 일반인이 안전하게 전자거래를 할 수 있도록 하고 전자거래를 촉진하기 위해 「전자거래기본법」이 1999년 2월 처음 제정되었다.

이 법은 2002년 7월 법적 논란 해소와 전자거래의 안전성·신뢰성 확보를 위해 전부 개정되었으며, 2005년 3월 및 2007년 5월, 2008년 3월, 2008년 12월, 2009년 2월과 3월에는 일부개정하였고, 2012년 6월에는 일부개정을 통해 명칭이 「전자문서 및 전자거래 기본법」으로 변경되었다(국가법령정보센터 홈페이지: 전자거래기본법). 현재 「전자문서 및 전자거래 기본법」은 공인전자주소제도, 전자문서중계자제도를 도입하는 것을 골자로 하여 전자문서의 안전성 및 이용 활성화를 꾀하고 있다.

■ 전자문서 및 전자거래 기본법의 전자기록 관련 내용

「전자문서 및 전자거래 기본법」 제5장에서는 전자문서 이용 및 전자거래의 촉진과 그 기반 조성의 일환으로 전자문서 및 전자거래의 표준화 사업을 추진하도록 명시하고 있다. 또한, 공인전자문서센터와 공인전자문서중계자를 운영하도록 하고 있다. 공인전자문서센터가 전자문서를 보관하는 기간에는 그 내용이 변경되지 아니한 것으로 추정한다. 또한, 공인전자문서센터가 해당 공인전자문서센터에 보관된 전자문서의 보관 사실, 작성자, 수신자 및 송신·수신 일시 등에 관한 사항에 대한 증명서를 대통령령으로 정하는 방법 및 절차에 따라 발급한 경우에 그 증명서에 적힌 사항은 진정한 것으로 추정한다고 명시하고 있다.

■ 전자문서 및 전자거래 기본법 시행령의 전자기록 관련 내용

「전자문서 및 전자거래 기본법 시행령」의 제15조에서는 공인전자문서센터의 지정기준으로 다음과 같은 설비를 갖출 것을 제시하고 있다.

- 전자문서 송신·수신 및 보관 설비
- 공인전자문서센터에 보관된 전자문서의 날짜·시각 및 운용기록을 기록·관리하는 설비
- 전자문서보관 등에 관한 시설·장비 및 정보를 안전하게 운용하기 위한 보호설비
- 전자문서의 증명서 발급을 위한 설비
- 공인전자문서센터의 시스템 관리 및 복제·저장 설비

또한, 공인전자문서센터는 전자문서의 내용이 훼손 또는 변경되지 않도록 전자적 침해행위로부터의 보호조치를 해야 하며, 물리적으로는 외부인 출입통제 등 방호조치를 취해야 하고, 화재·수재 등 재해에 대비한 조치를 취해야 한다고 명시되어 있다.

2. 전자문서 제도

▣ 민간영역 전자문서 이용 실태

2011년 지식경제부 정보통신산업진흥원에서 전자문서 관련 실태조사를 실시하였는데 그 결과를 살펴보면 다음과 같다.

표준산업분류상 전 업종을 조사한 결과 기업이 내부업무를 수행하면서 전자문서를 이용하는 비율은 평균 37.2%로 나타났다. 평균을 상회하는 산업분야는 인터넷/영상/통신(49.8%), 물류(47.6%), 금융(47.5%) 등이었다. 기업이 대외업무를 수행하면서 전자문서를 이용하는 비율은 평균 35.4%로 나타났고, 장치/건설(28.5%), 보건/문화(30.5%), 금융(31.92%) 등이 평균 이용률보다 낮은 수준을 보이고 있었다.

전자문서시스템을 적용하여 수행하는 업무에서는 전자문서를 사용하는 비율이 좀 더 높게 나타났다. 내부 운영관리 업무분야의 경우 전자문서로 생성/유통/저장하는 비율이 50.3%, 종이문서로 출력/유통/저장하는 비율이 49.7%이었고, 대외 거래/서비스 업무분야의 경우 전자문서로 생성/유통/저장하는 비율이 50.0%, 종이문서로 출력/유통/저장하는 비율이 50.0%로 조사되었다. 전자문서의 세부 유통방식을 살펴보면 당사자 간 직접유통이 89.5%로 대외유통의 50.9%를 차지하고 있으며, 제3자 전자문서 유통서비스 이용이 10.5%로 대외유통의 6.0%를 차지하는 것으로 조사되었다.

기업에서 문서를 전자적으로 생성한 후 전자적으로 사용(송수신, 외부유통, 저장 등)하는 비율은 21.5%였고, 전자적으로 생성된 문서를 종이로 출력하여 사용하는 비율이 36.3%, 종이로 생성된 문서를 전자화(스캔)하여 사용하는 비율이 8.7%, 종이로 생성된 문서를 종이형태로 사용하는 비율이 33.5%인 것으로 조사되었다. 회사에서 종이로 가장 많이 사용(출력, 복사, 외부유통)하는 문서종류는 첫 번째로 거래전표/세금계산서가 48.6%로 가장 많았으며, 두 번째 보고서/회의용 자료가 13.6%, 세 번째 거래계약서/약정서가 12.8%, 다음으로는 행정문서(결재문서 등) 7.8% 등인 것으로 조사되었다(지식경제부 2011, 41). 한편, 문서를 종이로 생산, 전달, 보관, 폐기하던 것을 전자적인 방식으로 바꾸었을 때 전체적인 비용이 분석결과 23.2%에 불과한 것으로 조사되었다.

한편, 2015년도에 기업들이 전자문서를 얼마나 이용할 것인지를 전망해본 수치를 살펴보면 2011년 전자문서 이용률(내부/대외업무 가중평균) 36.6%에서 2015년에는 51.2%로 증가할 것으로 조사되었다.

■ 민간영역 문서관리 체계 실태와 전망

그러나, 문서관리체계는 이러한 증가율을 감당한 만한 준비가 부족한 상황이다. 먼저, 회사에 문서관리만을 전담하는 부서가 있는 경우가 9.6%, 회사에 문서관리만을 전담하는 담당자가 있는 경우가 14.2%에 불과한 것으로 조사되었다. 또한, 회사에 문서관리규정(기안, 보존, 이관, 폐기 등 관련)이 없는 경우가 55.7%에 달하고, 회사에 문서 종류별 보존연한에 대한 지침조차 없는 경우가 56.6%였으며, 회사에 종이문서를 보관하기 위한 문서창고가 없는 경우가 77.1%에 달하는 것으로 조사되었다. 그나마 있는 경우에도 문서창고 면적이 $10㎡$ 미만인 기업이 10.1%, $10㎡$ 이상이 13.8%로 평균 $16.5㎡$로 확인되었다. 회사 내 당해 연도 문서를 관리하는 방법으로는 각 부서에서 자체 관리하는 경우가 88.5%, 문서관리 전담부서에서 통합 관리하는 경우가 10.2%, 제3자 아웃소싱 업체에 위탁하여 관리하는 경우가 0.5%, 기타가 0.8%로 조사되었다. 회사 내 전년도 이전 문서를 관리하는 방법으로는 각 부서에서 자체 관리하는 경우가 86.4%, 문서관리 전담부서에서 통합 관리하는 경우가 12.3%, 제3자 아웃소싱 업체에 위탁하여 관리하는 경우가 0.5%, 기타가 0.8%로 조사되었다.

회사 내 전자문서관리시스템(EDMS, EDI, KMS, ECM 등)이 자체 구축되어 있는 경우가 7.4%, 그렇지 않은 경우가 92.6%로 조사되었다. 또한, 회사에서 종이문서를 스캔하여 생성된 전자화문서를 전자문서관리시스템(EDMS, 전자결재 등)으로 사용/관리하고 있는 경우는 9.5%, 회사에 종이문서를 스캔하여 전자화문서를 생성/유통하는 절차나 방법에 대한 규정이 있는 경우가 5.8%에 불과하였고, 종이문서를 스캔하여 전자화한 이후에도 종이문서를 별도로 보관하고 있는 경우가 20.8%가량 되었다. 또한, 회사에서 직원이 작성한 전자문서를 개인 PC가 아닌 회사 중앙서버에서 통합관리하고 있는 경우가 7.2%, 그렇지 않은 경우가 92.8%로 나타났다. 전자문서시스템 도입/활용에 따른 기대효과는 종이사용량 절감이 21.8%, 생산성/효율성 증대가 16.5%, 고객만족도 증대가 14.0%, 기업경쟁력 제고가 13.3%, 비용절감이 13.2% 이루어 질 것으로 조사되었다.

이처럼 여러 분야에서 효과가 기대됨에도 불구하고 기업이 전자문서 이용을 확대하는 데 장애요인이 존재하고 있으며 장애요인이 무엇이냐는 질문에 1순위 응답은 종이문서 사용을 선호하는 관행이 남아 있어서가 40.5%, 기업 간 전자문서 유통시스템 구축이 이루어지지 않아 전자문서를 유통할 수 있는 신뢰할만한 방법이 없어서가 21.2%, 현재의 전자문서시스템을 적용하여 그 효과를 기대하기가 곤란한 업무영역이 많아서가 12.8% 등으로 조사되었다. 전자문서 이용의 확산을 위한 법제도/정책적 요구사항 1순위 응답은 영세기업이 전자문서시스템을 도입할 수 있도록 요소자원(자금, 설비 등)을 지원해 달라는 것이 34.2%, 신뢰할 수 있는 전자문서 유통 인프라 구축 지원이 22.3%, 종이문서와 동일한 효력이 발생할 수 있도록 관련 법규를 개정 또는 보완해 달라는 것이 15.1%, 공공주도로 전자문서 인프라/서비스(전자사서함 서비스, 클라우드 서비스 등)를 개발하여 제공해 달라는 것이 10.1% 등으로 조사되었다(지식경제부 2011, 42-43).

■ 전자문서 제도의 추진 배경

PC보급률이 높아지고 인터넷의 사용이 확산되면서 전자문서의 이용이 확대되었지만 앞에서 살펴본 바와 같이 기업에서는 여전히 종이문서와 전자문서가 혼재되어 사용되고 있다. 기업들은 점점 쌓여가는 종이문서 보관을 위해 문서를 설치하고 유지하는 데 많은 비용을 지불하고 있으며, 문서보관 방법이나 환경에 따라 문서를 분실, 도난, 유출하는 등 보안사고의 위험에 노출되어 있으며, 예기치 못한 재난으로 인해 대량으로 손실된 위험을 안고 있다.

기업에서 문서를 종이로 생산, 전달, 보관, 폐기하는 데 소요되는 비용 대비 문서를 전자적으로 생산, 전달, 보관, 폐기하는 데 소요되는 비용 수준은 평균 23.2%로 조사되었다. 이러한 배경에서 기업이 종이문서를 출력·인쇄하고, 유통하며, 보관하는 데 따르는 비용을 절감하고 각종 보안사고로부터 안전하게 보호할 대안을 마련하기 위해 전자문서 제도가 추진되었다.

전자문서 제도란, 전자문서의 생성·유통·보관의 안전성과 신뢰성을 높이고 전자문서 이용활성화를 위해 도입된 것이다. 이 제도를 지원하기 위해 전자문서 및 전자거래 기본법에서 전자문서 이용에 관한 여러 환경을 보장하고 있다 (공인전자주소 홈페이지: 전자문서 제도 〉 추진배경).

■ 전자문서 제도의 내용

전자문서 제도는 생성, 유통, 보관의 영역에서 다음과 같은 내용으로 구성된다.

먼저 전자문서의 생성과 관련해서는 전자화인증제도를 도입하였다. 종이문서를 출력하거나 인쇄함으로써 자원과 에너지를 낭비하게 되고, 정보공유 및 검색이 어려워 종이문서는 활용도가 높지 않다. 한편, 전자문서는 정보가 유출되거나 위변조가 될 위험이 있고, 유통체계가 미비하여 또 다시 유통을 위해 종이문서를 출력하는 일이 반복되고 있다. 이러한 문제를 해결하기 위해 문서를 전자화하기 위한 시설·장비에 인증제도를 도입함으로써 신뢰성 있는 전자문서를 생성하도록 지원한다. 전자문서 및 전자거래 기본법에 따라 전자화 인증을 받은 전자화작업장, 전자화정보시스템, 스캐너를 통해 전자화문서를 생성하도록 한 것이다(공인전자주소 홈페이지: 전자문서 제도 〉 전자문서 생성).

전자문서의 유통과 관련해서는 무역, 유통업계 등 일부 분야에서만 전자문서를 교환하기 위한 EDI(Electronic Document Interchange)시스템을 도입하여 사용하고 있으며, 교육 및 의료 등 유통이 필요한 산업부문을 지원하기 위해 공인전자주소 제도와 공인전자문서중계자 제도를 구축하고 있다. 우편·인편에 의한 문서유통으로 많은 시간과 비용이 낭비되고 있으며, 이메일의 경우 편리하게 사용할 수는 있으나 신뢰성을 보장받기는 어렵다는 점을 해결하고자 한 것이다 (공인전자주소 홈페이지: 전자문서 제도 〉 전자문서 유통).

전자문서의 보관과 관련해서는 상법이나 국세기본법에서 공인전자문서센터 제도를 도입하여 사업장부나 납세서류 등을 전자문서로 보관할 수 있도록 허용하고 있다(지식경제부 2012)(공인전자주소 홈페이지).

전자문서의 보관과 관련해서는 기업이 종이문서 보관을 위해 문서고를 설치하고 유지하려면 비용이 많이 발생하고, 또한 문서보관 과정에서 분실, 도난, 유출, 재난 등의 위험에 노출되어 있으므로 이를 해결하는 것이 필요했다. 정부는 전자문서의 법적 효력을 부여하고 문서보관 및 관리 효율을 높이고 안정성을 확보하기 위해 공인전자문서센터를 도입하였다. 전자화문서를 공인전자문서센터에 보관하게 되면 종이문서를 폐기하는 것이 가능해진 것이다(공인전자주소 홈페이지: 전자문서 제도 〉 전자문서 보관).

■ 전자화 인증제도

전자화문서의 신뢰성을 확보하기 위해 전자화문서 작성에 사용되는 시설 및 장비 즉, 스캐너, 전자화정보시스템, 전자화작업장 등의 적합여부를 확인하고 인증하는 제도를 전자화 인증제도라고 한다. 전자화고시에서 정하는 절차와 방법으로 생성된 전자화문서를 공인전자문서센터에 보관하는 경우에만 전자화문서가 종이문서를 대신하여 법적 효력을 갖게 되고 종이문서의 폐기가 가능하다 (공인전자주소 홈페이지: 공인전자주소 〉 제도 안내).

■ 공인전자주소와 공인전자문서중계자 제도

민간영역의 전자문서 활성화를 위해 전자문서 및 전자거래기본법에서는 공인전자주소를 사용하고 공인전자문서중계자를 통해 전자문서를 유통함으로써 유통증명서를 발급받을 수 있도록 하는 체계를 지원하고 있다. 공인전자주소란 전자문서를 송·수신하는 자에 대한 본인 확인과 부인방지를 보장하고, 전자문서 송·수신의 안전성과 증거력을 보장하는 공인전자우편주소이다. 공인전자주소를 이용하여 송·수신된 전자문서의 유통정보는 정보통신산업진흥원에 보관·관리되며, 송·수신 사실을 증명하는 유통증명서 발급정보에 활용된다. 보관하는 유통정보는 송수신자 공인전자주소, 송·수신 및 열람일시, 송수신 내용 증명 정보이다. 송수신되는 전자문서 자체 즉, 메일의 본문이나 첨부파일은 보관되지 않는다(공인전자주소 홈페이지: 공인전자문서중계자 〉 제도안내). 공인전자주소를 운영·관리하는 체계는 〈그림 1-10〉과 같다.

〈그림 1-10〉 공인전자주소 운영 · 관리체계

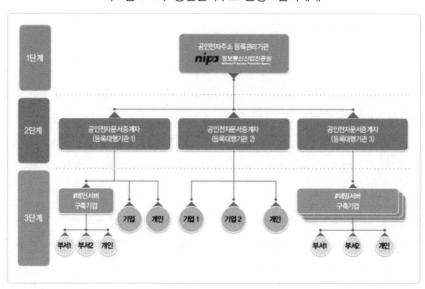

*출처: 공인전자주소 홈페이지: 공인전자주소 〉 제도 안내 〉 운영 체계.

공인전자주소는 전자문서 및 전자거래 기본법 제 2조에서 전자문서를 송신하거나 수신하는 자를 식별하기 위하여 문자·숫자 등으로 구성되는 정보로서 등록된 주소를 말한다. 공인전자주소는 사용자계정명 뒤에 '@'표시 대신 '#'이 붙게 되고 등록자 명칭이나 특성 값이 붙게 된다(공인전자주소 홈페이지: 공인전자주소 〉 제도 안내). 예를 들면, '임진희#임진희.개인' 혹은 '임진희_기록정보과학대학원#명지대학교.법인'과 같이 생성된다. 특성값이 국가·법인·사업의 경우에는 2개 이상의 복수 등록이 가능하며, 개인은 1개로 제한된다(공인전자주소 홈페이지: 공지사항 〉 공인전자주소 등록관리 기준).

공인전자주소 등록을 대행하고 공인전자주소 메일 서비스를 제공하기 위해 미래창조과학부 장관의 지정을 받은 법인 또는 국가기관을 공인전자문서중계자라고 한다. 공인전자주소를 사용하여 유통된 전자문서는 전자문서 및 전자거래 기본법에 근거하여 발급된 유통증명서에 의해 법적 효력이 보장된다(공인전자주소 홈페이지: #메일 → 제도안내).

■ 공인전자문서센터 제도

기업이 문서를 자체보관하면 자산을 직접 보유한다는 점에서는 안심이 되겠지만 시스템, 시설, 장비 등을 직접 도입해야 하며, 이를 안정적으로 운영하고 보안관리 해야 하는 부담을 안게 된다. 또한, 보관하는 문서의 안정성 및 신뢰성을 직접 입증할 수 있어야 한다. 만약, 공인전자문서센터에 위탁하여 관리하게 된다면 시스템을 구축하고 운용하는 부담을 덜고 보관문서의 안정성과 신뢰성을 보장받을 수 있다.

문서보관의 효율성과 안전성을 확보하기 위하여 미래창조과학부 장관으로부터 지정받은 법인 또는 국가기관을 공인전자문서센터라고 한다. 공인전자문서센터는 타인의 전자문서를 안전하게 보관하고, 보관기간에는 전자문서의 내용이 변경되지 않았음을 증명할 수 있는 신뢰할 수 있는 기관이다.

공인전자문서센터로 지정받고자 하는 법인은 전자문서 보관에 필요한 시설·장비와 인력·재정능력 등을 갖춘 후 미래창조과학부 장관에게 지정을 신청해야 한다. 미래창조과학부 장관은 신청한 법인의 문서보관 운영능력과 기술능력을 심사하여 공인전자문서센터로 지정하게 된다(공인전자주소 홈페이지: 공인전자문서센터 〉 지정안내). 공인전자문서센터가 준수해야 하는 규격에는 전자문서 정보패키지 기술규격이 포함되어 있다(공인전자주소 홈페이지: 공인전자문서센터 〉 정보마당).

2012년 말 현재 총 9호 공인전자문서센터 사업자까지 인증을 받았으며, 인증을 받았던 삼성SDS와 한전KDN는 2012년 사업자 지정을 취소하였다. 하나아이앤에스와 더존비즈온은 공인전자문서센터 서비스뿐만 아니라 전자화 서비스도 겸하고 있다.

〈표 1-3〉 공인전자문서센터 현황

회사명	공인전자문서센터 지정 월	서비스 내역	서비스 상태
KT NET	2007년 2월	공인전자문서센터	진행 중
LG CNS	2007년 4월	공인전자문서센터	진행 중
삼성 SDS	2008년 3월	공인전자문서센터	종료
한전 KDN	2008년 7월	공인전자문서센터	종료
하나아이앤에스	2008년 12월	공인전자문서센터 전자화 작업장	진행 중
유포스트뱅크	2009년 2월	공인전자문서센터	진행 중
코스콤	2009년 7월	공인전자문서센터	진행 중
한국정보인증	2009년 10월	공인전자문서센터	진행 중
더존비즈온	2011년 11월	공인전자문서센터 전자화 작업장	진행 중

01 다음은 우리나라 전자정부법령과 공공기록물 관리에 관한 법령에서 정의하고 있는 용어들이다. 이 중 용어의 정의가 가장 불충분한 것을 고르시오.

① "행정정보"란 행정기관 등이 직무상 작성하거나 취득하여 관리하고 있는 자료로서 전자적 방식으로 처리되어 부호, 문자, 음성, 음향, 영상 등으로 표현된 것을 말한다.

② "전자문서"란 컴퓨터 등 정보처리능력을 지닌 장치에 의하여 전자적인 형태로 작성되어 송수신되거나 저장되는 표준화된 정보를 말한다.

③ "전자화문서"란 종이문서와 그 밖에 전자적 형태로 작성되지 아니한 문서를 정보시스템이 처리할 수 있는 형태로 변환한 문서를 말한다.

④ "행정전자서명"이란 전자문서를 작성한 다음 기관 또는 그 기관에서 직접 업무를 담당하는 사람의 신원과 전자문서의 변경 여부를 확인할 수 있는 정보로서 그 문서에 고유한 것을 말한다.

⑤ "공공기록물"이란 행정기관에서 공무상 작성하거나 시행하는 모든 문서를 말한다.

02 다음은 우리나라 공공기관이 사용하고 있는 신전자문서시스템에 관한 설명이다. 맞게 설명한 것을 모두 고르시오.

① 2004년 사무관리규정을 개정하면서 표준 규격에 맞춰 새로 설계된 신전자문서시스템에 대비하여 그 이전에 도입한 시스템을 구전자문서시스템이라고 한다.

② 신전자문서시스템은 2004년 초기 도입할 때부터 표준기록관리시스템과 연계되어 전자기록을 자동 이관할 수 있게 설계되었다.

③ 신전자문서시스템은 2004년부터 행정자치부(현재는 행정안전부)가 표준 소프트웨어를 개발하여 공공기관에 무상 배포하는 방식으로 보급하고 있다.

④ 신전자문서시스템에는 처리과 단계에서 기록관리를 하는데 필요한 기능이 탑재되어 있는데, 예를 들면 기록물철 생성, 기록의 편철 및 등록과 같은 기능이다.

⑤ 신전자문서시스템에는 기록물분류기준표가 탑재되어 사용되도록 설계되었다.

03 다음은 우리나라 공공기관이 사용하고 있는 업무관리시스템에 관한 설명이다. 잘못 설명한 것을 모두 고르시오.

① 업무관리시스템은 기록물분류기준표에 기반하여 업무와 기록을 시스템화·기록화한 시스템이다.

② 업무관리시스템은 행정기관이 업무처리의 모든 과정을 과제관리카드 및 문서관리카드 등을 이용하여 전자적으로 관리하는 시스템이다.

③ 업무담당자는 단위과제 별로 일정 입력, 일지 작성, 문서관리카드 작성, 메모보고 등과 같은 업무추진 실적을 쌓아 관리하게 된다.

④ 업무관리시스템의 문서관리카드와 메모보고는 표제부, 경로부, 문서정보의 3영역으로 구성된다.

⑤ 업무관리시스템에서 생산되는 정보 중에서 단위과제카드, 문서관리카드, 메모보고, 지시사항, 회의록(안건) 등이 기록으로 판단되어 기록관의 표준기록관리시스템으로 이관되고 있다.

04 다음은 우리나라 공공기관이 사용하고 있는 행정정보시스템에 관한 설명이다. 잘못 설명한 것을 모두 고르시오.

① 행정정보시스템은 행정기관이 행정정보를 생산·수집·가공·저장·검색·제공·송신·수신 및 활용하기 위한 하드웨어·소프트웨어·데이터베이스와 처리절차 등을 통합한 시스템을 의미한다.

② 행정정보시스템은 행정기관에서 다양한 업무처리를 위하여 개발해서 사용하고 있는 전자적 업무처리시스템이다.

③ 행정정보시스템의 대표적인 사례로는 "정부통합지식관리시스템", "디지털예산·회계시스템", "e-감사", "통합정보공개시스템" 등을 들 수 있다.

④ 공공업무 수행과정에서 사용하는 행정정보시스템에 기록정보가 생산·접수되고 있으며 이를 기록관리 체계에 편입하여 관리해야 한다.

⑤ 공공기관의 핵심 행정정보시스템들은 대부분 표준기록관리시스템과 연계되어 기록정보가 자동으로 이관되고 있다.

05 다음은 우리나라 전자문서 및 전자거래 기본법령을 제정한 배경 및 내용에 대한 설명이다. 잘못 설명한 것을 고르시오.

① 이 법령은 전자거래를 촉진하기 위해 제정되었으며 여기서 전자거래란 재화나 용역을 거래할 때 전체를 전자문서에 의하여 처리되는 거래를 의미한다.

② 이 법령을 제정한 것은 정보화시대가 도래함에 따라 전자문서에 종이문서와 동일한 수준의 법률적 효력을 부여하는 것이 필요해졌기 때문이다.

③ 이 법령을 제정한 것은 전자문서에 기반한 전자거래의 신뢰성 확보, 소비자의 보호, 전자거래의 촉진을 위해서이다.

④ 전자거래에 관한 기본적인 사항을 정해 일반인이 안전하게 전자거래를 할 수 있도록 하고 전자거래를 촉진하기 위해 「전자거래기본법」이 1999년 2월 처음 제정되었다.

⑤ 2013년 현재 「전자문서 및 전자거래 기본법」은 전자문서의 안전성 및 이용 활성화를 위해 공인전자주소제도, 전자문서중계자제도를 명시하고 있다.

06 우리나라 공공부문의 전자기록생산시스템의 3가지 종류별 도입배경과 특징을 서술하시오.

07 우리나라 공공부문의 전자기록생산시스템 중 신전자문서시스템이 그 이전의 전자문서시스템에 비해 갖추고 있는 기록관리 기능을 설명하시오.

08 우리나라 공공부문의 전자기록생산시스템 중 대통령비서실과 행정기관의 업무관리시스템 도입과정, 그리고 과제관리와 문서관리 기능에 대해 설명하시오.

09 우리나라 공공부문의 전자기록생산시스템인 업무관리시스템과 정부기능분류체계(BRM)의 연관관계를 설명하시오.

10 우리나라 공공부문의 행정정보를 기록화해야 할 필요성에 대해 설명하시오.

2장_ 전자기록의
구조와 특성 이해

개 요

이 장에서는 데이터와 정보, 기록을 구분하는 특징을 살펴보고 전자기록의 계층구조 모형 및 전자기록의 종류별 특성과 4대 품질 요건에 대해서도 살펴보고자 한다.

디지털 환경에서 업무활동을 수행하는 기관은 다양한 종류의 데이터를 수집·생성·유통·변형·저장·접근·활용하게 된다. 사실(Fact)을 표현하고 있는 데이터(Data)들을 필요와 목적에 맞게 정보(Information)로 가공하여 사용하기 위해 정보시스템(Information System)이 사용된다. 정보 중에서 내용적 가치와 증거적 가치가 있는 것을 기록(Records)으로 관리하게 된다. 업무정보와 전자문서 안에서 기록을 구분해 내는 일이 기록관리자가 해야 할 일의 시작이다.

전자기록은 컴포넌트(Component), 건(Item), 철(Folder), 철 상위의 집합체 (Aggregation) 등 계층적 구조를 만들어 관리한다. 계층구조는 기록과 연관된 업무배경을 반영하여 형성하기도 하고 순수하게 기록관리 상의 필요에 따라 만들기도 한다. 각 계층별 메타데이터를 잘 정의함으로써 지적 통제(Intellectual Control)의 기반을 형성하도록 해야 한다.

전자기록에는 결재 및 보고 전자문서 기록, 행정정보 데이터세트 기록, 이메일 기록, 웹기록 등의 종류가 존재한다. 생산에 관련된 업무배경, 업무시스템 유형, 컴포넌트의 유형 등에 따라 기록의 특성이 어떻게 달라지는지 이해할 수 있어야 한다. 한편, 어떤 유형의 전자기록이건 진본성(Authenticity), 신뢰성 (Reliability), 무결성(Integrity), 이용가능성(Usability)이 유지되도록 관리되어야 한다.

이 장에서 숙지해야 할 내용은 다음과 같다.

■ 기록관리의 관점에서 데이터, 정보, 전자문서, 전자기록을 구분한다.

■ 업무정보와 기록정보의 차이를 이해한다.

■ 데이터객체(비트스트림)와 표현정보, 파일포맷을 이해한다.

■ 기록관리 관점에서 전자기록의 계층적 구조를 이해한다.

■ 전자기록의 다양한 종류별 특성을 파악한다.

■ 전자기록의 품질 요건을 이해한다.

1절 전자기록의 개념

1. 데이터, 정보, 전자문서, 전자기록의 구분

■ 정보기술에서 데이터와 정보의 구분

과학에서 일반적으로 말하는 데이터는 어떤 사실들의 내용을 모은 것이다(팀즈 홈페이지: 데이터). 컴퓨터 용어로는 데이터는 정보를 작성하기 위해 필요한 자료를 뜻한다. 컴퓨터에 입력하는 기호, 숫자, 문자를 말하며, 그 자체는 단순한 사실에 불과하지만, 컴퓨터에 의해서 일정한 프로그램에 따라 처리되어 특정한 목적에 소용되는 정보를 만들어낸다(두산백과사전 홈페이지: 데이터).

데이터를 특정한 목적의 의사결정을 위해 가공한 형태를 정보라고 할 수 있다. 결국 정보란 일정한 의도를 가지고 정리해 놓은 데이터의 집합이며, 정보가 되기 위해서는 이용자, 즉 어떤 목적을 갖는 사람이 있어야 하고 데이터가 처리되어야 한다. 그리고 정보는 이용자를 위하여 일정한 규칙에 따라서 재배열, 요약, 삭제하는 행위를 거쳐야 한다(위키백과 홈페이지: 정보). 컴퓨터와 관련해서 설명하자면 '정보는 데이터로 만들어지며, 그것을 데이터로서 저장하고, 처리하는 컴퓨터 속에 넣어지고, 그리고 난 뒤 정보로서 인지될 수 있는 어떤 형태의 데이터로서 출력된다'(팀즈 홈페이지: 정보).

정리해 보자면, 정보시스템에서 데이터는 실세계에서 일어나는 사실(Fact)을 포착하여 저장한 값들을 의미한다. 예를 들어, '명지대학교'와 '임진희'는 단순

데이터다. 이 데이터들 간의 연관관계를 해석하고 의미를 부여하게 된다면 정보를 만들어낼 수 있다. 예를 들어, "임진희가 명지대학교에서 근무한다"와 같은 새로운 정보가 만들어질 수 있다. 데이터를 입력받아 해석과 의미를 부여함으로써 새로운 정보를 산출하는 컴퓨터 시스템을 정보시스템이라고 한다.

■ 기록관리에서 정보와 기록의 구분

정보 중에서 내용이 쓸모가 있고 증거적 가치가 있어 안전하게 잘 보관할 필요가 있는 대상이 기록이다. 모든 개인과 기관들은 필요한 기록을 보유하면서 사용하고 있다.

개인 기록의 경우 대부분의 사람들이 자신의 신분을 확인하기 위해서 보유하고 있는 여권, 운전면허증, 주민등록증 등을 예로 들 수 있다. 여권, 운전면허증, 주민등록증 모두 고유한 식별번호를 포함하고 있으며 내가 누구인지를 증명해 보일 때 사용할 수 있는 기록들이다. 세 가지 기록 모두 기본적으로 중요한 정보를 포함하고 있으며 그 자체가 증거로서의 역할을 할 수 있다. 한편 사람들은 살면서 많은 정보를 보유하고 사용하게 되지만, 이 모든 정보들을 '기록'으로서 보유하지는 않는다.

정보와 기록을 구분하기 위해 다른 예를 살펴보고자 한다. 〈그림 2-1〉에는 두 개의 종이가 있다. 상점에 물건을 사러 가면서 먼저 왼쪽 그림처럼 눈에 띄는 편지봉투에 구매할 물품목록을 작성했다고 가정하고, 이 봉투를 들고 상점에 가서 물건을 구입한 후 오

〈그림 2-1〉 정보와 기록의 사례

*출처: DLM Forum 2010, 21.

른쪽 그림처럼 영수증을 받았다고 가정해 보자. 이 때 일반적으로 상점에서 발행한 영수증은 기록으로 취급하지만, 편지봉투에 메모한 구매할 물품목록은 기록으로 취급하지 않는다. 편지봉투의 물품목록은 내가 무엇을 사야할지 잊지 않도록 중요한 정보를 제공해주기는 하지만 결정적으로 구매행위의 증빙으로 사용할 수는 없기 때문이다. 상점에서 공식적으로 발행한 영수증만이 구매행위를 증명해 줄 수 있으므로 기록이 될 수 있다. 만약 어떤 사원이 물건을 구매한 뒤 회사에 비용을 청구하고자 한다면 대부분 반드시 영수증을 첨부해야 한다. 또한, 구매한 물건에 하자가 있어서 환불하고자 할 때도 상점에 영수증을 함께 제시해야 한다. 이처럼 여러 상황에서 증빙으로서의 역할을 할 수 있는 것이 기록이라 할 수 있다(DLM Forum 2010, 20-21).

앞에서 살펴본 개인의 정보와 기록처럼 기관에서도 정보와 기록을 구분해야 한다. 〈그림 2-2〉에서 보는 바와 같이 기록은 정보의 부분집합이라고 볼 수 있다.

〈그림 2-2〉 기록과 정보의 포함관계

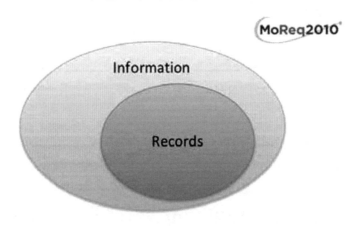

*출처: DLM Forum 2010, 21.

어떤 정보가 기록인지 여부를 판단하려면 해당 정보가 어떤 업무 맥락에서 나온 것인지를 확인해야 하며 기관에 관련되면서 중요한 것인지 파악해야 한다. 따라서, 기록관리를 하고자 하는 기관에서는 먼저 기관의 업무를 이해한 후 이를 바탕으로 기록으로 확보하여 관리해야 할 정보가 무엇인지 평가할 수 있어야 한다.

기관의 정보자산 중에서 문서의 초기 버전은 일반적으로 기록으로 취급하지 않는다. 하나의 문서가 완성되어서 제출되면 중간 버전의 문서들은 삭제해주어야 한다. 또한, 현재 진행 중인 트랜잭션 정보들은 임시적인 것이므로 만약 트랜잭션이 취소되면 미완성으로 남아있는 트랜잭션 정보는 삭제해 주어야 한다.

중간버전 문서와 미완의 임시적인 정보들을 제때에 삭제하여 잘 관리하지 못하면 기관의 데이터 저장 공간을 낭비하게 된다. 또한 어떤 것이 완성본이며 정확한 정보이고 어떤 것이 중간 버전 문서인지 확인하느라 시간을 낭비하게 된다. 나아가 정보관리가 잘못되면 개인정보가 유출될 수도 있으며 법규를 위반할 수도 있다. 또한, 정보공개나 법정 정보개시 요청을 받았을 때 정보를 찾느라 시간을 허비할 수도 있다(DLM Forum 2010, 20-21).

■ 전자기록의 정의

전자기록이란 법령에서 살펴보았듯이 컴퓨터 등 전자적 처리 장치를 사용하여 생성·획득·이용·관리되는 기록이다. 디지털 형태로 존재한다는 의미에서 '디지털 기록'이라고 부르기도 한다. 전자기록은 정보시스템을 통하여 처리되는 기록으로, 전자 형태로 생산된 기록(Born Digital)과 종이 등 아날로그 형태로 생산되었다가 이미지 스캔 등의 방식으로 전자화(디지털화)된 기록을 모두 포함한다. 이메일은 전자 형태의 서신이며, 워드 프로세서로 생성된 문서 파일은 종이 문서의 전자 형태에 대응된다. 그러나 데이터베이스로 조직화된 인사 기록이나 지리 정보 시스템의 데이터 등은 종이 기록의 대응물보다 더 복잡한 형태를 취하기도 한다(한국기록학회 2008, 196).

우리나라 공공기록물 관리에 관한 법령에서는 전자기록을 다음과 같이 정의하고 있다.

공공기록물 관리에 관한 법률

제20조(전자기록물의 관리) ① 중앙기록물관리기관의 장은 컴퓨터 등의 정보처리장치에 의하여 생산·관리되는 기록정보 자료(이하 "전자기록물"이라 한다)의 안전하고 체계적인 관리 및 활용 등을 위하여 다음 각 호의 사항을 포함하는 전자기록물 관리체계를 구축·운영하여야 한다.

공공기록물 관리에 관한 법률 시행령

제2조(정의) 2. "전자기록물"이라 함은 정보처리능력을 가진 장치에 의하여 전자적인 형태로 작성하여 송신·수신 또는 저장되는 전자문서, 웹기록물 및 행정정보 데이터세트 등의 기록정보자료를 말한다.

■ 전자문서와 전자기록의 구분

전자문서를 관리해주는 EDMS(Electronic Document Management System)는 일반적으로 업무담당자의 문서작성과정을 지원하며, 임시버전이나 중간 버전의 여러 문서를 저장하여 활용할 수 있게 해준다. 또한, 업무흐름(Workflow) 단계별로 문서함을 따로 두고 여러 사람이 협업할 수 있도록 지원한다.

EDMS에서 관리되는 모든 전자문서가 기록으로 관리되어야 하는 것은 아니다. 앞에서 정보와 기록을 구분하면서 살펴본 바와 같이 일반적으로 업무담당자는 하나의 기안을 하기 위해 여러 버전의 전자문서를 만들게 된다. 이중 결재받은 최종 버전만이 기록으로 관리할 문서가 된다.

■ 업무정보와 전자기록의 특성 구분

기관에서는 다양한 정보시스템을 업무시스템으로 사용한다. 업무시스템에는 업무관련 데이터가 입력되어 의미 있는 정보로 가공되고 보관될 것이다. 이 때, 업무시스템에서 생산되는 모든 정보가 전자기록으로 관리될 대상은 아니다.

기록은 조직 또는 개인이 법적 의무를 이행하거나 업무를 처리하는 과정에서 증거 및 지식으로서 생산하고 입수하며 유지한 정보로 국한된다. 즉, 기록은 단순한 데이터의 집합이 아니며 업무활동과 연계된 특정 사안의 결과나 산출물인 것이다(ISO 16175 2010). 달리 말하자면, 정보시스템의 데이터가 누적된 결과물로서의 데이터베이스 자체가 기록이 될 수는 없으며, 업무활동과 연관된 정보로 구성된 데이터세트가 기록이 될 수 있다는 것이다.

일반적으로 업무정보는 수시로 업데이트되고 변경된다. 업무의 진행과정에 따라 즉시 그 결과를 시스템에 반영하기 때문이다. 따라서 만약 업무처리가 어떻게 진행되었는지 나중에 재현할 필요가 있다면 한 번 입력된 업무정보는 고정화시켜 보관하고 새로운 업무정보를 계속해서 누적하여 보관해 나가야 한다. 기록의 가장 기본적인 특성은 내용이 고정된 형태로 존재해야 한다는 것이다.

■ 종이기록과 전자기록의 비교

전자기록은 말 그대로 '전자 형태를 취하는 기록'으로 기록으로서의 속성과 디지털자원으로서의 속성을 모두 갖는다. 전통적인 종이기록과 마찬가지로 전자기록도 매체(내용을 물리적으로 전달), 서식(내용의 의미를 전달하는 표현규칙), 사람(기록이라는 수단을 통해 행위 하는 주체), 행위(상황을 생산·유지·수정하거나 삭제하는 수단으로 기록을 만들어 내는 의도적 실천), 맥락(행위가 발생하는 법적이고 행정적인 틀), 기록의 결합관계(Archival Bond: 각각의 기록을 이전이나 이후의 기록 및 동일한 행위와 관련된 모든 다른 기록과 결합하는 관계), 내용(기록이 전달하고자 하는 메시지)로 구성된다.

종이기록과 전자기록은 서식이나 내용을 표현하는 방식에서 중요한 차이점을 갖는다. 종이기록은 동일한 내용이라도 서식이라는 맥락 없이, 예를 들어 백지에 메모한 상태로 존재한다면 완전한 기록이라 할 수 없다. 공인된 서식에 사실과 다름이 없는 내용을 기재하였다고 해도 서명이나 직인과 같은 서식을 다 갖추지 못했다면 완전한 기록이라고 볼 수 없다. 한편 전자기록의 서식은 입력 화면에 존재하고, 서식이나 내용 모두 컴퓨터 저장 공간 안에 존재한다. 서식과 내용을 표현할 때 모두 비트스트림이 사용되며 육안으로 식별할 수 없다. 전자기록을 육안으로 확인하기 위해서는 문자코드와 뷰어, 그리고 뷰어를 구동할 수 있는 운영체제와 하드웨어가 필요하다.

한편, 전자기록은 내용 자체가 컴퓨터의 스토리지 안에 육안으로 식별할 수 없는 상태로 저장되어 있으며 모니터에 디스플레이 되는 것은 특정하게 설정된 컴퓨팅 환경에서 재현된 모습의 하나일 뿐이다. 비트스트림이 동일해도 설정환경에 따라 재현될 때의 외관은 달라질 수 있다. 서식과 내용을 분리할 없는 종이기록과 달리 전자기록은 서식과 내용 그리고 디지털 컴포넌트 모두가 분리 가능한 상태로 존재하기 때문에 이런 차이가 발생한다.

이러한 본질적 차이로 인하여, 종이기록에서 중심 개념이던 원본성(Originality)이 전자기록에서는 성립되지 않는다고 보는 것이 학계의 정설이다. 전자기록을 저장하여 모니터 등의 열람 기기에서 지우는 순간 전통적 원본개념은 사라지기 때문에, 원본의 형태를 그대로 취하는 진본사본(Authentic Copy)을 원본에 가장 근접한 형태로 간주해야 한다(Duranti 2005)는 것이다. Society of American Archivist(SAA)의 기록관리 용어사전도 전자기록 환경에서 원본성 개념은 문제가 있다(Questionable)고 지적하고 있으며(Pearce-Moses 2005), 부드레즈(Filip Boudrez)는 전자기록의 원본 개념이 사라질 운명에 처해 있다고 단언한 바 있다(Boudrez 2005).

전자기록에서 원본성(Originality)을 대치하는 개념은 진본성(Authenticity)이다. 진본성 개념은 유일본으로서의 진본을 상정하기보다는 동일한 가치를 갖는 다수의 진본사본을 근간으로 한다. 종이기록에 비하여 전자기록이 갖는 또 다른 중대한 차이점의 하나가 사본 생산의 용이성이기 때문이다(이소연 2010, 219)

2. 정보 내용의 디지털 표현 방식

■ 디지털 데이터객체 = 비트스트림(Bitstream)

컴퓨터시스템이 정보를 기억하는 가장 기본적인 단위는 비트(Bit)이다. 하나의 비트는 수학적으로 2진수 0과 1 중 하나만을 표현할 수 있다. 일련의 비트들이 모인 집합을 비트스트림이라고 부른다. 사람이 인식하는 정보가 컴퓨터시스템에 저장될 때는 모두 비트스트림으로 변환되어 저장된다.

컴퓨터시스템에는 사람이 컴퓨터에 입력을 하는 기기들이 부착된다. 키보드, 마우스, 전자펜, 스캐너, 카메라 등이 일반적인 예이다. 컴퓨터시스템에 입력되는 정보는 숫자, 문자, 날짜, 이미지, 동영상, 사운드 등 다양하지만 이 모든 것은 최종적으로 비트스트림으로 변환되어 저장된다. 외부의 정보를 비트스트림으로 변환하는 과정을 인코딩(Encoding)이라 하며, 컴퓨터시스템에 저장된 비트스트림을 원래의 정보로 복구하는 과정을 디코딩(Decoding)이라 한다.

정보를 인코딩할 때 어떤 방식을 취할 것이냐에 따라 비트스트림의 배열은 달라진다. 예를 들어, 문자 'A'나 '가'를 ASCII 코드체계나 Uni-code 체계에 따라 비트스트림으로 만든다면 '01000001'과 '1011000010100001'이 된다. 이 비트스트림이 ASCII 코드체계나 Uni-code 체계를 이용하여 만들어진 것임을 알고 있어야 나중에 'A'나 '가'라는 문자 정보를 되살릴 수 있다. 〈그림 2-3〉는 ASCII 코드체계에 따라 비트스트림을 해석하여 정보를 만들어내는 과정을 보여주고 있다.

〈그림 2-3〉 정보 내용의 표현 과정

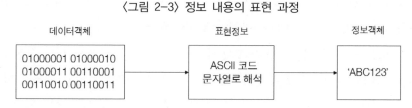

*출처: 임진희 2006, 51.

■ 디지털 정보 (데이터객체 + 표현정보)의 특징

디지털객체의 장기보존 모형을 제시하고 있는 ISO 14721은 〈그림 2-4〉와 같이 정보객체의 구성을 잘 보여주고 있다.

〈그림 2-4〉 디지털 정보 객체

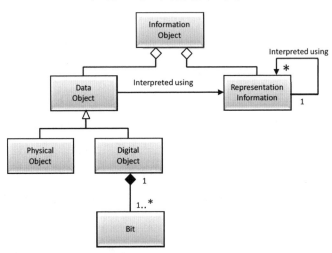

*출처: CCSDS 2012, 64.

그림에서 'Data Object'로 표시된 '데이터객체'가 앞에서 살펴본 비트스트림이다. 'Representation Information'으로 표시된 '표현정보'가 비트스트림을 해석(디코딩)할 때 필요한 정보다. 앞에서 예시했던 ASCII 나 Uni-code 체계가 표현정보의 종류이다. 'Information Object'로 표시된 '정보객체'는 데이터객체(비트스트림)와 표현정보가 합쳐져야만 비로소 완전하게 구성된다.

각각 다르게 처리되는 다양한 포맷의 정보가 포함된 전자 문서를 복합문서 (Compound Document)라고 부른다. 복합문서에는 텍스트, 그래픽, 사운드 파일, 스프레드시트 등이 복수로 포함되기도 한다. 예를 들어, 웹 페이지는 텍스트와 이미지가 포함된 복합 문서인 경우가 많다. 또한 복합 문서는 고정적인 경우도 있고, 동적인 경우도 있다(한국기록학회 2008, 129). 만약 문서를 작성하면서 텍스트 중간에 이미지를 삽입했다면, 문서 안의 텍스트는 ASCII 코드값으로 인코딩이 가능하겠지만 이미지는 래스터(Raster)나 벡터(Vector) 방식으로 인코딩되어야 한다. 문서 편집기 어플리케이션마다 텍스트와 이미지를 어떻게 인코딩할 것인지 자기 나름의 방식으로 특정하고 있다. 전자문서 파일에 해당하는 비트스트림이 하나 만들어지고 그 안에 텍스트와 이미지가 섞여있다면 이것을 해석하기 위해서는 텍스트 인코딩스킴과 이미지 인코딩스킴, 즉 두 종류의 표현정보를 모두 알아야만 한다. 따라서 하나의 디지털 데이터객체를 해석하는 데 필요한 표현정보는 여러 개일 수 있다(임진희 2006, 55).

■ 정보객체로서 전자기록의 특징

데이터객체, 즉 비트스트림은 정보시스템에 의해 쉽게 복제되고 이동될 수 있다. 복제본 비트스트림은 원본(맨 처음 인코딩되어 만들어진 것이라는 점에서) 비트스트림과 아무런 차이가 없다. 다만, 비트스트림이 저장된 매체 공간만 다를 뿐이다. 즉, 전자기록은 저장 매체와 비트스트림이 개별적으로 관리될 수 있다는 점에서 종이라는 매체와 기록된 내용이 분리될 수 없는 종이기록과 다르다. 이러한 전자기록의 특성 때문에 진본성 추정 및 유지 요건, 무결성 종추적(Trace and Tracking) 기법이 필요하다.

정보시스템에서 저장, 관리하는 디지털 정보객체가 사람들에게도 의미를 갖기 위해서는 내용정보와 표현정보가 함께 존재해야 한다. 또한, 표현정보를 이용해서 내용정보를 해석하여 사람이 알아볼 수 있도록 디스플레이하거나 인쇄해주는 컴퓨터 시스템도 함께 존재해야 한다. 결과적으로 전자기록은 컴퓨터 시스템에 의존적이라는 점에서 육안으로 메시지 확인이 가능한 종이기록과 다르다. 이러한 전자기록의 특성 때문에 장기간 이용가능성을 확보하기 위한 전략이 필요하다.

복합문서 중 기록으로 관리할 필요가 있는 대상이 복합전자기록이다. 민간영
역뿐만 아니라 공공영역에서도 이미 소셜네트워크서비스(SNS), 이북(e-BOOK),
이러닝(e-Learning)과 같은 기록이 생산되어 유통되고 있다. 이들 기록에는 텍스
트 외에도 이미지, 동영상, 사운드, 3D 그래픽, 애니메이션 등이 혼재되어 있다.
이러한 복합전자기록이 갖는 특성을 고려하여 잘 조직화하고 보존하기 위한 연
구가 필요하다.

■ 파일 포맷의 종류

정보화 초기 공공기관의 업무에 자주 사용되는 파일 포맷의 종류는 문서류,
이미지류, 동영상류, 사운드류 등으로 크게 구분할 수 있었다. 하지만, 최근에는
이같은 구분이 모호해지고 있다. 초기의 문서류는 정적인 텍스트 중심의 비트
스트림이었지만 현재의 문서류는 그 안에 이미지와 동적 컴포넌트를 삽입
(Embed)할 수 있어 특성이 크게 달라지고 있는 것이다.

더구나 SNS와 같은 최신의 채널이 대민업무에 활용되고 3D스캐닝을 이용한
정보화나 GIS위치정보를 기반으로 한 서비스가 활성화되면서 공공기관의 업무
에 사용되는 파일 포맷의 종류는 나날이 다양해지고 있다. 기업이나 시민들이
새로운 어플리케이션으로 새로운 포맷의 파일을 생산하여 공공기관에 접수하고
있기 때문이다. 다양한 파일 포맷의 기록을 관리하는 것은 복잡하고 어려운 일
이다. 그렇다고 공공기관이 업무에 사용하는 파일 포맷을 몇 가지로 제한하거
나 표준화하는 것은 어플리케이션 벤더들의 이해관계와도 연관되므로 결정하기
쉽지 않다. 표준화를 한다 해도 장기간에 걸쳐서 예측해 본다면 공공기관에서
다루고 관리해야 하는 파일의 포맷 종류는 계속해서 늘어나고 다양해지고 명멸
을 거듭할 것이다.

기록관리자는 기관에서 사용하는 파일 포맷의 종류에 관심을 가져야 하며 기
록관리의 관점에서 포맷의 특징을 잘 이해하고 있어야 한다. 현재 사용 중인 포

맷만도 수백 종이 넘는데 파일 포맷 중 몇 가지를 예시해보면 〈표 2-1〉와 같다.

〈표 2-1〉 파일포맷의 예시

파일 확장자	포맷 설명
ac3	MPEG-2, 어디밴스드 오디오 코딩 파일
alz	이스트소프트 - 알집, 압축 파일
asf	마이크로소프트 Advanced Streaming Format 파일
asp	Active Server Page 파일(마이크로소프트 ASP 스크립트를 포함하고 있는 HTML 파일)
asx	비디오 파일
avi	윈도우즈 무비를 위한 마이크로소프트 오디오 및 비디오 파일
bak	백업파일
bin	바이너리 파일
bmp	윈도우 또는 OS/2의 비트맵 그래픽 파일
cab	마이크로소프트 캐비넷 파일(소프트웨어 배포를 위해 압축된 프로그램 파일들)
cda	CD 오디오 트랙
dat	데이터 파일, 어떤 종류의 MPEG에서는 확장자가 DAT로 되어 있는 경우도 있음
dsf	Delusion, 디지털 사운드 파일 or Micrografx Designer v7.x
exe	실행 파일
gif	컴퓨서브 그래픽 파일
hml	HWPML(Hangul Word Processor Markup Language) 파일
htm/html	하이퍼텍스트 문서
hwp	아래아한글 파일
ico	아이콘 파일
img	GEM, 이미지 파일 or Ventura Publisher, 비트맵 그래픽 파일
iso	ISO 9660 CD-ROM 파일시스템 표준에 기반을 둔, CD-ROM 상의 파일 목록
jpe	JPEG 이미지
jpeg/jpg	JPEG 비트맵 그래픽 파일
lcd	CDSpace, CD 이미지 파일
log	로그 파일
mdi	마이크로소프트, 오피스 문서 이미지 파일
mid	미디 음악 파일
mov	QuickTIme for Windows 무비 파일
mp3	MPEG Audio Layer 3로 압축된 음악 파일
mp4	MPEG-4 비디오 파일
mpeg/mpg	MPEG 동영상 파일

파일 확장자	포맷 설명
pdf	어도비 애크로뱃 문서 형식(Portable Document Format)
php	PHP 스크립트가 들어있는 HTML 페이지
png	Portable Network Graphics 비트맵 그래픽 파일
ppt	마이크로소프트 파워포인트 파일
rar	RAR 압축 파일
reg	윈도우 레지스트리 파일
rm	리얼오디오 비디오 파일
s3m	Scream Tracker v 3.0, 16채널 음악 파일
swa	쇽웨이브 오디오 파일
swf	쇽웨이브 플래시 객체
sys	시스템 파일
txt	아스키 텍스트
url	인터넷 바로가기 파일
wav	윈도우 웨이브 파일
wma	마이크로소프트 Windows Media 오디오 파일(ASF형식으로 변경 가능)
wmv	마이크로소프트, 윈도우 미디어 파일
xls	마이크로소프트 엑셀 파일
xml	eXtensible Markup Language 파일
zip	Zip 압축 파일

*출처: 텀즈(http://www.terms.co.kr/filename-extensions.htm, 일부 발췌).

3. 전자기록의 디지털 정보 구성

◼ 디지털 객체 장기보존 시 정보의 종류

ISO 14721은 디지털객체를 장기간 저장·관리하는 정보시스템에서 관리해야 할 정보객체 종류를 〈그림 2-5〉와 같이 제시하고 있다. 'Content Information'으로 표시된 내용정보, 'Preservation Description Information'으로 표시된 보존기술정보, 앞에서 살펴봤던 표현정보 등이 여기에 속한다. 이 중 내용정보를 제외한 모든 정보객체들은 메타데이터 종류들이다. 즉 내용정보를 설명하거나 내용정보를 관리하기 위해 필요한 정보들인 것이다.

〈그림 2-5〉 디지털 정보의 종류

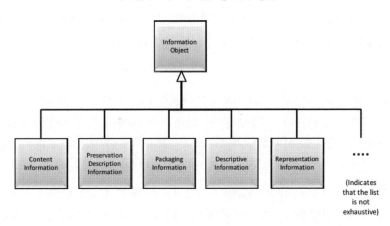

■ 전자기록을 구성하는 요소들

〈그림 2-5〉의 모형은 전자기록을 관리하는 정보시스템에도 적용할 수 있다. 전자기록의 내용은 기록의 유형별로 다양할 수 있다. 결재받은 기안문서를 내용으로 하는 기록, 이메일을 내용으로 하는 기록, 웹페이지를 내용으로 하는 기록, 데이터세트를 내용으로 하는 기록 등, 내용을 구성하는 정보들은 일반적으로 독립적인 비트스트림, 즉 컴퓨터 파일의 형태로 존재한다. 전자기록 한 건의 내용정보는 여러 개의 컴퓨터 파일로 구성될 수도 있다.

앞에서 살펴본 바와 같이 내용정보는 디지털 정보의 일종이고, 모든 디지털 정보는 데이터객체(=비트스트림)와 표현정보가 함께 있어야 한다. 따라서 전자기록을 구성하는 모든 내용정보들도 반드시 표현정보를 포함하고 있어야 한다는 점을 기억해야 한다.

전자기록은 내용정보에 해당하는 컴포넌트와 메타데이터가 함께 관리되어야 하는데, 보존기술정보가 메타데이터에 해당한다. 메타데이터들도 디지털 정보

의 일종이므로 메타데이터 값을 담고 있는 데이터객체(비트스트림)와 표현정보
가 함께 관리되어 한다는 점 역시 기억해야 한다. ISO 14721에서는 보존기술정
보를 다음의 다섯 가지 영역으로 제시하고 있다(CCSDS 2012).

- 참조정보(Reference Information) : 내용정보의 식별자가 만들어지는 메
  커니즘을 정하거나 설명해 준다. 외부 시스템에서 특정 내용정보를 참
  조할 수 있도록 식별자를 제공해준다. 분류시스템, 참조시스템, 등록시
  스템 등에서 식별자를 이용하여 내용정보를 참조할 수 있다.
- 배경정보(Context Information) : 배경정보는 내용정보가 환경과 어떤 관
  계인지를 설명한다. 즉, 내용정보가 생성된 이유, 다른 내용정보 객체들
  과의 연관관계 등을 기술한다.
- 출처정보(Provenance Information) : 출처정보는 배경정보의 한 종류로
  내용정보의 이력을 설명한다. 내용정보의 원출처나 직접적 출처, 그간
  의 변경 사항, 그간의 보관자 이력을 감사증적으로 제공한다. 출처정보
  를 통해 내용정보에 대한 신뢰성을 보증할 수 있다.
- 무결성정보(Fixity Information) :특정 내용정보 객체가 근거를 남기지 않
  고 변경되었는지 여부를 확인하기 위해 필요한 키를 제공한다. 데이터
  무결성 검사나 검증 및 확인을 하는 데 키를 사용한다. 예를 들면, 내용
  정보의 특정 객체에 적용된 인코딩스킴이나 오류검출 방식을 무결성정
  보에 저장한다. 시스템 전반의 보안이나, 데이터스토리지 장치에서 제
  공하는 오류검출기능과 같은 것은 무결성정보에 포함하지 않는다. 다
  만, 이러한 외부 서비스나 메커니즘에 대해 최소한의 품질 요구사항을
  정해둘 수는 있다.
- 접근권한정보(Access Rights Information) :내용정보에 관한 접근 제한을
  표시한다. 법규에 따른 접근통제나 저작권 라이선스 조건 등이 포함된
  다. 기록이 입수될 때의 합의나 계약 조건에 명시된 접근 및 유통 조건
  을 포함해야 하며, 접근권한을 통제하는 응용 프로그램의 사양도 포함
  할 수 있다.

　종이기록의 경우 문서의 양식이 기록 안에 포함되어 있고, 문서 작성자, 소속 기관, 문서의 제목, 내용 등 필요한 모든 정보를 종이에 직접 기재하는 것이 일반적이다. 반면 전자기록의 경우 업무시스템의 화면에 양식이 디스플레이되면 메타데이터 필드에 값을 입력하고 본문 전자문서를 첨부하여 기록을 완성하고, 이 때, 직접 입력하는 필드 이외에도 업무시스템에 로그인하는 순간 확인되었던 업무담당자 정보나 과제 정보가 자동으로 입력되는 것이 일반적이다. 전자기록의 경우 본문내용은 컴퓨터 파일로 메타데이터는 데이터베이스 필드로 관리된다. 결과적으로 전자기록은 본문내용과 메타데이터의 비트스트림이 물리적으로 분산되어 저장된다는 점에서 내용과 메타데이터가 본문으로 함께 기술되는 종이기록과 다르다. 물론, 종이기록의 경우 건 단위나 상위계층에서 추가적인 기술을 하기도 하지만 기본적인 메타데이터는 문서 내용과 함께 기술되는 것이 일반적이다. 따라서, 종이기록은 종이매체를 잘 보관하는 것 자체가 기록의 내용과 메타데이터를 잘 보관하는 전략이 되지만 전자기록은 분산 저장된 디지털객체들을 연결지어 논리적인 하나의 묶음으로 잘 보관해야 한다. 전자기록을 장기간 보존할 경우 특히 이 묶음을 잘 유지하는 게 중요한 과제가 되며 대안으로 캡슐화(Encapsulation) 기법을 보존전략으로 채택하기도 한다.

　전자기록을 논리적으로든 물리적으로든 캡슐화한다면 패키징정보(Packaging Information)가 만들어져 별도로 관리되어야 한다. 우리나라 공공기관의 공공기록 중 장기보존 대상 전자기록은 물리적 패키지로 캡슐화하고 있다. 그렇다면 각 패키지의 내용구성에 관한 정보가 메타데이터로 관리되어야 할 것이다.

　전자기록을 이용자들에게 제공할 때는 기술정보(Descriptive Information)를 검색조건으로 공개해야 한다. 기술정보는 전자기록에 관한 전체 메타데이터의 부분집합으로 구성된다. 전자기록의 참조정보, 배경정보, 출처정보가 주로 기술정보로 정의될 것이다. 무결성정보나 접근권한정보는 외부 이용자보다는 기록관리자가 전자기록을 검색할 때, 기록관리자가 이용자의 요구사항에 대해 전자기록의 접근을 허용할지 판단할 때 사용하는 정보가 될 것이다.

전자기록의 표현정보는 모든 내용정보마다 필요하다. 그러나, 내용정보가 동일한 인코딩스킴에 의해 생성된 내용정보마다 표현정보를 중복하여 저장할 필요는 없을 것이다. 전자기록 관리기관은 필요한 표현정보를 별도의 데이터베이스로 구축하여 관리하고, 각 전자기록 내용정보에서는 필요한 표현정보를 데이터베이스에서 참조하도록 하는 것이 효율적일 것이다. 현재 국가기록원이 구축한 디지털 포맷 및 어플리케이션 기술정보은행(DFR)이 포맷레지스트리(Format Registry)의 일종으로 표현정보 데이터베이스의 좋은 사례라 할 수 있다.

▣ 전자기록의 내용, 구조, 맥락 정보

전자기록은 다음과 같이 내용, 구조, 맥락 정보로 구성된다(ICA&IRMT 1999, 14-15, 한국국가기록연구원 2004, 4 재인용).

- 내용(Content) : 기록에 포함되어 있는 생산자의 의도를 표현한 정보
- 구조(Structure) : 기록의 내용정보에 대한 조직적인 표현방식, 내용의 외형 및 배열상태(서식, 폰트, 표, 그래프 차트 등) 및 시스템 내의 기록들 간의 연계관계를 지칭함. 기록의 내용 생산을 위해 사용된 소프트웨어 및 기록들 간의 연계 관계를 관리하는 시스템(플랫폼, 하드웨어 등)에 대한 구조적 정보가 포함됨
- 맥락(Context) : 기록의 형성과정과 기록 사이의 상호관계를 증명할 수 있는 정보, 기록의 내용을 이해하는 데 유용한 배경정보. 표제, 생산자명, 일자 등은 특정문서를 확인하고 식별하는 데 필요한 정보를 의미. 생산자 및 생산목적에 관한 정보는 업무기능의 본질, 생산기관 및 단위 등에 대한 정보를 의미

OAIS 참조모형에서 제시하는 디지털 정보 종류를 내용, 구조, 맥락과 연결지어 살펴보면 다음과 같다.

먼저, ICA&IRMT에서 지칭하는 전자기록의 내용정보란 전자기록의 본문, 즉 콘텐츠 그 자체를 지칭한다. OAIS 참조모형의 내용정보와 이름은 동일하지만 지칭하는 대상은 다를 수 있다. OAIS 참조모형의 내용정보는 정보객체의 하나로서 일반적으로 표현정보를 포함하는 반면에 ICA&IRMT의 내용정보는 비트스트림 자체만을 의미한다.

ICA&IRMT가 말하는 전자기록의 구조정보란 전자기록의 물리적 구성정보이다. 예를 들어, 해당 문서의 확장자가 hwp인 경우, 흔글이라는 어플리케이션으로 만들어진 파일포맷이며, 어플리케이션의 버전은 무엇이고, 비트스트림의 바이트 수는 얼마이다, 등등의 정보를 의미한다. 즉, 이 구조정보가 OAIS 참조모형의 표현정보와 동일한 정보를 지칭한다고 볼 수 있다. 혹시 비트스트림에 무결성 보장 및 검증을 위한 조치가 취해져 있다면 이에 대한 정보 또한 구조정보에 속하게 되며, 이는 OAIS 참조모형의 무결성정보와 연관된다고 볼 수 있다.

ICA&IRMT가 말하는 맥락정보란 전자기록의 형성과정과 기록의 상호관계를 증명할 수 있는 배경정보로서 제목, 작성자, 생산일시, 업무과정, 사용이력 등의 정보를 의미한다. 이는 OAIS 참조모형의 참조정보, 배경정보, 출처정보를 포괄하는 것으로 볼 수 있다.

2절 전자기록의 계층적 구조

1. 전자기록 건(Item)의 구성

■ 종이기록과 전자기록 건의 구성

기록관리 대상이 되는 최소한의 논리적 단위(Unit)는 건(Item)이다. 논리적 완결성을 가진 최하위 단위가 건이라는 의미이다.

종이기록의 경우 한 건의 기록이 낱장 한 쪽짜리이기도 하고 여러 쪽으로 구성되기도 한다. 여러 쪽인 경우 낱장 종이들을 하나의 묶음으로 잘 정리하고 보관하여 흩어지지 않게 해야 한다.

마찬가지로 전자기록의 경우 한 건의 기록에 하나의 디지털 컴포넌트가 있기도 하고 여러 개의 디지털 컴포넌트가 있을 수 있다. 컴포넌트는 독자적으로도 정보시스템의 관리대상 객체가 될 수 있지만 기록관리 관점에서는 독자적으로는 의미를 갖지 못한다. 컴포넌트는 기록 건의 맥락 속에 위치했을 때 온전한 의미를 갖게 된다. 물론, 지식관리의 관점에서 본다면 하나의 디지털 컴포넌트가 독자적인 의미를 가질 수도 있다. 지식관리에서는 컴포넌트가 가진 내용에 더 집중하기 때문이다. 결국, 전자기록 한 건이 논리적 완결성을 잘 유지하도록 하려면 건을 구성하는 디지털 컴포넌트들이 흩어지지 않게 묶음으로서 잘 관리해주어야 한다.

■ 결재문서의 전자문서 개수

결재문서 전자기록을 예로 전자기록 건의 구성을 살펴보면 다음과 같다.

일반적으로 업무담당자들은 시간을 두고 기안문을 작성하게 된다. 아이디어를 다듬어 최종 기안문을 완성하고 나면 사안에 따라 결재선을 지정하여 상신하게 된다. 중요한 사안은 기관의 최고책임자까지 결재를 받게 되고, 경미한 사안은 위임전결규정에 따라 중간 관리자까지 결재를 받게 된다. 결재를 받는다는 것은 기안한 내용이나 보고내용에 대해 승인을 받는 것으로 기관 입장에서는 특정 사안에 관해 의사결정을 하는 것이 된다.

계획서나 보고서를 기안할 때 본론에 해당하는 내용을 '본문' 전자문서로 작성하게 된다. 결재과정이나 시행과정에서 기안의 내용을 보완설명해주는 '붙임' 문서를 첨부할 수도 있다. 때로는 기안을 하게 만든 지시사항 문건이 첨부되기도 한다. 결과적으로 결재문서 하나는 다수의 전자문서로 구성될 수 있다는 것이다.

■ 결재문서 전자기록의 메타데이터

결재받은 문서는 기관의 중요 의사결정의 증거로서 기록으로 관리되어야 한다. 이 때, 기안에 사용된 전자문서뿐만 아니라 결재와 관련된 여러 디지털 정보가 함께 기록으로 관리되어야 한다. 예를 들어, 기안자 성명과 소속부서, 기안문 제목, 기안 일시, 결재자와 결재일시 및 검토의견 등이 기본적인 메타데이터로 획득되어야 한다. 이러한 정보는 전자문서시스템에서 전자결재 과정에 참여하는 업무담당자가 직접 입력하거나 혹은 로그인하는 순간 시스템에서 확인된 정보들이다. 업무관리시스템의 경우에는 문서관리카드의 화면에 들어있는 대부분의 필드들이 메타데이터 항목이 된다.

■ 결재문서 전자기록 한 건의 구성

결재가 종료되는 순간 해당 결재문서는 전자기록으로 관리되어야 한다. 기록은 문서와 달리 변경되어서는 안 되고 내용이 고정되어야 한다. 결재문서가 하나의 전자기록으로 획득되어 등록될 때는 〈그림2-6〉에서 보는 바와 같이 여러 개의 구성요소들이 기록이라는 하나의 논리적 단위로 묶이게 된다.

그림에서 본문 파일과 별첨 파일이라고 한 것들은 독립적인 비트스트림으로 존재하는 컴퓨터 파일들이며 이를 디지털 컴포넌트(Digital Component)라 부른다. 본문 파일은 공공기관의 결재문서 경우에는 hwp 확장자를 가진 흔글파일이 대다수이다. 별첨 파일은 흔글과 같은 문서, 엑셀 같은 스프레드시트, 파워포인트와 같은 슬라이드, 사진 이미지, 동영상 등 다양한 포맷의 파일이 붙게 된다.

전자기록 한 건을 구성하는 정보객체를 종류별로 나누어 보면 다음과 같다. 이 중 * 표가 붙은 항목의 값은 필수적으로 관리되어야 한다.

- 기록 건의 메타데이터 *
- 원본 디지털 컴포넌트(1개 이상) *
- 원본 디지털 컴포넌트별 메타데이터 *
- *만약 포맷변환을 했다면, 변환결과 디지털 컴포넌트(1개 이상)*
- *만약 포맷변환을 했다면, 변환결과 디지털 컴포넌트별 메타데이터*
- *만약 배포용 발췌사본을 제작했다면, 발췌사본 디지털 컴포넌트(1개 이상)*
- *만약 배포용 발췌사본을 제작했다면, 발췌사본 디지털 컴포넌트별 메타데이터*

하이브리드 기록관리시스템에서 비전자기록을 전자적으로 관리하고자 할 때 비전자기록 한 건을 구성하는 정보객체를 종류별로 나누어 보면 다음과 같다.

〈그림 2-6〉 문서관리카드 기록 건의 구성

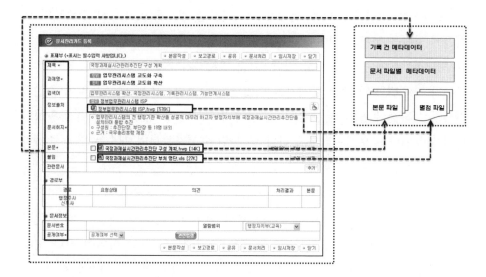

마찬가지로 * 항목의 값은 필수적으로 관리되어야 한다.

- 기록 건의 메타데이터 *
- *만약 스캐닝 등의 디지털화를 했다면, 디지털 컴포넌트(1개 이상)*
- *만약 스캐닝 등의 디지털화를 했다면, 디지털 컴포넌트별 메타데이터*
- *만약 배포용 발췌사본을 제작했다면, 발췌사본 디지털 컴포넌트(1개 이상)*
- *만약 배포용 발췌사본을 제작했다면, 발췌사본 디지털 컴포넌트별 메타 데이터*

■ 사례 : 업무관리시스템의 문서관리카드

업무관리시스템의 문서관리카드 한 건은 하나의 전자기록으로 관리된다. 전자 기록 한 건을 구성하는 전자문서와 메타데이터를 예시를 통해 살펴보고자 한다.

업무관리시스템은 앞에서 살펴본 바와 같이 '경로부'라는 영역을 가지고 있다. 결재선을 지정하면 다음 결재자가 기안문을 검토하고 반드시 경로부의 의견란에 입력을 하도록 되어 있다. 결재자는 직접 본문을 고쳐 새로운 버전의 기안문을 경로부에 등록할 수도 있다. 최종 결재자가 최초의 기안자가 상신한 문서부터 경로부 상의 중간 결재자들이 입력한 수정버전을 모두 검토하여 최선의 의사결정을 할 수 있도록 한 것이다. 만약 경로부가 원래의 목적에 맞게 활성화되어 활용된다면 문서관리카드 하나 당 관련된 전자문서의 개수는 더욱 증가하게 될 것이다.

〈그림 2-7〉의 문서관리카드 예시에서는 하나의 결재문서에 다수의 전자문서가 첨부되는 것을 보여준다. 표제부를 보면 최초의 기안문이 제출될 때 본문과 붙임 파일이 각각 하나씩 첨부되었고, 정보출처에 참고자료 파일이 하나 첨부되어 있음을 볼 수 있다. 경로부를 보면 최초의 기안문인 버전 1.0과 결재과정에서 수정보완된 기안문인 버전 2.0가 첨부되어 있음을 볼 수 있다. 하나의 문서관리카드에 첨부된 전자문서는 총합 4개가 된다.

문서관리카드의 표제부, 경로부, 문서정보 항목의 대부분은 메타데이터로 관리된다. 화면 상에 보이는 필드뿐만 아니라 숨겨져 있는 데이터베이스 필드들도 상당수가 메타데이터로 관리되어야 한다. 예를 들어, 문서관리카드는 업무관리시스템에서 관리될 때 고유한 식별자를 부여받게 된다. 문서관리카드의 ID값은 화면에는 보이지 않지만 데이터베이스에 저장되어 있는 값이며 메타데이터로 획득되어야 한다. 다른 예로 문서관리카드 경로부에는 기안자와 결재자의 이름만 나타나지만 데이터베이스에는 직원ID가 함께 저장되어 있으며 ID도 메타데이터로 획득되어야 한다. 향후 동명이인을 식별하거나 전거를 밝히는 데 필요하기 때문이다. 디지털 컴포넌트들의 메타데이터는 파일 명칭과 바이트 수 정도만 화면에 나타나지만 상세한 포맷 정보가 메타데이터로 더 확보되어야 한다. 특히 디지털 컴포넌트의 메타데이터에는 자기가 속한 문서관리카드의 ID값이 반드시 포함되어야 한다.

현재 문서관리카드에서 추출하는 메타데이터는 〈그림 2-8〉의 규격에 따른다. 〈그림 2-7〉의 표제부에 있는 필드 이름들과 〈그림 2-8〉에 명시된 '엘리먼트설명'에 동일한 명칭이 있음을 확인할 수 있을 것이다.

〈그림 2-7〉 온-나라 업무관리시스템 문서관리카드 예시

*출처: 행정자치부 2006.

〈그림 2-8〉 문서관리카드 이관 파일 스키마 구조 예시

엘리먼트명				횟수	엘리먼트설명	기본데이터형	자리수
record				1	문서관리카드	N/A	-
	Identifier			1	카드구분	N/A	-
		record_id		1	문서관리카드ID	String	35
		head_info		1	표제	N/A	-
			record_detl_type_cd	1	기록건 유형	String	2
			elec_type_cd	1	전자/비전자 구분	String	1
			prod_type_cd	1	생산/접수 구분	String	1
			close_type_cd	1	중단문서여부	String	1
			record_title	1	제목	String CDATA	500
			rel_type_cd	1	관계유형	String	2
			rel_trgt_id	0..1	관리과제카드ID	String	35
			rel_descr	0..1	과제명(관리과제카드명)	String CDATA	500
			keywd	0..1	검색어	String CDATA	500
			sumry	0..1	문서취지	String CDATA	4000
			duty_basis_info	0..n	관련정보	N/A	-
				duty_basis_id	1	관련정보ID	String	35
				duty_basis_title	1	관련정보제목	String CDATA	500
				duty_basis_type	1	관련정보유형	String	2
				attach_info	0..n	첨부파일	N/A	-
					orign_id	1	파일ID	String	35
					file_nm	1	파일명	String CDATA	500
					doc_type_cd	1	유형구분	String	2
					file_size	1	파일용량	Number	10
					doc_type_sno	1	파일순서	Number	6
		attach_info		0..n	첨부파일	N/A	-
			orign_id	1	파일ID	String	35

*출처: 국가기록원 NAK/TS 1-1:2012(v1.2), 36.

2. 전자기록 계층 구성

■ 전자기록의 기본 3계층 정의 : 철-건-컴포넌트

국가기록원이 최근 개정한 기록관리 메타데이터 표준 NAK/S 8:2012(v2.0)에서는 디지털 컴포넌트를 전자기록의 명시적 계층으로 정의하고 메타데이터 요소를 제시하고 있다. 이 표준에서는 메타데이터를 기술해야 하는 기록 계층을 기록물철, 기록물건, 컴포넌트 3계층으로 정의하였다. 다음은 각 계층에 관한 정의이다.

- 기록물철 : 조직/업무 활동을 증명해주며 축적된 기록물건의 집합. 기록 관리의 기본단위로서 업무관리시스템의 경우 단위과제 범위 안에서 관련 기록물을 편철한 1개 이상의 묶음
- 기록물건 : 하나의 개체로 관리되는 기록물의 최소 개별 단위. 업무관리 시스템 내에서는 모든 보고 업무(보고서 작성, 보고처리 및 시행)를 수행할 수 있는 문서관리카드, 문서관리카드 내의 본문과 첨부를 포함
- 컴포넌트 : 기록물건을 구성하는 기록물의 최소 단위. 일반문서 유형인 경우 종이문서, 전자문서의 본문·첨부 데이터파일 등이 기록물건을 구성하는 컴포넌트가 되고, 다른 기록 유형인 경우 각 기록물건을 구성하는 고유의 컴포넌트 형식을 가짐

■ 컴포넌트의 이해

한편, ISO 16175에서는 컴포넌트를 '전자기록을 구성하는(가령 웹 페이지의 멀티미디어 구성요소들) 각각의 부분들'로 정의하고 있다. 지속적으로 기록이 관리될 수 있도록 하기 위해서는(예를 들어 마이그레이션 목적과 같이) 구성요소들에 대한 메타데이터를 획득할 필요가 있다. 이것은 '소프트웨어' 내지 '시스템' 구성요소 개념과 혼돈해서는 안된다(The National Archives (UK) 2002)'라고

정의하고 있다. 소프트웨어 혹은 시스템 공학에서 말하는 컴포넌트 기반의 개발방법에서의 컴포넌트는 독립적인 기능을 구현하고 있어 플러그인 방식으로 쉽게 장착해 쓸 수 있는 소프트웨어 모듈을 의미한다.

전자기록 컴포넌트는 기록을 구성하는 컴퓨터 파일들이라고 생각하면 쉽게 이해될 수 있다. 웹기록을 예로 들면, 웹 페이지 하나는 htm 혹은 html 파일로 만들어진다. 웹 페이지에 jpg 이미지 파일 하나와 avi 동영상 파일 하나가 삽입되어 있다면 화면 상으로는 마치 웹 페이지, 이미지, 동영상이 하나의 기록처럼 움직이고 보이지만 컴퓨터 상에는 htm, jpg, avi 파일들이 따로 존재하게 된다. 즉, 우리가 하나로 인식했던 웹기록 한 건을 구성하는 컴포넌트는 3개가 되는 것이다.

■ 기록 집합체(Aggregation)의 역할

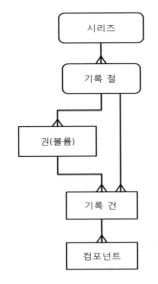

〈그림 2-9〉 기록의 계층 모형

시리즈

기록 철

권(볼륨)

기록 건

컴포넌트

*출처: ISO 16175에서 그림 수정 보완.

기록을 관리할 때는 여러 기준으로 범주화하여 집합체를 만들게 된다. ISO 16175에서는 집합체를 '기록객체 즉 문서나 디지털 객체의 상위수준에서 기록객체들을 축적한 것으로 예를 들어 디지털 파일이나 시리즈'라고 정의하고 있다(ISO 16175). 여기서 디지털 파일이라고 표현한 것은 전자기록철로 이해해야 한다.

기록을 구성하는 기록관리 대상 요소들은 〈그림 2-9〉처럼 계층적 구조를 갖는다. 그림에서 권(볼륨)계층 – 기록 철 계층 – 시리즈 계층 등의 집합체 종류를 보여준다.

〈표 2-2〉 메타데이터 표준

상위요소	하위요소	세부요소
2 기록계층	-	-
3 기록식별자	3.1 기본식별자	-
	3.2 시스템식별자	3.2.1 시스템식별자 유형 3.2.2 시스템식별자
	3.3 보조식별자	3.3.1 보조식별자 유형 3.3.2 보조식별자
4 기록물명	4.1 제목	-
	4.2 기타제목	4.2.1 기타제목 유형 4.2.2 기타제목명
8 유형	8.4 컴포넌트 유형	-
9 포맷	9.1 포맷명	-
	9.2 포맷버전	-
	9.3 생성 어플리케이션명	-
	9.4 생성 어플리케이션버전	-
10 저장매체	-	-
11 크기	11.1 용량	-
	11.2 단위	-
14 생산이력	14.5 컴포넌트 버전	-
18 위치	18.1 소장처	-
	18.2 소장위치	-
21 보존이력	21.1 보존처리 유형	-
	21.2 보존처리 설명	-
	21.3 보존처리 일시	-
	21.4 보존행위자	21.4.1 기관명 21.4.2 기관코드 21.4.3 부서명 21.4.4 부서코드 21.4.5 개인명 21.4.6 개인코드 21.4.7 직위(직급)명 21.4.8 직위(직급)코드
22 관계	22.1 관계 유형	-
	22.2 관계대상식별자	-
	22.3 관계설명	-

*출처: 국가기록원 NAK/S 8:2012(v2.0).

집합체는 분류체계와는 별도로 기록관리의 필요에 의해 만든 컨테이너이다. 주로 처분의 기본 단위로 이용된다. 기록의 집합체에도 메타데이터가 필요하며 주로 관리에 관련한 메타데이터가 주를 이루게 된다. 〈표 2-2〉는 이러한 기록 계층별 메타데이터를 모두 포괄하도록 정의한 공공기록 메타데이터 표준의 일부이다. '2 기록계층'이라는 요소에 〈그림 2-9〉에서 볼 수 있는 컴포넌트, 기록 건, 권(볼륨), 기록 철, 시리즈 중 하나가 정해지면 나머지 메타데이터 요소들 중에서 해당 계층과 관련 있는 요소가 정해지게 된다.

■ 기록 계층의 응용

전자기록의 계층을 조직화의 결과라고 했을 때 관리의 용이성을 위한 기록 계층구조와 제공서비스를 위한 기록 계층구조는 다르게 만들어질 수 있다. 예를 들어, 문화재청의 경우 문화유산을 보호 관리하는 업무를 수행하면서 업무 프로세스별로 다양한 기록정보를 수집, 생산하고 있다. 문화유산 기록정보를 관리하고 통제하기 위한 기본 분류와 계층구조는 업무절차와 출처에 의거하여 만들어질 것이다. 하지만, 기록정보의 이용자들에게 보여줄 때는 다른 관점이 필요할 것이다. 예를 들어 문화재청 기록정보의 이용자 관점에서는 기록정보를 검색할 때 가장 기본이 되는 관심 개체는 문화유산 단위가 될 것이다. 그렇다면 기록제공시스템에서는 기록정보를 문화유산별로 그룹핑하고 계층화하는 것이 필요하게 된다.

이용자 관점에서 관심대상을 중심으로 기록정보를 재정리하고 계층화하여 제공할 것을 제시했던 연구 사례로는 아시아문화정보원, 문화재청, 국립국악원, 국립예술자료원, 국립현대미술관, 아태무형유산센터, 대한민국학술원 등의 연구가 있다. 아시아문화자원세트(문화체육관광부 2010), 국악자원세트(국립국악원 2010), 공연·전시자료 클러스터(국립예술자료원 2010), 전시 혹은 작가 정보자료 컬렉션(국립현대미술관 2012), 학술원 회원 컬렉션(대한민국학술원 2010) 등의 이름으로 기록정보자원 세트모형이 제시된 바 있다.

구체적인 예로 문화재청에서는 문화유산 기록정보자원 디지털세트 모형의 개념모형을 설계한 바 있다(문화재청 2009, 2010, 2011). 문화유산 디지털세트 모형에서는 문화유산에 대해 기록정보를 모아 선별하고 디지털화하여 해당 문화유산의 원형을 직접 설명하고 있는 자원이나 재현에 핵심적으로 필요한 기록정보자원을 '기본자원'으로 그룹핑하고, 해당 문화유산을 관리하는 과정, 혹은 표현하는 과정을 설명해주는 기록정보 자원은 '과정자원'으로 그룹핑하며, 해당 문화유산을 연구조사한 기록이나 고급 콘텐츠들을 '해석자원'으로 그룹핑하여 제공하는 것을 기본으로 한다. 문화재청에서는 2012년과 2013년도에 걸쳐 문화유산 허브뱅크시스템을 구축 중이며, 시스템의 대기능 '수요자 맞춤형 서비스' 하위에 '문화유산 디지털세트 서비스'를 구현하였다(문화재청 2012, 2013).

3절 전자기록의 종류별 특성

1. 결재 및 보고 전자문서 기록

◾ 결재 전자문서의 서식

현재 공공기록물관리 과정에서 전자문서시스템에서 생산되는 결재문서와 업무관리시스템에서 생산되는 문서관리카드는 표준규격 전자문서로 취급되며 그 밖의 행정정보시스템에서 생산되는 전자문서류는 비표준규격 전자문서로 취급된다.

기관에서 특정 시기동안 공식적으로 혹은 비공식적이지만 사실상 표준화된 것으로 통용되는 서식이 있다면 이를 기록의 요소로 함께 보존할 것인지 검토해야한다. 서식이 설계될 때 담았던 행정혁신의 의미, 그리고 다수의 업무담당자들이 의사결정과정에서 공유한 서식의 의미를 남기는 것이 가치를 가질 수 있기 때문이다.

결재전자문서의 서식은 두 가지 영역에서 살펴볼 수 있다. 기안내용 영역과 기안에서 결재에 이르는 과정과 결과 정보 영역이다.

먼저, 기안내용 영역의 경우 서식의 의미는 종이문서와 유사하다. 종이문서로 기안문을 작성할 때 문서번호, 제목, 작성자, 본문내용, 별첨내용 등 내용구성뿐만 아니라 글씨크기와 글씨체, 줄 간격 등을 지정하여 독특한 문서양식을 유지해 왔다. 전자문서도 본문을 작성할 때 제목, 작성자, 본문내용 등을 특정한 폰트와 문단 속성을 적용하여 작성하는 게 일반적이다. 전자문서는 디지털 컴포넌트로 기록관리 대상이 되므로 그 안에 포함된 서식도 그대로 기록으로 보관된다.

다음으로는 과정과 결과 정보 영역이다. 업무관리시스템에서는 문서관리카드를 설계하여 정보를 축적한다. 문서관리카드가 모니터나 인쇄에 출력되는 양식 자체를 공식적인 서식으로 인정하고 기록화하여 남길 것인지 고려해볼 수 있다.

대통령비서실의 e지원시스템은 문서관리카드를 개발해 가면서 몇 차례 항목 구성과 배치를 변경하였다. 카드가 화면에 디스플레이되는 양식 자체를 기록의 고유한 내용을 볼 것이냐 아니냐에 관해 토론을 거쳐 양식도 중요한 가치를 갖는 기록의 한 부분으로 보아 문서 양식 이미지도 함께 기록화하여 보존하기로 결정한 바 있다.

■ 첨부 전자문서의 포맷

현재 공공기관에서는 주로 흔글로 본문파일을 작성하고 소통한다. 과거에는 보석글, 훈민정음과 같이 현재는 사라진 문서편집기를 사용하기도 했다. 현재 흔글이 보편적이라고는 하지만 흔글 자체도 세월이 흐르면서 버전이 지속적으로 변해왔기 때문에 파일의 확장자는 동일한 hwp 이지만 비트스트림의 인코딩 방식은 동일하지 않다.

별첨 및 붙임 문서들의 포맷은 매우 다양하다. xls, ppt, doc, xml, jpg, tiff, html, mp3, mp4 등등 업무영역에 따라 지리정보, 건축도면정보, 빌딩설계정보, 3D스캐닝정보 등등 다양한 첨부파일들이 참고자료로 붙고 있다.

문서의 포맷은 표준포맷(Standard Format), 공개포맷(Open Format), 독자포맷(Proprietary Format)으로 구분해볼 수 있다. ISO와 같은 국제표준으로 지정된 파일포맷으로는 용도별로 ODF, PDF/A, XML, HTML 등이 있다.

일반적으로 특정 용도의 전자문서에 대해 통일된 포맷을 사용하도록 하여 국제적인 상호운용성(Interoperability)를 확보하고자 표준포맷을 정한다. 표준포맷은 내부구조를 공개하는 것이 기본이다.

표준으로 지정되지는 않았지만 내부구조와 인코딩스킴을 밝힌 것을 공개포맷이라고 한다. 공개포맷이 다수 영역에서 활용되고 채택되면 사실상 표준(De Facto

Standard)이 된다. 공개포맷을 거쳐 표준포맷으로 채택되는 경우가 일반적이다.

　기록관리 관점에서 가장 문제가 되는 것이 독자포맷이다. 인코딩스킴이 공개되어 있지 않고 해당 포맷의 전자문서를 생성하는 어플리케이션에 의존해서만 디코딩해서 볼 수 있는 포맷이 독자포맷이다. hwp, xls, ppt, doc 등 상당수의 포맷이 독자포맷이다. 이들 전자문서에 대한 표현정보를 확보하여 함께 관리해야 하는 것이 전자기록관리자에게 도전과제가 된다.

　본문 전자문서의 생산 포맷을 표준화하거나 통일하는 것은 전자기록의 장기보존 측면에서 유리하다. 관리대상 포맷의 종류가 제한되기 때문이다. 포맷이 공개되어 있는 것을 생산 포맷으로 채택하는 것은 더욱 유리하다. 인코딩스킴을 알 수 있어 언제든 뷰어나 에뮬레이터를 제작할 수 있기 때문이다. 하지만 한편으로는 생산 포맷을 표준화하거나 통일하는 것이 표현력을 제약할 수 있다는 점과 포맷을 선택하는 것이 특정 어플리케이션 제품을 선택하는 것과 연결되어 산업계에 미치는 영향도 고려해야 할 것이다.

■ 첨부 전자문서의 용량

　전자문서 용량의 기본 단위는 바이트(Byte)이다. 텍스트 중심인 hwp에 비해 이미지, 동영상, 데이터세트 등은 데이터 용량이 훨씬 큰 경향이 있다. 전자기록관리에서는 데이터의 양을 정확히 추산하여 저장공간 계획을 잘 세워야 한다.

　업무관리시스템의 경우 기관의 공식적인 의사결정을 거쳐 시행이 필요한 기안은 문서관리카드로 작성하고, 기관 내부용 정보공유 차원에 필요한 보고는 메모보고로 작성하는 방식으로 운영된다. 메모보고에도 다수의 전자문서를 첨부할 수 있다. 현재까지의 사례를 보면, 문서관리카드의 전자문서 데이터 용량보다 메모보고의 전자문서 데이터용량이 훨씬 큰 경향을 보이고 있다. 1기가바이트(Giga Byte)가 넘는 동영상이 첨부되기도 한다.

　문서관리카드 전자기록과 메모보고 전자기록에 대해 상대적인 가치평가를 한다면 문서관리카드가 우선적인 가치를 갖는다고 볼 수 있다. 그런데 시스템에서 차지하는 데이터 용량은 메모보고가 훨씬 클 수 있다. 메모보고의 컴포넌트는 앞에서 살펴본 바와 같이 포맷도 훨씬 다양하다. 전자기록을 관리할 때 필요한 자원의 배분 측면에서 본다면 문서관리카드보다 메모보고를 관리하는 데 더 많은 비용이 들 수 있다는 것이다. 가치와 비용을 고려했을 때 모든 메모보고의 모든 첨부파일을 기록으로 획득할 필요가 있는지 평가가 필요할 것이다.

■ 첨부 전자문서의 뷰어(Viewer)

첨부된 전자문서는 기록으로 관리되는 동안 언제든 열어볼 수 있어야 하며 원래 생산된 형태와 의미대로 이해할 수 있어야 한다. 특정 전자문서를 생산할 때 사용한 어플리케이션이나 별도의 간략한 뷰어가 제공되어야 한다. 전자문서의 유형이 한정되어 있을 때는 여러 포맷을 모두 열어볼 수 있는 통합 뷰어를 만들 수도 있다. 전자문서가 정적인 내용만이 아니라 동적인 내용까지 가지고 있을 때 원래의 동작까지 흉내 내기 위해서는 복잡한 뷰어를 제작해야 한다. 원래의 것을 흉내낸다는 의미에서 뷰어는 에뮬레이터(Emulator) 소프트웨어의 일종이라 볼 수 있다.

뷰어나 에뮬레이터를 만들기 위해 앞에서 살펴본 표현정보, 즉 포맷정보가 필요하다. 관리대상 전자기록에 어떤 전자문서 포맷이 포함되어 있는지 살피고 모든 포맷의 상세 정보를 관리해야 전자기록의 이용가능성을 보장할 수 있다.

2. 행정정보 데이터세트 기록

■ 데이터베이스와 데이터세트

전자문서나 이메일, 웹기록 등에 비해 데이터세트는 보존해야 하는 대상을 결정하기가 어렵다(Ashley 2004; DTP 2003: Verdegem 2003). 이는 데이터세트가 주로 데이터베이스시스템에 저장되고 관리된다는 점에서 연유한다.

데이터베이스시스템의 기본 목적은 데이터의 삽입, 삭제, 갱신 등 지속적인 데이터의 변화를 통하여 업무정보의 최신성과 정확성을 유지하는 것이다. 또한 하나의 데이터베이스에 포함되어 있는 다양한 내용정보에 대하여 여러 이용자가 동시접근하여 활용하게 하는 것이다. 데이터베이스시스템은 콘텐츠가 저장된 데이터베이스 자체, 데이터베이스 운영프로그램인 DBMS(Database Management System), 그리고 사용자 인터페이스 및 검색을 위한 응용프로그램으로 구성된 복잡한 시스템이다.

데이터세트 기록은 데이터베이스 파일 전체를 의미하지 않으며, 파일 자체를 의미하지도 않는다. 데이터세트 기록은 데이터베이스의 내용 중 기록으로서 가치가 있다고 평가·선별된 부분집합인 경우가 많다. 또한 데이터세트 기록에는 단순히 데이터만 포함되어서는 안 되고 데이터의 의미해석을 위해 DBMS의 사전(Dictionary)정보나 응용프로그램의 로직이 추출되어 포함될 필요가 있다.

■ 데이터베이스 특징별 데이터세트 기록 보존 방식

데이터베이스 내에서 보존할 가치가 있는 데이터세트의 기록화 범위가 정해진 후 데이터세트 기록을 추출하여 보존하는 방식은 데이터베이스의 특징에 따라 달라진다. 〈표 2-3〉에서는 데이터베이스에 담기는 내용을 네 가지 유형으로 나누어 기록화 방식을 제시하고 있다.

데이터베이스의 데이터가 변경되기 전에 기록으로 고정시키고 싶다면 그 시점의 데이터의 상태를 스냅샷(Snapshot)으로 복사하여 별도의 장소에 저장해야 한다. 스냅샷 복사 주기는 기록의 필요에 따라 정하게 된다.

데이터베이스관리시스템에는 데이터의 변경과정이 로그파일에 적혀있다. 정기적으로 스냅샷을 복사하되 만약 스냅샷 사이에 이루어진 세세한 변경이력 또한 기록으로 획득하고자 한다면 로그파일을 함께 복사해야 한다.

〈표 2-3〉 데이터세트 유형에 따른 보존 전략

	일회성 프로젝트 산출 DB	수정되지 않으며 열려 있는 DB	연속적이며 정적인 DB	종료시점이 비정기적인 동적 DB
특징	일정기간동안 수집 후 닫힘	·미리 정한 데이터 수집기간 없음 ·지속적 데이터 추가	·특정수집기간동안 수집된 데이터세트 ·종결된 데이터세트에는 데이터 추가불가	·오래된 데이터 갱신 ·정기적, 지속적인 데이터 수정
보존	단일묶음 처리	일정 주기별 전체 DB 스냅샷	일정 주기별 묶음 처리	스냅샷/로그파일
예	1291~1292년간 세금 부과 데이터세트	개인 예금계좌의 입출력 내역	3년 주기로 3번 설문조사한 런던대 환경학부 학생 태도 데이터세트	개인 예금 계좌용 은행, 시스템의 계정 잔액

*출처: Ashley 2004; Shepherd 2003(현문수 2005, 106에서 재인용).

■ 관계형 데이터베이스의 데이터세트 기록 추출 사례

공공기관의 행정정보시스템은 대부분 관계형 데이터베이스로 구축되어 있다. 관계형 데이터베이스는 데이터를 테이블(Table) 구조의 칼럼(Column)에 저장한다. 테이블 간에는 칼럼값을 참조하는 방식으로 관계가 맺어질 수 있다. 〈그림 2-10〉과 같이 테이블 간 관계구조로 인해 연관된 데이터세트가 하나의 의미와 맥락을 지닌 기록으로 식별될 수 있다.

〈그림 2-10〉 관계형 데이터베이스 테이블 관계 구조에 따른 디지털 기록의 구성

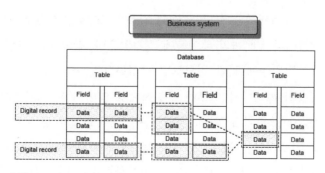

*출처: ISO 16175 2010.

〈그림 2-11〉은 인사관리를 위한 업무시스템에서 직원들의 급여를 관리하기 위한 관계형 데이터베이스를 보여준다. 테이블 A, B, C는 각각 직원정보테이블, 급여기준정보테이블, 부서정보테이블로 관련된 데이터를 제공한다. 테이블 D와 E는 테이블 데이터 간에 관계를 맺고 있는 데이터들을 별도로 제공한다. 테이블 D는 어떤 직원이 어떤 기준에 따라 급여를 받는지에 대한 데이터를 제공하며, 테이블 E는 어떤 직원이 어떤 부서에 근무하고 있는지에 대한 데이터를 제공한다.

〈그림 2-11〉만 보아서는 무엇이 의미 있는 데이터세트 기록인지 알 수 없다. 인사관리 업무처리 과정을 분석하여 언제 어떤 데이터가 어떻게 생성, 변경, 삭제되는지를 파악해야 의미 있는 단위의 기록을 도출할 수 있다. 데이터세트 기록은 한 개 혹은 다수의 테이블을 가로질러 연관된 필드들의 묶음으로 구성되는 경우가 많다.

〈그림 2-11〉의 사례에서는 세 가지 유형의 기록을 도출하는 것이 가능하다.

첫 번째, 밑줄 그은 글씨로 표시된 직원(<u>0078656 정유진</u>)에 관한 상세 인사기록 데이터세트이다. 이 데이터세트는 다섯 개의 테이블 전체에 걸쳐있는데 직원 이름, 주소, 급수, 연차, 연봉, 소속부서명, 소속부서장의 정보를 모두 포함한다.

두 번째, 기운 글씨체로 표시된 직원(*0078654 박영수*)의 기본 인사기록 데이터세트이다. 이 데이터세트는 직원의 이름, 주소 등 직원정보 테이블에 있는 정보만으로 구성된다. 첫 번째의 데이터세트에 비해 정보가 덜 상세하며 불완전하다고 할 수 있다.

세 번째, 굵은 글씨체로 표시된(**0078652 김철수, 0078653 이영희**) 부서별 인사기록 데이터세트이다. 세 개의 테이블에 걸쳐있으며, 급여에는 관심이 없이 특정 부서에 속한 직원들에 관한 정보로만 구성된다.

하나의 테이블의 데이터가 충분히 독립적으로 의미 있는 기록정보를 보유할 수도 있고, 그렇지 않을 수도 있다. 예를 들어, 테이블 B의 경우 회사의 급여지급 기준값으로 참조정보는 될 수 있지만 독립적으로 하나의 기록을 형성할 수는 없다. 테이블 D도 독립적으로 기록을 형성하기에는 미흡하다. 직원의 ID와 급여의 코드값만 있어 그 직원이 누구인지 급여가 얼마인지 내용을 알 수 없기 때문이다. 결국, 필요한 정보가 소재한 테이블들을 연결하여 관련정보를 모두 모아 기록을 구성해야 한다.

〈그림 2-11〉 인사관리 주요 테이블 예시

테이블 A : 직원정보

직원 ID	이름	주소
0078652	김철수	서울특별시 동작구 대방동 현대아파트 102동 303호
0078653	이영희	서울특별시 서대문구 냅가좌2동 130-1
0078654	*박영수*	*경기도 성남시 수정구 시흥동 52*
0078655	최용	세종특별자치시 한솔동 첫마을퍼스트프라임 101동 501호
0078656	정유진	인천광역시 동구 송현동 66-24

테이블 B : 급여기준정보

급여코드	급수	연차	연봉
A41	4급	1년	3,500(만원)
A42	4급	2년	3,600(만원)
A43	4급	3년	3,700(만원)
A44	4급	4년	3,800(만원)
A51	5급	1년	4,400(만원)
A52	5급	2년	4,500(만원)
A53	5급	3년	4,600(만원)

테이블 C : 부서정보

부서코드	부서명	부서장
M001	서울 지점	김기록
S001	세종 지점	이상진
P001	인천 지점	한미점
C001	성남 지점	박철

테이블 D : 직원급여지급정보

직원 ID	급여 코드
0078652	A53
0078653	A42
0078654	A42
0078655	A41
0078656	A51

테이블 E : 직원부서배치정보

직원 ID	부서코드
0078652	M001
0078653	M001
0078654	C001
0078655	S001
0078656	P001

*출처: ISO 16175 2010 예시를 수정 보완함.

■ 행정정보 데이터세트의 유형

우리나라 행정정보시스템 데이터세트 유형별 특징을 정리해 보면 다음과 같다.

첫째 각종 통계 및 설문을 수행한 원자료(Raw Data)이다. 데이터에 대한 취합 결과나 분석 결과는 전자결재나 업무관리시스템 등을 통해 보고되어 기록으로 관리되지만, 원자료는 따로 관리하지 않는 경우가 많다. 공공부문에서 시행하는 통계 및 설문자료는 시대상을 연구하는 미래의 학자나 이용자들이 추후 용이하게 검색, 가공, 활용할 수 있도록 데이터세트 형태로 보존하여 제공할 필요가 있다.

두 번째는 주민등록카드, 인사기록카드, 학적부 등의 카드 및 대장류이다. 과거 종이카드로 존재하던 것이 전자정부 추진으로 행정정보시스템에 전자 대장으로 변형하여 관리하는 경우이다. 대장류의 공통점은 사람, 건물, 땅 등의 하나의 객체에 대한 이력사항을 지속적으로 기입해가는 방식으로 작성되며, 각종 증명서 발급이나 사실 확인에 수시로 사용된다는 특징이 있다. 이 때문에 이러한 대장류는 처리과에 장기간 비치하는 경우가 많다. 예를 들어 이 유형에 해당하는 주민등록카드, 인사기록카드 등은 영구보존 대상으로 책정되어 있지만 전산화 이후에 명확한 기록 관리방안은 수립되지 않은 상태이다.

세 번째는 전자문서와 업무트랜잭션 데이터가 복합적으로 누적되는 유형이다. 디지털예산회계시스템(D-Brain)이나 조달정보시스템, 교육행정정보시스템(NEIS), 인적자원관리시스템(e-사람) 등이 그것이다. 과거 오프라인 상에서 진행하던 업무를 전자적으로 추진하면서 시간이 지날수록 대량의 데이터가 축적되며, 추후 사안별 투명성과 설명책임의 추적에 활용된다는 특징이 있다. 전자정부의 추진, 그리고 민간부문의 e-비즈니스 확대 추세로 업무의 전자적 처리를 위한 이러한 정보시스템은 계속적으로 증가할 것이다.

네 번째는 관측 데이터 유형이다. 관측 데이터는 활용분야가 매우 넓고 다양하며, 데이터를 누적하여 판단을 내리거나 활용하는 경우 장기간 보존할 대상이 된다. 관측 데이터는 환경문제나 국토개발 등의 기초자료로서 중요한 역할을 수행하게 되는데, 장기간에 걸친 관측 데이터들을 활용하여 관련 정책 수립 시 정교하고 올바른 의사결정을 할 수 있다. 이러한 데이터를 활용하는 시스템에는 기상정보시스템, 교통정보시스템, 토지정보시스템, 지리정보시스템 등 여러 종류가 있다. 관측 데이터는 이를 활용하기 위한 전문소프트웨어가 필요하며 기록화를 할 때 응용프로그램을 관리 대상으로 포함하는 등 추후 데이터세트의 활용·재현을 위한 조치가 중요하다.

〈표 2-4〉 행정정보 데이터세트 유형별 특성

	데이터세트 유형	특성	유형 사례
유형 I	통계 및 설문 등의 원자료	관계형 데이터베이스에 데이터를 보존하여 분석·활용 서비스 가능	여론조사시스템
유형 II	카드 및 대장류	관계형 데이터베이스에 데이터를 보존하되 카드 및 대장 서식의 재현과 증명서 발급 서비스 가능	인사기록카드
유형 III	전자문서와 업무트랜잭션 데이터	사안별로 진행 과정을 추적할 수 있도록 전자문서와 업무트랜잭션 데이터를 기록화	조달정보시스템
유형 IV	관측 데이터	데이터의 구조와 연관관계를 이해하고 재현할 로직과 어플리케이션을 함께 기록화하여 활용	지리정보시스템

*출처: 임진희, 조은희 2009, 264.

■ 데이터세트 기록관리의 고려사항

데이터세트 기록을 선별, 추출, 저장, 관리, 서비스하는 전 과정에서 고려해야 할 사항을 살펴보면 다음과 같다.

첫째, 데이터세트의 유형에 따른 보존 전략으로는 개방형, 폐쇄형 및 정적인 것과 동적인 것으로 구분된다. 네 가지 특성에 따라 데이터베이스 시스템의 보존 전략도 달라져야 할 것이다(ICA 2000).

둘째, 데이터세트 관리 시 기술적인(Technical) 문제를 고려해야 한다. 데이터세트는 전체 데이터베이스, 테이블에 저장된 데이터 개별 열(Row), 여러 테이블에 걸쳐진 데이터, 응용프로그램에 의해 스크린에 나타난 정보 등 여러 범위가 가능하다. 각기 데이터세트를 추출하는 기술적인 방식이 달라진다.

셋째, 진본성 및 장기보존을 위한 최소 관리요건을 정해야 한다. 데이터세트를 데이터베이스 내에서 진본 상태로 보존하기 위해서는 데이터베이스에 대한 무결성, 진본성, 접근성, 명료성, 원본성을 지속적으로 유지하며 데이터세트를 보호해야 한다. 또한, 데이터세트의 배경(맥락)정보, 내용, 구조, 외형, 행위, 조직에서 이루어지고 있는 업무과정도 함께 저장되도록 해야 한다.

넷째, 재현(복원) 방법을 고안해야 한다. 기관에서 다양한 데이터베이스 모형을 사용하는 경우 해당 기관의 데이터세트 아카이빙의 재현에 제약이 있을 수 있다. 데이터베이스 종류나 구조에 제한되지 않고 데이터세트를 저장하여 재현하는 방안을 고안할 필요가 있다. 재현의 방식에서는 이용자의 요구를 반영하는 것이 중요하다. 즉, 애초의 양식에 맞춰 데이터세트를 보고자 원하는지, 혹은 새로운 분석에 사용하기 위해 원자료만 이용하면 되는지에 따라 데이터세트의 활용양식까지 재현할 것인지를 결정하게 된다(현문수 2005).

3. 이메일(E-mail) 기록

■ 이메일 기록 관리의 필요성

이메일(E-mail)이란 컴퓨터 통신망을 이용하여 사용자 간에 편지를 비롯한 여러 정보를 주고받는 통신방법이다. 기관에서 사용하는 이메일시스템에는 이메일 송수신 기능 외에도 자료 공유기능, 다양한 의사소통을 위한 게시판 기능 및 검색기능, 시스템 내부의 그룹과 사용자에 대한 조직도, 부재중 설정, 서명 관리 등 업무와 관련한 기능들을 탑재하는 것이 일반적이다. 이메일은 협업의 기능으로 기관에서 중요한 역할을 수행한다.

이메일시스템은 조직의 대표 주소로 송수신되는 전자 우편을 담당자가 재량으로 관리하도록 하는 클라이언트-서버형 기반의 시스템과 기관의 서버가 데이터베이스형태로 관리하도록 설계한 웹기반의 시스템으로 구성이 가능하다.

이메일은 개인의 목적에 따라 개별적으로 활용하거나, 기관이 조직의 필요에 의해 집단적으로 활용하는 경우가 있다. 양자 모두 의사소통과 정보교환을 위한 도구로서 기능을 하고 있지만 업무 목적으로 사용하는 이메일의 경우에는 기록의 가치를 갖게 되므로 전자기록 관리체계 내로 포괄할 수 있어야 한다.

■ 이메일의 구조

이메일은 〈그림 2-12〉에서 보는 바와 같이 헤더와 본문, 첨부로 구성된다. 헤더에는 서버가 메시지를 송수신한 날짜와 시각, MIME 버전, 메시지 고유번호, 날짜, 제목, 송신자, 수신자, 추가 수신자 등으로 구성된다. 추가적으로 메시지 범주, 메시지가 작성된 응용프로그램 명, 메시지의 우선순위 긴급성 등이 헤더에 포함될 수 있다. 본문은 송신자가 수신자에게 전달하고자 하는 메시지로 주로 텍스트로 작성된다. 본문 내용에 따라 종이편지처럼 서식과 격식을 갖추기도 한다. 첨부에는 업로드된 파일과 첨부파일에 관한 메타데이터가 포함된다.

〈그림 2-12〉 이메일의 구조

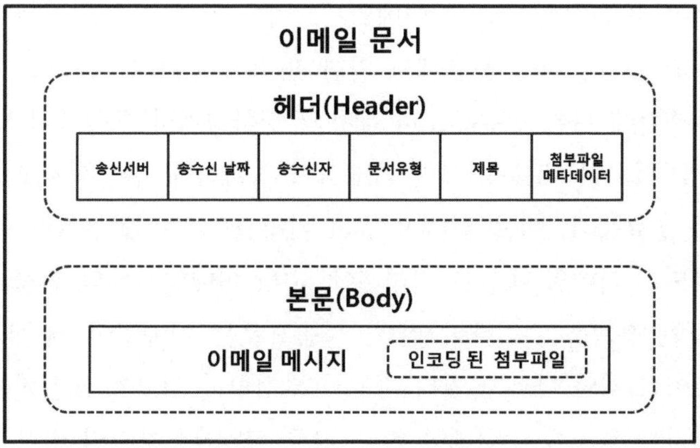

■ 이메일 기록관리 요건

업무 처리와 직접적으로 관련된 기록을 담고 있는 메일은 기록관리 대상이 된다. 활용가치, 증거가치, 역사가치 등의 기준에 의거하여 기록관리 대상으로 판단된 이메일은 다음의 요건을 만족해야 한다.

첫째, 완결성이다. 이메일이 완벽한 기록이 되기 위해서는 반드시 내용, 맥락 그리고 구조와 같은 구성적 요소를 갖추어야 한다. 즉, 이메일은 반드시 본 메시지나 문서를 전송할 때 포함되어야 하는 내용을 지녀야 한다. 일반적으로 대부분의 이메일은 내용을 가지고 있다고 할 수 있다. 이메일은 이메일이 생성, 전송, 보관, 활용되고 있는 환경에 대한 맥락정보를 갖추어야 한다. 이메일은 문서가 표기되는 레이아웃 방식, 그 문서가 다른 문서들과 연계되는 방식, 문서와 그 첨부물과의 연계방식 등을 알려주는 특정구조를 가져야 한다. 만약 이러한 구성적 요소 중 하나가 결여된다면 이메일이 완벽한 기록으로 인정받지 못할 수 있으며 결국 증거자료로서의 가치가 감소될 수 있다.

둘째, 정확성이다. 정확한 기록은 기관의 업무를 정확하게 반영할 수 있으므로 정확한 내용을 담은 기록이 생산되고 그 내용이 변질되는 것 없이 계속해서 유지되는 것이 중요하다. 그러나 이메일시스템은 편지 송수신 기능을 수행하기 위하여 개발되다보니 시스템 통제가 약한 편이고 이용자 자체도 마치 서신을 전달한다는 생각에 다른 공문서보다 내용의 정확성이나 포괄성이 낮을 확률이 높다. 따라서, 정확한 내용을 지닌 이메일이 정확하게 수신자에게 전달되도록 하는 장치가 필요하다. 이를 위하여 먼저 기록관리자는 업무처리 내용을 정확하게 내포하도록 이메일 생산을 격려해야 하며, 이메일기록의 전체 생애관리에 대한 공식적인 정책을 수립해야 한다. 다음으로는 이메일이 전송되기 이전에 표기된 내용이 실제와 다르지 않다는 것과 부정확한 정보가 포함되지 않았다는 것을 재확인하는 절차를 수립해야 한다. 또한, 생산된 문서의 정확성을 인정하는 절차로서 담당자가 각각의 문서에 전자서명을 부착하도록 할 수 있다. 외부에서 기관내로 들어오는 이메일의 내용을 정확하게 보존하기 위해서는 반드시 원본 문서 혹은 인증된 사본 문서를 보관하도록 한다.

셋째, 진본성이다. 이메일시스템은 다른 어떤 정보관리시스템보다 용이하게 권한 없이도 접근이 가능한 시스템이다. 이런 특성으로 인하여 쉽게 데이터 조작 또는 변조, 망실 등이 이루어질 수 있어 이메일의 진본성을 유지하는 데 더 많은 노력이 필요하다. 앞으로 업무처리 내용에 대하여 보다 높은 수준의 안전성과 통제성을 요구한다면 보다 정교한 보안장치를 사용하여야 할 것이다(서은경 2004, 11).

■ 이메일 기록관리의 고려사항

대부분의 이메일시스템에는 업무용 이메일과 개인용 이메일이 함께 유통되고 저장된다. 하나의 이메일 본문 안에 공적 내용과 사적 내용이 섞여 있기도 하다. 공공기관의 업무용 이메일시스템을 공적인 업무수행과정에만 이용하도록 강제하는 것은 쉽지 않으나 업무 이메일이 기록으로 관리되어야 한다는 점을 고려한다면 이메일시스템 사용을 통제하는 것이 현실적으로 필요하다.

이메일에서 기록으로 관리할 대상을 선별해 내는 일은 쉽지 않다. 특히, 하나의 사안으로 다자간에 이메일 답장과 전달을 주고받을 때는 더욱 그렇다. 이메일기록도 전자기록관리 체계 안에서 관리하려면 건(Item)을 구분할 수 있어야 한다. 그런데, 최초의 이메일 하나를 기록 건으로 볼 것인지, 축적된 답변이 모두 쌓인 최종 이메일 하나를 기록 건으로 볼 것인지 정해야 한다.

이메일이 단 하나의 업무사안을 다루지 않고 다수의 업무사안을 동시에 다루는 경우에는 분류에 애로가 있을 수 있다. 분류 및 관리상의 필요에 따라 업무용 이메일을 주고 받을 때는 본문에 하나의 사안만을 다루도록 내부 원칙을 정해야 할 수도 있다.

이메일에 첨부된 파일을 모두 함께 기록으로 획득하여 관리할 것인지도 판단해야 한다. 이를 위해 첨부파일이 사안에 관련한 핵심 내용을 담고 있는 것인지 단순 참고용인지 구분할 수 있어야한다. 이메일 첨부파일의 용량이 점차 대형화되고 있는 추세도 감안해야 한다.

4. 웹(Web) 기록

■ 웹의 기록화 필요성

웹은 문자 위주의 서비스에서 탈피하여 문자·영상·사운드 등이 혼합된 멀티미디어 정보를 마치 거미줄과 같은 통신망으로 세계 각지에 연결시켜 주는 서비스를 의미한다(네이버 지식백과: 웹).

인터넷이 대중화되면서 대부분의 기관은 웹을 통해 기관의 업무활동을 소개하고 나아가 업무를 처리하고 있다. 웹에 실리는 많은 정보와 자원 중에는 기록으로 관리해야 하는 대상이 포함되어 있다.

웹의 정보적, 문화적, 증거적 가치를 보존하고자 하는 노력은 웹의 대중화와 함께 전개되기 시작했다. 다수의 국가들은 웹 아카이빙에 대한 기술적 표준 개발과 제도적 근거 마련에 많은 노력을 기울이고 있다. 그러나 웹 정보자원의 보존은 분산성, 휘발성, 역동성 등 웹의 태생적 특성과 심층 웹의 폭발적 증가 및 웹의 기술적, 사회문화적 변화와 발전으로 인해 기존의 디지털기록 보존에서와는 또 다른 문제를 나타내고 있다(김유승 2007, 5).

■ 웹사이트(Web site)의 종류

웹사이트는 크게 동적 웹사이트와 정적 웹사이트로 나눌 수 있다.

정적 웹사이트는 제 1세대 웹사이트로 정적 문서의 컬렉션이 단일한 웹 서버에 저장되고 하이퍼링크로 연결되어 구성된다. 조직에 대한 정보, 연락처, 정책이나 간행물의 전자사본 등 제한된 정보를 제공하는 데 주력하는 사이트이다.

동적 웹사이트는 기관이 웹사이트의 설계에 동적 요소를 결합함으로써 웹을 통해 서비스를 제공한다. 웹사이트에 서식을 만들어 이용자들이 데이터를 입력하거나 데이터베이스 질의를 위한 검색 기준을 입력할 수 있도록 한다.

더욱 복잡한 웹사이트는 일시, 이용자가 과거에 보았던 웹페이지, 이용자의 특정 입력 사항과 같은 요소에 따라 개별 웹 페이지를 이용자에 맞춰 그 때 그 때 달리 생산한다. 이러한 고도의 동적 웹사이트는 개별 페이지가 재현되는 방식을 개인화하기 위하여 쿠키와 스타일시트를 사용한다.

■ 웹 기록의 유형

웹사이트에서 기록으로 획득할 수 있는 객체의 종류는 〈표 2-5〉와 같다.

〈표 2-5〉 웹 기록의 유형

웹 기록의 유형	설명
HTML 페이지	HTML 마크업을 포함하는 기관 웹사이트를 구성하는 콘텐츠 페이지
상호작용을 통해서 생산된 기록	이용자가 기관 웹사이트에서 쌍방향으로 상호작용할 때 실시간으로 생산된 기록(텍스트기반 페이지의 생산, 온라인 서식을 채우는 기록)
부가적인 콘텐츠 파일	저절로 실행되는 능력을 가진 파일(CGI 스크립트, 자바/액티브엑스 애플릿JAVA/ActiveX applets)
URL 리스트	하이퍼링크를 통해서 참조되는 URL리스트
웹 사이트 디자인 기록	페이지나 포함된 이미지 맵을 위한 그래픽 디자인 레이아웃, 디자인을 기록화한 기록
저작권 있는 웹기록의 이용의 기록	그래픽 디자인과 같은 저작권 있는 콘텐츠를 웹 사이트에서 이용할 경우에 생산되는 기록
웹 사이트 프로그램 기록	프로그램관리 파일이나 기관 웹사이트 운영을 위한 문서와 웹사이트의 운영에 이용된 절차를 기록화한 기록으로 웹기록 게시에 관련된 프로그램 담당자와 기록담당자를 포함한 책임관계의 기록
웹 사이트 시스템 소프트웨어 관련 기록	웹사이트의 운영에 접속하여 사용되는 어플리케이션 소프트웨어에 관계된 기록으로 상용되는 기성품(COTS: commercial off-the-shelf)의 선택과 분석과정에서 만들어지는 기록
웹 사이트 로그와 통계	원 데이터(raw data)나 이용자 로그(Hits의 빈도)를 포함하는 기록, 사이트에 웹기록이 게시되고, 업데이트되고, 사이트로부터 제거될 때 나타나는 로그와 검색결과 통계 등
웹 사이트 맵	조직차트와 비슷한 웹사이트 계층의 그래픽이나 텍스트기반 디스플레이
COTS 소프트웨어 구성파일	서버환경 구성설계와 그것의 외관(look and feel)을 포함하는 웹사이트를 운영하는 데 이용하는 파일

■ 웹 기록의 유형별 획득 가능성

기관이 운영하는 웹사이트는 웹콘텐츠를 생산하는 과정에서 기록으로 등록
하여 관리하는 방식이 가능하다. 하지만, 웹콘텐츠관리가 제대로 되지 않는 기
관이거나 외부의 웹사이트를 아카이빙하고자 할 때는 웹사이트에서 직접 웹기
록을 확보해오는 하베스팅(Harvesting) 방식을 사용한다.

하베스팅에는 크롤러(Crawler)라는 로봇 어플리케이션을 이용하는데 웹사이
트의 종류에 따라 웹에 표현되는 정보의 시스템 내부 구성방식이 다르기 때문
에 크롤러가 웹기록을 수집하는 데 한계가 따른다. 〈표 2-6〉과 같이 웹사이트를
구성하는 포맷에 따라 하베스팅과 함께 수동 작업이 필요한 부분이 있는지를
확인해야 한다.

〈표 2-6〉 웹 구성요소 포맷별 수집 가능성

구성요소 포맷 유형	수집 방법과 가능성
HTML, XHTML	수집된 대로 활용 가능하며 종속형 스타일 시트(CSS)가 사용된 경우 함께 수집되어야 함
XML	수집된 대로 활용 가능하며 스키마나 문서 형식 정의(DTD)와 스타일 시트가 함께 수집되어야 함
ASP, PHP, 콜드퓨전, SSI	동적으로 표현된 콘텐츠를 브라우저가 읽을 수 있는 HTML 버전으로 변환해야 함. 동적 콘텐츠에는 콜드퓨전(cfm)파일, PHP(.php)파일, 서버측 인클루드(SSI), 액티브서버 페이지(.asp) 등이 있음
HTML 파일에 포함된 이미지, 오디오, 비디오	수집되지 않은 경우에는 직접 따로 수집해야 함. HTML로 된 링크는 이관된 대로 기능해야 함
독립적인 오디오, 비디오, 이미지, PDF 워드프로세싱, 단순 텍스트, RTF, 기타 독점권이 있는 포맷	하베스터로는 수집이 제한됨. 서버로부터 이진파일(Binary File, 즉 비트스트림)로 이관받아야 함
데이터베이스	하베스터로는 수집되기 힘들며 수동으로 획득해야 함

■ **웹 아카이빙 전략의 종류**

웹사이트를 아카이빙하고자 할 때는 사이트 중심의 아카이빙(Site-centric Archiving) 방법과 주제 중심 아카이빙(Topic-centric Archiving) 방법, 도메인 중심 아카이빙 (Domain-centric Archiving) 방법 중 하나의 전략을 택하게 된다.

사이트 중심 아카이빙이란 특정 사이트를 중심으로 아카이빙하는 것을 의미한다. 기관이 운영하는 블로그나 사이트의 과거 버전을 남기고자 할 때 사이트를 복제하는 방식으로 아카이빙한다.

주제 중심 아카이빙이란 동일 주제 콘텐츠를 찾아 수집하는 것을 의미한다. 토픽 크롤링을 하면서 자동 발견과 필터링 기법을 이용한다. MINERVA 프로젝트(www.minervaproject.com)처럼 도서관 주도의 주제 중심 아카이빙이 주를 이루고 있다.

도메인 중심 아카이빙은 사이트 도메인명의 확장자 유형별로 아카이빙하는 것이다. 크롤러가 도메인의 기능이나 속성 유형(.com, .edu, .gov, .edu), 지리적 유형(.ch, .jp)에 따라 아카이빙 대상을 구별한다.

웹아카이빙을 전문으로 하는 기관에서는 〈표 2-7〉과 같은 수집범위에 따른 장단점을 고려하여 전략을 채택할 수 있다.

〈표 2-7〉웹 기록 수집 범위

구분	포괄적 수집	선별적 수집	복합적 수집
정의	- 일정한 범위 안에 드는 모든 웹사이트를 광범위하게 수집하는 접근법	- 미리 정해진 선택기준의 범위에 드는 웹사이트들만을 대상으로 웹 아카이브를 구축하는 것	- 선별적 수집과 포괄적 수집의 단점을 보완하기 위해 두 방법 모두 사용하는 방법
장점	- 미래의 다양한 정보요구에 대응 기능 - 선별적 수집에 비해 비용 경제적	- 선택과정을 거치므로 아카이빙 된 웹 자원의 품질 보장 - 저작권자와의 합의를 거쳐서 공공의 자유로운 이용보장 - 아카이빙 된 웹 자원 각각에 대해 편목이 가능하므로 국가서지에 통합 가능 - 인증을 필요로 하는 유료 사이트나 데이터베이스로 구조화된 역동적 사이트들처럼 기술적 이유로 수집로봇이 접근할 수 없는 사이트들도 수집 가능 - 아카이빙 된 웹 자원 각각의 장기보존에 필요한 요건을 분석할 수 있고 그에 따른 보존전략을 수집함으로써 이용 보장	- 포괄적 수집은 내용이 너무 방대하고, 선별적 수집은 비용과 노력이 많이 발생하는데, 복합적 수집은 이 두 가지의 장점을 극대화 한 것 - 포괄적 수집에 비해 수집 범위가 방대하지 않고, 중복되는 내용이 많이 줄어들게 됨 - 선별적 수집에 비해 비용과 노력이 덜 발생하면서 깊이 있고, 많은 내용을 수집할 수 있음
단점	- 대용량의 저장공간 필요 - 품질 평가의 배제로 한정된 자원을 가치 없는 정보를 보존하는 데 낭비할 우려가 있음 - 웹 자원의 중복 수집 가능성 - 동적 웹 사이트와 심층웹 수집의 어려움	- 중요한 정보의 소실 가능성 - 노동집약적 방법으로 포괄적 수집에 비해 많은 비용이 듬 - 대상 자원의 링크를 포함시키지 않기 때문에 관련 자원과 맥락적 의미를 잃을 수 있음	- 선별적으로 수집할 때보다는 좀 덜하지만 수집 대상에서 제외되는 웹사이트와 기록물 등이 발생할 수 있고, 비용과 노력이 많이 들게 됨
사례	- 스웨덴 Kulrurarw3, 오스트리아 AOLA, Internet Archive 등	- 호주 PANDORA, 영국 Britain on the web, 일본 WARP, 미국 MINERVA	- 프랑스의 BnF, 노르웨이 국립도서관

*출처: 김유승 2008.

■ 웹 아카이빙의 절차

효율적인 웹 아카이빙을 위해서는 기록화 대상 웹사이트의 특성 분석이 필요하다. 웹 사이트의 본질적 특성을 분석하고 미래의 이용자 시나리오를 개발하여 미래의 이용방법에 따라 보존 방법을 적용하는 것이 효과적이다. 예를 들어, 이용자가 예전의 웹 사이트를 통해 자료를 보기 원하면 그것이 실행될 수 있도록 보존해야 할 것이나 내용 자체에만 관심이 있다면 웹자원을 마이그레이션하는 정도면 충분하다.

웹 사이트는 복잡한 객체이므로 다양한 측면을 고려한 보존전략의 조합이 필요하다. 또한, 웹 사이트는 매일 새로운 내용이 갱신되고 삭제되므로 한 번의 수집만으로는 획득 시점 이후 갱신된 자료는 보존할 수 없다. 원하는 품질로 웹 사이트를 아카이빙하기 위해서는 〈그림 2-13〉과 같은 절차를 거치는 것이 필요하다.

〈그림 2-13〉 웹 아카이빙의 절차

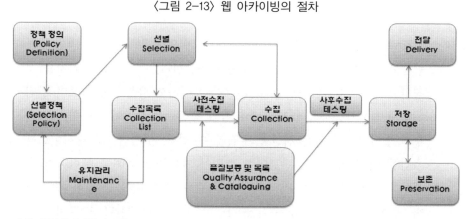

*출처: 한국국가기록연구원 2008.

• <u>수집범위 설정</u> : 수집 범위의 대상은 사이트 전체 혹은 사이트의 부분을 수집할 것인지 심층웹과 링크는 수집의 대상으로 할 것인지와 같은 구체적인 수집 대상을 결정해야한다.

• <u>수집전략 결정</u> : 앞에서 살펴본 바와 같이 포괄적 수집, 선별적 수집, 포괄적 수집+선별적 수집인 복합적 수집이 있다. 이 중에서 전략을 결정해야 한다.

• <u>수집주기</u> : 웹 사이트가 고정된 변화주기를 갖고 있는 것이 아니기 때문에 수집주기를 결정하는 게 쉽지 않다. 수집 주기 동안 여러 번 업데이트 된 페이지는 수집되지 않을 수 있으며, 업데이트 되지 않은 페이지는 중복 수집될 수 있다. 정기적인 수집 간격 사이에 웹사이트의 변화를 획득하기 위한 방법으로 체인지 로그가 고려되고 있다. 각 웹사이트 특성을 고려해 수집 주기를 설정해야 한다.

• <u>수집방법</u> : 원격하베스팅, 직접이관, 데이터베이스 아카이빙, 스냅샷, 미러링이 있다. 이 중에서 수집방법을 결정해야 하며 각 수집방법이 갖는 특징은 다음과 같다.

– 원격하베스팅은 웹사이트 수집을 위해 광범위하게 이용되는 방법이다. 웹 자원을 수집하기 위해 수집로봇을 이용한다. 로봇은 웹페이지를 수집하고 인덱스를 만들어 준다. 사용이 용이하고 융통성이 있으며 광범위하게 적용가능하다. html과 첨부파일 중심으로 보존이 가능하며 많은 수의 웹사이트를 짧은 시간에 수집할 수 있다. 주기적으로 웹사이트를 수집할 때 웹페이지의 변경이력 추적이 가능하고 범위를 제한하여 수집하는 것이 가능하다. 최적의 결과를 위해 환경설정을 적절히 해야 하며, 플래쉬, 스크립트 등 수집 불가능한 대상이 존재한다. 따라서 심층웹을 비롯한 웹사이트의 완벽한 보존과 복원은 불가능하다. 또한 검색에 의해 얻어지는 문서는 하베스팅이 안되며 동적으로 생산된 링크를 발견하거나 추적하는 것도 불가능할 수 있다.

- 직접이관은 웹서버에 접근하여 직접적으로 데이터를 복사하여 획득하는 기법이다. 따라서 웹사이트 구현에 필요한 모든 기술적 요소들을 수집하고 보존할 수 있으며 웹자원의 원래 구조 그대로 획득하는 것이 가능하다. 하지만 서로 다른 이관 환경에 대한 기술적 지원 유지와 서비스 제공을 위한 유지비용이 소요된다.
- 데이터베이스 아카이빙은 데이터베이스 자체를 획득하여 수집하는 것을 말한다. 데이터베이스 콘텐츠를 보존하고 수집하는 포괄적인 접근방법을 제공한다. 직접이관 방법에 의한 복합적 기술지원에 대한 문제로부터 자유로우며 단일 포맷의 보존 및 접근에 대한 이슈가 발생할 수도 있다. 특정 데이터베이스에 대한 기술지원의 문제가 존재하며, 현재 데이터베이스 아카이브 도구는 원래 사이트의 외관을 보존하지 못하다는 단점을 지니고 있다.
- 스냅샷은 수집로봇을 통해 자동으로 수집하는 방법으로 보편적으로 사용하는 방법이다. 그러나 웹사이트의 경계를 설정하는 것이 경계를 설정하는 것이 힘들고 모든 웹사이트가 수집로봇을 통해 획득되지는 않는다. 스냅샷은 단지 웹사이트만 보존할 수 있다.
- 미러링(Mirroring)은 웹사이트의 소스와 DB를 완벽하게 복제하는 방법으로 개념적으로 웹자원을 수집하는 가장 간단한 방법이다. 하지만 미러링을 위해서는 웹사이트안의 하이퍼링크는 계속적으로 올바르게 기능하도록 해야 한다. 원본 웹사이트에 포함되는 탐색 기능은 새로운 환경에 적합한 탐색엔진이 설치되어야만 운영될 수 있다.

- **보존** : 신뢰할 수 있는 디지털 저장소를 개발해야 한다. 즉, OAIS 모형에 기반을 둔 디지털보존소 시스템이 필요하다. 안전한 저장 시스템에 디지털 객체를 저장해야 한다. 웹 기록의 특성상 다양한 파일 포맷의 존재하는데 대개 하나의 웹 사이트에서 평균 20여개의 MIME 유형파일이 수집된다. 그 중 html, jpeg, gif, pdf가 98%이며 장기보존을 위한 전략에서 파일 포맷에 관한 정보는 매우 중

요하다. 다양한 유형의 파일 포맷을 안정적으로 보존하기 위해 WARC 포맷을
채택할 수도 있다(한국국가기록연구원 2008).

■ 웹기록의 저작권 문제

웹 자원으로 존재하는 여러 기록이나 문서, 이미지 등에는 저작권 문제가 발
생할 수 있다. 심층웹과 같은 데이터베이스 기반 웹의 경우에도 웹을 아카이빙
할 때 개별적으로 저작권협의를 거쳐야 한다.

디지털 정보자원을 다수의 일반 대중이 사용할 수 있는 형태로 보존하기 위
해서 도서관과 아키비스트들은 원본의 백업이든 대체물이든 간에 어떠한 형태
의 복제물을 만들어야 한다. 경우에 따라서는 마이그레이션이 필요할 수도 있
는데 이러한 디지털 저작물에 대한 복제의 필요성은 필연적으로 저작권 문제를
야기한다. 많은 나라의 저작권법이 현존하는 유형물의 복제를 허용하거나 영구
컬렉션으로 대체하는 것을 허용하고 있지만, 디지털 기록물의 경우 좀 더 복잡
한 양상을 띤다. 우리나라는 저작권법을 통해 도서관에 온라인 디지털 정보자
원의 복제를 기본적으로 허용하고 있지만, 저작권법 제31조 등 상당한 예외 규
정들도 함께 제시하고 있다. 디지털 정보자원 생산자를 보호하고자 하는 이러
한 일련의 제재들은 불가피하게 저작권자의 권리와 일반 사용자들의 권리 사이
의 균형에 영향을 끼친다. 특히 저작권에 대한 보호가 강화될수록 공정사용(Fair
Use) 혹은 공정거래(Fair Dealing)와 같은 사용자의 권리, 도서관의 특권은 축소
될 수밖에 없다(김유승 2007, 12).

웹 2.0 이전의 비즈니스 모델에는 전통적 저작권시스템이 어울리지만, 웹 2.0
비즈니스에서는 전통적 저작권시스템이 제대로 작동하기 어렵다. 웹 2.0과 그
이전 모델의 기본적인 차이점은 콘텐츠의 저작권자와 이를 활용하는 사업자가
분리된다는 데 있다. 웹 2.0의 대부분 콘텐츠의 저작권자는 '능동적 이용자'들에
게 있는데, 그들은 자신이 만들어낸 콘텐츠에 저작권을 행사할 절실한 이유가

없다. 또한 사업자는 콘텐츠에 대한 완전한 저작권을 갖지 못하므로 배타적인 권리의 행사가 아닌 부대적인 수익활동으로 비즈니스를 영위할 수밖에 없다. 즉 'All Rights Reserved'에 집착하지 않는 새로운 환경이 만들어진 셈이다. 그러나 전통적 저작권시스템은 이러한 상황을 적절하게 규율하지 못한다.

웹 2.0에서 전통적 저작권시스템의 경직성은 현행법의 무방식주의에 기인하고 있는데, 현행 체계와 모순되지 않으면서 저작권자의 의사를 좀 더 간편하게 표시할 수 있는 시스템을 '자유 라이선스'라고 부른다. 웹 2.0에서 새로운 비즈니스 모델이 성공을 거두면서, 콘텐츠 저작권자와 사업자 사이의 이해관계 조정 문제가 새로운 이슈로 부각되고 있다. 때문에 콘텐츠에 대한 권리관계의 명확성을 확보하는 일이 시급하다.

또한 웹 2.0과 관련해서 자주 거론되는 것 중 하나는 저작권법이 2003년 개정 시부터 채택하고 있는 데이터베이스의 보호이다. 웹 2.0 사이트라도 그 개설 및 운영에 있어서는 상당한 투자가 이루어지고 기껏 축적해 놓은 콘텐츠를 다른 사업자가 무단으로 가져다 사용하는 무임승차행위에 대해서는 적절한 규제가 있어야 한다는 점에서 데이터베이스 제작자로서의 지위를 적극적으로 검토할 필요는 있다(윤종수 2007, 28).

5. 기타 데이터세트의 종류

■ CAD/CAM 데이터세트

CAD(Computer Aided Design)는 컴퓨터를 이용하여 설계하는 것을 의미한다. 조선, 항공기, 자동차, 휴대폰, 반도체 등 우리나라 주요 기간산업과 관련된 설계에 있어서 매우 중요한 부분을 차지하고 있다. CAD 어플리케이션은 건축가, 엔지니어, 제도사, 예술가, 그 밖에 정확한 도면이나 기술적인 그림을 그리려는 사람들에 의해 사용된다. CAD를 하는 데 사용하는 어플리케이션은 과거 주로 2차원 도면설계용이 많았고 요즘에는 3차원 모형설계용이 확산되고 있는 추세이다. 가장 정교하고 복잡한 형태의 CAD는 실세계의 특성을 가지는 객체를 3차원 모델링하는 것이다.

CAD 도면류는 설계에서 제품제도에 이르는 모든 공정을 컴퓨터로 관리하는 기술로, 근래에는 3차원 시스템이 개발되어 도면의 입체영상을 재현시킬 수 있다. CAD시스템은 CAD 어플리케이션을 사용하는 고성능 워크스테이션이나 데스크탑 컴퓨터로서 그래픽 태블릿과 스캐너 등을 입력장치로 사용한다. CAD 출력은 설계도면으로 출력되기도 하지만, CAM시스템의 입력으로도 사용된다(황윤영, 이규철 2011, 79).

CAM(Computer Aided Manufacturing)은 컴퓨터를 이용하여 제작하는 것을 의미한다. 프로그램을 이용하여 제품이나 건축물 등을 만드는 과정을 시뮬레이션해볼 수 있다.

공공기관에서는 기업으로부터 CAD/CAM 데이터를 납품받을 수 있다. 그러나, CAD/CAM으로 작성된 도면을 출력한 인쇄물이나 렌더링한 이미지 결과는 기록으로 관리될 가능성이 높지만 시스템에 입력되어 구조화되어 있는 데이터 자체를 보존하는 경우는 거의 없는 상황이다. CAD/CAM데이터세트를 기록으로 남김으로써 이미 인쇄하고 렌더링했던 도면과 모형 이외에도 미래에 다양한 측면에서 도면을 인쇄하거나 렌더링하는 것이 가능하고 쉽게 재사용할 수 있게 된다. 어떤 건축물, 예술작품, 제품에 대해 CAD/CAM 데이터세트를 기록으로 남겨야 할지에 대한 평가 선별이 필요하다. 또한, CAD/CAM 데이터를 장기보존하기 위해서는 어플리케이션에 대한 종속성을 최소화한 포맷으로의 변환과 표준화를 고려해야 한다. 데이터세트 기록유형 중에 CAD/CAM 데이터는 활용적 가치가 큰 데이터라 할 수 있다.

■ SNS 데이터세트

SNS(Social Network Service)는 소셜네트워크서비스를 의미한다. 전통적인 소셜 네트워크는 사람들이 일련의 관계에 의해 모인 관계망을 지칭하며 '사람들이 연결되어 있는 관계망'으로 표현된다. SNS는 전통적인 소셜 네트워크의 개념을 계승하여 인터넷과 같은 온라인상에서 소셜 어플리케이션을 통해 제공되는 서비스이다. 서비스 종류로는 소셜 네트워크 서비스(SNS), 소셜 네트워크 검색엔진(Social Network Search Engine), 소셜 북마킹(Bookmarking) 등이 있고, 온라인 커뮤니케이션 도구로는 인스턴트 메신져, 문자메시지, 인터넷 토론 등이 있다. SNS와 웹2.0 패러다임은 불가분의 관계에 있으며 온라인 네트워크와 웹2.0 패러다임의 만남을 통해 SNS가 탄생했다고 할 수 있다(손동원 2005).

SNS의 특징을 살펴보면 〈표 2-8〉과 같다.

〈표 2-8〉 SNS의 특징

구분	내용
참여 (Participation)	특정 주제 영역에 관심있는 이용자들이 자발적으로 지식, 의견, 견해를 피력함
공개 (Openness)	이용자 간의 피드백을 자유롭게 하고 참여를 촉진시킴
대화 (Conversation)	일방향적인 소통방식에서 탈피하여 쌍방향적인 소통이 가능함
커뮤니티 (Community)	공통의 관심사를 가지는 이용자들을 묶어줌
연결 (Connectedness)	다양한 매체들 간의 조합과 이들 사이의 링크를 통해 관계 형성을 촉진함

*출처: 김수정 2011, 16.

우리나라 공공기관에서는 대부분 페이스북, 트위터, 미투데이와 같은 SNS를 이용하여 대시민서비스를 제공한다. SNS를 이용하여 제공되는 정책내용과 시민들의 제안이 담긴 댓글은 중요한 기록으로 취급되어야 한다. 특히 SNS라는 채널을 통한 의사소통이라는 점에서 채널의 특성을 잘 유지한 채로 기록화되어야 한다. 예를 들어, 기관에서 SNS를 통해 하나의 사안에 대해 시민과 소통이 일단락된 시점을 포착하여 데이터세트를 추출하고 이를 기록 건(Item)으로 정의할 수도 있을 것이다. 그리고, 소통한 정보가 어떤 업무기능에 의한 것인지 분석하여 정부기능분류체계와 연계시켜 관리할 수도 있을 것이다. 유사한 사안들의 SNS 데이터세트를 모아 집합체로 정의하여 누적관리해야 할 것이다.

■ GIS 데이터세트

GIS(Geographic Information System)는 지리정보시스템으로 위치정보 데이터를 지리적 형상으로 표현해주는 시스템이다. GIS는 관계형 데이터베이스의 질의나 분석을 통해 특정한 형태의 지도를 받아볼 수 있도록 해준다. GIS는 지리정보가 함께 필요한 일기예보, 판매분석, 인구예측 및 토지이용계획 등 다양한 분야에서 광범위하게 쓰이고 있다.

GIS에서 취급하는 지리 정보는 과학적이고 객관적인 지리적 좌표, 즉 위도와 경도 또는 한 국가의 격자 좌표 등의 형태뿐만 아니라, 도로주소, 우편번호 및 숲의 위치와 같이 사회문화적인 의미를 포함한 형태로도 생성될 수 있다. 지리 데이터는 벡터(Vector)나 래스터(Raster) 형식으로 저장될 수 있으며 대부분의 GIS는 두 가지 종류의 데이터 모두를 사용한다. GIS는 도로주소 같은 의미정보나 해석정보를 지리적 좌표와 연결시켜 그래피컬한 지도상에 위치를 표시해주는데 이 과정을 지오코딩(Geocoding)이라고 부른다.

GIS에는 다음과 같은 기능들이 구현된다.

- 스캐닝되었거나 디지털 형태로 변환된 지도 이미지의 형태로 지형데이터를 입력받는다. 보통 이러한 데이터는 이미 디지털화된 지도를 가지고 있는 공급자에 의해 제공되기도 한다.

- 지형정보의 크기를 변화시키거나, 그렇지 않으면 다른 목적을 위해 처리한다.
- 주로 관계형 데이터베이스 관리시스템을 이용하여 데이터를 관리한다.
- 지도 상의 두 점간의 거리를 묻는 단순한 질문부터, 주어진 지점에서의 통행량을 묻는 복잡한 질문에 이르기까지 답을 줄 수 있는 질의 및 분석 프로그램이 포함된다.
- 대개 지도나 그래프와 같은 시각적 정보로 답을 제시한다.

GIS 개발자들은 일반적으로 공공기관으로부터 지리 정보를, 수집 전문회사로부터 지도데이터를 확보한다. 공공기관이 거액의 예산을 투자하여 기본 GIS 데이터베이스를 구축했다면 민간영역의 기업과 단체, 개인들이 활용할 수 있도록 적극적이고 효과적인 정보공유 체계를 만들어야 한다.

특정 지역의 지리 정보는 지속적으로 변화한다. 지리 정보가 과거의 기억 혹은 증거로써 남겨질 필요가 있다면 이를 기록으로 획득하여 보존해야 한다.

■ 3D 스캐닝 데이터세트

3차원 스캐닝기술이란, 3차원 스캐너를 이용하여 레이저나 백색광을 대상물에 투사하여 대상물의 형상 정보를 취득, 디지털 정보로 전환하는 모든 과정을 통칭하는 용어이다. 3차원 스캐닝 기술을 이용하면 볼트와 너트를 비롯한 초소형 대상물을 비롯해 항공기, 선박 심지어는 빌딩이나 다리 혹은 지형 같은 초대형 대상물의 형상정보를 손쉽게 취득할 수 있다. 3차원 스캐너로부터 얻어진 형상 정보는 다양한 산업군에 필요한 역설계(Reverse Engineering)나 품질 관리(Quality Inspection)분야에 적극적으로 활용되고 있다(Unlock the Power of 3D Scanning 홈페이지: http://www.3dscanning.co.kr/about3dscanning).

3D 스캐너의 발전에 따라 디지털 아카이빙의 방법이 획기적으로 발전하고 있

으며 이를 이용한 활용 및 콘텐츠의 유형도 확장되고 있다. 예를 들어, 국립중앙박물관이나 문화재청에서는 국보급 문화재를 고정밀로 3D 스캐닝하여 형태와 크기, 질감 등의 자료를 축적하고 있다. 3D 스캐닝 데이터는 향후 문화재 복원의 기초자료로 사용할 수 있고 한편으로는 문화재와 관련한 다양한 콘텐츠를 제작하는 데 유용하게 이용될 수 있다. 남대문과 같은 건축문화재의 경우 3D 스캐닝 데이터로 도면을 만들어 내기도 하고, 과거 손으로 그린 도면의 부정확성을 보정하는 데 기여하기도 한다. 홀로그램 방식으로 가상의 남대문을 입체적으로 만들어 제공할 수도 있다. 무형문화재의 공연을 3D 스캐닝하여 공연자의 무대 설치와 움직임, 동선을 정밀하게 기록화하기도 한다.

3D 스캐닝이 정밀한 기록화 방법으로 유용하긴 하지만 데이터세트를 장기보존하고 지속적으로 재사용하기 위해서는 다음과 같은 여러 요소를 고려해야 한다.

첫째, 보존복원, 콘텐츠활용 등 스캐닝의 목적에 맞게 해상도와 정밀도의 기준을 정해야 한다. 고품질의 데이터를 생산하여 보존할 필요가 있는데 비용대비 효과도 고려해야 하기 때문이다.

둘째, 스캐닝 작업에 들어가는 비용을 산정하는 기준이 마련되어야 한다. 3D 스캐너의 성능대비 가격은 무척 저렴해졌으나 데이터를 처리하기 위한 어플리케이션이 고가이다. 3D 스캐닝 현장에 투입되는 촬영자의 품셈 계산 공식도 정리되지 못한 상황이다. 스캐닝의 전체적인 비용단가를 낮추는 것이 향후 3D 디지털 아카이빙의 관건이 될 것으로 보인다.

셋째, 전문가를 양성해야 한다. 3D 스캐너와 어플리케이션을 잘 다룰 수 있는 전문가를 양성해야 한다. 특히 단순히 어플리케이션을 잘 다루는 기술자보다는 문화재, 예술, 건축 등 분야별 내용성을 함께 갖춘 전문가가 필요하다.

넷째, 3D 스캐닝 데이터의 표준화도 필요하다. 현재의 3D 데이터는 3D 스캐너의 종류만큼이나 출력되는 방식이 다양하다. 규칙적인 포인트 정렬방식과 불규칙적으로 출력되는 클라우드 데이터(Cloud Data) 방식으로 크게 분류할 수 있는데, 동일한 출력 방식 내에서도 데이터 파일의 형식이 다르다(이병훈, 박상호 2003).

다섯째, 목적별 주제영역별 3D 스캐닝의 절차와 방법이 지침으로 만들어져야 한다.

여섯째, 대용량 3D 스캐닝 데이터세트를 안정적으로 보관할 저장소가 필요하다. 정밀도가 높은 3D 스캐닝 데이터는 용량이 커서 보관하고 다루는 데 특징에 맞는 데이터베이스시스템과 고성능의 저장소 시스템이 필요하다.

4절 전자기록의 품질 요건

1. 진본성(Authenticity)

■ 진본성의 정의

진본성의 사전적 의미는 '물리적 특성, 구조, 내용 등의 내적·외적증거에 근거하여 어떤 대상이 진짜라는 판단'이다(설문원 2005, 60).

Duranti는 진본성을 고문서학의 진본성, 법적 진본성, 역사적 진본성 등 3가지 측면으로 나누고 정리하였다(설문원 2005, 60).

- 고문서학에서의 진본 문서 : 텍스트에 지시된 시간과 장소의 관행에 따라 작성되었으며, 문서를 생산할 자격이 있는 사람의 이름 서명이 있는 문서
- 법적 진본 문서 : 생산 중이나 생산 이후의 관리에 의해 문서의 진실성이 보장되는 공식적 표현물이며 따라서 입증 능력을 갖춘 문서
- 역사적 진본 문서 : 실제 일어난 사건이나 진실인 정보를 입증하는 문서

진본성(Authenticity)은 '진본임' 또는 '진본과 등가인 상태'를 지칭하는 기록의 질에 관한 개념인 반면, 진본확인(Authentication)은 기록의 진본성을 확인하거나 증명하는 행위나 과정을 가리킨다. 진본인 상태를 유지하여왔음을 확인하는 방법론이나 실제적인 기법이라고 할 수 있다(한국기록학회 2008, 237).

KS X ISO 15489에 따르면, 진본기록은 ①기록이 표방하는바 그대로(What it purports to be)의 기록인지, ②그것을 생산했거나 보낸 것으로 되어 있는 바로 그 사람이 생산했거나 보냈는지, 그리고 ③기록에 명시된 시간에 생산되었거나 보내졌는지를 확인한 것이다(ISO 15489 2007).

진본 기록은 생산자로 표시된 사람이 생산했어야만 한다. 따라서 진본성을 검증하는 데 서명을 이용한다. 서명은 생산자를 밝히고, 생산자와 기록간의 관계를 보여준다. 또한 진본성은 기록의 물리적, 형식적 특성과 기록의 품질을 검사함으로써 확인할 수 있다. 예를 들어, 문서를 작성하는 데 사용된 잉크는 문서에 써진 날짜와 동시대의 것이어야 한다. 문서의 문체와 언어는 진본으로 인정된 다른 문서와 일관성이 있어야 한다. 또한 역사적 진본 문서의 개념은 내용의 진실성에 입각한 정의로서 신뢰성 개념과 더 밀접한 연관을 갖는 것처럼 보인다. 또한 기록의 진본성을 확인하는 것은 전통적인 기록관리 환경과 전자기록관리 환경이 각각 다르다. ISO 15489는 반드시 전자기록관리만을 염두에 둔 표준은 아니지만 기본 기조는 전자기록관리 및 그 시스템의 설계 운용에 두고 있다.

이상의 내용은 주로 기록 생산시점에서 확인되어야 할 사항들이다. 또한 ISO 15489에서는 권한을 가진 사람(혹은 조직) 외에는 기록을 생산하지 못하게 하고, 불법적인 추가, 삭제, 변경, 사용, 은폐를 막기 위한통제 정책과 절차를 마련하라고 다음과 같이 제안하고 있다(설문원 2005, 61).

- 기록의 진본성을 보증하기 위해 조직은 기록의 생산, 접수, 전달, 유지, 처분을 통제하는 정책과 절차를 실행하고 문서화해야 하는데, 이는 기록 생산자의 권한을 인가하고 생산자를 밝히며, 인가받지 않은 채 추가, 삭제, 변경, 사용, 은폐되는 것을 방지하기 위함이다(ISO 15489-1: 7.2.2).

UBC 프로젝트에서는 전자기록의 진본성을 '시간이 지나도 변하지 않은 신뢰성(Reliability Over Time)'으로 규정한다. 특히 진본 복제본 생산과 관련된 조치들을 제시하면서 다음과 같이 진본성 유지 방안을 권고하고 있다(설문원 2005, 61).

– 전자기록의 진본성을 위해서는 복제와 보존 절차를 통해 이전될 때 기록이 변조(alteration)되지 않도록 보호할 필요가 있다. 전자기록에 대한 장기 접근을 제공하기 위해서는 맥락 정보가 변조되거나 유실될 위험성에 노출될 수 있는 재포맷, 복사, 변환, 마이그레이션 과정과 절차가 필요하기 때문에 이는 매우 중요하다. 전자기록의 진본성은 기록이 엄격하게 통제된 절차에 맞추어 일련의 복제 순서에 따라 보존되는 형식, 즉 진본 사본(authentic copy)을 보장하는 형식으로만 확보될 수 있다.

InterPARES 프로젝트에서 진본성의 개념이 보다 더 정교하게 발전되었다. IP2 사전(The InterPARES 2 Project Dictionary)에 따르면, 진본성은 '기록이 기록으로서 갖는 신빙성, 즉 기록이 표방하는 바 그대로의 기록이며, 변조되거나 훼손되지 않은 상태로서 갖는 품질'로 정의된다. IP1과 2의 정책 관련 성과물은 진본성의 하위 속성 중 특히 정체성과 무결성에 강조점을 두고 있다(이소연 외 2008, 49).

여기서 정체성이란 '기록을 구별할 수 있는 특성 즉, 기록을 고유하게 특징짓고 그것을 다른 기록과 구별하는 기록의 특성'을 의미한다. 정체성을 확보하기 위해 필요한 속성은 기록 생성과 관련된 사람들, 업무활동이나 과업, 생산 및 수발신 일자, 기록의 결합관계(분류기호), 첨부 표시 등으로 구성된다. 그러나 정체성은 반드시 진본성을 위한 요건이라기보다는 무결성, 신뢰성, 가용성을 확립하는 데에 기반이 된다(설문원 2005, 62).

■ 진본성과 인증(Authentication)

　기록의 진본성과 구별되어야 하는 개념이 인증이다. 기록의 진본성을 글자 그대로 기록이 '진본임' 또는 '진본인 상태'를 가리키는 기록의 질에 관련된 개념인 반면에 인증은 기록의 진본성을 확정하거나 증명하는 행위 또는 과정을 가리키는 것이다. 인증은 진본성을 확정하기 위한 방법론적이고 실제적인 기법이며, 진본성은 인증과정에 의해 보장되거나 증명되는 개념과 상태이다. 그러므로 기록의 진본성과 인증은 증거로서 신뢰할 수 있는 기록을 보존하고 증명하는 데 있어서 상호의존적이고 서로 떼어서 생각할 수 없다. 다만 진본성은 일정한 시간이 지난 후에도 기록이 변조되지 않은 바로 그 기록이어야 한다는 점에 기초를 두고 있는 반면에 인증은 누가 기록에 접근해서 무엇인가를 할 권한을 부여 받았는지 여부를 식별하는 데 기초를 두고 있다(김익한 2006b).

■ 진본성 평가 요건

　InterPARES에서는 진본성에 대한 '벤치마크 요건'을 제시하고 있다. '벤치마크 요건'은 보존자가 전자기록의 진본성을 평가하는 기준이라고 할 수 있다. 기록 생산자가 진본인 상태로 기록을 생산하여, 그 진본성을 유지하는 방식으로 관리해 왔다고 추정할 수 있도록 뒷받침하는 증거가 벤치마크 요건에 열거되어 있다. 진본성의 추정은 충족되고 있는 요건의 수와 각 요건이 충족되는 정도에 의해서 결정이 되기 때문에 이 요건은 누적적이다. 충족되는 요건의 수가 많을수록, 또한 각 요건이 충족되는 정도가 높을수록 진본성의 추정력은 커지게 된다.

　벤치마크 요건에 포함되는 요건은 크게 요건 1에서 요건 8까지로 구성되어져 있다. 8개의 요건은 다음과 같다.

- 기록의 표현과 속성 및 연계
- 접근권한
- 기록의 손실과 손상에 대한 예방적인 조치
- 매체 및 기술에 대한 예방적 조치
- 문서 형식의 규정
- 기록 진본확인
- 권위 있는 기록에 대한 확인
- 관련 기록화의 삭제 및 전송

총 8가지의 요건 중 요건 1 '기록의 표현과 속성 및 연계'는 전자기록에 대한 핵심적인 정보를 확인하여 기록의 정체성을 확립하고 무결성을 표현하기 위한 토대를 제공하는 데 관련되어 있다. 한편, 요건 2 '접근권한'에서 요건 8 '관련 기록화의 삭제 및 전송'까지의 7가지 요건은 기록의 작성, 취급 및 관리에 대한 일종의 절차적인 통제를 확인하여 무결성 추정을 뒷받침하는 요건이라고 할 수 있다(이소연 외 2008, 15).

전자기록의 진본성은 기록관리 메타데이터를 충실하게 확보하여 관리함으로써 유지될 수 있다. 진본성은 기록의 생산자와 긴밀한 관련이 있다. 생산자로 표시된 개인이나 조직에 의하여 생산되었음이 진본 기록을 결정하는 가장 중요한 증거이다. 서명이 생산자를 확인하고 생산자와 기록의 관계를 수립하므로 서명의 존재가 진본성에 대한 본질적인 증거가 된다. 기록의 물리적이고 공식적인 특징을 검증하는 과정을 통하여 진본성을 증명할 수도 있다. 그러나 진본성만으로 기록의 내용이 갖는 신뢰성을 자동적으로 보증할 수는 없다. 확인보다는 대체로 추정으로 기록의 진본성을 판단한다.

■ 진본 확인 요건

진본확인은 기록이 자임하는 바 그대로 이며, 부당하게 변경 또는 변조되지 않았으므로 진짜이거나 원래 그대로임을 확인하는 과정을 말한다.

InterPARES에서는 '베이스라인 요건'을 〈표 2-9〉와 같이 제시하고 있다. 보존자는 기록의 진본성을 유지할 수 있는 절차에 따라서 사본을 작성하고 기록 관리에 적용되는 베이스라인 요건에 따라 기록을 취급해야 한다. 벤치마크 요건과는 달리, 베이스라인 요건에 포함되어 있는 모든 요건은 보존자가 자신이 관리하는 전자기록 사본의 진본성에 대해 인증을 하기 이전에 모두 충족되어야 한다. 베이스라인 요건의 확립과 실행은 관리 보존 기능의 일부로 이루어진다.

〈표 2-9〉 베이스라인 요건 B

기록 이관, 유지, 재생산에 대한 통제 B.1	보존기록관이나 프로그램으로 기록을 이관·유지 및 재생산하는 데 사용되는 절차나 시스템으로 기록의 정체성이나 무결성을 보장할 수 있도록 적절하고 효과적인 통제를 구체화한다. 구체적으로는 다음과 같은 사항을 실행한다. B.1.a 단절되지 않은 기록 보관(Unbroken Custody)을 유지한다. B.1.b 보안이나 통제 절차를 적용, 실행하고 모니터링한다. B.1.c 재생산 이후에도 기록의 내용이나, 필요한 모든 주석, 그리고 서식 요소에는 변함이 없다.
재생산 과정과 그 영향의 기록화 B.2	재생산 활동을 기록해 왔으며, 다음을 포함하여 기록화하였다. B.2.a 기록의 재생산 일자와 책임자의 이름 B.2.b 생산자로부터 획득한 기록과, 보존자가 생산한 사본 사이의 관계 B.2.c 재생산 과정이 형식, 내용, 접근성과 활용에 미친 영향 B.2.d 기록 사본이 정체성과 무결성을 표현하는 요소들을 완벽하고 충실하게 재생산하지 못했음을 알게 된 경우에는, 보존자가 이러한 정보를 기록화하여 이용자가 즉시 이용할 수 있도록 하였다.
보존기록 기술 B.3	전자기록을 포함하는 퐁에 대한 기술은(기록의 사법적-행정적, 출처적, 절차적, 문서적 맥락에 대한 정보에 더해) 생산자의 전자 기록이 최초로 생산된 이래 겪은 모든 변화에 대한 정보를 포함해야 한다.

*출처: 이소연 외 2008, 20-21.

베이스라인 요건의 첫 번째인 기록의 이관, 유지 및 재생산에 대한 통제는 말 그대로 보존기록관에서 이루어지는 이관, 유지 및 재생산 업무절차를 다루고 있다. 우선 이관과정에는 기록 이관을 등록하기 위한 절차의 수립, 실행 및 감독, 이관 권한의 확인, 이관 및 기록접근조건에 따라서 이관할 기록을 선정하였는지의 여부를 판단하기 위한 기록의 검증이 포함된다. 생산자의 기록에 대한 진본성 평가도 이관과 평가 과정의 일환으로 이루어져야 한다. 기록의 재생산에 대한 통제에는 재생산 과정에서 기록의 내용이 변경된 것이 없다는 점을 확인해줄 수 있는 재생산절차를 수립, 이행 및 감독하는 것이 포함된다.

베이스라인 요건의 두 번째는 재생산과정과 그 효과를 기록화하는 것이다. 이는 재생산 과정이 투명하다는 것을 보여주기 위한 필수적인 수단이며, 이러한 투명성은 보존자의 역할을 효율적으로 완수하기 위해 필요하다. 재생산과정과 그 효과의 기록화는 또한 재생산 이력이 그 기록의 이력을 구성하는 중요한 부분이기 때문에 기록이용자에게도 매우 중요하다. 재생산과정과 그 효과를 기록화하는 것은 기록의 사용자에게 기록의 평가 및 해석에 필요한 중요한 도구를 제공한다.

베이스라인 요건의 세 번째는 보존기록 기술(Archival Description)이다. 전자기록에서도 기록의 진본확인과 행정적 및 문서적 관계정보를 위한 기술은 매우 중요하다. 기록의 연혁에 대한 다양한 변화에 대한 정보의 출처가 된다. 기술은 재생산에 대한 모든 내역을 요약한 것이다. 이러한 관점에서 기술은 기록의 진본성에 대한 집합적 증명과 그 기록이 속해있는 배경에서의 관계를 구성한다. 이것은 개별 기록의 진본성을 증명하는 진본 확인과는 다른데, 기술은 동일한 부류에 속하는 기록들 사이의 관계를 인증하는 것이기 때문이다(이소연 외 2008, 21-22).

■ 진본성 유지 요건

진본성 유지란, 생산자의 기록이 전송 및 접수되는 동안 진본 기록의 무결함이 오랜 기간 신뢰할 수 있도록 하는 것을 의미한다. 주안점은 기록의 이동과정에서 기록의 내용이 변화되지 않은 채로 확보하는가에 있다. 이것은 장기보존에 있어 핵심적인 요소이다. InterPARES 1의 지적 프레임워크에서는 진본성 유지를 위한 조치로 14가지의 원칙을 〈표 2-10〉과 같이 제시하였다.

〈표 2-10〉 진본성 유지 조치 프레임 워크

1. 일반적으로 디지털 객체보다는 기록을 구체적으로 다루어야 한다. 즉 작성되었거나 받았거나 실무적 활동 과정에서 따로 보관된 문서를 다루어야 한다.
2. 진본 전자기록에 초점을 두어야 한다.
3. 진본성은 기록이 공간(즉 사람과 시스템, 어플리케이션 사이에서 전송될 때) 또는 시간(즉 기록들이 오프라인에 저장될 때 또는 이들을 처리, 교환, 유지하기 위해 하드웨어 또는 소프트웨어를 업데이트 하거나 교체할 때)적으로 이동할 때 가장 위협을 받는다는 사실을 인식하고 대비해야한다.
4. 진본 전자기록의 보존은 기록 생산 시점부터 시작되는 일련의 과정으로 시간과 공간을 넘어서서 진본기록을 전달하는 것을 목적으로 한다
5. 기록관리 및 기록보존에서 신뢰의 개념과 특히 신뢰성 있는 기록생산시스템과 믿을 수 있는 보관자로서의 보존자 역할 개념을 기반으로 한다.
6. 전자기록을 물리적 대상으로써 보존한다는 것은 불가능하다는 것을 전제로 해야 한다. 즉 그 기록의 재생산 가능성을 보존하는 것만이 가능하다.
7. 전자기록의 물리적 요소와 지적 요소는 반드시 동시에 발생되지 않으며 디지털요소의 개념은 문서양식 요소 개념과 다르다는 점을 인식해야 한다.
8. 기록의 사본이 원본과 동일하다는 인정을 받기 위해 충족시켜야 하는 요건을 구체적으로 정해야 한다.
9. 보존의 연속적 과정에 기록 평가를 통합해야 한다.
10. 지속적 보존과정에서 보존기록 기술(Archival Description)을 통합해야 한다.
11. 지속적 보존과정은 장기간에 걸친 진본성의 보호 및 평가를 위한 주요 수단으로서 철저하게 기록되어야 한다.
12. 일상적 활용 및 통상적 업무과정에 따라 생산된 모든 기록을 진본으로 간주할 수 있다는 전통적인 원칙을 전자기록에 적용할 때는 그 기록이 부적절하게 변형되지 않았다는 증거로 보완하여야 함을 인식해야 한다.
13. 보존자가 전자기록 진본성의 평가와 유지 모두에 대해 관련이 있음을 인식해야 한다. 전자기록의 진본성에 대한 평가는 그 기록이 평가 과정의 일환으로 보존자의 관리권으로 이관되기 전에 이루어져야 한다. 반면, 일단 기록이 장기 보존 과정의 일부로서 보존자의 관할권으로 이전되고 나면 전자기록 사본의 진본성 유지가 발생한다.
14. 기록의 진본성 보존과 기록의 진본확인과의 차이를 분명히 구분해야 한다.

*출처: 이소연 외 2008, 22-25.

지적 프레임워크에 포함된 14개 원칙은 크게 두 가지 부분으로 구분할 수 있다. 첫 번째부터 다섯 번째 원칙까지는 전자기록의 장기보존 전략을 수립하기 위한 기본 개념을 다루고 있다. 즉, 전자기록, 진본 전자기록, 진본성 위협 요인, 진본 전자기록 보존의 목적, 그리고 신뢰(Trust)의 개념 등이 그것이다. 첫 번째 원칙은 전자기록이 종이기록과 공유하는 기록으로서의 속성을 '실무 활동 과정에서 작성하였거나 접수하여 따로 보관한 문서'로 정의하고 있다. 두 번째 원칙은 진본 전자기록의 정의를, 세 번째 원칙은 전자기록이 디지털 객체로서 갖는 속성으로 인해 진본성에 가해지는 위험 요인을 서술하고 있다. 네 번째 요건은 진본 전자기록 보존은 '기록 생산 시점부터 시작되는 일련의 과정으로 시간과 공간을 넘어서서 진본기록을 전달하는 것을 목적으로 한다'고 정의하고 있다. 다섯 번째 요건은 기록관리와 보존이 신뢰(Trust)라는 개념에 기반하여야 하므로, '믿을 수 있는(Trusted) 기록관리시스템' 및 '믿을 수 있는 보관자(Trusted Custodian)'의 역할이 매우 중요하다는 점을 강조하고 있다.

지적 프레임워크에 포함된 14가지 원칙 중 여섯 번째부터 열네 번째까지는 진본 전자기록의 보존과 진본확인의 구체적 쟁점사항과 관련된 원칙을 담고 있다. 즉, 진본 사본 재생산, 디지털 요소와 문서적 요소의 차이점, 진본으로 간주할 수 있는 사본의 요건 수립, 기록평가, 보존기록 기술, 보존과정의 기록화, 벤치마크 요건 및 베이스라인 요건의 준수, 진본성 보존과 진본확인의 구분 등을 다룬 원칙들이 지적 프레임워크에 포함되어 있다. 여섯 번째 원칙은 생산 당시 기록의 물리적 형상을 그대로 보존하는 것은 전자기록 보존에서는 불가능하다는 점에 기반하고 있다. 따라서 기록 자체를 보존하는 것보다는 진본으로 간주될 수 있는 품질의 전자기록 사본을 재생산할 수 있는 역량을 유지하는 것이 전자기록 보존의 구체적 목표여야 한다는 것이다. 일곱 번째 원칙은 물리적 요소와 지적 요소, 그리고 디지털 요소와 문서적 요소를 구분하여야 할 필요성을 다루고 있다. 진본 전자기록을 보존하고자 할 때 불변한 상태로 유지하여야 할 요소가 무엇인지를 구분하여야 한다는 의미이다. 여덟 번째 원칙은 진본으로 간주될 수 있는 전자기록 사본 생산을 위한 요건을 구체적으로 수립하여야 할 필요성을 강조하고 있다.

아홉 번째와 열 번째는 각각, 지속적 보존과정에 기록평가 및 보존기록 기술 (Archival Description)을 통합할 필요성을 명시한 원칙이다. 전자기록 보존의 맥락 에서는 기록의 가치뿐 아니라 진본 여부, 또 보존의 타당성(Feasibility)을 고려해야 하는 이유는 전자기록 보존에 드는 비용이 매우 높은 데 비하여 필요한 수준의 품 질을 확보한 장기적 보존의 성공가능성이 낮은 편이기 때문에 아홉 번째 요건이 매우 중요하다. 진본이 아닌 기록, 따라서 증거로서 기능할 수 없는 기록을 보존하 는 데 막대한 비용과 수고를 투자할 이유는 없을 것이기 때문이다. 열 번째 원칙 은 하나의 계층으로 묶인 전자기록의 집합에 대한 진본성을 보존기록 기술을 통해 기록 생산과 관리의 맥락 안에서 보여 줄 수 있다는 점에 기반하고 있다.

지적 프레임워크의 열한 번째 원칙은 전자기록 보존의 과정과 절차, 그리고 이를 실행한 결과를 철저하게 기록화해야 한다는 점을 강조하고 있다. 또 열두 번째 원칙의 경우에는 일상적 업무과정을 수행하는 과정에서 기록이 생산되었 음을 입증하는 기록의 신뢰성 뿐 아니라 부적절한 변형이 가해진 적이 없음을 입증하는 기록의 무결성을 함께 입증할 수 있어야 전자기록의 진본성을 인정받 을 수 있음을 설명하고 있다. 열세 번째 원칙은 전자기록의 진본성과 전자기록 사본의 진본성을, 열네 번째 원칙은 진본성의 보존과 진본확인의 차이를 인식 할 필요성을 강조하고 있다(이소연 외 2008, 25-26).

2. 신뢰성(Reliability)

◼ 신뢰성의 정의

기록의 신뢰성은 기록이 기록을 산출한 행위나 활동 등의 사실과 어느 정도 부합하는가의 문제이다. 따라서 기록의 신뢰성은 기록을 산출한 활동을 증거할 수 있는 능력과 이를 복원할 수 있는 능력에 달려 있다.

KS X ISO 15489에 따르면, ①업무나 활동, 사실에 대한 완전하고 정확한 표현물일 때 신뢰성 있는 기록이다. ②그 기록으로 과거의 업무활동이나 사실을 증명할 수 있거나, 그 기록을 근거로 하여 이후의 업무활동에 관련된 의사 결정을 내릴 수 있어야 신뢰성 있는 기록이다. ISO 15489는 신뢰성 있는 기록의 개념을 다음과 같이 제시하였다.

> - "신뢰성 있는 기록은 그 내용이 업무나 활동, 사실 등의 완전하고 정확한 표현물로서 믿을 만하고, 그 내용을 이후의 업무 혹은 활동의 과정에서 증명하고 이에 의존할 수 있는 것이다." (ISO 15489-1: 7.2.3)

즉, 신뢰성은 그 기록의 내용이 정확한지, 기록을 산출하게 한 행위나 활동을 제대로, 정확하게 보여주고 있는지를 나타내는 지표이다. 이러한 신뢰성 개념은 기록의 본질적 특성과 밀접한 관계를 갖는다. 기록이 업무나 활동, 행위의 정확한 반영물이어야 한다는 명제는 먼저 신뢰성이라는 요건을 충족시킴으로써 성립될 수 있기 때문이다.

ISO 15489는 기록의 일반적 특성을 다음과 같이 규정하고 있는데 이는 여러 특성 중 신뢰성과 가장 밀접한 관계를 갖는다.

> - 기록은 어떤 의사소통이 이루어지거나 결정되었는지 혹은 무슨 행동이 취해졌는지를 정확하게 반영해야 함
> - 기록은 관련 업무상 요구를 지원할 수 있어야 함
> - 기록은 설명 책임의 목적으로 사용될 수 있어야 함
> - 기록은 내용 뿐 아니라 다음과 같이 행위를 문서화하는 데 필요한 메타데이터를 포함하거나 메타데이터와 연계되어 있어야 함

a) 기록의 구조, 기록 형식과 그 기록을 구성하는 요소들 사이의 관계가 원래대로 남아 있어야 함

b) 기록이 생산되고 접수되고 활용되는 업무 배경이 기록에 명백히 드러나야 함(해당 처리가 일부분을 이루는 업무 과정, 처리행위의 일시, 그리고 처리행위에 참여한 사람들을 포함)

c) 개별적으로 유지되지만 하나의 기록을 구성하기 위해서 결합되어야 하는 문서들 간에 링크가 되어 있어야 함

■ 신뢰성 유지 요건

신뢰성이 유지될 수 있는 다른 요소로는 기록이 생산되는 과정에 대한 통제 정도이다. 기록 생산과정에 대한 통제는 기록이 일상적 업무과정과 밀접한 연계 속에 생산될 수 있도록 하는 것을 주목표로 한다. 이러한 통제를 위해서는 누가 기록을 생산하고 관리할 책임과 권한을 갖는지, 누가 기록에 담긴 행위를 설명할 책임을 지는지 등에 대한 규정이 필요하다. Duranti(2002)는 이중 핵심 요소를 1)날짜 2)기록생산이나 행위, 사안과 관련된 사람 3)기록의 결합관계로 꼽았다.

2005년 국가기록 관리혁신 아젠다 중 하나로 설정된 "공적행위의 철저한 기록화"도 기록이 일상적 업무과정과 밀접한 연계 속에 생산될 수 있도록 하는 효율적인 프로세스와 시스템을 마련함으로써 실현될 수 있을 것이다. 결론적으로 말해 신뢰성은 활동의 부산물인 기록이 그 활동의 내용을 얼마나 정확하게, 충분히 보여주는지를 나타내는 품질 요소이다. 활동의 전모를 설명할 수 있는 모든 기록을 생산하여 관리하고, 각각의 기록이 필요한 지적 물리적 요소들을 제대로 갖추고 있을 때에 신뢰성이 확보될 수 있을 것이다(설문원 2005, 57).

3. 무결성(Integrity)

◼ 무결성의 정의

신뢰성을 갖는 진본 기록이 오랜 시간에 걸친 관리과정이 지나서도 여전히 원래 모습 그대로 완전하고 변경하지 않는 상태를 유지하고 있을 때 무결성을 유지하는 기록으로 판정할 수 있다.

ISO 15489에서 무결성을 '기록이 완벽하고 변경되지 않은 상태로 있는 것'(ISO 15489-1: 7.2.4)으로 정의하고 있다. 기록의 무결성은 기록이 생산된 이후 물리적이거나 지적인 요소의 잠재적 손실과 관련되는 개념이다. 기록이 모든 면에 있어서 완전하고 변조되지 않았을 때 무결성을 갖는다고 본다. 전자 환경에서는 매체의 취약성 · 기술의 노후화 · 시스템의 특이성 등이 무결성에 영향을 미친다. 전자기록이 일정한 목적을 성취하기 위해 전달하도록 의도된 메시지가 변하지 않았다면 무결성을 갖는 것으로 간주한다. 무결성은 흔히 전일성(Wholeness)과 견고성(Soundness)으로 표현되는데, 이는 앞서 신뢰성의 개념과 관련하여 밝힌 완전성과는 구분되는 개념이다. 전일성이나 견고성이 기록이 생산된 이후의 변경으로부터 기록의 본질적 요소들을 보호하는 측면이라면 완전성은 기록이 생산될 때 필수적인 모든 물리적, 지적 요소들을 가지고 있는지와 관련된 개념이기 때문이다(설문원 2005, 57-58).

업무프로세스에 기록관리 기능을 적용함으로써 신뢰성이 보장되는 반면, 무결성은 '신뢰할 만한 환경'으로 획득된 기록이 필요한 기간 동안 통제, 관리되었다는 증거를 말한다. 따라서 무결성은 기록이 존재하는 동안 계속 지원해야할 장기적인 요구를 반영해야 한다(설문원 2005, 58).

무결성과 관련하여 감사증적(Audit Trails)은 권한에 대한 정책과 절차의 수립 및 실행과 병행하여, 이러한 절차에 따라 기록을 관리하였음에 대한 증거로서 관리과정을 기록화하는 과정도 반드시 실행하여야 한다. 누가, 언제, 어떤 근거로, 즉 어떤 허가사항에 따라 기록에 접근하거나 추가, 부기, 삭제를 실행하였는지를 기록하여 남긴다(한국기록관리학회 2010, 224).

■ 무결성 요건

InterPARES에 따르면 기록의 진본성을 보장하는 것은 기록의 정체성과 무결성을 확보하는 것을 통해 가능하다 하였다. KS X ISO 15489는 진본성을 구성하는 가장 중요한 두 가지 요소로 '기록의 생산 주체'와 '생산시점'을 정의하고 있다. InterPARES에서 말하는 정체성과 무결성의 요건에는 기록의 생산주체와 생산시점이 제시되어 있다.

논의를 종합해보면 전자기록의 무결성과 관련하여 가장 중요한 단계는 생산단계라 할 수 있다. 생산단계에서부터 무결성을 보장하기 위한 조치가 이루어지지 않는다면 그 후 관리단계에서도 무결성이 보장되었다고 할 수 없기 때문이다.

앞서 진본성에서 명시했던 벤치마크 요건 A에 대해서 무결성의 관점에서 살펴볼 필요가 있다.

전자기록의 무결성을 지원하는 네 가지의 구성요소 중 첫 번째 요건은 담당부서로 공식적으로 기록과 관련된 행위 또는 그 기록이 관련되어 있는 문제에 대해 조치를 취할 수 있는 능력을 가진 부서나 담당자를 가리킨다. 담당부서와는 구별되는 원 책임기관은, 기록을 생산한 부서나 기관은 아니지만, 기록 생산자가 기록 관리에 대한 공식적인 권한을 부여한 기록 취급기관을 말한다. 기록에 추가된 주석 유형을 지시할 때 주의할 점은, 주석은 그 기록의 작성이 완료된 이후에 추가적으로 첨부되는 내용이기 때문에 기록의 문서적 형식 요소로는 보지 않는다는 것이다. 보존 태스크포스는 기록의 디지털 요소에 있어서의 모든 변화를 기술적 변경요소로 간주한다. 여기에는 기록요소가 디지털로 입력되는 방식의 변화와 저장된 디지털 장치로부터 기록을 재생시키는 데 사용되는

〈표 2-11〉 벤치마크 요건 A 중 무결성과 관련된 요소

		다음의 속성이 갖는 가치는 명백히 표현이 되며, 떼어낼 수 없이 모든 기록에 연결되어 있다. 이들 속성은 범주 별로 구분할 수 있으며, 그 첫째는 기록의 정체성에 관한 것이고 둘째는 기록의 무결성에 관한 것이다.
기록 속성의 표현과 기록 에의 연계 A.1	A.1.a 기록의 정체성	A.1.a.i 그 기록의 형성에 관여한 사람의 이름 즉 •저자명(Author) •작자명(Writer)(저자명과 다른 경우) •원저자명 (저자나 작자와 다를 경우) •수신자명 A.1.a.ii 행위 또는 사건명 A.1.a.iii 생산일 및 전송일, 즉: •연대기적 일자 •접수 일자 •기록보관 일자 •전송 일자 A.1.a.iv 기록의 결합관계Archival Bond 표시 (분류코드, 파일 식별자 등) A.1.a.v 첨부기록 지시
	A.1.b 기록의 무결성	A.1.b.i 담당 부서명 A.1.b.ii 우선 책임을 지는 부서명(담당부서명과 다를 경우) A.1.b.iii 기록에 추가된 주석의 유형 지시 A.1.b.iv 기술적 수정Technical Modifications 여부 지시
서식의 수립 A.5		생산자는 사법체계의 요건이나 생산자의 요건에 따라 각 절차와 연관된 기록의 서식을 정했다.

*출처: 이소연외 2008, 16, 참고 수정보완.

방식에 있어서의 변화 모두를 포함한다. 즉, 재생된 기록이 기술적 변화 과정을 거치기 전의 모습과 동일한 것인지 아닌지를 알 수 있는 모든 과정을 의미하는 것이다. 따라서 변경 사항을 표시하여 보다 세부적으로 추가적인 내용을 설명해야 한다.

또한 기록의 정체성에 관한 다섯 가지 중 첫 번째 구성요소는 기록의 형성에 관여한 다양한 생산자명에 관련되어 있다. 우선 저자명은 기록을 발행할 수 있는 권한 및 능력을 보유한 자연인 또는 법인의 이름 또는 그의 이름이나 명령으로 기록을 발행할 수 있는 사람을 말한다. 저자명과는 다른 작자명이 존재할 수도 있는데, 이러한 경우의 작자명은 기록의 내용을 명확하게 설명할 수 있는 권

한이나 능력을 보유한 사람의 성명이나 법인명을 말한다. 저자도 작자도 아닌 생산자 유형인, 당초의 생산자명은 기록이 생산하거나 전달하는 전자주소를 가지고 있는 사람의 성명이나 법인명을 가리킨다. 수신자명은 기록이 의도하는 사람의 성명이나 법인명을 말한다. 두 번째 구성요소는 행위나 사건명으로, 이를 명기해야 함을 말한다.

기록의 문서형식은 특정한 행정적 절차와 관련하거나 절차 내의 특정한 단계와 관련되어 결정된다. 문서의 형식은 행정적 절차에 있어서 각 단계 마다 특정한 기록 형식에 의해 파악되는 업무과정 및 워크플로우 통제기술에 의해 규정될 수 있다. 만약에 한 생산자가 이메일 응용프로그램과 같이 특정한 영역에서 사용하기 위하여 특별한 응용프로그램을 주문하였다면, 주문형 형식은 설정 치에 따라 필요한 문서형식이 된다. 생산자가 절차 또는 절차의 특정한 단계와 연관하여 문서형식을 확립할 때 기록의 진본성 유지를 지켜줄 형식의 외형적 및 내재적 요소에 대한 결정이 포함된다. 일반적으로 말해서 이러한 결정은 기록의 형식이나 생산자 또는 다른 보존자에 따라 다양하게 나타날 수 있기 때문에 진본성과 관련하여 문서형식의 특정한 내재적 및 외형적 요소의 타당성을 예단하거나 일반화하는 것은 불가능하다(이소연 외 2008, 19).

■ 무결성 확보 방안

ISO 15489는 기록의 무결성을 확보하기 위항 방안을 다음과 같이 제시하고 있다. 이는 IntePARES 지표요건 A2에 주로 해당하며, 다만 여기서는 모든 처리과정에 대한 추적 요건을 덧붙이고 있다.

- 기록은 인가 받지 않은 변경으로부터 보호되어야 한다. 기록 관리 정책과 절차에서는 기록이 생산된 후에 무엇을 추가하거나 주석을 달 수 있는지, 어떤 조건에서 추가나 주해가 인가될 수 있는지, 누가 그리할 수

있도록 인가 받았는지를 구체적으로 정해야 한다. 기록에 대한 어떠한 인가 받은 주해, 추가 혹은 삭제도 분명하게 명시되어야 하고, 그 처리 과정을 추적할 수 있어야만 한다. (ISO 15489-1: 7.2.4)

■ 전자기록 무결성 검증 기반 기술 – 전자서명

전자서명은 암호법을 기본으로 하여 기계가 인식하는 변조법인데, 자신의 서명을 표시할 수 있는 사람은 본인밖에 없는 것처럼 전자서명에 의한 변조를 할 수 있는 사람(또는 시스템, 기관)은 그 본인밖에 없음을 확률적으로 믿는 것이다.

전자서명 중에서 현재 국제적으로 널리 사용하고 있으며 국내에서 사용자 인증용으로 공식 사용되는 기술이 비대칭키 기반, 또는 공개키 기반 인프라 구조라는 뜻의 PKI(Public Key Infrastructure) 기술이다. 메시지(기록)에서 해싱을 통하여 정보를 추출하여 여기에 생산자의 비밀키(개인키)를 적용해서 전자서명을 만든다. 이 전자서명을 본 메시지에 첨가하여 함께 보존한다. 해싱은 동일한 입력에 대해서는 동일한 값을 내는 함수이며, 해쉬값을 변경시키지 않으면서 원 메시지를 목적에 맞게 변조하는 일은 불가능에 가깝다. 진본임을 검증할 때에는 전자서명 내용을 공개키로 푼 것과 메시지에서 추출한 정보가 같은지 비교한다. 같으면 진본인 것이고 다르면 진본이 아닌(위변조된) 것이다. PKI는 원문을 변조하면 전자서명이 일치하지 않게 되기 때문에 위변조를 확인할 수 있는 무결성 기능을 제공한다. 그래서 전자서명은 전자정부법에서 의미하는 인증의 기능을 지원할 수 있다. 또한 본인임을 확인할 수 있는 인증 기능을 제공하므로 진본성 보장에도 도움이 된다. 다만 적용에 많은 시간이 걸리고, 적용한 문서는 부피가 커지는 단점이 있다. 또한 비밀키의 관리 책임이 각 생산자에게 요구되는 불편함이 있다.

전자서명은 메시지를 변조하면 불일치하게 되므로 무결성 보장에는 좋은 성질을 가지지만, 전자기록처럼 보존을 위하여 변환이 필요한 경우에는 이전 전자서명은 파괴되어 버리므로 전자서명을 다시 적용시키는 행위가 필요하다. 진본성 보장을 위하여 보존 전자기록에 대하여 수행된 모든 적법 행위에 대한 이력 정보를 계속 유지관리 하여야 하고 이 정보들이 메타데이터에 포함되어야 하는데, 이 메타데이터도 무결성이 보장되어야 하기 때문에 전자서명 대상 메시지에 포함된다.

인증서(Certificate)란 전자서명을 검증할 수 있도록 해당 인증서 버전, 인증서 일련번호, 인증서의 유효기간, 발급기관명 및 전자서명 알고리즘 정보, 가입자 이름 및 신원 확인정보, 전자서명 알고리즘 정보 등을 담은 정보객체이다. 현재 국내에서는 전자상거래 등 민간 부문의 사용을 위하여 전자서명법에 따라 한국 정보보호진흥원이 최상위인증기관(RootCA)으로서 한국정보사회진흥원 등 6개의 공인인증기관(Certification Authority)을 통해 인증서를 발급하고 있는데 이를 공인전자서명(NPKI)라 한다. 공인인증기관은 정해진 것이 아니라 정보통신부장관의 지정에 의하여 2년 단위로 갱신지정하며 인증업무의 정지 및 지정취소도 가능하다. 공공부문은 전자정부법에 의거하여 행정안전부산하 행정전자서명인증관리센터에서 인증서를 발급하고 있는데 이를 행정전자서명(GPKI)이라 한다.

인증서는 보통 1년 단위의 유효기간을 가지며 유효기간이 끝나면 새로 인증서를 발급받아야 하고 이에 따라 전자서명도 갱신된다. 보존되던 전자기록이 진본인지 검증하기 위하여 적용된 전자서명값을 대조하여 확인하려면 당사자 또는 기관의 공개키와 서명 방법 등을 담은 이 인증서가 필요하며, 유효 기간이 지정되어 있으므로 서명 당시에 유효했던 인증서가 필요하다. 그러므로 전자기록에 적용된 모든 전자서명에 대한 인증서 정보가 어디엔가는 있어야 한다. 지금까지 전자서명의 주 용도가 온라인 접속 시 상호 인증용이었기 때문에 당시에 확인 가능한 기능에 초점이 맞추어졌다.

그러나 모든 기록에 대한 당시의 전자서명과 매 시점의 무효인증서 목록들을 모두 관리하고 있어야 하고 해당 인증서를 실시간에 찾을 수 있어야 하며 검색된 인증서가 당시 유효하였는지 인증서 자체에 포함된 유효기간 및 당시 인증

기관이 게시한 무효 인증서 목록 포함여부를 대조하여 확인하여야 한다. 기록과 인증서 어느 하나라도 망실되면 진본 확인이 불가능한 위험이 있다(송병호 2005, 54-55 수정보완).

■ 전자기록 무결성 검증을 위한 여러 기술

전자기록이 적법한 변환이 아니고 허가 없이 위변조한 것을 기록 자체를 통하여 알 수 있는 방법으로 전자서명(Digital Signature; 디지털 서명) 기술과 디지털 워터마킹(Digital Watermarking)기술이 있다.

디지털 워터마킹이란 기록에 일정한 정보를 은닉해 저장해 두는 기술을 말한다. 보통 저작권자/구매자 확인, 즉 핑거프린팅(Fingerprinting)이 가능하여 유출자 추적(Traitor Tracing)에 매우 효과적이다. 디지털 워터마킹은 그림이나 사운드 등 멀티미디어 콘텐츠에 은닉하여, 콘텐츠의 출처를 확인할 목적으로 사용된다는 것이 이 기술의 핵심이다. 따라서 'ISO 진본성'을 위한 출처 정보 보존에는 용도가 맞겠지만, 'ISO 무결성'을 위하여 변조 사실을 확인하는 용도에는 맞지 않는다. 변조 행위의 흔적이 나타나는 것이 아니고 변조하여도 출처 정보를 계속 잔류시킬 수 있도록 하는 기술이기 때문이다. 또한 디지털 워터마킹은 붙일 수 있는 파일 포맷이나 적용횟수, 적용 가능한 자료의 최소크기 등이 제한되며 변조 공격에 100% 강인하지도 않다.

CRC(Cyclic Redundancy Checksum)는 데이터의 무결성을 체크하는 데 사용되는 디지털인증 방법이다. 전송전의 파일과 전송후의 파할 때 원래 파일에 대한 CRC값을 구하고, 전송된 파일에 대한 CRC 값을 구해서 두 개의 값이 같으면 두 파일의 내용이 같다고 추정할 수 있는 인증방법이다.

해쉬함수(H혹은 Hash로 표기)는 임의의 길이의 입력 메시지를 고정된 길이의 출력값으로 압축시키는 함수이다. 데이터의 무결성 검증, 메시지 인증에 사용한다. 임의의 길이를 갖는 메시지를 해쉬함수에 입력하면 고정된 길이의 해쉬값을 만들어낼 수 있다. 문서의 송수신 과정에서 해쉬함수와 해쉬값을 이용하여 다음과 같이 무결성을 검증할 수 있다. 먼저, 송신자가 발신문서에 해쉬함수를 적용하여 해쉬값을 생성한다. 이 때 이 해쉬값을 문서의 '요약 메시지'라고도 부른다. 송신자는 문서와 해쉬값을 함께 발송한다. 그러면, 수신자는 송신자가 사용한 해쉬함수와 동일한 함수를 수신 문서에 적용하여 해쉬값을 생성하여 함께 수신된 '요약 메시지'값과 비교할 수 있다. 만약, 비교 결과가 같으면 수신 문서는 송신된 문서 그대로임을 확인할 수 있다. 문서의 해쉬값은 전자서명에도 활용된다.

▣ 기록관리시스템 무결성 유지 방안

ISO 15489는 기록 자체의 무결성과 구분하여 기록관리시스템의 무결성 유지를 위한 조치를 다음과 같이 별도로 적시하고 있다(ISO15489-1: 8.2.3). 특히 전자기록의 무결성은 기록관리시스템의 무결성이 유지되어야 확보될 수 있을 것이다.

- 기록에 대한 인증 받지 않은 접근, 파기, 변경 혹은 삭제를 막기 위해 접근감시, 이용자 확인, 인증 받은 파기, 안전 보호 등의 통제 조치가 이루어져야한다. 이러한 통제장치는 기록 시스템 내에 혹은 특정 시스템의 외부에 있을 수 있다. 조직은 전자기록에 대해서는 시스템의 어떠한 오작동, 업그레이드나 정기적인 유지보수가 기록의 무결성에 영향을 미치지 않는다는 것을 증명해야 할 수도 있다.

영국 TNA는 ISO 15489이 제시한 시스템 무결성과 관련하여 합당한 기록만 폐기되었는지를 확인하고, 적절한 접근 통제가 제대로 이루어졌는지 확인하기 위한 기준으로 기록처리지침이 시스템 안에 통합되어 있는지, 이용자 확인 규정

과 절차가 있는지, 조직은 정보 보안 및 패스워드 정책을 가지고 있는지 등을
제시하고 있다. 영국 TNA가 제시한 무결성 유지 방안은 보다 포괄적이며 ISO
15489의 무결성 유지방안과 InterPARES의 지표기준을 대체로 포괄하고 있다. 이
는 다음과 같다.

- 기록의 생산에 대한 접근권 설정
- 수정에 대한 통제
- 추가에 대한 통제
- 재배치에 대한 통제
- 기록 폐기에 대한 통제
- 기록의 손실과 훼손을 방지하고, 찾아내며, 정정하기 위한 절차의 수립
- 매체 노후화와 기술 변화에 대응하여 기록의 정체성과 무결성을 지속적
  으로 보장하는 조치의 실행
- 기록의 사본이 다수 존재할 때 공신력 있는 기록을 확인하는 방안
- 기록과 함께 법적, 행정적, 기술적 맥락을 이해하는 데에 필요한 설명자
  료 유지

■ 무결성 검증 절차와 방법

전자기록의 진본성을 유지하기 위한 기본요건이 무결성을 유지하는 것이다.
전자기록을 이동하거나 복제할 때 무결성이 손상되기 쉽다는 점을 고려한다면
이 시점에 무결성을 검증하는 절차를 진행해야할 것이다. 전자기록의 무결성
검증이 필요한 시점에 따라 무결성 검증 절차와 방법을 살펴보면 다음과 같다.
첫째, 전자기록이 전송 혹은 복제되었을 때 원본과 전송된 사본 또는 복제사
본이 동일한 지에 대해 일치 검증 평가가 필요하다. 포맷의 변화나 내용적인 변

화가 없이 단순한 이동 혹은 복제이므로 전자기록의 비트스트림 자체가 원본과 동일함을 평가해야 한다. 일치 검증 평가의 절차와 방법은 다음과 같다.

1. 전제 : 향후 훼손 여부를 확인하기 위해 원본 객체 안에 정보의 추가가 필요하다.

2. 전송 혹은 복제를 하기 전에 원본 전자객체가 외부 환경이나 조작에 의해 변형되었는지를 확인하여 복구를 수행한다.
   - 예1) 바이러스 감염 여부를 검사하고, 치료가능 여부를 확인한다.
   - 예2) 압축되어 있을 경우는 압축 해제 후에 워터마크의 훼손 여부를 확인한다.

3. 전송 혹은 복제를 하기 전에 비트스트림을 검증하여 원본 전자객체의 무결성을 확인한다.
   - 예) 패리티비트, 검사합(Checksum), CRC, 전자서명 등을 이용한다.

4. 전자객체의 변형을 최소화하면서 효율적인 전송 혹은 복제 방법을 선택한다.
   - 예1) 대량의 전자객체를 전송할 때 시간과 비용을 절약하기 위해 압축을 선택하는 경우 워터마크 등의 보호를 위해 검증된 방식을 채택해야 한다.
   - 예2) 전송이나 복제 도중 에러의 발생을 최소화할 수 있는 신뢰도 높은 방식을 채택해야 한다. 여기에는 네트워크를 통한 ftp, copy 등의 온라인 방식과 CD, DVD, 자기테이프, 하드디스크 등의 매체를 이용한 오프라인 방식에 대한 선택이 포함된다.

5. 원본 전자객체가 전송 혹은 복사된 후 전자객체 비트스트림의 무결성(Integrity)을 확인(Validation)한다.
   - 예1) 전자객체와 함께 이동된 전자서명을 이용하여 확인한다.
   - 예2) 전자객체의 워터마크를 확인한다.

둘째, 전자기록의 사본이 원본과 동일한 내용인지를 확인하는 할 때 내용적 동일성 확인 평가가 필요하다. 전자기록의 재생산과정이 진행됨에 따라 포맷이나 메타데이터의 변화가 발생하게 되는데, 이러한 변화에도 불구하고 내용적으로 동일하므로 재생산된 전자기록이 진본임을 증명하는 것이다. 특히 기록을 제공하기 위해 만드는 배부기록패키지의 경우에는 전자기록 관리과정에서의 어느 한 시점의 스냅 샷에 해당하므로 포맷과 메타데이터가 최종 진본기록과 다를 수 있다. 그러나 배부기록패키지가 생성된 시점 이후 재생산된 전자기록 진본 역시 이전 기록과 내용적으로 동일한 것이므로 일정 시점의 스냅 샷이라고 하더라도 그 진본성은 인정될 수 있다. 내용적 동일성 확인 평가의 절차와 방법은 다음과 같다.

1. 사본에 대한 원본을 식별할 수 있어야 한다.
   - 예1) 메타데이터를 이용하여 기록관리시스템 내부의 원본을 식별하는 경우
     - 식별자를 통한 식별 : 기록관리시스템 ID, 기록 ID를 이용한다.
     - 맥락정보를 통한 식별 : 생산기관, 생산자, 생산일시, 기록명을 이용한다.
   - 예2) 기록관리자의 판단에 의해 원본을 식별하는 경우 사본의 생성 작업 직후 기록관리자가 현장에서 판단하여 원본을 식별함
2. 사본 생성의 책임자와 수행자에 대해 확인한다. 적절한 권한과 책임이 있는 관리자에 의해 사본 생성이 이루어졌는지를 확인한다.
3. 배부기록의 경우, 진본기록을 통해 대상 사본의 존재 가능성을 확인할 수 있어야 한다. 배부기록의 진본여부를 확인할 때는 기록관리시스템 내부의 진본기록을 통해 대상 사본의 전송, 복제, 배부 등의 이력을 확인할 수 있어야 한다.
   - 예1) 진본기록의 재생산과정에서 이전의 파일포맷을 보관하지 않는

경우 : 재생산 이력 메타데이터에 진본기록의 포맷변화과정이 명시되어 있고, 사본의 제작일시와 포맷을 비교하여 존재 가능성을 확인한다.

- 예2) 진본기록의 재생산과정에서 이전의 파일포맷을 모두 보관하는 경우 : 배부기록의 배부시점을 근거로 하여 보관된 이전의 파일포맷 비트스트림을 이용하여 일치 검증 평가의 절차와 방법을 준용하여 진본여부를 판정한다. 배부기록 자체가 진본기록과는 별도의 포맷으로 생산되어 배부되는 경우에는 직접 비교가 불가능하므로, 다음의 4와 5의 절차를 통해 확인한다.

4. 필수 메타데이터의 종류와 값의 일치성을 확인한다. 내용과 직접적인 연관이 있는 필수 메타데이터의 종류를 식별하여 원본과 사본 사이에 해당 메타데이터의 값이 일치하는 지를 확인한다.

5. 포맷 변환에 따른 렌더링의 차이가 없음을 확인한다. 사본을 화면에 디스플레이하거나 인쇄했을 때 원본과 차이가 없음을 기록관리자가 육안으로 확인하여 검증한다.

6. 내용적으로 진본과 동일함을 증명하기 위해 필요하면 진본임을 확인하는 전자서명을 부가한다.

셋째, 전자기록의 메타데이터에 대한 변경이 적절하게 이루어져서 기록이 여전히 진본임을 확인하고자 할 때 메타데이터 요소의 적절성 평가가 필요하다. 그 구체적인 절차와 방법은 다음과 같다.

1. 메타데이터의 필수요소와 선택요소가 식별 가능해야 하고, 각 요소에 합당한 데이터 타입이 선언되어 있어야 한다.

2. 기록별, 분류체계별, 기록 유형 별로 메타데이터를 변경할 수 있는 권한자에 대한 지정이 적절한지를 확인한다.

•예) 기록관리시스템의 ACL(Access Control List)을 통해 사용자에 대한 그룹 지정, 권한 지정 등이 적합한지 확인하고, 조직 내의 인사이동과 조직변경이 있을 때마다 기록관리시스템의 사용자 권한과 연동되도록 체계화되어 있는지 확인해야 한다.

3. 각 메타데이터 변경에 대한 이력정보가 남겨져야 있어야 하며, 변경 전의 값과 변경 후의 값, 변경자, 변경일시, 변경행위와 관련된 정보가 포함되어야 한다.

•예) 기록관리시스템의 감사증적(Audit Trail) 기능을 이용하여 주어진 기간 동안 어떤 사용자(또는 사용자 그룹)가 어떤 기록에 대해 어떤 활동(Activity)을 수행하는지에 대해 이력을 남길 것인가를 설정하여 검토할 수 있어야 한다.

4. 기록관리자의 주관 하에 변경된 메타데이터 값에 대한 검증 절차가 진행되고 검증 완료시에 전자서명에 의해 변경이 확정되었는지 확인해야 한다.

넷째, 전자기록관리시스템에 보존 관리되고 있는 전자기록에 대해 불법적인 변경이 있었는지를 확인이 필요할 때 불법적 변경 여부 확인 평가가 필요하다. 구체적인 절차와 방법은 다음과 같다.

1. 불법적인 변경이 의심되는 전자객체를 식별한다. 기록관리시스템 내에 존재하는 모든 전자기록은 진본으로 추정되는데 특정 전자기록에 대해 불법적인 변경이 의심되는 경우, 확인이 필요한 전자객체의 종류와 범위를 정의하고 식별해야 한다.

2. 기록별, 분류체계별, 기록유형 별로 메타데이터를 변경할 수 있는 권한자에 대한 지정이 적절한지를 확인한다. (메타데이터요소 2와 동일)

3. 기록의 변경에 대한 이력정보가 남겨져야 있어야 하며, 변경 전의 값과 변경 후의 값, 변경자, 변경일시, 변경행위와 관련된 정보가 포함되어야 한다. (메타데이터요소 3과 동일)

4. 정당한 절차에 의한 변경인지를 감사증적을 통해 평가한다. 메타데이터의 경우, 해당 기록의 메타요소에 대해 변경의 적절성을 확인한다. 전자파일의 경우도 감사증적 정보를 토대로 하여 권한 있는 자에 의한 정당한 활동의 일환으로 변경된 것인지를 확인한다.

5. 기록관리시스템의 로그정보를 통해 내부의 불법적인 접근 여부를 확인한다. 감사증적을 통해 변경의 정당화가 검증되지 않은 경우, 전자기록 관리시스템의 로그정보를 통해 내부 사용자의 변경작업 이력을 확인한다.

   • 예) 메타데이터의 경우 데이터베이스의 질의어를 통해 특정 칼럼값에 대한 변경 행위의 이력을 검토하고, 전자파일의 경우는 파일시스템 명령어를 통해 파일 변경 행위의 이력을 검토한다.

6. 외부로부터의 불법적인 접근 여부를 확인한다. 서버의 로그정보를 이용하여 해킹 등에 의한 외부의 불법적이고 고의적인 접근 및 변경 행위가 있었는지를 확인한다.

7. 불법적 변경에 대해 조치를 취한다. 해당 변경이 불법적인 것으로 판단된 경우, 감사증적이나 시스템 로그정보에 의해 변경 이전의 값을 알 수 있다면 해당 기록을 원상으로 복구 조치한다. (김익한 2006a, 112-113)

■ 무결성 유지 전략

'ISO 무결성' 확보를 위해 사용 가능한 기술적 방안은 정보 보호 기능을 이용하여 허가되지 않은 변조가 사실상 불가능함을 믿도록 하는 능동적 방법과, 기록이 권한 없이 변조 되면 그 사실을 항상 확인할 수 있는 수동적인 방법의 두 가지로 분류할 수 있다. 능동적 방법은 현재 해킹 범죄 사례에서 볼 수 있듯이 완벽한 차단이 어려우며 보호 기능이 장착된 시스템을 통해서만 기록을 활용할 수 있고 외부 제공 이후에는 더 이상 보호할 방법이 없다는 취약점이 있다. 수동적인 방법은 기록 자체만으로 불법변조 사실을 확인할 방법이 있기 때문에 시스템에 대한 의존도를 낮출 수 있는 장점이 있어서 전자기록을 보존만 하는 것이 아니라 배포까지를 고려한다면 바람직한 방법이다. 그러나 변조를 사전 차단하는 용도가 아니고 사후 변조여부의 확인용이기 때문에 진본 유실 방지 방안과 진본 훼손시 대처 방안이 함께 필요하다(송병호 2005, 48).

이관되는 기록은 이관 받는 기관의 자의적인 변조를 막기 위하여 생산자의 인증정보를 포함하여야 한다. 공공기관의 자료관처럼 생산자와 기록관리기관의 명의가 같은 경우가 생기면 생산 측의 별도 검토자에게 원본선언에 대한 정보를 피드백시켜서, 동일인의 자의적인 위변조를 거를 수 있는 장치를 강구하여야 할 것이다. 생산자의 여건에 의하여 인증정보를 적용할 수 없거나 적용되지 않은 채 생산된 구 기록의 경우에는 이관 받는 기록물관리기관 명의로 원본선언을 하고 이를 생산자에게 피드백시키는 정밀한 절차가 필요할 것이다. 이관 받은 기록을 기록으로 선언한 이후에는 이관 받은 기관 명의의 전자서명을 적용하여 저장하였다가 수정 시에는 일단 해지하고 다시 적용하는 서명 재적용 절차를 거치도록 한다.

서명 해지상태에서 변조가 일어날 경우에는 방어하기 곤란하므로 재적용을 할 때에는 반드시 사전과 사후에 이전 버전과 대조작업을 하여 안전성을 확인하여야 한다. 이를 위해서는 전자기록 변환 시에 이전 버전을 파기하지 않고 적어도 대조작업이 끝날 때까지는 유지하여야한다.

저장된 전자기록은 유실이 방지될 수 있도록 정보 보호 기술을 적용하도록 하며, 혹시 진본을 잃어버릴 경우에라도 중요 기록은 복구할 수 있도록 방안을 마련해 둔다. 정보 제공은 진본성 확보를 위하여 인증된 형태의 전자기록 자체를 서비스하도록 한다. 일반 사용자라도 이의 진본 확인과 내용 판독을 할 수 있도록 진본 검증 서비스와 뷰어 다운로드서비스가 이루어지는 것이 바람직하다. 이를 위해서는 수십 년간 사용되어 온 다양한 인증 기술과 기록 포맷들을 모두 처리 가능하도록 완벽한 등록저장소(Registry/Repository)가 구축되고 지속적으로 유지관리 되어야 한다(송병호 2005, 57).

4. 이용가능성(Usability)

■ 이용가능성의 정의

이용가능성은 기록의 위치를 찾을 수 있고, 검색할 수 있으며, 제시할 수 있고, 해석할 수 있는 상태를 말한다. 기록은 그것을 생산한 업무 활동과 직접 관련된 바대로 계속 제시될 수 있어야 한다. 특히 기록을 해석하기 위해서는 생산하고 사용한 행위를 이해할 수 있는 맥락 정보가 필요하다. 또한 일련의 활동을 문서화한 기록들은 서로 연계되어 있어야 이용가능성을 확보할 수 있다(한국기록학회 2008, 16).

기록학 용어사전에서는 Usability를 '가용성'으로 번역했으나 이는 5장 기록시스템의 비기능적 요건 중 가용성(Availability)과 혼동이 있을 수 있으므로 이 책에서는 '이용가능성'으로 부르고자 한다.

기록은 읽을 수 있어야 한다는 의미에서 이용가능성은 그 의미를 가진다. 기록을 보존하는 이유 중 하나는 정보공개와 밀접한 가용성을 보장하는 행위이다. 위치를 찾을 수 있고, 검색, 재현, 해석할 수 있는 특성을 말하기 때문이다.

이용가능성이 기록의 본질적인 요건이자 속성으로 자리잡은 것은 전자환경의 도래에서 비롯된 것이다(서혜란 2010, 18). 이용가능성의 조건은 ①그 기록이 현재 어디에 있는지 서가상의 물리적인 위치이든 전자기록 DB 안의 위치이든 그 소재를 확인할 수 있어야 한다. ②정확한 표제 등을 알지 못한 상태에서도 업무활동이나 생산부서의 명칭 등 다양한 검색어를 입력하여 그 존재와 위치를 확인할 수 있어야 한다. ③원래의 모습과 느낌을 간직한 채의 형태로 보여줄 수 있어야 하고, 그 내용을 해석할 수 있어야 한다.

특히 컴퓨터 하드웨어와 소프트웨어의 노화가 급속히 진행되는 환경에서 전자기록의 위치를 찾고 검색할 수 있도록 하기 위해서는 마이그레이션이나 에뮬레이션 등과 같은 적절한 조치를 취해야만 한다.

'재현'은 기록을 통해 업무 활동이나 처리행위의 흐름을 보여줄 수 있어야 한다는 개념이다. '해석'할 수 있도록 한다는 것은 기록을 생산하고 활용한 맥락을 보여줌으로써 기록의 의미를 이해할 수 있도록 해주는 것이다. 이를 위해 기록과 연계된 맥락정보(Contextual Linkages)에는 기록을 생산하고 사용한 행위를 이해하는 데 필요한 정보가 담겨야 한다. 처리행위보다 넓은 업무 활동과 기능이라는 맥락 속에서도 기록을 확인할 수 있어야 한다. 일련의 활동이 담겨있는 기록들을 서로 링크해주어야 한다.

■ 이용가능성 보장을 위한 전제조건

영국 국립기록관 TNA는 이용가용성을 보장하기 위한 전제조건을 다음과 같이 제시하고 있다.

- 기관이 원하는 정보 출판 및 게시 형태
- 원본 기록과의 연계를 유지하면서 다른 포맷의 새로운 표현물(Rendition)을 생산할 수 있는 능력
- 기록이나 편집된 기록에 대한 접근 허가 (예: 정보의 제한된 부분을 출판하거나 배포할 필요가 있지만, 이를 이용한 사람의 이름이나 주소 등의 사항을 보유해야 하는 경우)
- 이용자가 어떤 정보가 입수되었다는 것을 알고, 인증을 위한 요건이 충족되면 정보의 위치를 찾고 검색할 수 있는 능력

그러나 TNA는 어떤 경우라도 이용가용성이 기록의 무결성을 훼손해서는 안된다는 점을 강조하고 있다(설문원 2005, 59).

■ 이용가능성을 보장하기 위한 방안

이용가능성 보장을 위한 방안이 필요하다. 전자기록관리시스템은 시스템이 보유하고 있는 기록이 의존하는 포맷의 새로운 버전이 출현할 때마다 그 버전에 맞추어 보유 중인 기록의 매체를 이전해 주어야만 한다. 그리고 마이그레이션의 결정, 처리과정, 그리고 결과를 상세히 기록화하여 감사증적으로 남겨두어야만 한다. 또한 기록의 생산맥락을 확인할 수 있는 정보는 기록을 이해할 수 있는 능력을 유지하는 데 중요한 역할을 담당한다. 따라서 광범위한 조직의 활동과 기능의 맥락, 즉 업무분류표라는 맥락 안에서 기록을 위치시키고 시소러스 등을 통한 다양한 검색지원을 제공하는 것이 중요하다. 일정한 순서에 따라 이루어진 업무활동과 그 활동의 순서에 따라 생산된 기록을 함께 확인할 수 있도록, 기록관리시스템은 동일한 사안에 대한 기록과 그 생산맥락에 대한 정보를 서로 연계하여 보여줄 수 있어야 한다(ISO 15489).

단원학습문제   **2장 전자기록의 구조와 특성 이해**

01 기록관리의 관점에서 디지털 데이터, 정보, 기록에 대해 기술한 다음 문장들 중 맞는 것을 모두 고르시오.

   ① 업무활동을 수행하는 과정에서 생산·접수하게 되는 모든 데이터는 기록관리 대상이다.

   ② 업무 데이터들이 필요와 목적에 맞게 가공된 결과로 업무정보가 생성되며, 업무정보시스템에 의해 가공이 이루어진다.

   ③ 업무활동을 수행하는 과정에서 생산·접수하게 되는 모든 정보는 기록관리 대상이다.

   ④ 업무정보 중에서 내용적 가치와 증거적 가치가 있는 것만을 기록으로 관리할 필요가 있다.

   ⑤ 업무정보 중에서 기록을 선별해내는 일은 정보화담당자의 책임과 역할이다.

02 다음은 공공기록물 관리에 관한 법률 시행령에서 전자기록물을 정의한 법조문이다. 괄호 안에 들어갈 세 가지 내용을 고르시오.

> "전자기록물"이라 함은 정보처리능력을 가진 장치에 의하여 전자적인 형태로 작성하여 송신·수신 또는 저장되는 ( ), ( ) 및 ( ) 등의 기록정보자료를 말한다.

   ① 종이문서

   ② 진자문서

   ③ 행정박물

   ④ 웹기록물

   ⑤ 행정정보 데이터세트

   ⑥ 전자메일기록

03 업무정보와 기록정보의 특징을 비교설명하는 다음의 문장들 중 가장 잘못된 것을 고르시오.

① 업무정보는 일반적으로 업무의 진행이 모두 종결된 후 결과 값만 저장한다.
② 업무정보는 일반적으로 수시로 업데이트되고 변경된다.
③ 업무정보를 이후에도 재현할 필요가 있다면 해당 업무정보를 고정화시켜 보관해야 한다.
④ 업무정보가 향후 증빙에 필요하다면 해당 업무정보를 그대로 둔 채 추가 업무정보를 계속 누적해 나가야 한다.
⑤ 기록정보는 기본적으로 내용이 고정된 형태로 존재해야 한다.

04 다음 중 파일포맷과 확장자를 잘못 연결한 것을 모두 고르시오.

① jpg - 이미지파일포맷
② mp3 - 동영상파일포맷
③ hwp - 문서파일포맷
④ mpeg4 - 3D 파일포맷
⑤ wav - 사운드파일포맷

05 다음은 전자기록을 구성하는 계층을 설명한 문장들이다. 괄호 안에 들어갈 구성요소의 명칭을 순서대로 맞게 나열한 것을 고르시오.

(A)(는)은 기록관리의 기본단위이며, 조직/업무 활동을 증명해 주기 위해 축적된 기록 건의 집합이다.
(B)(는)은 하나의 개체로 관리되는 기록의 최소 개별 단위이다.
(C)(는)은 기록 건을 구성하는 기록의 최소 단위이다. 전자문서의 본문 · 첨부 데이터파일 등이 (C)(이)가 된다.

① A=기록 철, B=기록 건, C=컴포넌트
② A=컴포넌트, B=기록 건, C=기록 철
③ A=기록 철, B=컴포넌트, C=기록 건
④ A=기록 건, B=기록 철, C=컴포넌트

06 다음은 공공기관 전자기록의 유형별 특징을 설명한 문장이다. 이중 가장 옳지 않은 것을 고르시오.

① 결재 전자문서류의 기록은 본문 전자문서의 생산 포맷을 표준화하거나 통일하는 것은 전자기록의 장기보존 측면에서 유리하다. 관리대상 포맷의 종류가 제한되기 때문이다.

② 데이터세트 기록은 데이터베이스 파일 전체를 의미하지 않으며, 파일 자체를 의미하지도 않는다. 데이터세트 기록은 데이터베이스의 내용 중 기록으로서 가치가 있다고 평가·선별된 부분집합인 경우가 많다.

③ 전자메일은 개인의 목적에 따라 개별적으로 활용하거나, 기관이 조직의 필요에 의해 집단적으로 활용하는 경우가 있다. 양자 모두 의사소통과 정보교환을 위한 도구로서 기능을 하고 있지만 업무 목적으로 사용하는 전자메일의 경우에는 기록의 가치를 갖게 되므로 전자기록 관리체계내로 포괄할 수 있어야 한다.

④ 웹에 실리는 많은 정보와 자원 중에는 기록으로 관리해야 하는 대상이 포함되어 있다. 로봇 애플리케이션으로 심층웹을 아카이빙하는 것이 단순한 웹을 아카이빙하는 것에 비해 용이하다.

07 다음은 웹기록을 관리하기 위해 웹을 아카이빙하는 방법에 대해 설명하고 있다. 옳게 설명하고 있는 것을 모두 고르시오.

① 미러링은 웹사이트의 소스와 데이터베이스를 완벽하게 복제하는 방법으로 개념적으로 웹자원을 수집하는 가장 간단한 방법이다.

② 웹기록의 직접이관은 웹시스템의 데이터베이스 자체를 획득하여 수집하는 것을 말한다. 데이터베이스 콘텐츠를 보존하고 수집하는 포괄적인 접근방법을 제공한다.

③ 원격 하베스팅은 웹서버에 접근하여 로그인 한 후 직접적으로 데이터를 복사하여 획득하는 기법이다.

④ 데이터베이스 아카이빙은 수집로봇을 이용하여 웹기록을 자동으로 수집하는 방법이다.

08 다음 전자메일 기록관리에 관한 설명 중 잘못된 것을 고르시오.

① 기관의 업무활동 과정에서 생산 또는 수신한 전자메일 메시지는 공공기록이다.

② 전자메일 기록은 공식화된 기록의 분류표에 의해 분류하고 처리하여야 한다.

③ 모든 전자메일 메시지는 업무적 맥락의 보존을 위해 삭제하지 않고 영구적으로 보존해야 한다.

④ 전자메일 기록은 내용, 맥락, 구조와 같은 기록의 일반적인 구성요소를 갖추고 있어야 한다.

09 다음은 전자기록의 품질요건을 설명한 문장들이다. 이 중 옳은 것을 모두 고르시오.

① 진본성(Authenticity)은 '진본임' 또는 '진본과 등가인 상태'를 지칭하는 기록의 질에 관한 개념인 반면, 진본확인(Authentication)은 기록의 진본성을 확인하거나 증명하는 행위나 과정을 가리킨다. 진본인 상태를 유지하여왔음을 확인하는 방법론이나 실제적인 기법이라고 할 수 있다.

② 신뢰성 있는 기록은 그 내용이 업무나 활동, 사실 등의 완전하고 정확한 표현물로서 믿을 만하고, 그 내용을 이후의 업무 혹은 활동의 과정에서 증명하고 이에 의존할 수 있는 것이다.

③ 무결성을 "기록이 완벽하고 변경되지 않은 상태로 있는 것"(ISO 15489-1: 7.2.4)으로 정의하고 있다. 기록의 무결성은 기록이 생산된 이후 물리적이거나 지적인 요소의 잠재적 손실과 관련되는 개념이다. 기록이 모든 면에 있어서 완전하고 변조되지 않았을 때 무결성을 갖는다고 본다. 전자기록이 일정한 목적을 성취하기 위해 전달하도록 의도된 메시지가 변하지 않았을 뿐만 아니라 비트스트림 자체가 변경되지 않았을 때 무결성을 갖는 것으로 간주한다.

④ 이용가능성(가용성)은 기록의 위치를 찾을 수 있고, 검색할 수 있으며, 제시할 수 있고, 해석할 수 있는 상태를 말한다. 기록은 그것을 생산한 업무 활동과 직접 관련된 바대로 계속 제시될 수 있어야 한다. 특히 기록을 해석하기 위해서는 생산하고 사용한 행위를 이해할 수 있는 맥락 정보가 필요하다. 또한 일련의 활동을 문서화한 기록들은 서로 연계되어 있어야 가용성을 확보할 수 있다.

10 ISO 14721에서는 디지털객체의 장기보존 시스템인 OAIS 참조모형을 제공하고
있다. 내용정보, 보존기술정보, 패키징정보, 기술정보 등 OAIS를 구성하는 정보
객체들은 두 가지 하위 구성요소의 결합으로 이루어진다. 이 두 가지 하위 구성
요소를 맞게 나열한 것을 고르시오.

> 정보객체는 (A) + (B)로 구성된다

① A=데이터객체, B=표현정보
② A=구조정보, B=내용정보
③ A=맥락정보, B=내용정보
④ A=데이터객체, B=메타데이터

11 ISO15489는 업무 활동을 수행하는 중에 생산되고 접수되고 사용되는 기록이 갖
추어야 할 특성을 4가지로 제시하고 있다. ISO15489가 제시하는 기록의 품질 요
건이 아닌 것을 고르시오.

① 진본성(Authenticity)
② 신뢰성(Reliability)
③ 가용성(Availability)
④ 이용가능성(Usability)
⑤ 무결성(Integrity)

12 기록관리의 관점에서 데이터와 정보, 기록의 차이를 예를 들어 설명하시오.

13 전자기록이란 무엇인지 공공기록물 관리에 관한 법령의 조항을 포함하여 설명
하고 정의하시오.

14 ISO 14721 OAIS 모형에서 디지털 정보가 데이터 객체와 표현정보의 합으로 구
성되어야 한다는 것을 예를 들어 설명하시오.

15 문서, 이미지, 동영상 각 부분의 파일 포맷을 2가지씩 나열하고 특징을 설명하시오.

16 전자기록 건(Item)의 개념과 컴포넌트(Component)의 개념, 집합체의 개념을 정의하고 이들의 계층적 구조를 그림으로 그리시오.

17 행정정보 데이터세트의 4가지 유형별 특성과 사례 시스템을 설명하시오.

18 이메일기록을 관리해야 할 필요성과 관리 상 고려사항을 설명하시오.

19 웹기록의 수집방법 5가지를 설명하시오.

20 InterPARES의 진본성에 대한 벤치마크 요건과 베이스라인 요건의 용도와 내용을 설명하시오.

3장_ 전자기록의 관리 절차

개　요

　우리나라 공공기관의 전자기록 관리 실무는 법령과 표준, 지침, 시스템 등의 결합으로 운영된다. 기록관리자들은 현재의 법령내용과 표준 및 지침의 내용을 잘 숙지하여 실무에 적용할 필요가 있다. 이 장에서는 전자기록의 관리 절차와 방법을 제시하고 있는 표준과, 법령의 내용을 살펴보고자 한다.

　전자기록관리의 실무와 메타데이터, 시스템에 관련한 여러 국제표준이 공표되어있다. 이 중 여러 표준이 우리나라 국가 표준으로 채택되어 있다. 이 장에서는 우리나라 공공기록관리 법령이나 실무에서 참조하고 있는 KS X ISO 15489, KS X ISO 23081, KS X ISO/TR 26122 표준의 핵심내용을 간략히 검토하고자 한다.

　우리나라 공공기관 기록관리 정책과 실무 기본 방향은 공공기록물 관리에 관한 법령에 명시되어 있다. 처리과-기록관-영구기록물관리기관 등 각 기록관리 주체별 핵심적인 책임과 의무 사항이 무엇인지 법령을 통해 살펴보고자 한다. 또한, 공공 전자기록의 생애주기관리에 관련한 주요 내용이 법령에 어떻게 정의되어 있는지 살펴보고자 한다.

　국가기록원은 공공영역의 기록관리 기관들이 실무를 운영할 때 참조할 수 있는 표준운영절차를 개발하여 공표하고 있다. 기록관 표준운영절차와 영구기록물관리기관 표준운영절차의 역할과 구조를 살펴보고, 몇 가지 관리업무의 내용을 사례로 살펴보고자 한다.

이 장에서 숙지해야 할 내용은 다음과 같다.

■ 전자기록관리 관련 국제표준인 KS X ISO 15489, KS X ISO 23081, KS X ISO/TR 26122의 핵심내용을 이해한다.

■ 공공기록물 관리에 관한 법령에서 견지하는 전자기록관리의 원칙과 생산, 관리, 영구보존 단계별 전자기록관리 절차를 이해한다.

■ 기록관리기관의 표준운영절차의 역할과 구조를 이해한다.

1절 전자기록관리 관련 국제표준

1. KS X ISO 15489

■ 제정 목적과 대상 범위

ISO 15489는 "Information and Documentation-Records Management-Part1 : General"
과 "Information and Documentation-Records Management-Part2 : Guidelines"로 구성
된 표준이다. 이 표준의 목적은 "모든 기록을 적절히 처리하고 보호하며, 더 효
과적이고 효율적으로 기록에 담긴 증거와 정보를 검색할 수 있도록 하기 위해
기록 관리 정책과 절차를 표준화"하는 것이다. Part1은 기록을 생산, 획득, 관리
하기 위한 제안사항을 제시하고 있으며, Part2는 원칙에 따라 기록을 관리할 수
있도록 지원하는 절차를 제시하고 있다.

2001년 9월에 공식 발표된 ISO 15489는 호주의 기록 관리 표준 'AS 4390-1996:
기록관리'에 기반하고 있으며 현재 한국에서도 국가표준(KS X ISO 15489)으로
채택되어 이용되고 있다(한국기록학회 2008, 293).

ISO 15489의 적용 대상은 매우 광범위하다. 개인이나 공공 조직, 민간 조직이
생산하고 접수한 모든 형태나 매체의 기록 관리에 적용할 수 있는 지침이다.
ISO 15489는 의무 표준이 아니며, 모범적인 기록 관리 실무를 위한 권고 표준의
성격을 갖는다(한국기록학회 2008, 293).

이 표준은 현용, 준현용 기록관리를 중심으로 한 것으로 보존기록(Archives),
즉 영구기록 관리를 중심으로 하고 있지 않다. 표준에서 종이기록과 전자기록

을 구분하여 설명하고 있지는 않지만 그 내용의 맥락적인 면을 고려하면 전자
기록관리를 기본적인 전제로 삼고 있으며, 내용의 상당부분은 보존기록 관리에
도 적용될 수 있는 사항들이 설명되고 있다는 것을 알 수 있다.

ISO 15489-1:2001은 "KS X ISO 15489-1:2007 문헌정보-기록관리-제1부 : 일반사
항"으로 제정하여 국가 표준으로 사용하고 있으며, ISO/TR 15489-2:2001는 "KS X
ISO/TR 15489-2:2007 문헌정보-기록관리-제2부 : 지침"으로 제정하여 국가표준으
로 사용하고 있다. 모두 ISO 표준을 전문 번역하여 그대로 KS 표준으로 채택하
였다.

KS X ISO 15489는 기록관리 과정을 획득, 등록, 분류, 저장, 접근, 추적, 처분
으로 나누어 정의하고 있다. 이 표준에서 기록시스템(Records System)은 내용적
으로 하이브리드(Hybrid) 전자기록관리시스템을 의미한다.

■ 전자기록의 획득

획득(Capture)은 기록이 생산되는 바로 그 시점에서 전자기록시스템으로 기록
을 확보하는 행위를 말한다. 전자기록을 생산과 동시에 포착하여 시스템으로
거두어들이는 의미가 강조되는 개념이다. 전자기록의 생산 시점에서 시스템이
자동적으로 행하는 획득은 전자기록을 장기적으로 보유하고 효과적으로 관리하
는 데 있어서 가장 필수적인 단계이다.

기록 획득에서 가장 중요한 것은 포괄성으로 기록의 포맷과 기술적인 특성에
상관없이 획득이 이루어져야 하며, 조직이 생성하고 접수하는 기록 중 시스템
으로 획득할 필요가 있는 것을 모두 포함해야 한다. 전자기록은 생산하는 프로
그램과 전자기록관리시스템이 연동하여 자동적으로 전자기록을 획득하는 것이
원칙이다. 여러 개의 전자 파일로 구성된 기록은 각 요소 사이의 관계를 잘 유
지하여 전체를 획득하여 하나의 단위로 관리하여야 한다(이소연 2010, 224-225).

기록시스템에는 기록과 기록의 생산자, 기록이 생산된 업무맥락 간의 관계가

잘 반영되어 탑재되어야 한다. 이러한 관계 정보는 기록에 내재되어 있거나 메타데이터에 반영된다. 메타데이터를 이용하여 기록의 상태, 구조, 무결성을 복원하고, 기록 간의 상관관계를 설정할 수 있어야 한다. 이를 위해, 기록시스템 안에 메타데이터가 잘 설계되어야 한다.

전자기록을 제대로 획득하기 위해서는 다음과 같은 기능이 구현되어 있어야 한다. 첫째, 기록은 분류와 색인을 통해 적절하게 연결되어 있어야 한다. 또한, 집합체로 그룹화되어 있고, 명칭이 부여되어 있어야 하며, 보안이 적용되어 있어야 한다. 이용자가 기록에 접근할 수 있도록 허가하고 검색할 수 있게 해야 한다. 또한, 처분을 지원하고, 필수기록을 확인할 수 있어야 한다. 둘째, 전자 디렉토리의 논리적 구조와 순차에 맞춰 기록을 정리하여 이후의 쉽게 이용하고 참조할 수 있도록 해야 한다. 셋째, 기록시스템 내에 기록이 존재한다는 증거를 제공할 수 있도록 등록해야 한다.

업무활동을 묘사하거나 복제하려는 시스템은 다음 기능을 구현하고 있어야 한다.

1) 업무 맥락을 기술하는 메타데이터 제공
2) 기록이 어디에 위치했는지에 대한 증거 제공
3) 조치가 필요한 행위 확인
4) 누가 기록에 접근했는지 확인
5) 접근 발생 시점 확인
6) 기록에 대하여 행해진 처리행위의 증거 제공

전자기록은 이러한 기록시스템을 이용하여 획득해야 한다(ISO 15489 2007).

■ 전자기록의 등록

등록(Declare)의 목적은 기록이 생산되고 시스템으로 획득되었다는 사실에 대한 증거를 마련하는 것이다. 기록의 획득과 등록이 거의 동시에 일어나기 때문에 등록을 획득 과정의 일부로 보고 이 두 과정을 하나로 간주하기도 한다.

전자기록을 등록할 때는 첫째, 등록 시 메타데이터를 기록하고 고유식별자, 즉 참조코드를 부여하여 기록을 계층구조 속으로 포함시켜야 하며, 둘째, 참조코드, 등록일시, 표제, 생산자 등 4가지 필수 메타데이터 요소는 반드시 입력해야 하며, 셋째, 일단 등록한 내용은 일반적으로 변경할 수 없으며, 만약 꼭 변경할 필요가 있다면 변경한 내용에 대한 정보를 유지해야 하며, 넷째, 자동적인 과정을 통해 등록하도록 설계하는 것이 원칙이다(이소연 2010, 225-226).

기록시스템을 이용하여 전자기록을 등록할 때는 다음의 기능이 구현되어 있어야 한다. 첫째, 기록시스템으로 기록이 획득되는 시점에 동시에 등록한다. 둘째, 등록이 완료될 때까지는 그 기록에 영향을 미치는 어떤 처리도 해서는 안된다.

등록은 기록시스템으로 기록이 획득되었음을 공식화하는 과정이다. 기록을 등록하는 주요 목적은 기록시스템에서 기록이 생산되고 획득되었다는 증거를 제공하는 것이며, 부차적 목적은 검색을 쉽게 하기 위한 것이다. 등록과정에서 기록에 대한 간략한 설명정보나 메타데이터를 입력하고, 시스템 내에서 고유한 식별자를 부여한다.

기록을 등록하면서 하나 이상의 계층이나 집합체 안에 속하도록 해야 한다. 전자적 환경에서 기록시스템은 기록관리자의 개입이 없이 기록을 획득할 수 있어야 한다. 업무시스템의 이용자가 투명하고 자동화된 방식으로 기록을 등록할 수 있도록 기록시스템을 설계할 수 있다(ISO 15489 2007).

■ 전자기록의 분류

기록은 업무활동에 따라 분류되어야 한다. 분류체계는 해당 조직의 업무를 반영하고 조직의 업무활동 분석에 기반을 두도록 한다. 다양한 기록관리 과정을 지원하는 데 분류체계를 이용할 수 있다. 조직의 업무 목적에 따라 분류 통제의 정도를 결정할 필요가 있다. 업무활동 분류는 특정 활동에 대해 연속적으로 축적되는 기록들을 연계시키고, 기록의 명칭을 일관성 있게 유지하며, 특정 활동에 관련된 기록을 한꺼번에 검색하고자 할 때 유용하게 이용할 수 있다. 또한, 특정 기록 집합에 대해 보유 기간과 처분행위, 보안조치와 접근범위를 정하고, 접근할 수 있는 이용자를 인증하거나 관리책임을 부여하고자 할 때, 특정 기록 그룹에 접근하거나 적절한 행위를 취할 수 있도록 인증할 때, 특정 기록 집합에 대해 관리 책임을 부여하고자 할 때 유용하다.

기록 집합체에 번호와 코드를 부여하여 관리한다. 번호나 코드가 기록의 주소나 소재지를 의미하도록 하여 참조나 검색을 용이하게 할 수 있다.

어휘통제 기법을 활용하여 분류체계와 색인을 지원할 수 있다. 어휘통제는 조직에서 특수하게 사용하는 용어의 정의나 용법을 설명해야 한다. 색인은 수동이나 자동으로 작성할 수 있으며, 기록시스템 내의 다양한 집합 계층에서 색인작성을 할 수 있다(ISO 15489 2007).

다시 정리하자면, 전자기록을 분류하기 위해 첫째, 업무활동에 기반 한 분류체계를 사용하여 기록관리를 위한 틀이 제공되어야 하며, 둘째, 기록분류체계는 기록 처분지침 결정이나 접근권한 확인과 같은 다양한 기록관리 과정을 지원해야 하고, 셋째, 적합한 어휘통제를 사용하여 표제작성과 기술(Description)이 지원되어야 한다.

기록의 분류체계는 업무활동에 기반을 둔 분류라야 한다. 기능 및 업무과정의 분석을 통해 미리 분류체계를 개발하고 이것을 기록관리시스템에 장착시키

면 기록이 생산될 때마다 어느 업무기능에 속하는지를 즉시 분류할 수 있다(이
소연 2010, 228).

▣ 전자기록의 저장

저장(Storage)은 별도의 기록관리 기능이라기보다는 다른 모든 기록 관리 기
능을 수행하는 동안에 지속적으로 함께 유지되어야 하는 기능이다. 기록 저장
을 위하여 다음의 다섯 가지 원칙을 준수해야 한다. 첫째, 기록의 이용가능성·
신뢰성·진본성·보존성을 보장할 수 있는 매체에 저장해야 한다. 둘째, 허가받
지 않은 접근·분실·폐기·절도 및 재난으로부터 기록을 보호해야 한다. 셋째,
변환이나 마이그레이션을 위한 사전 정책과 지침이 필요하며, 형태를 변형하는
경우에는 그에 대한 상세사항을 유지해야 한다. 넷째, 전자적 형태의 기록 저장
공간은 손실을 방지하기 위한 백업과 복원 기능을 필요로 한다. 다섯째, 재난
발생에 대비하여 필수기록(Vital Records)를 보호하고 복제하기 위한 부가적인
대책을 마련해야 한다.

전자기록의 진본성을 유지하려면 가능한 한 원본에 근접한 재현 방식으로 저
장해야 하고, 한 번 저장된 이후에는 수정이 불가능한 매체에 저장해야 한다.
또한 허가받지 않은 접근과 분실, 혹은 폐기, 절도 및 재난으로부터 기록을 보
호할 수 있도록 기록의 저장 환경을 설계해야 한다. 또한, 사용자 관리를 통해
엄격하게 접근을 통제하고, 삭제나 이동과 같은 중요한 기능은 일부의 사용자
에게만 제한적으로 허용함으로써 기록을 안전하게 보호하여야 한다.

생산기관의 전자기록관리시스템은 영구적인 보존을 위해 기록을 저장하지는
않지만, 이 단계에서부터 기본적으로 장기 보존을 위한 고려가 시작되어야 한
다. 그리고, 중요한 전자기록 생산 및 관리시스템의 운영과정 중에 발생할 수
있는 만약의 사태, 즉 재난 발생에 대비하여 백업과 복구 기능을 갖추어야 한다
(이소연 2010, 229).

기록은 보존되는 동안 이용가능성, 신뢰성, 진본성, 보존성을 보장할 수 있는 매체에 저장되어야 한다. 좋은 품질의 매체에 저장하여 취급해야 한다. 불법적인 접근이나 망실, 폐기, 절도, 재난 등으로부터 기록을 잘 보호할 수 있는 저장 환경을 만들어야 한다.

기록은 보존되는 동안 한 기록시스템에서 다른 시스템으로 마이그레이션될 수도 있고 포맷이 변환될 수도 있다. 이에 대한 정책과 지침을 가지고 있어야 한다.

전자기록관리시스템이 어떤 변화를 거치더라도 기록을 보유하는 전 기간에 걸쳐 접근성, 진본성, 신뢰성 및 이용가능성이 유지될 수 있도록 설계되어야 한다. 시스템의 변화에는 다른 소프트웨어로 마이그레이션하는 것이나 기록을 에뮬레이션 형식으로 재현하는 것이 포함된다. 이러한 모든 변화에 대해 상세사항과 함께 증거를 남겨야 한다(ISO 15489 2007).

■ 전자기록에 대한 접근

접근(Access)은 '정보를 탐색하고, 활용하거나 검색하는 권리, 기회, 수단'으로 정의된다(KS X ISO 15489-1:2007, 3.1). 접근에는 서로 상반되는 두 가지 측면이 있는데, 첫째는 접근 통제를 통하여 기록과 그 속의 정보를 보호하는 것이고, 둘째는 이용자가 기록에 접근할 기회를 최대한 제공하여 기록의 이용을 촉진하는 것이다.

먼저, 접근 통제라는 측면에서 누가, 어떤 환경에서 기록에 대한 접근을 허가받는지를 규정하는 공식적인 지침이 있어야 한다(KS X ISO 15489-1:2007, 9.7). 조직은 개인 정보나 상업적 혹은 경영상으로 민감한 정보를 포함하는 기록에 대한 접근을 통제할 필요가 있기 때문이다. 한편 접근을 통제하는 것은 전자기록의 무결성 유지를 위해서도 유용한 수단이 된다. 접근권한의 설정은 보통 '개인정보보호법'이나 '정보공개법', '기록관리법' 등과 같은 법규에 기초하고 있으므로, 조직은 이를 준수하여 기록에 대한 접근을 통제해야 한다. 또한, 접근을 적절하게 통제하려면 기록과 개인 모두에게 접근 조건을 부여해야 한다. 즉, 사용자 인증을 통한 개인 접근 통제와는 별도로 기록에도 접근 조건을 부여해야 한다. 보안 범주, 즉, 접근할 수 있는 이용자 집단이나 개별 이용자 등을 포함하는 접근 통제 표시를 기록에 부여해야 한다.

검색을 위한 접근이라는 측면에서 본다면 검색과 이용은 기록관리에 있어서 매우 중요한 부분이며, 효과적인 검색을 위해서는 등록정보 검색과 전문검색이 모두 가능해야 한다. 전자기록관리시스템은 분류체계의 시각적 탐색에 의하여 기록의 내용까지 직접 선별, 검색, 표시할 수 있도록 해야 하며, 동시에 메타데이터와 기록 내용의 조합으로 검색 질의를 구성할 수 있어야 한다(이소연 2010, 230-231).

기록에 대해 누가 어떤 환경에서 접근하도록 할 것인지 조직의 공식적 지침을 갖고 있어야 한다. 조직이 처한 규제환경에 근거하여 접근통제에 관한 원칙을 수립하고 이를 기록시스템 운용과 일치시켜야 한다. 개인정보보호, 정보공개, 보안 등과 연관된 법규를 파악하고 이를 준수해야 한다. 개인정보나 상업적으로 민감한 정보가 포함된 기록에 대해서는 기록에 대한 접근을 통제해야 한다. 기록 자체뿐만 아니라 기록에 관한 정보에도 접근을 통제해야 경우도 고려해야 한다.

조직 내외부의 이용자 모두에게 접근제한을 적용할 수 있다. 접근제한 기록의 구별은 특별한 업무의 필요나 규제환경의 요구에 의해서만 이루어져야 한다. 접근제한은 명시된 기간 동안에만 부과되어 원래 규정보다 오랫동안 기록에 대한 접근을 제약하지 않도록 해야 한다. 접근을 제한할 필요성은 시간의 경과에 따라 변할 수 있다.

접근을 적절하게 통제하기 위해서는 기록과 개인, 양쪽 모두에 접근조건을 부여해야 한다. 접근통제를 원활히 하기 위해 다음을 구현해야 한다. 첫째, 특정 시점에서 접근 조건이 같은 기록들을 범주화할 수 있어야 한다. 둘째, 접근 권한이 있는 이용자에게만 기록을 열람하도록 한다. 셋째, 암호화된 기록은 접근이 허가된 경우에만 열람할 수 있도록 한다. 넷째, 권한을 가진 관리자만 기록관리 업무처리를 수행할 수 있도록 한다. 다섯째, 특정 업무에 관한 기록의 접근 허가는 담당 업무부서에서 정하도록 한다. 여섯째, 시스템 기능별로 권한을 가진 이용자를 매핑하고 이용자가 허가된 기능만을 사용하고 있는지 모니터링할 수 있어야 한다(ISO 15489 2007).

■ 전자기록 관리이력에 대한 추적

추적(Tracking)은 '기록의 이동과 사용에 관한 정보를 생산하고 획득하며 유지하는 것'이다(KS X ISO 15489-1:2007, 3.19). 기록관리시스템은 1) 시스템 내에서 어떤 행위가 이루어졌는지를 확인하고 2) 기록을 검색할 수 있게 하고 3) 기록의 손실을 방지하고 4) 사용을 감시하고, 기록 처리과정을 감사할 수 있는 단서를 유지하며 5) 시스템이 통합되거나 마이그레이션이 이루어진 경우 개별 기록에 대한 식별력을 유지하기 위해서 기록의 이동과 사용을 추적할 필요가 있다 (KS X ISO 15489-1:2007, 9.8). 이러한 과정을 통하여 시스템 안에서 관리되는 기록의 손실과 훼손을 방지할 수 있으므로, 추적은 전자기록의 무결성 유지를 위한 중요한 수단이 된다.

추적을 가능하게 하는 기본적인 메커니즘은 감사증적이다. 감사증적은 '이전 활동의 재구성을 허용하는 정보, 혹은 날짜·시간, 행위자 등의 속성이 변경된 내역을 저장함으로써 그로 인해 일련의 사건을 올바른 순서로 재구성할 수 있게 하는 정보'이며, '개체(기록, 메타데이터, 기록관리정보 등)에 영향을 주거나 변화시키는 활동에 관한 정보'로서, 충분히 상세하게 유지하면 이전 행위를 재구성할 수 있도록 지원한다. 즉, 활동의 흔적을 남겨 그 흔적으로부터 역추적할 수 있도록 하는 정보라고 할 수 있다(이소연 2010, 231-232).

기록시스템에서는 기록의 이동과 이용 내역을 추적할 수 있어야 한다. 이는 기록에 취해진 행위를 확인하고, 기록을 검색할 수 있게 하며, 기록의 손실을 방지하며, 시스템의 보안을 위해서이다. 기록에 취해진 모든 처리행위(즉, 획득 혹은 등록, 분류, 색인작성, 저장, 접근과 이용, 마이그레이션과 처분)에 대해 감사증적을 남기는 것이 필요하다. 시스템이 통합되거나 마이그레이션된 경우에는 개별 기록의 원래 운용 주체를 파악할 수 있어야 한다.

추적에는 행위추적과 위치추적이 있다. 행위추적은 시스템 내에서 이루어지는 특정행위에 대해 시간대를 정하여 그 시간에 처리된 과정을 추적한다. 위치추적은 기록이 필요할 때 언제든지 위치를 파악할 수 있도록 기록이 이동한 내역을 문서화하는 것이다. 기록식별자, 표제, 자료를 소장한 개인이나 부서 그리고 이동 시간과 날짜 등을 기록한다. 시스템을 이용해서 기록의 이관, 처분 내역을 추적할 수 있어야 하며, 원래의 소재지나 저장소로 반환되거나 개인 간에 이전 및 발급된 이력도 추적할 수 있어야 한다(ISO 15489 2007).

감사증적의 양이 많아질 수 있으므로 추적할 필요가 있는 대상을 정하여 필요한 정보만 기록해야 한다. 감사증적 정보는 공식적인 기록으로서 관리해야 하며 전자기록을 이관할 때 품질을 보증하기 위해 관련 부분을 함께 이관해야 한다.

■ 전자기록의 처분

미리 정해진 보존일정에 따라 기록의 유지나 파기, 이관 등을 실행하는 과정이 처분(Disposition)이다(KS X ISO 15489-1:2007, 3.9). 처분은 미리 정한 처분지침(Disposition Authority)이나 기타 도구에서 정하는 바에 따라 이루어진다. 처분지침이란 기록 생산기관이 장기적으로 보존하기로 정한 기록을 보존기록관으로 이관하거나 한시적 보존 대상 기록을 파기할 수 있는 권한을 부여하는 법률적인 허가를 가리키며, 이를 처분 일정표(Disposal Schedule)이나 보유 일정표(Retention Schedule)라고 부르기도 한다. 처분을 위해서는 그 시기와 방법을 결정하는 처분지침이 미리 수립되어 있어야 하며, 이 지침을 적시에 정확한 방법으로 이행하도록 기록관리시스템이 지원할 수 있어야 한다.

전자기록을 처분할 때는 다음의 원칙을 준수해야 한다. 첫째, 체계적이고 일상적으로 기록에 처분지침을 적용할 수 있어야 한다. 둘째, 기록을 이관할 때는 호환성을 고려해야 하고, 관련 메타데이터도 함께 이전해야 한다. 셋째, 미리 승인을 받은 경우에만 파기해야 하고, 기록이 포함하고 있는 모든 정보의 기밀성을 보존하는 방식으로 파기를 수행해야 한다. 넷째, 처분활동과 관련된 모든 정보를 기록하여 이 정보도 기록 자체와 마찬가지로 관리해야 한다(이소연 2010, 232-233).

처분지침에 의거하여 시스템에서 기록을 제거할 수 있다. 처분지침은 정상적인 업무활동 과정에서 체계적이고 일상적으로 기록에 적용되어야 한다. 처분 행위를 수행하기 이전에 이 기록이 더 이상 필요하지 않고, 더 이상 중요하지 않은 업무이거나 또는 그 기록이 증거로서 관련될 수 있는 소송이나 조사가 진행 중이거나 계류 중이지 않다는 점이 확인되어야 한다.

처분 행위에는 다음과 같은 종류가 포함된다.

- 즉각적인 물리적 파기. 덮어쓰기와 삭제도 포함
- 업무 부서 내에서 계속 보유
- 조직이 관할하는 적절한 저장소나 매체로 이전
- 구조조정, 매각 혹은 민영화를 통해 업무 활동에 책임을 지는 다른 조직으로 이전

- 해당 조직을 대신하여 기록을 관리할 외부 업체와 적절한 계약을 맺어
  그 업체가 운영하는 저장 공간으로 이전
- 기록을 생산한 조직이 물리적 저장을 유지하면서, 관리 책임은 적절한
  권한기구로 이전
- 조직 내의 보존기록관으로 이전
- 외부의 보존기록관으로 이전

물리적으로 기록을 파기할 때에는 다음의 원칙에 따라야 한다.

- 승인에 따라서만 파기할 수 있다.
- 현재 진행 중이거나 계류 중인 소송이나 조사와 관련된 기록은 파기할
  수 없다.
- 기록이 포함하고 있는 모든 정보의 기밀성을 보존하는 방법으로 기록을
  파기해야 한다.
- 파기하기로 승인받은 기록은 보안용 사본, 보존용 사본, 백업용 사본을
  포함하여 모든 사본을 파기해야 한다.(ISO 15489 2007)

2. KS X ISO 23081

■ 제정 목적과 범위

ISO 23081 표준은 "Information and documentation -- Records management processes -- Metadata for records Part 1: Principles", "Information and documentation -- Managing metadata for records -- Part 2: Conceptual and implementation issues",

"Information and documentation -- Managing metadata for records -- Part 3: Self-assessment method"가 현재 작성 완료되어 있다.

ISO 23081은 다음과 같이 네 부분으로 구성되며 순차적으로 개발되고 있다.

제1부는 원칙으로 기록 관리 메타데이터를 생산, 관리, 활용하는 틀을 제시하고 메타데이터를 통제하는 원칙을 설명하고 있다. 제2부는 개념 · 실행상 쟁점으로 ISO 23081-1에서 제시한 원칙과 실행 시 고려 사항을 준수하기 위하여 관련 요소들을 정의하는 틀이다. 제3부는 이제까지 개발된 메타데이터 표준들을 기록관리 메타데이터 요건에 비추어 비교 분석하는 내용이 포함되었으며, 제4부에는 제2부와 연계하여 사용될 체크 리스트가 포함될 예정이다(한국기록학회 2008, 294).

ISO 23081-1를 바탕으로 하여 우리나라도 KS X ISO 23081-1 문헌정보-기록관리과정-기록메타데이터-제1부:원칙과 KS X ISO/TS 23081-2 문헌정보-기록관리과정-기록메타데이터-제2부:개념과 실행고려사항을 제정하여 공표하였다.

■ 다중 개체 모형

ISO 23081의 기록관리 메타데이터 개념적 모형에서는 〈그림 3-1〉과 같이 ①기록(Record), ②기록을 생산하고 관리하는 행위주체(Agent), ③기록관리업무(Record management business)를 포함한 업무(Business), ④업무처리행위와 기록화를 관정하는 규칙들에 해당하는 규정(Mandate)으로 개체를 유형화하고 각 개체 간의 ⑤관계(Relationship)를 또 하나의 개체로 제시하였다. 개체 간의 관계는 한 개체가 다른 여러 개체와 관계를 맺고, 관계를 맺은 두 개체 사이에는 단방향이거나 쌍방향인 관계가 있다. 개체 간의 관계뿐만 아니라 각 개체 내 모든 계층 사이에도 다양한 관계가 존재할 수 있다. ISO 23081의 개념적 모형은 규제적인 성격은 없지만 국제적인 모범실무로써 다중 개체 모형이 제시되었다는 데 그 의미가 크다.

〈그림 3-1〉 메타데이터 개체 간의 관계 모형

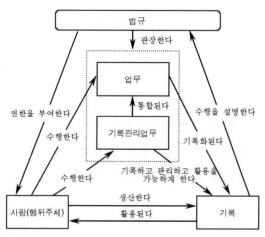

*출처: 황진현, 임진희 2012, 173 (KS X ISO 2308 1그림 재인용).

　다중 개체 모형은 최상위 수준의 5개체를 모두 실행하는 것이 가장 이상적이지만 각 국가나 기관의 시스템 성능에 따라 다양한 선택으로 활용 가능하고, 실행의 유연성을 위해서 반드시 관계 개체를 설정하는 것이 중요하다.

　단일 개체 모형이든 다중 개체 모형이든 실행 시 각 개체의 카테고리(혹은 계층)를 정확하게 결정해야 한다. 카테고리 구분은 그 메타데이터 표준을 사용하는 조직의 환경을 고려하여 규정되어야 하며, 잘 설정된 카테고리는 상위 계층의 메타데이터 속성을 하위 계층으로 상속받을 수 있기 때문에 그 일관성을 담보할 수 있다.

　3개체(기록, 업무, 행위주체)를 적용한 메타데이터 표준의 경우는 적용하지 않은 규정과 관계 개체에 관한 요소 설계를 반드시 추가해야 한다. 다중 개체에 있어서 가장 핵심 개체는 관계 개체이다. ISO 23081에서는 메타데이터의 핵심요건으로 개체 간의 관계에 관한 증거를 획득하고, 그 관계를 기록과 영속적으로 연계하여 업무 및 사회 활동의 증거로써 활용될 수 있도록 설계되어야함을 밝히고 있다. 또한 개체 간의 관계이외에 개체 내 계층 간의 관계를 획득하기 위하여 관계를 개별적인 하나의 개체로 유형화하도록 권고하고 있다.

또한 그 실행에 있어 각각의 개체는 관계 개체를 통해서만 연계가 가능하며, 동일한 개체 내에서도 이러한 관계는 성립된다. 예를 들어 기록 건은 기록 철에 포함되어있는 관계가 있으며, 행위주체 중 개인은 어떤 조직의 구성원인 관계가 있다.

관계 개체는 ISO 23081이 제정될 당시에는 추상적인 개념이었다. 호주, 뉴질랜드가 2008년 각국의 공공기관이 적용할 수 있는 최소한의 기능 요건으로 5개 체를 적용한 표준을 제정함에 따라 다중 개체의 실행 모형이 구체화되기 시작했다(이주연 2010, 208).

기록 메타데이터는 기록의 증거 가치를 지원하고, 기록의 접근성과 이용가능성을 보장하며, 기록에 대한 이해를 촉진하는 등 업무와 기록관리 과정을 지원하는 역할을 한다. 전자정부 추진으로 기록의 생산 및 관리, 이용 환경이 전자적으로 바뀌면서 기록관리시스템에 메타데이터를 구현하기 위한 데이터모델을 어떻게 설계할 것인지가 핵심 과제가 되고 있다. 기록의 내용과 맥락, 구조가 분리되어 있는 전자환경에서 기록의 4대 속성인 진본성, 무결성, 신뢰성, 이용가능성을 확보하고 기록을 체계적으로 관리하고 보존하기 위해서는 메타데이터의 역할이 더욱 중요해지기 때문이다.

KS X ISO 23081의 개념모델에는 기록 자체에 대한 업무규정이나 정책과 법규에 관한 메타데이터, 행위주체 관한 메타데이터, 업무활동이나 과정에 관한 메타데이터, 기록관리 과정에 관한 메타데이터 개체 등이 주요 개체 유형으로 제시되어 있다.

개체가 구체화, 상세화를 거치게 되면서 주요 개체 하위에 개체들이 정의되면 개체들의 계층 간에도 관계가 생겨나 이를 관리해주어야 한다. 주요 메타데이터 개체를 구체화, 상세화하고 이들 간의 관계를 보여주는 모형은 〈그림 3-2〉와 같다.

〈그림 3-2〉 개체 간 일반화/특수화 관계 모형

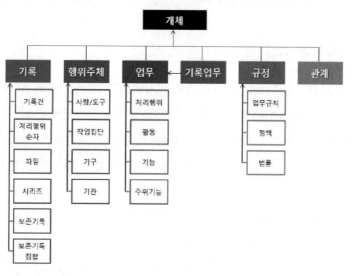

*출처: 황진현, 임진희 2012, 174.

〈그림 3-2〉가 그간의 메타데이터 표준에 비해 차별적으로 갖는 특징은, 첫째, 기록이나 기록 철 중심으로 메타데이터 요소를 평면적으로 나열하는 것이 아니라 정보시스템에서 구현할 것을 염두에 두고 다중 개체 모델(Multiple Entity Model)로 제시하고 있다는 점, 둘째, '기록', '행위주체', '업무', '규정' 등의 주요 개체 유형들을 하위 개체로 상세화하여 제시하고 있다는 점, 셋째, 개체들 간의 '관계'를 별도의 개체 유형으로 따로 제시하고 있다는 점이다.

국제적인 메타데이터 표준은 '기록'을 중심으로 한 평면적이고 단일한 개체 모형에서 벗어나 기록과 맥락정보들을 개체로 도출하고 개체 간의 다양한 관계를 함의하는 다중 개체 모형 방식으로 변화하고 있다. 이러한 다중 개체 모형을 기반으로 하면 기록을 설명하는 맥락정보와 기록이 생산되고 관리되는 과정에서 생산된 메타데이터를 함께 관리할 수 있고 변경되는 정보를 용이하게 통제할 수 있는 구조로 메타데이터를 구현할 수 있다(황진현, 임진희 2012, 175).

3. KS X ISO/TR 26122

■ 제정 목적과 대상 범위

ISO/TR 26122는 "Information and documentation -- Work process analysis for records"이다. 이 표준의 목적은 기록관리의 관점에서 업무과정을 분석하기 위한 지침을 제공하는 것이다. ISO 15489의 DIRS 방법론을 보완하기 위해 만들어졌다. 이 표준은 KS X ISO/TR 26122 문헌정보-기록을 위한 업무과정 분석으로 제정되었다.

이 지침에서는 업무과정 분석의 두 가지 방식을 다루고 있다. 첫째, 기능분석(Functional Analysis)이다. 기능을 분해하여 업무 계층모형을 만들어 내는 분석기법이다. 둘째, 순차분석(Sequential Analysis)이다. 처리행위의 흐름을 상세히 조사하는 분석기법이다.

기능분석과 순차분석을 하기 위해서는 사전에 법규나 의무규정과 같은 조직의 환경에 대한 조사가 이루어져야 한다. KS 표준에는 이 단계를 예비 맥락검토 단계로 표현하고 있다. 업무분석의 목적이나 프로젝트의 규모 등에 따라 분석의 범위가 요소가 달라질 수 있다. 따라서 이 지침에서 제시하는 분석기법을 필요에 맞춰 여러 조합으로 수행할 수 있다. 지침에는 분석 요소별로 필요한 질문 항목과 수행할 내역의 목록을 포함하고 있다.

분류체계 개발, 처분지침 개발, 기능시소러스 개발, 기록 철명 표준화 등 기록관리의 여러 목적 상 기관의 업무분석이 필요하다. 기록관리자는 업무분석의 절차와 방법을 이해하고 필요에 따라 적용할 수 있어야 한다.

■ 기능분석 방법

기능분석은 기본적으로 하향식(Top-down approach)으로 진행된다. 먼저 조직의 목표와 전략을 분석하고, 이것을 달성하기 위해 만들어진 프로그램이나 프로젝트, 프로세스를 파악한 후 이들 간의 관계를 드러낼 수 있도록 기능의 분해도를 만들어간다.

기능분석을 수행하는 기본 단계는 다음과 같다.

첫째, 조직의 목표와 전략을 파악한다. 조직의 목표와 일반 전략을 파악하기 위해 일반적으로 조직의 환경을 분석하고, 조직의 설립 문서, 공개 보고서(연차보고서, 전략 계획서, 연차결산 보고서), 내부 계획 및 예산 문서 등을 참조한다. 조직의 기능을 분석한 결과를 담고 있는 다른 프로젝트 결과물도 참조대상이다.

둘째, 목표 달성을 위해 조직이 수행하는 기능을 정한다. 기능은 각 특정 목표를 달성하기 위해 수행하는 업무활동들을 그룹으로 묶음으로써 파악할 수 있다. 조직의 목표를 하향식으로 분석하는 것과 업무활동을 목표와 전략과 관련하여 그룹화하여 묶는 양방향의 분석을 통해 기능을 명확히 정의할 수 있다.

셋째, 기능을 구성하는 업무활동을 파악한다. 조직 전체가 수행하는 기능을 분석할 때 모든 업무활동이 설명되어야 한다. 기능과는 달리 업무활동은 분석 수행과정에서 여러 번 나타날 수 있다. 동일한 유형의 업무활동이 서로 다른 기능에서 반복적으로 수행되기도 하기 때문이다. 예를 들어, 기획, 예산수립, 프로젝트 정보관리, 프로젝트 평가 등은 여러 기능에서 프로젝트를 수행할 때마다 거치는 업무활동이다. 이처럼 일상적이고 공통적인 업무활동은 고유한 업무활동과는 서로 구별된다.

넷째, 각 업무활동을 구성하는 모든 요소를 분석하여 처리행위를 파악한다. 처리행위 수행 시 필요한 정보나 자원에 대한 분석은 주로 순차 분석에서 이루어진다.

기능 분해의 수준은 업무분석의 목적에 따라 달라진다. 일반적으로는 기능(Function) – 업무활동(Activity) – 처리행위(Transaction) 등 최소한 3계층으로 업무를 분해하는 것이 유용하고 필요하다. 만약 기록의 분류나 처분을 목적으로 하는 업무분석의 경우라면 최소한 하나의 기능에서 수행되는 업무활동까지는 찾아내야 할 것이며, 기록을 통제하기 위한 목적의 업무분석이라면 최소한 처리행위까지는 분해해야 할 것이다.

■ **순차분석 방법**

순차분석은 업무 처리행위가 진행되는 순서와, 다른 업무와의 연계성 및 의존성을 파악하여 지도처럼 그림을 그리는 것이다. 순차분석은 처리행위 수준에서 이루어진다. 업무에 대한 순차분석에서는 다음 세 가지 유형의 업무를 파악하도록 한다.

- 해당 업무의 일상적인 수행 방식
- 일상적이 아닌 변화된 방식으로 빈번히 수행되는 방식
- 특이한 경우에 가끔 수행되는 방식

기록을 생산하는 업무활동에 순차분석을 수행하게 되면 직무의 템플릿과 표준적인 절차 방법을 설계할 수 있다. 순차분석에서는 다음과 같은 것을 분석해야 한다.

- 처리행위에서 기록을 생산하게 되는 계기 파악
- 조직의 권한(즉, 조직 내 공식 승인권자, 및/또는 법률, 정책과 같이 문서화된 권한)과 처리행위와의 연계 구조
- 수행된 처리행위에 관해 어떤 데이터가 생산, 변경 및 유지되는지 확인
- 완료된 처리행위를 문서화하기 위해 필요한 기록의 내용 및 메타데이터 요소 확정

순차분석을 수행하는 세부단계는 다음과 같다.

- 업무활동을 구성하고 있는 처리행위의 순차적인 파악
- 업무활동 변화의 파악 및 분석
- 처리행위가 수행되는 규칙 기반 정리
- 다른 업무 및 시스템과 연계구조 파악

2절 공공기록물 관리에 관한 법령

1. 전자기록관리 원칙

◼ 전자기록 정의

공공기록물 관리에 관한 법령에서는 형태나 유형에 관계없이 업무와 관련된 모든 것을 관리해야 할 기록의 대상으로 포괄적으로 정의하고 있다. 시행령에서는 결재 전자문서 외에도 웹기록물과 행정정보 데이터세트 기록을 특정하여 관리대상임을 명시하고 있다.

공공기록물 관리에 관한 법률

2. "기록물"이란 공공기관이 업무와 관련하여 생산하거나 접수한 문서·도서·대장·카드·도면·시청각물·전자문서 등 모든 형태의 기록정보 자료와 행정박물(行政博物)을 말한다.

공공기록물 관리에 관한 법률 시행령

2. "전자기록물"이라 함은 정보처리능력을 가진 장치에 의하여 전자적인 형태로 작성하여 송신·수신 또는 저장되는 전자문서, 웹기록물 및 행정정보 데이터세트 등의 기록정보자료를 말한다.

10. "웹기록물"이란 공공기관의 웹사이트에 포함된 모든 형태의 기록정보자료와 웹사이트 운영 및 구축과 관련된 관리정보를 말한다.

11. "행정정보 데이터세트"란 각급 행정기관에서 업무상 사용하고 있는 행정정보시스템에서 생산되는 문자, 숫자, 도형, 이미지 및 그 밖의 데이터를 말한다.

행정업무의 효율적 운영에 관한 규정

2. "전자문서"란 컴퓨터 등 정보처리능력을 가진 장치에 의하여 전자적인 형태로 작성되거나 송신·수신 또는 저장된 문서를 말한다.

■ 전자기록시스템 정의

공공기록물 관리에 관한 법령에서는 공공기관의 전자기록생산시스템의 3가지를 특정하고 있으며, 기록관리시스템은 기록관에서 영구기록관리시스템은 영구기록물관리기관에서 사용하는 시스템임을 명시하고 있다.

공공기록물 관리에 관한 법률 시행령

7. "전자기록생산시스템"이라 함은 「행정업무의 효율적 운영에 관한 규정」 제3조제10호부터 제12호까지의 규정에 따른 전자문서시스템, 업무관리시스템, 행정정보시스템을 말한다.

8. "기록관리시스템"이라 함은 기록관 또는 특수기록관에서 기록물 관리를 전자적으로 수행하는 시스템을 말한다.

9. "영구기록관리시스템"이라 함은 영구기록물관리기관에서 영구기록물 관리를 전자적으로 수행하는 시스템을 말한다.

■ 기록관리의 원칙

공공기록물 관리에 관한 법령에서는 기록관리의 원칙으로 앞에서 살펴본 전자기록의 4개 품질 요건인 진본성, 무결성, 신뢰성, 이용가능성을 보장해야 한다는 것을 명시하고 있다. 또한, 전자기록관리시스템을 이용하여 전자기록뿐만 아니라 비전자기록도 함께 하이브리드(Hybrid) 관리할 것을 의무화하고 있다.

공공기록물 관리에 관한 법률 시행령

제4조(기록물 관리의 원칙) ①기록물은 법 제5조에 따라 기록물의 진본성(眞本性)·무결성(無缺性)·신뢰성 및 이용가능성을 보장하기 위하여 이 영이 정하는 기준과 절차에 따라 관리되어야 하며, 「산업표준화법」 제12조에 따른 한국산업표준에 적합하여야 한다. 〈개정 2008.5.21.〉 ②공공기관 및 기록물관리기관의 장은 제1항에 따라 기록물관리 정책 및 절차를 수립·시행하며, 그 결과를 기록물로 남겨 관리하여야 한다. ③공공기관 및 기록물관리기관의 장은 기록물이 전자적으로 생산·관리되도록 중앙기록물관리기관의 장이 정하는 바에 따라 전자기록생산시스템, 기록관리시스템 또는 영구기록관리시스템을 구축·운영하여야 하며, 전자적 형태로 생산되지 아니한 기록물을 전자적으로 관리하고 활용하기 위하여 기록물 전자화계획을 수립·시행하여야 한다.

■ 전자기록의 보안관리 원칙

공공기록물 관리에 관한 법령에서는 전자기록이 전자정부법의 정보관리 차원에서 안전하게 관리되어야 함을 강조하고 있다.

공공기록물 관리에 관한 법률 시행령

제5조(전자기록물의 보안관리) 공공기관 및 기록물관리기관의 장은 「전자정부법」 제56조제3항에 따라 국가정보원장이 안전성을 확인

한 보안조치를 취하여 전자기록물의 생산·이관·보존 및 폐기 등
기록물관리 과정에서 전자기록물을 안전하게 관리하여야 하며,
국가정보원장은 그 이행여부를 확인할 수 있다.〈개정 2007.7.18,
2010.5.4〉

2. 전자기록의 생산 단계

■ 전자적 생산원칙

공공기록물 관리에 관한 법령에서는 공공기록이 전자적으로 생산되는 것을
원칙으로 한다는 점을 명시하고 있다.

공공기록물 관리에 관한 법률

제6조 (기록물의 전자적 생산·관리) "공공기관 및 기록물관리기관
의 장은 기록물이 전자적으로 생산·관리되도록 필요한 조치를
강구하여야 하며, 전자적 형태로 생산되지 아니한 기록물에 대하
여도 전자적으로 관리되도록 노력하여야 한다."

■ 생산 기록의 확대

공공기록물 관리에 관한 법령에서는 결재문서 외에도 조사·연구서 또는 검
토서, 주요 회의의 회의록, 속기록 또는 녹음기록, 시청각 기록물 등의 중요기록
을 생산하도록 기관에 의무를 부과하고 있다.

공공기록물 관리에 관한 법률

제17조(기록물의 생산의무) ①공공기관은 주요 정책 또는 사업 등을 추진하려면 대통령령으로 정하는 바에 따라 미리 그 조사·연구서 또는 검토서 등을 생산하여야 한다.

제17조(기록물의 생산의무) ②공공기관은 대통령령으로 정하는 바에 따라 주요 회의의 회의록, 속기록 또는 녹음기록을 작성하여야 한다. 이 경우 속기록 또는 녹음기록은 그 기록물의 원활한 생산 및 보호를 위하여 대통령령으로 정하는 기간 동안 공개하지 아니할 수 있다.

1. 대통령이 참석하는 회의
2. 국무총리가 참석하는 회의
3. 주요 정책의 심의 또는 의견조정을 목적으로 차관급 이상의 주요 직위자를 구성원으로 하여 운영하는 회의
4. 정당과의 업무협의를 목적으로 차관급 이상의 주요 직위자가 참석하는 회의
5. 개별법 또는 특별법에 따라 구성된 위원회 또는 심의회 등이 운영하는 회의
6. 지방자치단체장, 교육감 및 「지방교육자치에 관한 법률」 제34조에 따른 교육장이 참석하는 회의
7. 제17조제1항 각 호의 어느 하나에 해당하는 사항에 관한 심의 또는 의견조정을 목적으로 관계기관의 국장급 이상 공무원 3인 이상이 참석하는 회의
8. 그 밖에 회의록의 작성이 필요하다고 인정되는 주요 회의

제17조(기록물의 생산의무) ③공공기관은 주요 업무수행과 관련된 시청각 기록물 등을 대통령령으로 정하는 바에 따라 생산하여야 한다.

1. 대통령·국무총리 및 중앙행정기관의 장, 지방자치단체장 및 교육감, 교육장 등 주요 직위자의 업무 관련 활동과 인물사진
2. 외국의 원수·수상, 그 밖에 주요 외국인사의 주요 동정 중 대한민국과 관련되는 사항
3. 국가 및 지방자치단체의 주요 행사
4. 국제기구 또는 외국과의 조약·협약·협정·의정서·교류 등의 추진과 관련된 주요 활동
5. 「국가재정법 시행령」 제13조제1항 및 제14조에 해당되는 대규모 사업·공사
6. 대규모의 토목·건축공사 등의 실시로 본래의 모습을 찾기 어렵게 되는 사항
7. 철거 또는 개축 등으로 사라지게 되는 건축물이나 각종 형태의 구조물이 사료적 가치가 높아 시청각기록물로 그 모습을 보존할 필요가 있는 사항
8. 다수 국민의 관심사항이 되는 주요사건 또는 사고로서 공공기관의 장이 시청각기록물의 작성·보존이 필요하다고 인정하는 사항
9. 증명적 가치가 매우 높아 그 현장 또는 형상을 시청각기록물로 보존할 필요가 있는 사항
10. 국내 최초의 출현물로서 사료적 가치가 높은 사항
11. 그 밖에 시청각기록물의 생산이 필요하다고 인정되는 사항

공공기록물 관리에 관한 법률 시행령

제17조(조사·연구서 또는 검토서의 작성) ①법 제17조제1항에 따라 공공기관이 다음 각 호의 어느 하나에 해당하는 사항을 추진하고자 하는 경우에는 미리 조사·연구서 또는 검토서를 작성하여 보

존하여야 한다. 다만, 업무관리시스템을 도입하여 단위과제별로 관련 기록물을 생산·관리하는 경우에는 별도의 조사·연구서 등을 작성하지 아니할 수 있다.

제18조(회의록의 작성·관리) ①법 제17조제2항에 따라 공공기관이 다음 각 호의 어느 하나에 해당하는 회의를 개최하는 경우에는 회의록을 작성하여야 한다.

제19조(시청각기록물의 생산) ①법 제17조 제3항에 따라 공공기관은 다음 각 호의 어느 하나에 해당하는 사항에 대하여 시청각기록물을 생산하여야 한다. 이 경우 시청각기록물은 전자기록생산시스템으로 등록·관리함을 원칙으로 하며, 시행 전·시행 과정 및 시행 후의 주요상황을 체계적으로 파악할 수 있도록 생산하여야 한다. ②공공기관의 장은 다음 각 호의 어느 하나에 해당하는 사항에 대해서는 동영상기록물을 생산하여야 한다. 이 경우 촬영 개요 및 시간별 촬영 세부사항 등을 포함한 설명문을 별도로 작성하여야 한다.

1. 제1항제1호 중 대통령 취임식
2. 제1항제3호 중 「국가장법」에 따른 장의행사(葬儀行事)와 국가적 차원에서 추진이 필요하다고 인정되어 특별법으로 정한 국제행사 또는 체육행사
3. 제1항제4호 중 다수의 외국 국가원수 또는 행정수반이 참석하는 국제회의
4. 제1항제5호 중 공공기관의 장과 중앙기록물관리기관의 장이 협의하여 정한 대규모 사업·공사
5. 그 밖에 동영상기록물의 생산이 필요하다고 인정되는 사항

■ 기록의 등록

공공기록물 관리에 관한 법령에서는 업무담당자가 업무과정에서 기록을 접수하거나 생산하게 되면 전자기록생산시스템으로 등록번호나 고유식별자를 부여하여 등록할 것을 의무화하고 있다.

공공기록물 관리에 관한 법률 시행령

제20조(기록물의 등록) ①공공기관이 기록물을 생산 또는 접수한 때에는 그 기관의 전자기록생산시스템으로 생산 또는 접수 등록번호를 부여하고 이를 그 기록물에 표기하여야 하며, 중앙기록물관리기관의 장이 정하는 등록정보를 전자적으로 생산·관리하여야 한다. 다만, 「행정업무의 효율적 운영에 관한 규정」 제3조제11호 및 제12호에 따른 업무관리시스템 또는 행정정보시스템으로 생산된 행정정보 중 기록물의 특성상 등록번호를 부여할 수 없는 경우에는 전자기록생산시스템으로 해당 기록물의 고유한 식별번호를 부여하여 등록번호로 대체할 수 있다.

■ 기록의 편철 및 관리

공공기록물 관리에 관한 법령에서는 업무담당자가 단위과제 별 기록 철을 만들고 기록을 편철하여 관리할 것을 정하고 있다. 또한, 기록 철을 분권할 수 있도록 허용하고 있다.

공공기록물 관리에 관한 법률 시행령

제23조(편철 및 관리) ①법 제18조에 따라 공공기관은 업무수행과정이 반영되도록 단위과제의 범위 안에서 1개 이상의 기록물철을

만들어 해당 기록물을 편철하여야 하며, 처리과의 장은 단위과제별 기록물철 작성기준을 정하여 기록물이 체계적으로 편철·관리되게 하여야 한다.②공공기관이 제1항에 따라 기록물철을 작성한 경우에는 전자기록생산시스템으로 기록물철 분류번호를 부여하고 그 기록물철에 이를 표기하여야 하며, 중앙기록물관리기관의 장이 정하는 등록정보를 생산·관리하여야 한다. 다만, 2권 이상으로 분철된 기록물철은 기록물철의 분류번호 중 기록물철 식별번호 다음에 괄호를 하고 괄호 안에 권 호수를 기입한다.

■ 기록의 생산현황 통보

공공기록물 관리에 관한 법령에서는 업무담당자가 매년 5월 말까지 전년도에 생산한 기록의 등록정보를 전자기록생산시스템을 통하여 기록관에 제출하도록 의무화하고 있다.

공공기록물 관리에 관한 법률 시행령

제33조(처리과의 기록물생산현황 통보) 법 제19조제6항에 따라 공공기관은 매년 5월 31일까지 관할 기록관 또는 특수기록관의 장에게 전년도의 기록물 생산현황을 통보하여야 한다. 이 경우 기록물 생산현황의 통보는 중앙기록물관리기관의 장이 정하는 방식에 따라 제20조제1항 및 제23조제2항에 따른 기록물 등록정보를 전자기록생산시스템을 통하여 제출한다.

■ 전자기록 등록정보 관리

공공기록물 관리에 관한 법령에서는 전자기록생산시스템에 기록을 등록하는 기능과 등록된 기록의 목록을 전송하는 기능을 갖추도록 명시하고 있다.

공공기록물 관리에 관한 법률 시행령

제34조(전자기록생산시스템의 등록정보 관리) 전자기록생산시스템은 기록물 및 기록물철의 등록·분류정보에 대한 검색·활용 기능을 제공하여야 하며, 제32조 및 제33조에 따른 기록물 이관 및 생산현황 보고 시 중앙기록물관리기관의 장이 정하는 방식에 따라 목록 및 전자기록물 파일에 대한 전송정보 파일 생성 및 전송 기능을 갖추어야 한다.

■ 전자기록 이관

공공기록물 관리에 관한 법령에서는 전자기록을 이관할 때는 품질을 보장해야 하며 이를 위해 전자서명과 시점확인을 하도록 정하고 있다.

공공기록물 관리에 관한 법률 시행령

제32조(기록물의 이관)④공공기관이 전자기록물을 이관하는 경우에는 진본성, 무결성 등이 보장될 수 있도록 이관대상 기록물을 검수(檢收)하고, 오류가 없는 기록물에 대하여 행정전자서명 및 전자기록물이 해당 공공기관에 제시된 시점을 확인한 정보(이하 "시점확인 정보"라 한다)를 포함하여 이관하여야 한다. 이 경우 이관 포맷, 방식 및 데이터 규격은 중앙기록물관리기관의 장이 정한다.

3. 기록관 관리 단계

■ 전자적 관리원칙

공공기록물 관리에 관한 법령에서는 전자기록을 전자적으로 관리할 뿐만 아니라 비전자기록도 전자적으로 함께 관리해야 한다는 점을 명시하고 있다. 즉, 하이브리드(Hybrid) 통합관리를 기본으로 제시하고 있다. 또한, 전자기록관리체계를 안전하고 체계적으로 꾸릴 것을 명시하고 있다.

공공기록물 관리에 관한 법률

제6조 (기록물의 전자적 생산·관리) "공공기관 및 기록물관리기관의 장은 기록물이 전자적으로 생산·관리되도록 필요한 조치를 강구하여야 하며, 전자적 형태로 생산되지 아니한 기록물에 대하여도 전자적으로 관리되도록 노력하여야 한다."

공공기록물 관리에 관한 법률 시행령

제20조(전자기록물의 관리) ①중앙기록물관리기관의 장은 컴퓨터 등의 정보처리장치에 의하여 생산·관리되는 기록정보 자료(이하 "전자기록물"이라 한다)의 안전하고 체계적인 관리 및 활용 등을 위하여 다음 각 호의 사항을 포함하는 전자기록물 관리체계를 구축·운영하여야 한다.

1. 전자기록물 관리시스템의 기능·규격·관리항목·보존포맷 및 매체 등 관리 표준화에 관한 사항
2. 기록물관리기관의 전자기록물 데이터 공유 및 통합 검색·활용에 관한 사항
3. 전자기록물의 진본성 유지를 위한 데이터 관리체계에 관한 사항

4. 행정전자서명 등 인증기록의 보존·활용 등에 관한 사항

5. 기록물관리기관간 기록물의 전자적 연계·활용체계 구축에 관한사항

②전자기록물 및 전자적으로 생산되지 아니한 기록물의 전자적 관리를 위하여 그 밖에 필요한 사항은 대통령령으로 정한다.

■ 전자기록 인수

공공기록물 관리에 관한 법령에서는 전자기록을 인수할 때 진본성과 무결성이 보장될 수 있도록 시점확인 정보를 함께 관리하도록 명시하고 있다. 또한, 기록을 이관한 처리과에서는 해당 전자기록을 완전하게 삭제 혹은 파기하도록 지시하고 있다.

공공기록물 관리에 관한 법률 시행령

제35조(처리과 기록물 인수) ②기록관 또는 특수기록관이 전자기록물을 인수하는 경우에는 행정전자서명의 확인 등 그 전자기록물의 진본확인 절차를 거쳐야 하며, 메타데이터(metadata) 오류, 바이러스 검사 등 품질검사를 실시하여야 한다. ④기록관 또는 특수기록관의 장은 제2항 또는 제3항에 따른 기록물의 진본 확인절차, 품질검사 및 검수절차 과정에서 미비사항 또는 오류사항을 발견한 경우에는 이를 이관을 요청한 처리과로 즉시 통보하여야 하며, 해당 처리과는 미비사항 또는 오류사항을 수정·보완한 후에 재이관하여야 한다. ⑤기록관 또는 특수기록관의 장은 인수절차 종료시 그 결과를 해당 처리과에 통보하여야 하며, 그 처리과는 인수완료 결과를 통보받기 전까지 이관한 전자기록물을 보존하여야 한다.

⑥ 제5항에 따라 인수완료 결과를 통보받은 처리과의 장은 해당

전자기록물을 물리적으로 복구가 불가능하도록 삭제 또는 파기하여야 한다. 다만, 처리과는 해당 전자기록물을 업무상 참고할 필요가 있는 경우에는 사본임을 확인할 수 있는 조치를 취한 후에 삭제 또는 파기하지 않고 활용할 수 있다.

제40조(기록관 및 특수기록관의 소관 기록물 이관)③기록관 또는 특수기록관의 장은 제1항에 따라 전자기록물을 이관하고자 하는 경우에는 진본성·무결성·신뢰성 및 이용가능성이 보장될 수 있도록 이관 대상 기록물을 검수하고 오류가 없는 전자기록물에 대하여 진본임을 확인하는 행정전자서명 및 시점확인 정보를 첨부한 후 이관하여야 한다. 이 경우 이관포맷, 방식 및 데이터 규격은 중앙기록물관리기관의 장이 정하는 방식에 따라야 한다.

■ 전자기록 보존

공공기록물 관리에 관한 법령에서는 장기보존 전자기록을 보존할 때 문서보존포맷과 장기보존포맷으로 변환해야 하며, 변환 시 전자서명 및 시점확인 정보를 포함 할 것을 명시하고 있다. 포맷변환이 된 전자기록의 경우 이관하려는 시점에 장기보존포맷으로 재변환해야 한다.

공공기록물 관리에 관한 법률 시행령

36조(기록관 및 특수기록관의 전자기록물 보존) ① 기록관 또는 특수기록관의 장은 인수가 종료된 전자기록물중 보존기간이 10년 이상인 경우에는 중앙기록물관리기관의 장이 정하는 바에 따라 문서보존포맷 및 장기보존포맷으로 변환하여 관리하여야 한다. ②기록관 또는 특수기록관의 장은 제1항에 따른 장기보존포맷으로 변환하는 경우에는 행정전자서명 및 시점확인 정보를 부여하

여야 한다. 다만, 행정전자서명이 아닌 전자서명을 사용하는 기관
이 생산한 전자기록물의 경우에는 중앙기록물관리기관의 장과 협
의하여 행정전자서명이 아닌 전자서명 및 시점확인 정보를 부여
하여야 한다. ③기록관 또는 특수기록관의 장이 영구기록물관리
기관으로 전자기록물을 이관하고자 하는 경우에는 관리정보 메타
데이터를 추가한 장기보존포맷으로 재변환하여야 한다. ⑥기록관
또는 특수기록관의 장은 전자기록물의 손실을 방지하기 위하여
백업(backup)과 복원 기능을 구비하여야 한다.

■ 전자기록 접근권한 관리

공공기록물 관리에 관한 법령에서는 기록의 무결성을 보장하거나 비공개 대
상 기록을 보호하기 위해 접근 통제를 할 수 있어야 하며, 기록에 대한 접근 이
력을 관리할 수 있어야 한다는 점을 명시하고 있다.

공공기록물 관리에 관한 법률 시행령

제28조(접근권한 관리) ①법 제19조제1항에 따라 공공기관은 생산·
　접수, 보존 기록물의 무결성 보장 및 비공개 기록물의 체계적 관
　리를 위하여 접근범위를 구분하여 관리할 수 있도록 필요한 조치
　를 수립·시행하여야 한다.
　③공공기관 및 기록물관리기관의 장은 전자기록생산시스템, 기록
　관리시스템 및 영구기록관리시스템에서 생산·보존하고 있는 기
　록물에 대한 접근·접근시도에 관한 사항, 이력정보 등을 관리하
　여야 한다. 이 경우 접근이력, 처리상황 등의 관리정보는 해당 시
　스템으로 자동 생성되도록 하여야 하며, 임의로 수정·삭제할 수
　없어야 한다.

■ **전자기록 이관**

공공기록물 관리에 관한 법령에서는 전자기록을 이관할 때는 오류없는 진본임을 확인하는 정보로 행정전자서명과 시점확인 정보를 첨부하도록 하고 있다.

공공기록물 관리에 관한 법률 시행령

제40조(기록관 및 특수기록관의 소관 기록물 이관) ③기록관 또는 특수기록관의 장은 제1항에 따라 전자기록물을 이관하고자 하는 경우에는 진본성·무결성·신뢰성 및 이용가능성이 보장될 수 있도록 이관 대상 기록물을 검수하고 오류가 없는 전자기록물에 대하여 진본임을 확인하는 행정전자서명 및 시점확인 정보를 첨부한 후 이관하여야 한다. 이 경우 이관포맷, 방식 및 데이터 규격은 중앙기록물관리기관의 장이 정하는 방식에 따라야 한다.

4. 영구기록물관리기관 관리 단계

■ **전자기록 관리체계**

공공기록물 관리에 관한 법령에서는 중앙기록물관리기관이 전자기록관리체계를 구축·운영할 책임이 있음을 명시하고 있다.

공공기록물 관리에 관한 법률

제20조(전자기록물의 관리) ① 중앙기록물관리기관의 장은 컴퓨터 등의 정보처리장치에 의하여 생산·관리되는 기록정보 자료(이하 "전자기록물"이라 한다)의 안전하고 체계적인 관리 및 활용 등을

위하여 다음 각 호의 사항을 포함하는 전자기록물 관리체계를 구축·운영하여야 한다.

1. 전자기록물 관리시스템의 기능·규격·관리항목·보존포맷 및 매체 등 관리 표준화에 관한 사항
2. 기록물관리기관의 전자기록물 데이터 공유 및 통합 검색·활용에 관한 사항
3. 전자기록물의 진본성 유지를 위한 데이터 관리체계에 관한 사항
4. 행정전자서명 등 인증기록의 보존·활용 등에 관한 사항
5. 기록물관리기관 간 기록물의 전자적 연계·활용 체계 구축에 관한 사항

■ 전자기록 인수

공공기록물 관리에 관한 법령에서는 중앙기록물관리기관이 공공기관으로부터 전자기록을 인수할 때는 품질검사를 엄격하게 실시하고 인수가 완료되면 공공기관에서는 해당 기록을 복구불가능하게 삭제 혹은 파기해야 한다고 명시하고 있다.

제44조(기록관 및 특수기록관의 기록물 인수) ②영구기록물관리기관이 전자기록물을 인수하는 경우에는 행정전자서명의 확인 등 진본 확인 절차를 수행하여야 하며, 메타데이터 오류, 바이러스 검사 등 품질검사를 실시하여야 한다. 이 경우 바이러스 검사는 인수시 1차 검사를 실시하고, 일정 기간 격리보관한 후에 2차 검사를 실시하는 방식으로 한다. ④영구기록물관리기관의 장은 제2항 또는 제3항에 따른 기록물 진본확인 절차, 품질검사 및 검수과정에서 미비사항 또는 오류사항을 발견한 경우에는 이를 이관 요

청 공공기관의 장에게 즉시 통보하여야 하며, 해당 공공기관의 장은 미비사항 또는 오류사항을 수정·보완한 후 재이관하여야 한다. ⑤영구기록물관리기관의 장은 인수절차 종료 시에 그 결과를 해당 공공기관에 통보하여야 하며, 그 공공기관은 인수완료 결과를 통보받기 전까지 이관한 전자기록물을 보존하여야 한다. ⑥ 제5항에 따라 인수완료 결과를 통보받은 공공기관은 해당 전자기록물을 물리적으로 복구가 불가능하도록 삭제 또는 파기하여야 한다.

■ 전자기록 보존관리

공공기록물 관리에 관한 법령에서는 영구기록물관리기관에게 전자기록의 안전한 보존관리의 책임이 있으며, 보존가치가 높은 전자기록은 육안으로 식별이 가능한 보존매체에 수록하여 관리할 것을 명시하고 있다. 또한, 전자기록을 보존하는 동안 품질 검증과 장기보존포맷 변환을 주기적으로 실시하도록 지시하고 있다. 안정적인 장기보존이 가능하도록 재난에 대비할 것과 행정전자서명의 장기 검증 체계를 수립하도록 하고 있다.

공공기록물 관리에 관한 법률 시행령

제29조(보존방법) ③기록물관리기관의 장은 보존가치가 매우 높은 전자기록물에 대하여는 마이크로필름 등 육안으로 식별이 가능한 보존매체에 수록하여 관리하여야 한다.

제46조(영구기록물관리기관의 전자기록물 보존 및 관리) ②영구기록물관리기관은 전자기록물의 진본성·무결성·신뢰성 및 이용가능성이 보장되도록 관리정보 메타데이터와 행정전자서명(행정전자서명이 아닌 전자서명을 포함한다) 및 시점확인 정보 등에 대한 검증을 실시하고, 주기적으로 장기보존포맷을 변환하여야 한다.

③전자기록물의 저장은 진본성, 이용가능성 등이 유지될 수 있는 방법이나 형식으로 처리하여야 하며, 승인받지 아니한 접근, 폐기 등으로부터 전자기록물을 보호하는 방안을 수립·시행하여야 한다. ④ 영구기록물관리기관은 각종 재난 등에 의한 전자기록물의 손실을 방지하기 위하여 데이터, 기록매체, 시스템 등에 대한 전자적 복구 체계를 수립·시행하여야 한다. ⑤중앙기록물관리기관의 장은 기록물관리기관이 보존 중인 전자기록물의 행정전자서명(행정전자서명이 아닌 전자서명을 포함한다)을 장기 검증할 수 있도록 관리방안을 수립·시행하여야 한다.

◼ 전자화 관리

공공기록물 관리에 관한 법령에서는 영구기록물관리기관과 중앙기록물관리기관에게 비전자기록을 전자화하기 위한 여러 조치를 취하도록 명시하고 있다.

공공기록물 관리에 관한 법률 시행령

제47조(영구기록물관리기관 보존 기록물 중 전자적 형태로 생산되지 아니한 기록물의 전자적 관리) ① 영구기록물관리기관의 장은 기록정보서비스를 확대하기 위하여 보존중인 기록물중 전자적 형태로 생산되지 아니한 기록물의 전자화 계획을 수립·시행하여야 한다. ②중앙기록물관리기관의 장은 전자적 형태로 생산되지 아니한 기록물의 전자적 관리 및 기록물관리기관 간 전자화기록물의 연계·활용을 위하여 필요한 표준 등을 작성·고시하여야 한다.

◼ 전자기록 상태검사

공공기록물 관리에 관한 법령에서는 영구기록물관리기관이 보존기록의 상태를 효과적으로 검사하고 이에 따른 조치를 취할 것을 명시하고 있다.

공공기록물 관리에 관한 법률 시행령

제50조(영구기록물관리기관 보존 기록물의 상태검사) ①영구기록물
관리기관의 장은 보존 중인 기록물에 대하여 그 기록물 및 보존매
체의 상태검사를 실시하고, 그 결과에 따라 복원, 보존매체 수록
등 필요한 조치를 취하여야 한다.

②전자기록물의 상태를 검사하는 경우에는 저장장치에 수록된 전
자파일에 대한 이용가능성·손상여부 등에 대한 주기적 검사와
저장장치의 이상 유무 등을 확인하여야 한다.

③제2항에 따른 상태검사를 통하여 오류사항이 발견된 경우에는
즉시 복구하여야 한다. 이 경우 오류사항의 처리와 관련된 조치내
역을 관리하여야 하며, 장기보존포맷으로 재수록한 경우에는 행
정전자서명 및 시점확인 정보를 추가하여 관리하여야 한다.

3절 기록관리 표준운영절차

1. 기록관 표준운영절차 (Standard Operating Procedures for Records Centers: General)

■ SOP의 제정 목적과 내용 구성

표준운영절차(SOP, Standard Operating Procedures)는 공공기록물 관리에 관한 법률에 따라 공공기관의 기록물관리기관(기록관·특수기록관)에서 수행하여야 하는 기록관리 업무 절차와 내용을 제시하기 위해 만들어졌다. 2009년에 제정되고, 2012년에 개정되었으며 표준의 주요 내용 목차는 다음과 같다.

> 4. 기록관 운영 및 업무 계획
>
> 5. 기준관리
>
> 6. 기록물 정리 및 인수
>
> 7. 처분
>
> 8. 보존
>
> 9. 정보서비스

이 표준은 제4절에서는 기록관 운영을 위한 전략 수립, 규정, 인력 및 역할, 교육 등에 대한 기본사항과 더불어 제5절에서는 기록관리기준표 및 기록물 분류기준표의 관리, 제6절에서는 처리과와 기록관의 기록물 정리 및 인수에 대한 내용을 제시하였다. 또한 제7절에서는 평가와 폐기 및 이관을 포함한 기록관의 처분 업무를, 제8절에서는 기록관의 기록물 보존업무에 대한 내용을 제시하고, 제9절에서는 기록관의 공개 및 열람 업무에 대한 절차와 내용을 제시하였다. 또한 부속서에 체크리스트와 월간 업무 일정, 법령 조건표를 수록하여 기록관의 전체적인 업무를 점검할 수 있도록 하였다.

SOP는 공공기관의 기록관리 업무 범위 및 절차를 명확하게 규정하여 체계적인 기록관리 업무 수행에 도움을 줄 수 있다. 또한 이 표준을 준수함으로써 공공기관의 기록관리 업무의 신뢰성과 효율성을 높여 줄 것으로 기대한다. 또한, 공공기관 기록관리 담당자는 이 SOP를 활용하여 수행하는 업무의 자체 진단이 가능하여 안정적인 기록관 운영 및 기록관리 업무 수행을 보장할 수 있다.

이 표준을 이용하여 공공기관별로 훨씬 상세도를 높인 기관 자체의 기록관리 SOP를 만들어야 한다. 표준에서는 공공기관에 법령을 준수하기 위한 일반적이고 공통적인 절차와 방법 정도를 명시하고 있기 때문이다. 기관별로 조직의 특성과 기록의 유형을 감안하여 실무경험이 축적되고 개선되면서 SOP를 지속적으로 보완해가야 한다.

■ SOP 내용 사례 : 기록물 정리 및 인수

SOP의 내용 사례로 "기록물 정리 및 인수"에 관한 표준운영절차를 살펴보면 다음과 같다.

기록관은 기록물의 안전한 보존 및 활용을 위하여 업무가 완결된 기록물철의 분류 및 편철 확정, 생산현황 보고 및 보유현황 관리 등을 수행하여야 한다.

기록관은 기록물 정리 전에 기록관리 표준 및 관할 영구기록물관리기관의 지침을 확인 후 기록물정리계획을 수립·시행하여야 하며, 사전에 기록물 정리·생산현황보고 지침 전파 및 교육을 시행하여야 한다.

먼저 생산현황보고의 절차는 다음과 같다.

- 기록관은 처리과 생산현황 보고 시점이 도래하기 전에 생산현황 보고에 대한 계획을 수립 후 생산현황 보고 지침을 작성 배포하도록 한다.
- 기록관은 접수된 생산현황 보고에 대해 오류나 누락, 분실 등의 여부를 점검하고 그 결과 오류나 누락이 확인되면 처리과 기록물관리책임자에게 반려통보하여야 한다.
- 기록관은 기록관 생산현황 통보 시점이 도래하면 매년 국가기록원에서 배포하는 지침을 참고하여 계획을 수립하도록 하여야 한다.
- 기록관은 각 처리과의 생산현황을 접수·검수한 후 취합하여 영구기록물관리기관으로 통보하도록 한다.

처리과 기록물 인수의 절차는 다음과 같다.

- 기록관은 업무 활용이 끝난 기록물의 안전하고 효율적인 관리를 위해 처리과로부터 기록물을 인수하여 보존서고에서 통합 관리하여야 한다.
- 기록관은 보존기간 기산일로부터 2년이 경과한 다음년도에 처리과 생산 기록물을 인수하여야 한다. 다만, 업무관리시스템의 전자기록은 생산한 다음연도에 인수할 수 있다.
- 기록관은 기록물 인수 과정에서 회의록, 조사·연구 검토보고서 등 생산의무부과 기록물, 시청각기록물, 행정박물 등 특수유형 기록물과 비전자기록의 누락여부를 확인하여야 한다.
- 기록관은 처리과에서 생산된 모든 매체의 기록물 인수를 위해 누가, 언제, 어떠한 방식으로 인수를 수행할지에 대한 기본 인수계획을 수립하고 처리과로 통보하여야 한다.
- 기록관은 처리과로부터 받은 생산현황보고를 토대로 인수대상 기록물 목록을 작성한 후 처리과에 이관 연기 대상 기록물이 있는지 의견수렴을 하도록 한다.
- 기록관은 매년 국가기록원이 배포하는 기록물 정리지침 등을 참고하여 각 처리과의 기록물 정리를 위한 지침을 작성하여 배포한다.

- 처리과에서 인수 대상 기록물에 대한 정리가 끝난 후 대상 기록물이 전 자기록인 경우는 〈그림3-3〉과 같이 기록관리시스템으로 연계 인수를 받고, 비전자기록인 경우에는 물리적으로 인수받도록 한다.
- 검수완료 후 기록물을 기록관리시스템에 등록하며 인수 결과에 대한 보 고서를 작성하고 처리과에 그 결과를 통보하도록 한다.

〈그림 3-3〉 전자기록물의 인수절차

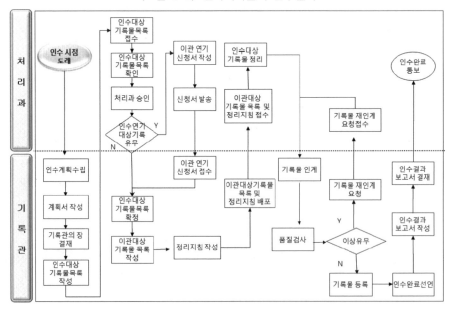

*출처: 국가기록원 NAK/S 10:2012(v1.1), 36.

▣ SOP 내용 사례 : 전자기록물의 정수점검 및 상태검사

SOP의 내용 사례로 "전자기록물의 정수점검 및 상태검사"에 관한 표준운영절 차를 살펴보면 다음과 같다.

기록관은 보존중인 전자기록물의 수량과 상태를 확인해야 하며 해당 항목은 다음과 같다.

> · 보유 전자기록물 수량(철/건/파일 수 등)
> · 해당 기록 첨부파일 상태
> · 전자기록물 데이터 용량
> · 바이러스 체크

기록관은 정수점검 결과, 위치 정보가 잘못되어 있을 경우 위치정보를 수정해야 한다. 확인이 안 되는 경우에는 이력정보를 확인하여 추적하여야 하며, 추적이 불가능한 경우 백업용 사본으로 이를 대체하도록 하고 처리 내역을 문서화 하여야 한다.

■ SOP 내용 사례 : 보존포맷 변환

SOP의 내용 사례로 전자기록의 "보존포맷 변환"에 관한 표준운영절차를 살펴보면 다음과 같다.

기록관은 기록관리시스템을 통해 문서보존포맷 변환대상 기록물을 검색·조회하여 목록을 작성하고 그 대상기록물을 문서보존포맷으로 변환하도록 해야 한다. 기록관은 문서보존포맷이 완료된 기록물의 이상 유무를 확인한 후 변환이 완료된 기록물의 목록을 작성하고 완료된 기록물을 기록관리시스템에 등록해야 한다.

또한, 기록관은 다음의 경우에 기록의 장기보존포맷 변환 작업을 수행하여야 한다.

· 보존기간 10년 이상 전자기록물의 문서보존포맷 변환 완료 시
· 장기보존포맷 변환 후 메타데이터 수정이 발생한 경우
· 영구기록물관리기관으로 이관 시 재 포맷 변환 요구가 발생한 경우

기록관은 장기보존포맷 변환이 완료된 기록물을 기록관리시스템에 등록하고 장기보존포맷 변환관련 메타데이터 정보를 갱신해야 한다.

◼ 기록관의 월별 업무 일정

SOP에 따르면 일반 기록관에서 처리해야 하는 기록관리 업무의 월별 일정은 〈표 3-1〉과 같고 연중 실시해야 하는 업무는 〈표 3-2〉와 같다.

〈표 3-1〉 기록관 월별 업무 일정

1월	2월	3월
• 영구기록물관리기관으로부터 해당년도 이관일정 및 이관대상 접수 • 영구기록물관리기관으로부터 해당년도 기록물관리지침 접수 및 배포 • 처리과 기록물관리지침 교육	• 전년도 생산 기록물 정리 감독 (처리과 기록물정리 완료)	• 처리과에서 기록관으로 생산현황통보 완료 • 중앙기록물관리기관으로부터 기록관리 현황평가 계획 접수
4월	**5월**	**6월**
• 전년도 중요기록물의 복제본 및 보존매체수록분 목록 영구기록물관리기관으로 제출 ※ 생산현황통보 시 함께 제출 가능	• 전년도 기록물 생산현황 영구기록물관리기관으로 통보 • 보존시설·장비 및 환경 구축현황을 중앙기록물관리기관으로 통보	
7월	**8월**	**9월**
	• 중앙기록물관리기관이 이중보존 수록 목록 중 중요한 기록물을 선별하여 송부 시기 통보	
10월	**11월**	**12월**
• 기록관리기준표 중 변경된 단위과제 영구기록물관리기관과 협의 ※ 기록물분류기준표 사용 기관 단위업무 변경 수시 처리 • 영구기록물관리기관으로 다음 연도 이관일정 및 이관대상 제출		• 영구기록물관리기관 기록관리기준표의 단위과제별 검토결과 접수 • 전자문서시스템 사용기관 : 전자문서 정리 완료, 임시단위업무 및 철 정리 등 • 업무관리시스템 사용기관 : 해당년도 전자문서 이관 완료

*출처: 국가기록원 NAK/S 10:2012(v1.1), 38.

〈표 3-2〉 기록관 연중실시 업무

연중실시 업무	• 처리과 → 기록관 이관	• 기록관 → 영구기록물관리기관 이관
	• 폐기	• 공개 재분류
	• 열람대응	• 정수점검(1회/2년)
	• 소속기관 점검(해당기관에 한함)	• 기록관리현황 평가

*출처: 국가기록원 NAK/S 10:2012(v1.1), 39.

◼ 기록관의 월별 업무 일정

SOP에 따라 기록관이 업무를 수행하고 있는지 자가 테스트를 하고자 할 때 〈표 3-3〉을 활용할 수 있다.

〈표 3-3〉 기록관 업무 체크리스트

영역	점검 항목	이행 여부	근거자료
기록관 운영 및 업무계획	기록관 운영 및 기록관리 업무 수행을 위한 기본계획 수립하였는가?		
	기록관리 실태점검을 통해 미비사항을 도출하고 개선함으로써 제도 개선 등 기록관리 개선을 이루었는가?		
	처리과 및 소속기관의 구성원들을 상대로 기록관리 교육 프로그램을 개발하고 실시하고 있는가?		
	기록물평가심의회를 법률 등에서 제시하는 바에 따라 적합하게 구성·운영하고 있는가?		
기준관리	기록관리기준표를 기록물 정리 작업 직후 고시하였는가?		
	비공개 세부기준과 접근권한에 대한 책정기준을 수립하였는가?		
	처리과에서 기록물분류기준표 신설, 변경, 폐지 등의 신청을 받았을 때 처리과의 장의 결재 여부를 확인하였는가?		
기록물 정리 및 인수	기록물 정리계획을 수립하여 사전에 지침 전파 및 교육을 시행하였는가?		
	정해진 기간 내에 기관의 기록물 생산현황을 관할 영구기록물관리기관에 제출·통보하였는가?		
	처리과의 기록물 인수를 위해 기본 인수계획을 수립하고 이를 통보하였는가?		
	인수대상 기록물을 전부 인수받았는가?		
	인수가 완료된 기록물에 대해 누락 및 오류가 없는지 검수작업을 실시하였는가?		

영역	점검 항목	이행 여부	근거자료
처분	기록물 중 보존기간이 경과한 기록물에 대하여 기록물 관리법령을 준수하여 적합한 절차를 거쳐 평가 및 폐기 처리하였는가?		
	이관대상 기록물을 관할 영구기록물관리기관으로 이관하였는가?		
보존	서가배치에 대한 별도의 관리번호 부여 등 관리를 시행하고 있는가?		
	주기적으로 보유기록물에 대한 정수점검·상태점검을 실시하고 있는가?		
	법령에 따라 보안 및 재난대책을 충실하게 수립하였는가?		
정보서비스	기록물 관리기관이 보유하고 있는 기록물 중 비공개 기록물에 대해 5년마다 공개 재분류를 실시하고 있는가?		
	공개로 결정된 기록물의 목록 등을 홈페이지 등에 게시하였는가?		
	공개·비공개 기록물에 대한 열람정책을 수립하였는가?		
	열람신청서 등 필요한 서식을 작성하여 제공하고 있는가?		

*출처: 국가기록원 NAK/S 10:2012(v1.1), 40.

2. 영구기록물관리기관 표준운영절차(Standard Operating Procedure for Archival Institutions)

■ SOP 구성의 제정 목적과 내용 구성

이 표준은 영구기록물관리기관에서 기록물 관리를 위해 수행해야 하는 기능에 대하여 최선의 실무수행을 위한 운영절차를 규정함을 목적으로 2008년 공공표준으로 제정되었다.

표준의 주요 내용 목차는 다음과 같다.

4. 기록물 수집 · 관리

5. 기록물 평가분류 · 기술

6. 기록물 보존관리

7. 전자기록관리 및 전산화

8. 기록정보서비스

9. 기록물관리 교육훈련

■ SOP 내용 사례 : 전자기록물 관리

SOP의 내용 사례로 "전자기록물 관리"에 관한 표준운영절차를 살펴보면 다음과 같다.

먼저, 전자기록물 인수절차는 다음과 같다.

- 기록물 인수책임자는 전자기록물을 인수하는 경우 행정전자서명의 확인 등 진본확인절차와 메타데이터 오류, 바이러스 검사 등 품질검사를 수행하여야 한다.
- 바이러스 검사는 전자기록물 인수 시 1차로 실시하고, 일정기간 격리된 영역에서 보관한 후 2차 바이러스 검사를 실시하여야 하며, 이상이 없는 경우에만 해당 전자기록물을 인수한다.

보존포맷 전환절차는 다음과 같다.

- 영구기록물관리기관은 전자기록의 진본성 및 이용가능성 등을 보장하기 보유한 전자기록물을 중앙기록물관리기관의 장이 정하는 방식에 따라 문서보존포맷과 영구보존포맷으로 변환하여 관리하여야 한다.

- 보존포맷으로 변환하는 경우에는 고유ID를 부여하고 보존포맷변환 검
증을 실시한다.
- 포맷변환 검증시 정상일 경우에는 전자서명을 하여 저장하고 오류 시에
는 다시 포맷변환을 하고 전자서명을 한다.
- 문서보존포맷으로 변환한 기록물은 활용스토리지에 보존하고 영구보존
포맷으로 변환한 기록물은 보존스토리지에 저장한다.

전자기록물 매체수록의 절차는 다음과 같다.
- 매체수록대상에 대하여 목록을 작성하고 목록에 따라 보존파일을 검사
한다.
- 검사에 오류가 없으면 보존매체에 수록하고 보존매체 관리번호를 부여
한다.
- 보존매체에 대한 검사를 실시하고 보존매체의 복제본을 제작하여 복제
본 보존매체에 관리번호를 부여한다.

전자기록물 메타데이터 관리의 절차는 다음과 같다.
- 보존포맷으로 변환된 기록물철을 구성하는 메타데이터는 보존포맷과
관련된 메타데이터, 인증정보 메타데이터, 객체 메타데이터, 기록물철
메타데이터 등으로 구성된다.
- 기록물철의 객체 콘텐츠와 관련된 메타데이터는 행위자, 고유식별자,
보존정보 등 상위그룹과 행위자유형, 기관명, 기관ID, 보존기간 등 하위
그룹으로 구성된다.
- 보존포맷으로 변환된 기록물철에는 기록물의 진본성 및 무결성 등을 보
장하기 위한 서명 및 인증서와 관련된 인증정보 메타데이터를 설계하
여야 한다.

데이터 무결성을 유지하기 위한 절차는 다음과 같다.

- 전자기록물의 진본성 보장을 위해서는 기록의 생산자 식별을 위한 행위
  자정보와 기록의 생산자 인증을 위한 인증정보를 관리하고 유지하여야
  한다.
- 신뢰성 보장을 위해서는 기록의 생산과정을 설명하는 분류정보, 생산정
  보, 행위자정보, 인수인계정보와 기록의 관리과정을 설명하는 관리정보
  를 관리하고 유지하여야 한다.
- 무결성을 보장하기 위해서는 기록의 변경관리를 위한 수정정보와 기록
  관리 통제를 위한 관련 법규정보, 관리정보, 인증정보를 관리하고 유지
  하여야 한다.
- 이용가능성을 보장하기 위해서는 기록의 맥락 이해 보장을 위한 업무과
  정 정보, 분류정보와 기록에의 접근성 보장을 위한 소장위치정보, 분류
  정보, 검색정보를 관리하고 유지하여야 한다.

■ SOP 내용 사례 : 기록물 전산화 및 매체수록

SOP의 내용 사례로 "기록물 전산화 및 매체수록"에 관한 표준운영절차를 살
펴보면 다음과 같다.

먼저 종이기록물의 전자화 절차는 다음과 같다.

- 영구기록물관리기관은 일반문서, 간행물, 도면, 대장 등 종이기록물의
  보존 및 열람활용을 위하여 전자화 할 수 있는 인력, 장비 등을 갖추어
  야 한다.
- 종이기록물의 스캐닝은 검색·활용 시 컴퓨터 화면 또는 종이로 출력하
  여 육안판독이 가능하도록 하여야 한다.

- 스캐닝 입력이 끝난 기록물은 쪽단위로 검사하고, 스캐닝 내용이 판독 하기 어렵거나 부적합한 경우에는 해당 쪽에 대하여 재스캐닝 하도록 조치한다.
- 전자화 작업을 원활하게 할 수 있도록 작업편람을 마련하고, 이를 따라 야 한다.

시청각기록물을 전자화하는 절차는 다음과 같다.
- 시청각기록물은 매체의 보존취약성과 장비의존성을 고려하여 전자화를 통해 이중보존하는 것을 원칙으로 한다.
- 시청각기록물의 대체보존 및 열람활용을 위하여 전자화 할 수 있는 인 력, 장비 등을 갖춘 작업실을 설치 운영하여야 한다.
- 사진·필름은 스캐닝 작업, 오디오와 비디오 그리고 영화필름 등은 인 코딩 작업을 통해 전자화한다.
- 영화필름의 경우 텔레시네 작업을 통해 매체변환 후 인코딩한다. 또한 영상과 음성이 분리된 경우 동조 작업을 먼저 실시한 후 인코딩한다.
- 전자화된 내용 및 상태를 검사하고, 판독이 어렵거나 부적합한 경우 재 작업을 실시한다.
- 사진·필름의 경우 원본 훼손으로 디지털 이미지 복원이 필요하면 전자 복원을 실시한다.

전자기록을 광디스크에 수록하는 절차는 다음과 같다.
- 광디스크에 수록하도록 분류된 기록물은 기록물 철별로 수록하여 전산 기의 기억장치에 입력한 후 그 수록내용의 이상 유무를 수록담당자가 확인하여야 한다.
- 광디스크 표지를 제작할 때에는 관리번호 항목의 뒤에 공개구분을 표시 하여야 한다.

- 기록물을 광디스크에 수록할 때 광디스크 수록계획서를 작성하며, 위·변조를 방지할 수 있는 전산전문기술을 도입·적용할 수 있다.
- 광디스크 수록은 공개구분 종류별로 수록하여야 하며, 동일 공개등급 내에서는 보존가치별 또는 보존기간별로 나누어 수록할 수 있다.
- 광디스크를 제작하였을 경우 관리번호를 부여하여야 한다.

광디스크를 보관 및 활용하는 절차는 다음과 같다.
- 보존용 광디스크와 백업용 광디스크는 서로 다른 장소에서 보존 관리하여야 한다.
- 전산장비에 수용하지 않고 별도의 장소에 보존하는 광디스크는 보관용기에 넣어 관리번호순으로 배치하여 관리한다.

전자기록을 광디스크에 재수록하는 절차는 다음과 같다.
- 광디스크에 수록된 내용은 수정할 수 없으며, 수록내용에 오류 및 필수첨가 사항이 발견되어 재수록하다 필요가 있는 경우에는 이미 수록된 목록 및 내용을 삭제하지 아니하고 이미 수록된 기록물의 목록에 재수록사항을 입력하고 해당기록물의 목록을 새로 등록한 후 수록하여야 한다.
- 광디스크의 경우 수록된 기록물의 공개구분 재분류를 한 경우 공개구분에 따라 재수록하여야 하며, 보존기간 재평가 등으로 변경사항 발생시 필요한 경우 재수록할 수 있다.
- 보존중인 광디스크에 긁힘, 훼손 등으로 인하여 수록된 기록물의 내용을 파악하기 곤란한 경우에는 광디스크 및 마이크로필름을 다시 제작하여야 한다.
- 광디스크는 기술 및 컴퓨터 환경 변화에 따라 매체변경이 필요하다고 판단될 경우 보존용 매체 변경 및 재수록 계획을 수립하여 새로운 종류의 매체에 재수록할 수 있다.

■ SOP 내용 사례 : 기록물 전산관리 및 시스템운영

SOP의 내용 사례로 "기록물 전산관리 및 시스템운영"에 관한 표준운영절차를 살펴보면 다음과 같다.

먼저 생산현황 관리에 관한 운영원칙은 다음과 같다.

- 전산시스템에 취합된 생산현황은 이관대상목록 작성 시까지 수정·삭제되지 않도록 데이터베이스에 등록하여 관리한다.
- 생산현황 목록에서 이관대상 목록을 선정할 경우 각급 기관에서 취합된 생산현황자료가 변경되지 않도록 별도의 이관대상목록 데이터베이스를 작성한다.

다음으로는 기록물 목록 관리의 원칙이다.

- 기록관에서 이관매체를 통해 이관하는 이관목록은 필수항목 누락여부 등 확인을 거친 후 기록물 보유목록으로 자동 등록될 수 있도록 한다.
- 소장기록물 및 외국기록물과 같이 직접 수집된 기록물은 기록물관리 S/W를 통해 등록항목을 입력하여 보유목록으로 등록할 수 있도록 하며, 이 경우는 다음단계로 기록물을 인수인계하기 전까지는 등록자가 목록을 수정할 수 있다.

기록물 이미지 및 전자파일 관리의 절차는 다음과 같다.

- 스캐닝을 통해 등록된 기록물 이미지 자료는 광디스크에 수록하여 보존한다.
- 파일형태로 이관된 문서 및 시청각기록물의 경우 변조가 어려운 형태의 이미지파일로 변환하거나, 위·변조 방지를 위한 보안조치를 취한 후 광디스크에 수록하여 보존한다.

- 이미지 자료를 광디스크에 수록하기 위하여 하드디스크에 임시 보관할 경우 임시 보관된 자료는 테이프에 백업을 실시하여 유실을 방지한다.
- CD-Title로 제작된 간행물은 열람빈도 순으로 전산시스템에 이미지화하여 활용할 수 있으며 전산시스템의 수용량에 따라 열람빈도가 낮은 자료는 정기적으로 교체할 수 있다.

열람용 자료 제작 및 활용의 절차는 다음과 같다.
- 문서 및 시청각기록물의 열람효율을 위하여 필요한 경우 보존용 이미지파일과 별도로 열람에 편리한 형식의 이미지파일을 제작하여 활용할 수 있다.
- 인터넷을 통해 기록물 이미지를 서비스할 경우 내부시스템과 분리된 인터넷용 시스템에 별도의 목록자료와 열람용 이미지를 구축하여 서비스하여야 한다.

데이터베이스 관리의 원칙은 다음과 같다.
- 기록물 전산자료가 입력된 데이터베이스는 보존분야 부서장이 지정한 데이터베이스관리자가 관리한다.
- 데이터베이스관리자는 기록물 전산자료를 등록·활용할 수 있도록 데이터베이스를 구성하여 관리하며 데이터베이스 구조를 변경할 때에는 그 내역을 관리하여야 한다.
- 데이터베이스관리자는 관리자계정 및 암호를 별도로 관리하여 데이터베이스로의 접근을 통제하고 일반 사용자는 기록물관리 S/W를 통해서만 자료에 접근할 수 있도록 데이터베이스 접근권한을 제한하여야 한다.

전산자료 백업 및 백업매체 관리의 원칙은 다음과 같다.

- 전산시스템에 입력된 기록물목록자료와 분류기준표 등 각종 코드자료
  는 매일 백업을 실시하고 백업된 자료가 수록된 매체는 지속적으로 관
  리하여 전산자료 파손 시 복구가 가능하도록 자료의 안전성을 확보하
  여야 한다.
- 광디스크에 수록된 자료를 테이프에 백업할 경우에는 데이터베이스에
  입력된 해당 자료의 목록을 함께 수록한다.
- 광디스크, 테이프 등 백업된 전산매체는 자료유실을 방지하기 위하여
  전산실 이외의 보호구역으로 지정된 적합한 보존환경을 유지하는 보존
  서고에 분산보관할 수 있다.
- 자동백업장치에 의하여 주기적인 백업이 이루어질 경우 백업주기와 매
  체번호, 백업방법을 기록하여 비치하여야 하며, 수동백업을 수행하는
  시스템에 대하여는 백업관리대장에 백업내용을 등록하여 관리한다.

단원학습문제   **3장 전자기록의 관리 절차**

01 다음은 전자기록관리에 관한 국제 표준들이다. 표준의 이름과 내용이 맞게 짝
지어진 것을 고르시오.

> (A)(은)는 현용, 준현용 기록을 생산, 획득, 관리하기 위한 원칙과 절차를 제안
> 하고 있다.
>
> (B)(은) 기록 관리 메타데이터를 생산, 관리, 활용하는 틀을 제시하고 메타데이
> 터를 통제하는 원칙을 설명하고 있다.
>
> (C)(은) 기록관리의 관점에서 업무과정을 분석하기 위해 기능분석, 순차분석과
> 같은 방법과 지침을 제시하고 있다.

① A=ISO 23081, B=ISO 26122, C=ISO 15489

② A=ISO 26122, B=ISO 15489, C=ISO 23081

③ A=ISO 15489, B=ISO 23081, C=ISO 26122

④ A=ISO 15489, B=ISO 26122, C=ISO 23081

⑤ A=ISO 23081, B=ISO 15489, C=ISO 26122

02 다음은 공공기록물 관리에 관한 법령 및 행정업무의 효율적 운영에 관한 규정
에 명시된 전자기록 관련 용어를 정의한 것이다. 맞는 것을 모두 고르시오

① "전자기록물"이라 함은 정보처리능력을 가진 장치에 의하여 전자적인 형태
로 작성하여 송신·수신 또는 저장되는 전자문서, 웹기록물 및 행정정보 데
이터세트 등의 기록정보자료를 말한다.

② "웹기록물"이란 공공기관의 웹사이트에 포함된 모든 형태의 기록정보자료와
웹사이트 운영 및 구축과 관련된 관리정보를 말한다.

③ "행정정보 데이터세트"란 각급 행정기관에서 업무상 사용하고 있는 행정정
보시스템에서 생산되는 문자, 숫자, 도형, 이미지 및 그 밖의 데이터를 말한
다.

④ "전자문서"란 컴퓨터 등 정보처리능력을 가진 장치에 의하여 전자적인 형태
로 작성되거나 송신·수신 또는 저장된 문서를 말한다.

03 다음은 공공기록물 관리에 관한 법령에서 명시한 전자기록의 생산시스템 종류
이다. 아닌 것을 고르시오.

① 전자문서시스템
② 업무관리시스템
③ 행정정보시스템
④ 정부기능분류체계시스템

04 다음은 공공기록물 관리에 관한 법령에서 전자기록생산시스템과 전자기록관리
시스템이 가져야 할 기능과 역할을 열거한 것이다. 잘못된 것을 모두 고르시오.

① 공공기관은 전자기록생산시스템으로 생산 또는 접수 등록번호를 부여하고
이를 그 기록물에 표기하여야 한다.

② 공공기관은 업무관리시스템 또는 행정정보시스템으로 생산된 행정정보 중
기록물의 특성상 등록번호를 부여할 수 없는 경우에는 전자기록생산시스템
으로 해당 기록물의 고유한 식별번호를 부여하여 등록번호로 대체할 수 있다.

③ 공공기관은 매년 5월 31일까지 관할 기록관 또는 특수기록관의 장에게 전년
도의 기록물 생산현황을 통보할 때 기록물 등록정보를 전자기록생산시스템
을 통하여 제출한다.

④ 전자기록생산시스템은 기록물 및 기록물철의 등록·분류정보에 대한 검색·
활용 기능을 제공하여야 하며, 목록 및 전자기록물 파일에 대한 전송정보
파일 생성 및 전송 기능을 갖추어야 한다.

⑤ 공공기관은 기록물이 전자적으로 생산·관리되도록 필요한 조치를 강구하여
야 하며, 전자적 형태로 생산되지 아니한 기록물에 대하여도 전자적으로 관
리되도록 노력하여야 한다.

⑥ 공공기관은 전자기록생산시스템, 기록관리시스템 및 영구기록관리시스템에
서 생산·보존하고 있는 기록물에 대한 접근·접근시도에 관한 사항, 이력
정보 등을 관리하여야 하며, 이 경우 접근이력, 처리상황 등의 관리정보는
기관의 기록관리자가 생성하고 관리자만 수정·삭제할 수 있어야 한다.

05 다음은 우리나라 공공기관의 전자기록생산시스템에 대한 설명이다. 이 중 잘못된 것을 모두 고르시오.

① 현재 법령에 따르면 공공행정기관에서 전자기록이 생산되는 시스템은 업무관리시스템, 전자문서시스템, 행정정보시스템이다.

② 업무관리시스템은 업무처리 전 과정에서 생산된 자료를 과제의 성격에 따라 과제관리카드, 문서관리카드, 메모보고, 일지 등을 이용하여 전자적으로 관리하는 시스템이다.

③ 행정정보시스템은 행정기관이 행정정보를 생산, 수집, 가공, 저장, 검색, 제공, 송신, 수신 및 활용하기 위한 시스템을 지칭한다.

④ 행정정보시스템에 생산, 보관되는 데이터세트 기록은 데이터베이스 전체를 모두 공공기록으로 관리해야 한다.

06 다음은 공공기록물 관리에 관한 법령에서 전자기록의 상태 검사에 관한 조항이다. 괄호에 들어가야 할 내용이 맞게 짝지어진 것을 고르시오.

> 제50조(영구기록물관리기관 보존 기록물의 상태검사) ①영구기록물관리기관의 장은 보존 중인 기록물에 대하여 그 기록물 및 보존매체의 상태검사를 실시하고, 그 결과에 따라 복원, 보존매체 수록 등 필요한 조치를 취하여야 한다.
> ②전자기록물의 상태를 검사하는 경우에는 저장장치에 수록된 전자파일에 대한 (A) · (B) 등에 대한 주기적 검사와 저장장치의 이상 유무 등을 확인하여야 한다.
> ③제2항에 따른 상태검사를 통하여 오류사항이 발견된 경우에는 즉시 복구하여야 한다. 이 경우 오류사항의 처리와 관련된 조치내역을 관리하여야 하며, 장기보존포맷으로 재수록한 경우에는 (C) 및 (D)(를)을 추가하여 관리하여야 한다.

① A=무결성, B=훼손여부, C=전자서명, D=타임스탬프

② A=이용가능성, B=손상여부, C=행정전자서명, D=시점확인 정보

③ A=이용가능성, B=손상여부, C=전자서명, D=타임스탬프

④ A=무결성, B=훼손여부, C=행정전자서명, D=시점확인 정보

07 다음은 국가기록원에서 제정한 기록관 표준운영절차에서 정리한 기록관의 월별 업무 일정표이다. 다음 중 월 별로 할 일이 잘못 기술된 것을 모두 고르시오.

1월	2월	3월
A. 영구기록물관리기관으로부터 해당년도 이관 일정 및 이관대상 접수 B. 영구기록물관리기관으로부터 해당년도 기록물관리지침 접수 및 배포 C. 처리과 기록물관리지침 교육	D. 전년도 생산 기록물 정리 감독(처리과 기록물 정리 완료)	E. 처리과에서 기록관으로 생산현황통보 완료 F. 중앙기록물관리기관으로부터 기록관리 현황 평가 계획 접수
4월	5월	6월
G. 전년도 중요기록물의 복제분 및 보존매체 수록분 목록 영구기록물관리기관으로 제출	H. 전년도 기록물 생산현황 영구기록물관리기관으로 통보 I. 영구기록물관리기관으로 다음연도 이관일정 및 이관대상 제출	
7월	8월	9월
	J. 중앙기록물관리기관이 이중보존 수록 목록 중 중요한 기록물을 선별하여 송부시기 통보	
10월	11월	12월
K. 기록관리기준표 중 변경된 단위과제 영구기록물관리기관과 협의	L. 보존시설·장비 및 환경 구축현황을 중앙기록물관리기관으로 통보 M. 업무관리시스템 사용기관 : 해당년도 전자문서 이관 완료	N. 영구기록물관리기관 기록관리기준표의 단위과제별 검토결과 접수 O. 전자문서시스템 사용기관 : 전자문서 정리 완료, 임시단위업무 및 철 정리 등

① I

② I, L

③ I, L, M

④ I, L, M, O

08 다음은 전자기록의 폐기에 대해 설명하고 있다. 잘못 설명하고 있는 것을 고르시오.

① 전자기록은 보존기간이 만료되면 일반적으로 폐기를 수행하되 시스템 백업본이나 오프라인 저장소에 보관중인 복제본은 폐기 대상에 포함되지 않는다.
② 전자기록의 폐기는 기록이 더 이상 재구축될 수 없도록 완전하게 없애는 것을 의미한다.
③ 전자적 시스템에서 기록을 삭제(Deletion)하는 것은 폐기(Destruction)하는 것과 구별되어야 한다.
④ 기록의 삭제(Deletion)는 기록 자체를 없애는 것이 아니라 파일명과 경로명 등 기록의 포인터(Pointer)를 없애는 것이다.

09 ISO 23081의 다중개체모형을 실행모형으로 채택한다면 메타데이터의 데이터모델에 어떤 변화가 발생하는지 설명하시오.

10 ISO 26122에서 제시하는 업무분석의 주요 기법인 기능분석과 순차분석 방법을 기술하고 분석 산출물의 차이를 설명하시오.

4장_ 전자기록시스템 설계

개 요

    전자기록시스템(Electronic Records Systems)에는 생산시스템, 관리시스템, 보존시스템, 제공시스템 등 기록의 생애주기 단계별로 다양한 종류의 시스템이 포함된다. 전자기록시스템을 제대로 설계하고 구축하기 위해서는 기록시스템의 생명주기를 이해하고 구축방법론을 이해할 필요가 있다. 이 장에서는 기록관리자가 정보기술전문가와 의사소통을 하고 기관에 필요한 전자기록시스템을 도입하기 위해 알아야 할 기록시스템 구축방법론을 살펴보고자 한다.

    기록관리자에게 전자기록시스템은 전문적인 기록관리를 수행하는 데 필수적인 도구이다. 시스템이 충분한 기능성과 성능을 확보하고 있어야 기록관리 업무를 원활하게 수행할 수 있다. 전자기록시스템이 갖춰야 할 기능과 성능에 관해서는 국내외 여러 표준에서 요건을 정의하고 있다. 국내의 기록시스템 기능요건 표준은 대부분 해외 표준을 참조하거나 영향을 받아 작성된 것이다.

    이 장에서는 먼저 해외 기록시스템 기능요건 표준 중에서 미국, 유럽연합에서 제정하여 공표한 기록관리시스템 기능요건과 ISO 표준으로 채택된 기록관리시스템 기능요건의 개요와 중요 사항을 살펴보고자 한다. 다음으로 국내 기록시스템 기능요건 표준 중 전자기록생산시스템 기록관리 기능요건을 다룬 NAK/S 23, 전자기록관리시스템 기능요건을 다룬 NAK/S 6, 영구기록관리시스템 기능요건을 다룬 NAK/S 7 를 살펴보고자 한다.

우리나라 공공기관은 전자정부의 추진과제로 여러 기록시스템을 구축하여 도입한 경험이 있다. 이 장에서는 먼저 행정기관에서 도입한 자료관시스템, 표준 기록관리시스템, 중앙영구기록관리시스템의 이력과 기능구성에 대해 살펴보고자 한다. 다음으로는 행정기관 기록시스템에 영향을 미쳤던 대통령기록관리시스템의 이력과 기능구성에 대해 살펴보고자 한다.

이 장에서 숙지해야 할 내용은 다음과 같다.

■ 전자기록시스템을 설계하고 구축하는 절차와 방법을 이해한다.

■ 해외 여러 나라의 전자기록시스템 기능요건 표준의 종류와 동향을 이해한다.

■ 공공표준으로 제정된 전자기록시스템 기능요건 표준의 제정목적과 용도를 파악한다.

■ 국내 기록시스템의 사례별 특징을 파악한다.

1절 기록시스템 설계 및 구축 방법론

1. 기록시스템의 생명주기

▣ 정보시스템의 생명주기

정보시스템은 자체의 생명주기를 갖는다. 정보시스템의 구축에서부터 그 시스템이 사명을 다할 때까지의 과정을 모형화한 것을 생명주기 모형이라고 한다. 일반적인 폭포수(Waterfall) 모형에 따르면 정보시스템은 계획, 분석, 설계, 구현, 유지 단계의 과정을 거친다. 변형된 모형으로는 개략적인 설계를 바탕으로 큰 줄거리의 프로그램을 만들고 실제로 프로그램을 가동하면서 세부 사양을 확정해 가는 프로토타이핑 접근법(Prototyping Approach)도 있다. 〈그림 4-1〉은 일반적인 정보시스템의 개발단계를 보여준다. 시스템은 지속적으로 업그레이드되어야 하므로 단계를 반복하게 된다.

〈그림 4-1〉 정보시스템 생명주기

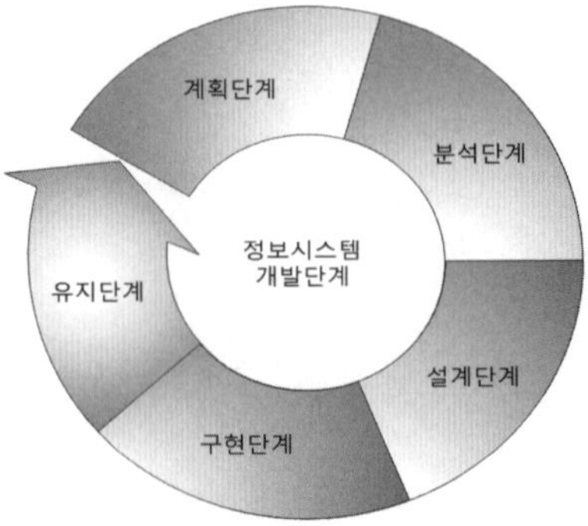

전자기록관리시스템도 정보시스템의 일종이며 생명주기를 갖게 된다. 현재 공공 및 민간에서 개발하여 사용하고 있는 주요한 전자기록관리시스템들은 대부분 폭포수 모형에 따라 구축되었다. 향후에는 기록관리의 특성과 기술 수준에 따라 폭포수 모형에 따라 구축하는 것이 유리할지 프로토타이핑 접근법에 따르는 것이 유리할지 검토하여 결정할 필요가 있다(임진희 2013, 315).

■ 공공기관 정보시스템 조달 절차

정보시스템을 새로 조달하고자 할 때는 〈표 4-1〉, 〈표 4-2〉와 같이 조달계획 수립, 정보수집, 제안요청서 작성 및 입찰공고, 제안서 평가 및 우선협상대상자 선정, 협상 및 계약, 착수, 감리, 종료 등의 과정을 거치게 된다. 공공기관에서 전자기록시스템을 조달하고자 할 때는 조달청에서 운영하는 나라장터(www.g2b.go.kr)를 통해 공개 발주하는 것이 일반적이다(임진희 2013, 311-314).

〈표 4-1〉 정보시스템 구축 사업 계약까지의 진행 절차

단계	내용
1. 정보시스템 구축 계획 수립	정보시스템 구축 계획서를 작성함. 기관의 사명과 비전을 달성하기 위해, 그리고 법규를 준수하고 이해당사자들을 만족시키기 위해 해당 정보시스템을 구축하는 것이 필요하다는 점이 설득력있게 제시되어야 함. 정보시스템의 역할과 대기능, 구축 예산과 일정 등이 명확하게 제시되어야 함.
2. 정보수집	정보시스템 구축에 필요한 각종 정보를 수집함. 상용패키지를 도입하는 것과 맞춤형태로 개발하는 것을 비교하여 여러 대안을 만들어 낼 수 있어야 함. 정보수집을 위해 관련 업체들에 정보요청서(RFI, Request For Information)를 보내 지식을 전달받도록 함. 조직 전체에 미치는 영향이 큰 정보시스템을 도입할 때는 정보화전략계획 수립(ISP, Information Strategy Planning) 프로젝트를 먼저 수행하는 것을 검토함.
3. 제안요청서 작성	정보시스템 구축 제안요청서(RFP, Request For Proposal)를 작성함. 배정받은 예산과 시스템 가동이 필요한 시점을 고려하여 구축 일정을 제시하고, 우선적으로 구현해야 할 기능을 잘 기술해야 함. 제안요청서에는 정보시스템에 대한 요구사항을 구체적이고 명확하게 제시하는 것이 핵심임.
4. 입찰 공고	조달은 공개경쟁입찰 혹은 수의계약으로 진행할 수 있음. 공개경쟁입찰일 경우 조달청 나라장터나 홈페이지를 통해 공고하고 우수한 업체들이 제안에 참여하도록 유도해야 함.

단계	내용
5. 제안서 평가	제안 내용을 평가하여 점수를 매김. 기관의 내부위원과 외부 전문가 위원으로 평가단을 구성함. 전문성과 공평성을 유지한 평가가 필수적임. 사업의 특성과 핵심성공요소(CSF, Critical Success Factors)를 잘 이해하고 있는 심사위원단을 구성하는 것이 중요함.
6. 우선협상 대상자 선정	제안 내용을 평가한 기술점수와 입찰금액으로 우선협상대상자가 선정. 제안요청 내용을 정확히 이해하면서 실력있고 성실한 업체를 선정하는 것이 관건임.
7. 협상 (Negotiation)	발주자와 우선협상대상자 간에 사업 수행 범위와 과제 등에 관한 구체적인 내용을 정함. 제안요청서의 요구사항과 제안서에서 제시한 수행예정 내역을 종합하고 새로 추가되는 조건을 논의한 후 최종 사업수행 과제를 정함. 주어진 예산과 일정 내에 수행가능한 내용을 정하는 것이 바람직함.
8. 계약 (Contract)	계약서에는 합의한 모든 내용이 빠짐없이 나열되도록 함. 계약 파기나 중단, 연장에 따른 대응 방안도 명시적으로 기재함.

〈표 4-2〉 정보시스템 구축 사업 진행 절차

단계	내용
9. 과업지시서 작성	발주자는 과업지시서를 작성하여 계약자에게 전달함.
10. 착수계 제출	계약자는 착수계를 작성하여 기관에 제출함. 이로써, 행정적 측면에서는 정보시스템 구축 사업이 시작됨.
11. 착수보고회 (Kick-off Meeting)	실무적으로는 일반적으로 사업 시작 초반에 착수보고회를 하는 것으로 시작됨. 착수보고회에 기관의 최고층 의사결정권자가 참석하여 사업에 관심을 표명하도록 하고 이해관계가 있는 업무담당자들이 모두 참석하도록 하는 것이 변화관리에 도움이 됨.
12. 프로젝트 회의	착수 이후 발주자는 정기적으로 사업자와 회의를 하여 위험관리를 해나가야 함. 또한, 사업의 산출을 기관 내부 이해관계자들에게 소통하여 변화관리를 해가야 함.
13. 감리 (Audit)	일반적으로 정보시스템 구축 과정에서는 두 번의 감리를 받게 됨. 중간 감리는 진도와 내용을 확인하는 것이며, 최종 감리는 사업 과제의 정상적 완료여부를 확인하는 것임.
14. 시험 (Test)	정보시스템 기능이 요구하는 대로 구현되었는지 사용자들이 시나리오에 맞춰 작동시켜보고 오류사항을 수정보완하도록 함.
15. 교육 (Training)	정보시스템 사용자에게 사용법을 숙지시키고, 관리자에게 필요한 정보와 자료를 전달하여 새로운 시스템으로 이행할 준비를 함
16. 이행 (Transition)	새로운 시스템을 사용하기 시작함. 이로써 정보시스템의 구축 사업은 종료됨. 이후에는 정보시스템의 유지보수가 시작됨.

■ 기록시스템 조달 시 기록관리자의 역할

기록시스템도 정보시스템의 한 종류이므로 위에서 살펴본 조달 절차를 밟게 된다. 기록관리자는 기록시스템을 조달하는 과정에서 다음과 같은 역할을 수행할 수 있어야 한다.

조달계획을 수립할 때 기록관리자는 먼저 어떤 목적·범위에서 전자기록관리를 수행할 것이고, 어떤 이용자들이 어떤 활동을 수행하는 데 사용할 시스템이 필요한 것인지를 정할 수 있어야 한다. 전자기록관리시스템 구축 계획서를 작성할 때는 기관의 사명과 비전 달성 및 법규를 준수하고 이해당사자들을 만족시키기 위해 전자기록관리시스템을 구축하는 것이 반드시 필요하다는 점을 설득력 있게 제시할 수 있어야 한다. 이를 통해 기관의 의사결정권자들의 마음을 움직여 충분한 예산과 인력을 배정받을 수 있어야 한다.

기록관리자는 전자기록관리시스템 구축에 필요한 정보를 충분히 수집하여 판단의 자료로 활용할 수 있어야 한다. 구매할 수 있는 전자기록관리시스템 상용패키지의 종류와 장단점을 파악해야 한다. 전자기록관리시스템 개발경험 및 능력을 보유한 업체가 있는지 파악해야 한다. 전자기록관리시스템의 도입이 기관 전체에 주는 영향(Impact)이 크다고 판단될 경우 기록관리자는 전자기록관리시스템 도입을 위한 정보화전략계획 수립(ISP, Information Strategy Planning) 프로젝트를 수행할 필요가 있는지 판단해야 한다.

전자기록관리시스템 구축 제안요청서(RFP, Request For Proposal)를 작성할 때 기록관리자는 기관에서 배정받은 예산과 시스템 가동이 필요한 시점을 고려하여 구축 일정을 확정하고, 전자기록생산시스템들의 현황을 고려하여 우선적으로 구현해야 할 전자기록관리기능이 무엇인지 판단해야 한다. 기록관리자가 기관의 정보화업무담당자와 협력하여, 제안요청서에 전자기록관리시스템에 대한 요구사항을 명세할 수 있어야 한다. 기록관리자는 입찰을 준비하는 업체들의 문의에 성실히 답변해 주어야 하며 공평성을 유지해야 한다.

기록관리자 입장에서는 기록관리시스템 구축을 함께 해나갈 협력자를 선정하는 과정이므로 심사 과정에서 제안요청서의 내용을 정확히 이해하고 성실하게 사업을 수행해줄 협력업체를 가려낼 수 있어야 한다. 기록관리시스템 사업의 특성과 핵심성공요소(CSF, Critical Success Factors)를 잘 이해하고 있는 심사위원단을 구성하는 것이 중요하다.

기록관리자는 우선협상대상자와 협상을 할 때 수행과제의 상세내역을 이해하고 업체의 장단점을 파악하여 협상 과정을 주도할 수 있어야 한다. 계약 조건에 제안요청서, 제안서, 협상내역이 모두 잘 반영되도록 조치해야 한다.

착수보고회(Kick-off Meeting)를 할 때, 기록관리자는 착수보고회 참석자를 신중하게 섭외해야 한다. 기관 내부 이해관계자와 외부 전문가 자문위원을 참석하도록 유도하되, 특히 기관의 최고층 의사결정권자가 참석하여 사업에 관심을 표명하도록 하는 것이 중요하다. 착수 이후 기록관리자는 정기적으로 사업자와 회의를 하여 위험관리를 해나가야 한다. 또한, 사업의 산출을 기관 내부 이해관계자들에게 소통하여 변화관리를 해가야 한다.

기록관리자는 사업자와 함께 감리에 충실히 대응하여 감리결과 부적합 판정을 받지 않도록 해야 한다. 마지막으로 구축한 전자기록관리시스템을 충분히 시험(Test) 운용하고 내부 이용자들이 새로운 시스템으로 부드럽게 이행(Transition)할 수 있도록 만반의 준비를 해야 한다.

2. DIRS 방법론

▣ 제정 목적과 대상 범위

ISO 15489에서는 전자기록관리시스템을 설계하고 구현하기 위한 절차와 방법을

DIRS(Design and Implementation of Records Systems)라는 방법론으로 제시하고 있다. DIRS는 호주의 DIRKS(Designing and Implementing Recordkeeping Systems: a Strategic Approach to Managing Business Information)매뉴얼에 기초한 기록시스템 구축 방법론이다. 〈그림 4-2〉에서 보는 바와 같이 정보시스템을 개발하여 구축하는 단계와 DIRKS의 단계들이 조응하고 있다. DIRKS는 정보시스템 공학적 접근과 기록관리적 접근을 통합하여 만들어졌고 기록시스템 구축의 체계성과 전문성을 구현하고 있다(김익한 2003 220).

〈그림 4-2〉 DIRKS 단계와 시스템개발 단계의 조응관계

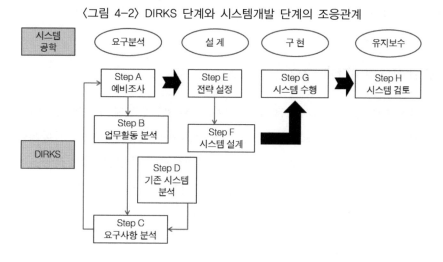

좋은 정부가 되기 위해서는 기록관리를 잘해야 한다. 기록관리를 통해 정부의 활동과 정책결정이 의미 있고, 정확하고, 믿을 만하고, 이용하기 쉽게 생산, 관리, 보유되도록 할 수 있고 효율성과 책임성을 보장한다. 정부가 수행해 온 활동내역이 기록을 통해 보존됨으로써 미래의 정부 활동이 과거에 발생한 일이나 결정 내용의 정확한 사실에 근거하여 수행될 수 있다. 또한, 공무원의 민주적 책임성과 투명성을 보여주는 감사증적을 제공할 수도 있다. 기록은 또한 정부의 법적, 재정적 그리고 정부의 또 다른 이익을 보호하는 역할도 한다. 기록

관리를 통해 정부와 공동체가 재정적으로 절약을 할 수 있게 된다.

최근 전자적인 시스템이 확산되면서 기록관리가 약화되어 왔다. 하지만, 한편으로는 기술이 이런 문제점을 개선하는 수단을 제공하고 있다. 해결 방안은 완전하고 정확하게 기록을 생산하도록 하고, 업무적인 필요나 책임성 또는 폭넓은 공동체의 이익에 필요한 동안 기록을 유지할 수 있도록 시스템을 설계하고 구현할 수 있느냐에 달려 있다. 전자기록의 출현으로 인해 기록관리 전문가들은 전자적 환경에 맞춰 기록관리의 기본적인 원칙과 구성을 제시할 필요가 있다. 이에 부응하여 전문가 공동체가 합의를 하여 최상의 현대적인 기록관리 이론과 실제적인 구조의 본질적 요소로서 이 방법론을 만들게 되었다.

■ DIRKS의 8단계 개요

DIRKS 방법론은 기록시스템 구축 절차를 총 8단계로 제시하고 있는데 모든 단계가 반드시 순차적으로 실행해야 하는 것은 아니며 기관의 요구사항이나 환경의 변화에 맞춰 일부 단계의 작업만을 실행하거나 특정 단계의 작업을 반복적으로 실행할 수 있다. 각 단계에서 실행할 내용을 살펴보면 다음과 같다(KS X ISO/TR 15489-2:2007)(이하 김익한 2003 요약).

- Step A 예비조사 단계 : 문서 정보원과 인터뷰를 통해 정보 수집; 조직의 역할과 목적, 조직 구조, 법률, 규정, 업무, 정치 환경, 기록관리와 관련된 핵심 요소 및 약점을 파악하고 문서화한다.
- Step B 업무활동 분석 단계: 문서 정보원과 인터뷰를 통해 정보 수집; 각각의 업무 기능, 활동, 처리행위를 확인하고 기록화하며, 이에 대한 계층 구조, 즉 업무 분류 체계를 수립한다. 그리고 업무 과정 흐름과 이를 구성하는 처리행위를 확인하고 기록화한다.
- Step C 요구사항 분석 단계: 문서 정보원과 인터뷰를 통해 정보 수집; 기록

에 포함되어야 할 업무기능, 활동, 처리행위에 대한 증거와 정보로서의 요건 확인. 규제환경을 분석하고, 기록을 생산하고 유지하지 않을 경우 발생할 위기를 분석하여 요건을 도출한다. 기록관리 과정을 통해 각각의 요건을 어떻게 충족시킬지를 결정하고, 기록 요건을 명확히 정의하여 기록화한다. 각각의 업무기능이나 활동, 처리행위를 가장 잘 충족시킬 수 있는 적합한 기록 구조를 선택한다.

●**Step D 기존 시스템 분석 단계**: 기록요건 대비 성과 측정을 위해 기존의 기록시스템과 기타 정보시스템을 확인하고 분석한다.

●**Step E 전략 설정 단계**: 기록요건을 충족시키기 위한 전략의 수립. 여기에는 기록요건을 충족시킬 수 있는 방식으로 정책, 표준, 절차, 실무 채택 전략과 새로운 시스템 설계와 실행전략을 수립한다. 전략은 각각의 기록요건에 개별적으로 혹은 혼합하여 적용할 수 있다. 기록시스템이 지원하기로 되어 있는 업무기능의 면에서나 기존 시스템 환경이나 전략 성공의 장이 되는 조직문화 측면에서 요건 충족에 실패했을 때 발생할 수 있는 위험의 정도에 근거하여 전략을 선택한다.

●**Step F 시스템 설계 단계**: 이 규격에서 설명하는 전략, 과정, 실무를 통합하는 기록시스템을 설계. 업무 과정을 저해하기보다는 지원하는 기록시스템을 설계한다. 업무 과정, 운용 업무 그리고 의사소통체계를 평가하고 필요하다면 기록관리를 통합시킬 수 있도록 재설계한다.

●**Step G 시스템 수행 단계**: 기록시스템의 개발은 상황에 적합한 사업 계획과 방법론을 이용하고, 기록시스템의 운용은 업무과정 및 관련 시스템과 통합된다는 관점으로 시스템적으로 추진되도록 한다.

●**Step H 시스템 검토 단계**: 종합적이고 계속적으로 기록시스템의 성능에 관한 정보를 수집한다. 이는 경영진 및 핵심 직원과의 인터뷰, 설문지 활용, 시스템 운용 관찰, 절차집, 교육 자료와 기타 문서 검토 그리고 기록의 품질과 제어 조치에 대한 무작위 점검 등의 방법으로 수행될 수 있다. 시스템 성능을 검토 및 평가하고, 수정 조치를 주도 및 모니터링하며, 지속적인 모니터링과 정기적 평가체제를 수립한다.

■ Step A: 예비조사 단계의 과제

예비조사는 기록관리시스템을 구축하기 위한 전반적인 사전조사를 하는 단계이다. DIRKS의 예비조사 단계는, 기록관리 시스템 구축의 전 과정에 소요되는 자료를 조사함과 동시에 이를 기록화하도록 하고 있다.

예비조사의 첫 과정인 조사범위의 결정은 이해관계자, 조직문화, 기록관리에 영향을 미치는 제요인 등을 고려하여 이루어진다.

조사 범위를 확정 지은 후 자료 수집에 들어가게 되는데, 자료 수집은 문서자료와 인터뷰를 중심으로 이루어진다. 문서자료는 내부 문서자료(웹사이트, 연차보고서, 내부 규정 등)와 외부 문서자료(법규, 규약, 업무관련 각종 표준 등)로 나눌 수 있다. 내외부 자료를 종합하여 조직의 기능, 구조, 업무활동, 조직문화, 조직역사, 현재 기록관리 제도, 생산 및 관리되는 기록 유형 등에 대한 개괄적 정보를 획득·정리한다. 인터뷰는 문서자료로부터 확인하기 어려운 부분에 대한 정보를 획득하는 데 유용한 조사 방식이다.

예비조사는 이렇게 자료조사와 인터뷰에 의해 주로 수행되지만, 이러한 과정에서 수집된 정보들을 체계적으로 이용하기 위해 기록화(Documentation)를 수행한다. 기록화의 대상이 되는 것은 일반적으로 다음과 같다.

1) 사용된 모든 자료에 대한 목록
2) 개별 자료와 인터뷰에 대한 세부적 노트
3) 조직 맥락 문서 : 조직의 유형, 특성, 구조, 역사, 조직도, 기능, 위험, 현 레코드키핑 등에 대한 기술(김익한 2003, 228)

■ Step B: 업무활동 분석 단계의 과제

업무활동 분석 단계는 DIRKS의 가장 핵심 부분으로, 이를 통해 DIRKS의 기간

도구인 BCS(Business Classification Scheme) 등의 기초가 마련되기 때문이다. 이
업무활동 분석은 기능분류체계의 확립을 목표로 하여 진행된다. 업무활동 분석
은 기능분석과 프로세스분석으로 크게 나누어지는데, 대체로 전자는 Top-Down
접근법에 의해, 후자는 Bottom-up접근법에 의해 수행된다.

　업무활동 분석은 정보정리, 기능분석, 프로세스분석, BCS를 구축하는 순서로
진행된다. 정보정리는 앞의 예비단계에서 수집된 자료의 분석과 정리를 의미한
다. 기능분석은 이렇게 해서 정리된 자료를 토대로 하여 기능에 대한 자료서식
을 1차로 작성하고, 이를 각 부서장과의 인터뷰를 통해 조정하는 과정으로 이루
어진다. 프로세스 분석은 업무담당자들에 대한 설문조사를 바탕으로 프로세스
분석 서식을 1차로 작성하고, 이를 토대로 업무담당자들과의 상세 인터뷰를 통
해 보완하는 방식으로 진행된다.

　이렇게 기능 및 개별업무에 대한 분석이 끝나면, DIRKS의 핵심에 해당하는
BCS의 구축에 들어간다. BCS는 이를 기초로 작성되는 기능시소러스 및 생산자
데이터와 함께 기록관리시스템의 기본 모듈로서 기능한다(김익한 2003, 239-240).

■ Step C: 요구사항 분석 단계의 과제

　DIRKS의 Step C 단계는 앞서 설명한 BCS 등의 모듈 마련과 함께 기록관리시
스템 설계의 기본이 된다. 기록관리 요구사항 확인이란 해당 기능이나 업무 혹
은 그 과정에서 생산되는 기록이 어떻게 처리되어야 하는가를 파악하는 것으로,
기록의 처리 방법을 규정하는 과정이다. 이 과정은 기능·업무의 중요도, 절차,
각종 규제사항이나 위험분석의 결과를 분석하여 이를 기술하는 방법으로 진행
된다. 기록관리 요구사항은 기록의 생산·유지·처리를 위한 근본적인 원리를
제공하고, 기록관리 시스템 설계를 위한 기초를 마련하며, 기존 시스템의 성과
를 측정하기 위한 기준을 제공하는 등의 기능을 수행한다.

　　기록관리 요구사항 확인의 과정에서 가장 핵심이 되는 부분은 요구사항을 결정하는 일이다. 이를 위해서는 우선 해당 기록이 현재 어떻게 관리되고 있는지를 검토하고 현재의 관리방식으로 불충분한 점이 없는가를 확인하여야 한다. 이때 기록의 처리 근거를 명시해야 하며 기능·업무과정 혹은 기록의 이해관계자를 파악함과 동시에 기록이 폐기되었을 때의 위험분석 또한 이뤄져야 한다.

　　이렇게 작성된 요구사항을 토대로 기록관리시스템의 또 하나의 기본 모듈인 처리기준표(Disposal Authority)를 작성하게 된다(김익한 2003, 247-250).

■ Step D: 기존 시스템 분석 단계의 과제

　　Step D는 기 구축된 기록관리시스템을 분석하여 현재 요구되는 사항들과의 격차를 분석함으로써 새로운 시스템 설계의 필요사항들을 정리하는 단계이다. 이 단계는 대체로 ①기존의 시스템을 인지하고 ②시스템과 관련된 각종 데이터를 함께 분석하여 격차분석보고서를 작성하고 이를 토대로 ③새로운 시스템 설계의 기준이 되는 실무평가보고서를 완성하는 과정으로 구성된다.

　　먼저 기존 시스템과 관련된 정보를 정리하고 이를 시스템 그 자체의 분석 시에 참고자료로 활용할 수 있도록 준비한다. 기존 시스템을 평가하는 목적은 시스템이 기록관리의 요구사항을 제대로 만족시키고 있는지를 파악하는 데 있다. 이때 시스템을 평가하는 척도나 기준을 수립하는 것이 필요한데, 기록관리시스템의 기능성에 대한 지표, DIRKS Step C에서 확인된 기록관리 요구사항의 지표 등이 사용될 수 있다.

　　이렇게 기존 시스템이 분석되면 그 결과를 토대로 격차보고서를 작성한다. 격차보고서는 Step C의 요구사항 분석 시에 작성된 각각의 요소와 기존 시스템의 해당 항목을 비교하는 방식으로 작성된다.

　　이 격차보고서를 토대로 하여 기술보고서를 작성해야 한다. 기술보고서는 시스템의 강점과 약점을 위주로 작성된다(김익한 2003, 251-252).

■ Step E: 전략설정 단계의 과제

이 단계의 목적은 격차분석단계에서 확인된 약점들을 개선하기 위해 조직에서 채택해야 하는 가장 적절한 정책, 실무, 표준, 수단 그리고 다른 전략들을 결정하는 데 있다. 전략설정 단계에서는 기록관리 요구사항을 만족시키는 데 유용한 전략을 포괄적으로 조사하고, 전략결정에 도움이 되거나 방해가 되는 요소를 평가한 후, 실현 가능한 전반적인 전략을 설계하게 된다.

전략 확인 과정에서는 먼저 전략의 범위를 조사하는 것이 일반적이다. 전략범위에는 사명, 각종 목표 선언문, 정책전략, 설계전략, 실행전략, 그리고 표준개발과 수용전략 등이 포함된다.

전략에 영향을 미치는 요인들을 분석한 후 전반적인 전략을 수립한다. 이 전략 수립에서는 각각의 전략의 적절한 결합을 통해 조직의 기준에 충족되는 전략을 수립하는 일이 가장 중요하다.

전략설정은 현재 상태에서의 관리적 지원, 특히 재정적 투자 가능범위를 토대로 하고 있어, 격차분석 결과의 어느 수준, 어느 범위에서 시스템을 개발, 또는 보완할 것인지를 결정해준다. 전략설정을 통해 적정한 과제설정, 단계적 접근에 의한 적정한 시스템 개발이 이뤄짐으로써 비로소 내실 있는 결과를 얻을 수 있다(김익한 2003, 253-256).

■ Step F: 시스템 설계 단계의 과제

기록관리시스템 설계는 지금까지 수행해온 BCS, 생산자 DB, 기능시소러스, 처리기준표, 기타 기록관리 요구사항 등과 더불어 기존 시스템 격차분석, 전략설정의 결과 등을 종합하여 이뤄지게 된다. 시스템 설계 단계는 우선 전략 설정에 따라 설정된 소요 비용을 전제로 하여 시스템 구축에서 실현할 범주를 구체적으로 설정하고, 이에 맞게 업무 프로세스를 재설계한 후, 본격적인 시스템 설계를 진행하도록 구성되어 있다. 설계는 논리적 설계와 물리적 설계를 포함하여 설계 절차에 따라 진행되며 실행을 위한 계획을 수립함으로써 완성된다.

기록의 생산에서 관리, 이용에 이르는 전 과정을 다이어그램으로 정리하고 데이터베이스 구조도와 메뉴 및 이용자 인터페이스를 마련함으로써 설계의 기본과정이 완료된다. 기본 설계가 끝나게 되면 다음으로는 설계에 따른 실행의 가이드라인과 절차를 개발하고 시스템 구현 계획을 작성한다. 시스템 설계와 실행계획에서 한 가지 주의할 점은 사용자의 부가되는 요구사항에 어느 수준까지 대응할 것인지를 정하는 일이다(김익한 2003, 257-259).

■ Step G: 시스템 수행 단계의 과제

시스템 수행은 설계에 따라 프로그래밍을 하는 것으로, 체계적인 프로그래밍을 위해서는 여러 가지 관리 행위를 동반해야 한다. DIRKS에서는 시스템 공학을 기본으로 하면서 수행기법 및 전략 혼합에 의한 방법론의 확정, 수행관리, 시스템 유지 메커니즘 개발의 각 과정을 제시하고 있다.

시스템 수행에서는 먼저 설계 단계에서 준비된 설계 내용 및 계획에 입각하여 수행 과제를 명문화하는 일이 진행된다. 한편으로 기존 시스템을 보유하고 있는 기관의 경우에는 기존 시스템에서 새로운 시스템으로의 변환(Conversion)이 이뤄져야 한다. 물론 변환에는 기존 시스템에서 구축된 데이터의 변환까지가 포함된다(김익한 2003, 259-261).

■ Step H: 시스템 검토 단계의 과제

시스템 검토는 테스트 계획의 수립, 테스트, 테스트 결과에 따른 시스템 조정의 과정으로 구성된다.

수행 후 검토의 과정은 시스템이 설계에 맞게 구축되었는가를 검토하는 것뿐만 아니라 기록관리 실무의 효과를 측정하는 차원에서도 이뤄질 필요가 있다.

검토는 우선 시스템 평가계획의 수립에서부터 시작되는데, 평가를 통해 시스템의 적절성, 유효성, 효율성을 점검할 수 있어야 한다. DRIKS 부록 11의 위험분석이나 부록 12의 기록관리시스템 타당성 분석 부분이 이와 관련하여 유용한 도구로 사용될 수 있다. 검토는 시스템 구축과정에서 만들어진 각종 문서와 시스템 결과를 비교 분석하는 문서검토, 시스템 그 자체를 운용하면서 진행하는 운용검토로 나누어 진다.

검토 결과에 따른 시스템 조정 역시 체계적으로 진행되어야 한다. 검토의 결과는 일정한 양식에 보고서의 형태로 정리하여야 하며, 이를 시스템 구축팀과 협의하여 우선순위를 정하고 수정에 들어가는 것이 효과적이다(김익한 2003, 262-263).

2절 해외 기록시스템 기능요건 표준

1. 국제표준의 동향

■ 국제표준의 제정 이력

전자기록관리시스템에 탑재되어야 하는 기능을 구체적으로 명세한 기능요건 표준들이 있다. 먼저, 해외 여러 나라에서 만들어 공표한 대표적인 전자기록관리시스템 기능요건 표준을 살펴보면 〈표 4-3〉과 같다.

표에서 보는 바와 같이 1990년대 후반부터 시작하여 2000년대 중반 이전까지 대부분의 선진 기록관리 국가들이 공공전자기록을 관리하기 위한 전자기록관리시스템의 기능요건 표준을 제정·공표하기 시작하여 2000년대 중반 이후 업그레이드를 하고 있다. 2010년대에 들어와서는 국가 간 연합체인 유럽연합과 기록관 협의회인 ICA가 좀 더 범용적인 기능요건 표준을 발행하게 된다.

〈표 4-3〉은 주로 현용·준현용 기록관리 단계에서 사용할 기록시스템의 기능요건 표준 목록이다. 이 밖에도 디지털 객체의 장기보존을 위한 정보시스템 모형으로 개발된 ISO 14721는 비현용 단계의 기록보존시스템에서 참조할 만한 표준이라 할 수 있다.

〈표 4-3〉 해외 전자기록관리시스템 기능요건 표준 목록

개발주체	표준명칭	버전별 공표시점
ICA	ISO 16175 Information and documentation - Principles and functional requirements for records in electronic office environments	2010/2011
EU 집행위원회	MoReq, MoReq2 : Model Requirements for the management of Electronic Records, MoReq 2010: Modular Requirements for Records Systems	MoReq : 2001 MoReq2 : 2008 MoReq2010 : 2010
호주 국립기록관	Functional Specifications for Electronic Records Management Systems Software	2006
미국 국방부	DoD5015.2-STD, DoD5015.02-STD : Electronic Records Management Software Applications Design Criteria Standard	1997/2002/2007
영국 국립기록관	PRO : Electronic Recordkeeping System Standard	2002/2007

*출처: 한국기록관리학회 2013, 316-317.

■ 기능요건의 변화 추세

지난 10여 년간 해외 전자기록관리시스템 기능요건 표준의 변화 추세를 살펴보면 다음과 같은 특징을 발견할 수 있다. 첫째, 요건의 상세화이다. 기록관리 응용을 테스트하고 인증할 수 있을 만큼의 구체적인 요건을 기술하는 쪽으로 요건이 상세화 되고 있다. 이는 전자기록 관리에 관한 국제적 연구와 실무의 축적에 기반하며, 기능적 요건 외에도 비기능적 요건까지 확대하여 표준화하면서 나타나는 현상이라 볼 수 있다. 둘째, 국제적 표준화 경향이다. 나라별 법규나 산업계별 법규를 준수해야 하는 부분을 제외한 기록관리 핵심의 공통모듈을 중심으로 요건의 국제적 표준화가 진행되고 있다. 이는 기록학적 연구와 전자기록관리의 선진 모범실무가 국제적으로 공유되면서 나타나는 현상이라 볼 수 있다. 셋째, 전문가 집단의 참여와 협력이다. ICA나 유럽연합이 개발한 표준의 경우 기록관리 분야, 정보화분야, 업무분야 등 각계의 전문가 그룹이 참여하여 지혜를 모으는 방식으로 기능요건 표준이 개발되고 있다(임진희 2013, 336).

2. 미국 국방부 DoD 5015.02-STD

◘ 제정 이력

DoD 5015.02는 국방부훈령 번호를 의미한다. 이 표준의 명칭은 '전자 기록 관리 소프트웨어 어플리케이션을 위한 설계 기준 표준(Electronic Records Management Software Applications Design Criteria Standard)'이다. 즉, 미국 국방부가 만든 전자 기록관리 소프트웨어 설계 표준이다.

이 표준은 미 연방법에 의거하여 국방부 및 산하기관 기록관리 프로그램의 책임을 정하고, 전 생애주기 동안 기록을 지속적으로 관리하기 위한 정책을 수립하며, 기록관리를 위한 지침을 제공하기 위하여 제정되었다. 미 국방부(The US Department of Defense) 주도하에 Luciana Duranti교수와 Terry eastwood 교수가 공동연구하여 만들었다. UBC프로젝트의 결과로 얻은 개념요건과 틀을 적용 테스트하여 'Electronic Records Management Task Requirements'를 제안하였고, 이를 국방부 내에서 사용하는 문서관리 적용프로그램을 인증하는 데 사용하였다. 1997년 처음 제정되어 2002년 2007년 개정판이 발행되었다.

◘ 기능요건의 주요 내용

DoD 5015.02에서는 기록관리시스템의 기능요건 뿐만 아니라 메타데이터도 제시하고 있으며 비밀기록관리에 관한 요건도 포함하고 있다. 이용가능하고 표준화된 인터페이스를 갖춘 웹 서비스를 제공함으로써 기록을 보다 접근 가능하도록 만들고 기록과 그 맥락을 나타내는 메타데이터를 풍부하게 갖추고 그것의 가용성을 높임으로써 기록에 대한 이해를 보다 높이기 위한 요건들을 제안하고 있다.

이 표준의 구성은 다음과 같다.

C1 - 일반정보 : 목적, 한계

C2 - 의무요건 : 일반요건, 세부요건

C3 - 비밀기록의 관리 : 비밀기록의 관리, 선택 보안 기능

C4 개인정보보호법 및 정보공개법에 대한 기록 관리 : 개인정보보호법 기록의 관리, 정보공개법 기록의 관리, 개인정보보호법과 정보공개법 기록에 대한 접근 통제

C5 전송 : RMA(Records Management Applications) 상호운용성에 RMA 전송, 보안 상호운용성 요소의 지원, 선택 전송 요소, 전송 접근 통제

C6 비의무요건 : 이용 및 획득에 의해 정의되는 요건, 다른 유용한 RMA 기능들, 검색과 발견의 상호운용성, 비의무요건 접근 통제

이 표준은 기록관리 어플리케이션(RMA)에 대한 기능요건에 대한 의무기준을 규정하고, 제한 표시, 접근 통제, 그리고 다른 프로세스의 요구사항과 더불어 RMA에 바람직한 비의무기능을 식별한다. 이 표준의 개정 버전은 정보공개법과 개인정보보호법을 관리하는 요건을 포함한다. 이 버전은 또한 RMA 상호운용성 및 NARA에 기록 전송을 위한 기본 요건을 포함한다.

또한, 이 표준은 NARA에 의해 공포된 44 United States Code Reference and guidance and implementing regulations의 섹션 2902에 따라 충족되어야 하는 최소 기록 관리 요건에 대해 설명하고 있다(Department of Defense 2007).

■ 기능요건의 특징

정식 명칭은 '전자 기록 관리 소프트웨어 어플리케이션을 위한 설계 기준 표준'이지만 'DoD 5015.02-STD'라고 더 잘 알려져 있다. DoD 5015.02는 국방부 훈령(Directives) 5015.02호임을 의미한다. DoD 표준은 이 훈령에서 제시된 기본 사항을 실제 전자기록관리시스템으로 구현하기 위한 시스템 표준이다. 국방부와

그 산하 기관이 확실하고 안정적으로 전자 기록을 관리하기 위하여 전기기록관
리시스템이 갖춰야 할 최소한의 기능 요건을 정의하는 것을 목적으로 한다.

DoD 표준을 유지하고 소프트웨어 인증 시험을 관리하는 책임은 국방부와 함
께 표준을 개발한 호환성 시험 본부가 진다. 인증 유효 기간은 2년이고, 인증
받은 제품은 호환성 시험 본부 홈페이지에 게시되는데, 여기서 인증을 받은 제
품의 목록과 인증 만료 일자, 그리고 인증 사실에 대한 간략한 보고서를 함께
내려 받아 볼 수 있다.

DoD 표준은 세계 최초로 전자기록관리시스템을 위한 기능 요건을 정의한 표
준이라는 의의를 가진다(한국기록학회 2008, 106-107).

3. 유럽연합 MoReq

■ 제정 이력

유럽연합(EU, European Union) 집행위원회가 주체가 되어 2001년 개발한
MoReq은 2008년 MoReq2, 2010년 MoReq2010으로 개정되었다. 'Model Requirements
for the management of Electronic Records'였던 명칭도 MoReq 2010에서는 'Modular
Requirements for Records Systems'로 변경되었다.

2005년 DML Forum에서 MoReq의 명세를 확장하고 갱신하기로 하여 2008년
MoReq2를 출시하게 되었다.

■ ISO 15489와의 관계

MoReq은 ISO 15489에서 정의한 기록관리 프로세스 즉, 기록의 보유기간 결정,
기록의 생산 및 등록, 분류, 저장관리, 접근통제, 추적, 처분, 기록관리프로세스

의 기록화 등의 프로세스를 고려하지만 이보다 훨씬 크고 엄격한 수준에서 나름의 방식으로 요건을 적용한다.

또한 MoReq은 ISO 15489의 기록시스템 정의 즉, 기록시스템이란 오랜 시간에 걸쳐 기록을 획득하고, 관리하고, 접근할 수 있게 제공하는 정보시스템이라는 것을 수용하지만 MoReq의 기록시스템은 요건을 모듈화한 집합으로 표현할 수 있다.

MoReq은 ISO 15489가 기록의 품질 요건으로 제시한 진본성, 신뢰성, 무결성, 이용가능성에 대해 기록시스템에 기록이 처음으로 만들어지는 시점부터 보증할 수 있도록 요건을 제시한다. MoReq을 준수하는 기록시스템에 기록을 만들 수 있는 주체는 업무담당자나 기록관리자, 그리고 업무시스템이 될 수 있다.

MoReq에서는 기록의 메타데이터를 시간에 걸쳐 기록의 맥락과 내용, 구조를 설명해주는 데이터, 기록관리를 설명해주는 데이터로 정의한 ISO 15489에 따라 메타데이터 구조를 설계하고 있다.

■ 상호운용성(Interoperability) 요건

MoReq은 기록시스템 간의 상호운용성을 보장하도록 설계되어 있다. 기록시스템에서 기록을 내보내기(Export)할 때 다른 기록시스템이 이해할 수 있게 표준화된 포맷으로 파일을 만들어 준다. 기록시스템을 이용해서 기록을 관리할 때 상호운용성을 확보하는 일은 핵심 관건이 된다. 왜냐하면 기술의 빠른 진보로 인해 3년 - 5년 정도면 기술기반을 변경하는 것이 일반적인 반면 기록은 이보다 긴 시간동안 보유해야 하는 경우가 많기 때문이다. 만약 30년 보존기간을 갖는 기록이라면 〈그림 4-3〉과 같이 기록시스템 간에 최소한 5번에서 9번 정도 이동을 하게 될 것이다.

기록은 시스템을 이동하는 시점에 맥락정보를 손실하거나 무결성이 손상될 위험이 높다. 이를 방지하기 위해 기록정보를 제대로 내보내어 다른 시스템에 옮길 수 있는 기능이 필수적이다. MoReq2010에서는 내보내기를 위한 XML 포맷

〈그림 4-3〉 기록이 생애주기 동안 기록시스템을 이동하는 모습

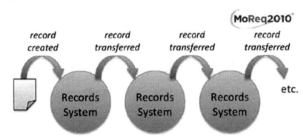

*출처: DML Forum 2010, 23.

을 규격에 포함하고 있다. 하나의 기록시스템에서 내보내기가 된 기록정보를 다른 기록시스템에 들여오기(Import)하는 기능도 필요하다. 들여오기를 하기 위해서는 XML의 구조를 이해하고 XML에 담긴 기록정보를 검증한 후 내부 기록시스템에 정보요소를 매핑하여 저장할 수 있어야 하는데 고도의 기능성이 요구된다. 이를 감안하여 현재 MoReq2010에서는 내보내기 모듈은 필수 요건으로 지정하고 들여오기 모듈은 선택 요건으로 지정하고 있다.

■ 개체(Entity)와 서비스(Service) 개념

MoReq2010을 준수하는 기록시스템에서는 기록을 개체로 관리한다.

MoReq2010에는 여러 유형의 개체가 설계되어 있다. 예를 들어, 집합체, 클래스, 컴포넌트, 맥락메타데이터요소정의, 처분보류, 처분일정, 이벤트, 기능정의, 그룹, 메타데이터요소정의, 기록, 역할(Role), 서비스, 템플릿, 사용자 등을 각각 별도의 개체 유형으로 정의하고 있다. 개체 유형이 달라도 메타데이터를 보여주는 방식이나 이벤트이력(감사증적) 정보가 관리되는 방식, 접근통제와 개체의 생애주기에 대해 단일한 형태를 취하고 있다. 기록시스템은 일반적인 정보시스템과 달리 정보를 삭제하는 방식보다는 파기하는 방식을 취하되 잔존 개체

(Residual Entity)를 남기도록 한다. 이 때 잔존 개체는 기록시스템에서는 중요한 의미를 가진다. 왜냐하면 잔존 개체는 어떤 개체가 기록시스템 안에 존재했었다는 것을 알려주는 정보이기 때문이다. 만약 잔존 개체가 남아있지 않다면 역사 기록의 전체적인 맥락을 재구성하기는 어려울 것이다.

정보시스템이 서비스기반의 구조(Service-based Architecture)로 구성된 경우에는 개체의 유형별로 관리하는 서비스가 달라진다. 예를 들어, 사용자와 그룹관리를 위한 서비스, 역할(Role) 관리 서비스, 분류체계 관리 서비스, 기록과 집합체 관리 서비스, 메타데이터와 템플릿 관리 서비스, 처분일정 관리 서비스, 처분보류 관리 서비스 등이 있다. 그 밖에도 검색 및 보고서 작성 서비스, 내보내기 서비스 등이 있다. MoReq이 서비스 기반 구조를 지향하여 서비스 단위로 시험 인증을 하기는 하지만 기록시스템을 반드시 서비스 단위로 모듈화하도록 강제하지는 않는다. 기록관리 기능을 서비스로 모듈화함으로써 하나의 기관 내에 기록시스템을 어떻게 구현할 것인지 좀 더 효과적인 형상을 설계할 수 있다. 예를 들어 〈그림 4-4〉처럼 기록시스템이 여러 개 도입되어야 하는 기관의 경우 물리적으로 분리된 기록시스템에 동일한 서비스들이 중복적으로 필요하겠으나 분류체계만큼은 전사적으로 하나의 통합된 분류를 사용하도록 배치할 수 있다.

〈그림 4-4〉 여러 기록시스템이 하나의 분류체계를 공유하는 배치

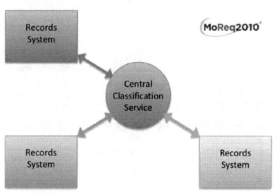

*출처: DLM Forum 2010, 25.

■ 분류(Classification)와 집합체(Aggregation) 개념

MoReq2010에서는 분류체계와 집합체를 구분한다. 분류가 기록의 배경이 되는 업무의 구조를 제공하여 기록들 간의 업무처리 관계를 보여주는 반면에, 집합체는 연관 있는 기록들을 모아서 묶는 과정이다. 분류와 달리 집합체는 업무 맥락과 관계없이 조직의 요구사항이나 별도의 기준에 기반 하여 만들 수 있다. 집합체도 층위가 나누어질 수 있다. 상위 집합체는 하위 집합체를 모아 묶어서 만든다. 하나의 기록서비스 전체가 하나의 상위 집합체를 의미한다.

그간 전통적으로 〈그림 4-5〉처럼 분류체계의 하위 클래스에 집합체를 단일하게 연결시켜 왔으나 이는 업무 분류 외에 조직 분류나 주제 분류로 만들어진 기록 집합체를 수용하기 어려워 제약이 있었다.

협업 팀업무나, 케이스업무, 프로젝트성 업무를 많이 수행하는 조직에서는 기록이 프로젝트 단위와 같이 특정 주제나 사안별로 모여지는 것이 일반적이다. 하나의 프로젝트에는 프로젝트 예산회계기록, 프로젝트에 참여한 사람들의 출장

〈그림 4-5〉 전통적인 분류와 집합체 간의 계층모형

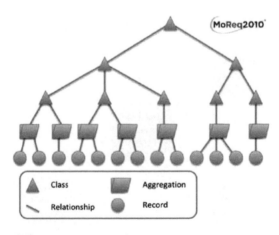

*출처: DLM Forum 2010, 26.

〈그림 4-6〉 기록집합체와 분류 간의 관계와 상속 체계

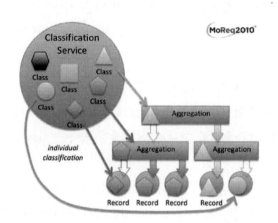

*출처: DLM Forum 2010, 71.

기록, 프로젝트를 위해 구입한 자산기록, 협업업체와의 계약기록, 프로젝트 수행 보고서 등 다양한 업무기능, 업무활동, 처리행위와 관련된 기록들이 집합적으로 모여지게 된다. 이런 기록을 업무분류체계 상의 하나의 클래스로 분류하기는 쉽지 않다. 한편, 하나의 사안으로 묶인 기록 집합체 내에는 법규 등에 의해 상대적으로 긴 시간 보유해야 하는 기록과 그렇지 않은 기록이 섞여 있을 수 있다.

이러한 실제적인 문제를 해결하기 위해 MoReq2010에서는 〈그림 4-6〉과 같이 기록집합체의 어느 계층 수준에도 분류클래스를 적용할 수 있게 하였으며, 심지어 개별 기록에도 분류 클래스를 적용할 수 있도록 융통성을 부여하였다.

■ 보유와 처분

MoReq2010에서는 업무분류에 보유 및 처분 정보를 연계시키도록 한다. 분류체계의 각 클래스에 처분일정이 붙게 되면 해당 클래스에 속한 기록에 처분일정이 상속되는 구조이다. MoReq2010에서는 하나의 기록이 동시에 두 개 이상의 처분일

정에 속하는 일은 허용하지 않는다. 대신 기록이 속한 분류의 클래스로부터 상속받는 기본 처분일정이 있지만 특정 기록에만 다른 처분일정을 적용하여 상속받은 기본 처분일정보다 우선하도록 하는 방법을 제공한다. 이런 방식에서는 하나의 기록에 대해 처분일정이 서로 충돌하여 관리자가 개입해야 하는 일은 피할 수 있다.

하나의 집합체에 속한 기록들이 서로 다른 분류체계에 속할 수 있다. 따라서, 하나의 집합체에 속한 기록들이 분류 클래스를 통해 서로 다른 처분 일정을 상속받을 수 있다. 결과적으로 하나의 집합체에 속하는 기록들이 서로 다른 시점에 처분될 수도 있게 된다.

MoReq2010에서는 상향식(Bottom-up)으로 집합체를 폐기한다. 즉, 모든 기록 내용정보를 파기한 후 집합체도 종결하는 방식이다. 상향식 폐기를 실행하면 집합체 자체에 처분일정을 정의할 필요가 없다는 장점이 있다. 따라서, MoReq2010은 기록에 적용되는 처분일정 한 가지 유형만 허용한다. 처분일정은 기록 단위로 적용된다 해도 처분 실행은 여러 기록을 모아 한꺼번에 실행할 수 있다.

■ 이벤트 이력과 감사

ISO 15489에서는 메타데이터를 이용하거나 감사증적을 생성하여 기록에 대해 발생한 모든 처리행위를 완전히 재현할 수 있어야 한다고 제시하고 있다. MoReq2010은 이러한 요건을 받아들이면서도 ISO 23081에서 제시한 각 기록에 관한 이벤트 이력이라는 개념을 수용하고 있다. 이벤트 이력이란 기록이나 기록의 메타데이터에 일어난 과거의 이벤트들을 기록한 메타데이터 집합이다. 이벤트별로 이벤트의 유형, 무슨 일이 일어났고, 언제 일어났는지, 왜 일어났는지, 누가 그 일을 수행했는지 등을 기록한 것이다.

MoReq2010의 모든 개체들이 이벤트 이력을 갖고 있다. 개체들이 타 기록시스템으로 이동할 때 이벤트 이력 정보가 상호운용성을 높이는 데 도움이 된다. 개체가 통째로 이동할 때는 메타데이터와 이벤트 이력, 접근통제 정보 등을 함께 이동시켜야 한다. 이동하는 기록정보를 들여와야 하는 기록시스템 입장에서는 이벤트 이력이 특히 핵심 정보가 된다. 해당 개체가 이전 시스템에 있을 때 어떤 일들이 일어났었는지 충분히 알고 받아들일 수 있기 때문이다.

  이벤트 이력 정보가 개체 단위로 연결되어 있기는 하지만 관리자 입장에서 시스템 전체에 걸쳐서 일어나고 있는 이벤트를 정렬하여 검색할 수 있다. 결국 각 이벤트 이력들이 누적되어 기록시스템의 감사증적 정보를 형성하게 된다. 개체가 폐기되면 해당 개체의 메타데이터와 이벤트 이력은 함께 사라진다.

■ 서비스의 구성

  MoReq2010 v1.1에서는 〈그림 4-7〉과 같이 서비스를 나누고 각 서비스별로 기능요건을 기술하고 있다. 핵심서비스(Core Service-3,5,6,8,9,10,11)의 요건은 기록

〈그림 4-7〉 MoReq2010 기록시스템의 서비스 구조

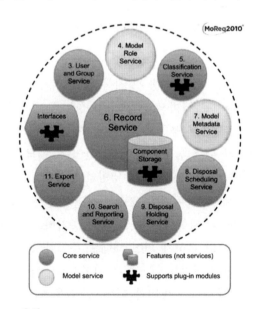

*출처: DLM Forum 2010, 32.

시스템 구현 시 모두 준수해야 하지만 모형서비스(Model Service-4,7)의 요건은 반드시 명세대로 구현할 필요는 없는 것들이다. 플러그-인 모듈(Plug-in Modules)은 여러 대안 중 기관에 맞는 솔루션을 찾아서 구현해야 할 부분을 표시한 것이다. 예를 들어, 분류의 경우 계층적 구조를 갖는 분류를 사용하는 경우와 계층적 구조가 없는 분류를 사용하는 경우를 선택할 수 있을 것이다.

■ 비기능 요건의 범주

MoReq2010에서는 기록시스템의 비기능적 요건도 자세히 제시하고 있다. 기능적 요건은 어플리케이션에 기능을 구현하는 것으로 충족시킬 수 있지만 비기능적 요건은 하드웨어와 소프트웨어, 네트워크에 대한 투자와 조화로운 설정을 통해 충족할 수 있다. 이용자입장에서는 기능 자체가 존재하고 동작 가능한 것 이외에도 원하는 속도와 성능으로 이용할 수 있어야 시스템에 대해 만족할 수 있을 것이다.

다음은 MoReq2010에서 제시하고 있는 비기능 요건의 범주이다.

- 성능(Performance) : 작업 수행 시 기록시스템의 응답속도, 효율성 및 처리량에 관한 것이다. 시범시스템으로는 성능을 평가하기 어렵다. 본격적으로 기록시스템을 사용하게 되면 성능이 상당히 달라지기 때문이다. 성능은 네트워크 대역폭, CPU코어 및 사이클, 메모리 용량, 하드 디스 용량 등과 같은 하드웨어 사양에 영향을 받는다.
- 확장가능성(Scalability) : 시간이 흐르고 작업량이 증가하는 데 따른 시스템의 성능과 용량에 관한 것이다. 기록이 증가하고, 이용자도 증가하고, 그에 따른 시스템의 부하가 커질 때에도 동일한 성능 수준을 유지하는 것이 용이하다면 확장가능성이 좋은 기록시스템이다. 기록시스템의 크기와 용량을 향상시키는 방법과 기록시스템을 여러 개 두어 작업량을 분산시키는 방법 둘 다 가능하다.

- 관리가능성(Manageability) : 기록시스템에는 기록관리자 관점에서의 관리 규정과 기술전문가 관점에서의 운영 규정이 마련되어야 한다.
- 이동가능성(Portability) : 기록시스템이 서로 다른 환경에서도 성공적으로 운영될 수 있는지에 관한 것이다. 업무시스템에 직접 연결하려는 기록시스템의 경우에는 인터페이스 표준과 기술(예를 들면 자바 인터페이스, 웹 서비스 또는 REST기반 API)을 어느 범위까지 지원하는지에 따라 달라진다. 나아가 이동가능성은 솔루션을 특정 환경에 맞춤화할 수 있는 정도를 의미하기도 한다.
- 보안(Security) : 기록시스템이 무단 접근, 해킹, 조작, 컴퓨터 바이러스, 사고나 악성 손상 등을 견딜 수 있는 능력에 관한 것이다.
- 개인정보보호(Privacy) : 보안과도 밀접하게 연관되는데 기록시스템이 개인정보나 프라이버시를 존중하는지에 관한 것이다. 특히 의료기록과 같이 민감한 정보를 보유한 기록시스템의 경우 개인정보보호가 중요하다.
- 이용가능성(Usability) : 사용 용이성은 이용자가 기록시스템을 받아들이는 데 특히 중요한 고려사항이다. 사용방법이 너무 복잡하거나 시간이 오래 걸리면 이용자들은 시스템을 사용을 회피하게 된다. 이용가능성 문제로 중요기록이 획득되지 않고 업무담당자들이 기록정보를 지식으로 활용하지 않는다면 기록시스템에 심각한 결과가 초래될 것이다.
- 접근가능성(Accessibility) : 이용가능성과 밀접하게 연관되는데 기록시스템이 원칙적으로 모든 유형의 이용자(장애를 가진 이용자를 포함해서)에게 접근가능해야 한다는 것이다. 모범적인 기관에서는 접근가능성을 보장하는 솔루션만 구매하여 모든 업무담당자들이 시스템에 접근할 수 있도록 한다.
- 가용성(Availability) : 가용성은 기록시스템이 기관의 업무에 적합하게 구현되었는지를 판단하는 중요한 고려사항이다. 가용성은 시스템의 전체 운용시간 중에서 고장 대비 가동되는 시간의 비율이나 확률로 측정한다. 가용성이 높다는 것은 이용자가 원하는 시간에 늘 시스템이 이용할 수 있게 가동 중일 확률이 높다는 것이다.

- 신뢰성(Reliability) : 신뢰성은 시스템의 내부 무결성, 소프트웨어의 정밀도와 정확성, 그리고 결함, 오동작으로부터의 복원력에 관한 것이다. 가용성과 밀접하게 연관되며 시스템의 평균 실패 시간으로 측정하게 된다.
- 복구가능성(Recoverability) : 기록시스템이 실패했을 때 기관 입장에서는 손상된 데이터를 복구할 수 있느냐가 중요하다. 실패의 순간의 작업까지 복구할 수는 없더라도 만 하루 이내의 백업 정보를 이용하여 복구할 수 있어야 한다.
- 유지가능성(Maintainability) : 기록시스템은 유지가 가능해야 한다. 즉, 수리나 업그레이드를 상대적으로 쉽게 할 수 있어야한다. 기록시스템 공급자들이 신구 버전, 서비스 팩, 패치 등 유지보수 체계를 가지고 있어야 한다.
- 지원(Supported) : 공급자들이 적극적으로 시스템을 지원해 주어야 한다. 경험에 의거해서 보면 영업을 중단한 공급자들이 납품한 시스템을 가지고 있거나 더 이상 업그레이드가 안되는 시스템을 가지고 있는 기관들이 많다.
- 보증(Warranty) : 기관은 소프트웨어 라이선스, 설치 조건과 같은 특정 기록시스템의 사용 조건을 숙지하고 있어야 한다. 오픈 소스 솔루션에도 지적재산권과 사용 조건이 있음을 알고 있어야 한다.
- 준수(Compliance) : 기록시스템은 기관이 속한 산업계 표준과 규제를 준수해야 한다.

◼ MoReq의 특징

유럽연합에서 만든 MoReq은 십여 년에 걸쳐 세 개의 버전이 만들어졌다. MoReq은 공공기관뿐만 아니라 민간 기업들까지 폭넓게 적용할 것을 고려하여 개발되었다는 점이 중요한 특징이다.

MoReq2의 핵심적인 특징은 테스트 인증 체계를 도입한 것이다. 기록관리시스템 공급업체들은 MoReq2 테스트센터에서 시험을 거쳐 인증을 받을 수 있게 되었다. 또한 MoReq2는 메타데이터 모형을 포함하고 있고, 타 기록관리시스템과 데이터를 들여오기(Import)/내보내기(Export)하는 데 사용할 XML 스키마도 정의하고 있다.

필수 기능요건을 확실하게 준수하도록 하고 시스템의 품질을 보증할 수 있게 되었다는 점에서 MoReq2 시험 인증 프로그램은 상당한 진보라 할 수 있다. 수요기관들이 인증 제품을 선택함으로써 양질의 기록관리시스템을 도입할 수 있게 된 것이다. 그러나, 한편으로는 시험 인증을 위해 기능요건이 상세화되고 시험인증을 거친 제품들이 점차 상용화되면서 기관의 특수한 요구를 수용하여 맞춤화하기엔 어려운 상태가 되었다.

2008년 DLM Forum에서 MoReq 거버넌스 위원회(Governance Board)를 만들어 다음과 같은 일들을 추진하고 있다.

- 지속적으로 MoReq을 유지하고, 향후 업그레이드를 위한 로드맵을 작성한다.
- 번역가에게 가이드를 제공하고 번역본을 검증하는 등 번역 프로그램을 운영한다.
- 테스트센터가 소프트웨어 시험인증하는 것을 감독한다.
- 교육훈련 프로그램을 실행한다.
- MoReq 브랜드를 마케팅하고 사례를 수집한다.

2009년 MoReq의 로드맵이 만들어졌는데 〈그림 4-8〉과 같이 산업군별 요구사항을 다루는 요건을 개발하고, 사무환경에서 필요로 하는 EDRMS(Electronic Document and Records Management Systems)와 ECM(Enterprise Content Management) 영역까지 포괄하고 있다. 로드맵에 따라 최근 버전인 MoReq2010은 핵심기능을

〈그림 4-8〉 MoReq 거버넌스 위원회의 2009년 로드맵

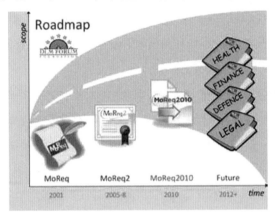

*출처: DML Forum 2010, 17.

중심으로 기능요건 명세를 먼저 공표하였고, 업종별로 다양한 환경에 적절한 기능요건 명세를 모듈화하여 개발해 나가고 있다.

4. 국제표준 ISO/TR 14721:2012

■ 제정 배경

이 표준의 이름은 OAIS 참조모형(Open Archival Information System Reference Model)이다. ISO의 요청으로 미국 항공우주국(NASA)의 CCSDS(Consultative Committee for Space Data System)가 주체가 되어 개발하였다. 1999년 초안이 발표된 후 2002년 국제표준 ISO 14721로 확정되었으며 2012년 개정되었다. 전문 번역하여 국가표준인 KS W ISO 14721로 채택되었으며, 국내표준 명칭은 'OAIS 기준모델'이다.

OAIS 참조모형은 디지털아카이브를 위한 개념적 구조 틀을 제공한다. OAIS 참조모형은 '디지털정보를 영구적이거나 무기한 장기적으로 보존하는 데 있어서 광범위한 의견일치에 도달하기 위해 개발된 기술적 권고안'으로 디지털보존에 관한 기본 개념과 용어에 대한 국제적 합의를 도출해 냈다는 점에서 큰 의의가 있다. OAIS에서 'Open'은 개발과정에서도 그랬듯이 계속해서 개방된 의견교환을 통해 모형을 발전시켜갈 것을 의미한다(이소연 2002, 48-49)(김유승 2010, 257-258에서 재인용).

OAIS 참조모형은 디지털정보의 장기 보존을 지원하는 국제 디지털보존 표준으로 수용되고 있다. 보관기록정보의 보존기능 전 범위를 다루는 정보 보관기록 시스템을 확립하는 것을 목적으로 한다. OAIS 참조모형은 보존 메타데이터 자체를 규정하지는 않지만, 디지털 보존에 관련된 폭넓은 범위의 커뮤니티들에게 실무 체제와 공통 언어를 제공한다. 수집 · 기록보관 · 데이터관리 · 접근 · 보급 등이 여기에 포함되며, 새로운 매체와 형식으로 디지털정보의 마이그레이션 정보를 나타내기 위해 사용되는 데이터 모형, 정보보존에서 소프트웨어가 하는 역할, 기록보존소 간의 디지털정보 교환 등도 취급한다(ISO 14721:2003). 이 모형은 보존 메타데이터를 개발하는 많은 기관에 의해 사용되어 왔으며 모든 관련 정보가 포함되었는가를 확인하기 위한 유용한 기준점을 제공한다(한국기록관리학회 2010, 257).

■ 환경모형

OAIS 참조모형의 주체는 〈그림 4-9〉에서 보는 바와 같이 정보를 생산 · 보급하는 생산자(Producer), 정보를 접근 · 활용하는 이용자(Consumer), 그리고 정보를 보존 · 관리하는 관리자(Management)로 구성된다.

〈그림 4-9〉 OAIS 환경 모형

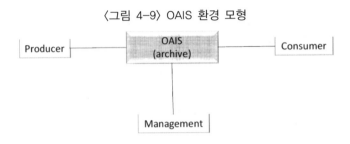

*출처: CCSDS 2012, 2-2.

OAIS 참조모형은 정보모형(Information Model)과 기능모형(Function Model)으로 구성되어 있다. 정보모형은 정보객체(Information Object), 정보패키지(Information Package), 정보컬렉션(Information Collection)으로 구성되는 계층적 개념구조를 설명하고 있으며, 기능모형은 디지털정보의 장기보존을 위해 필수적인 기능들을 설명하고 있다.

■ 정보모형의 주요 내용

OAIS 참조모형에서의 정보는 〈그림 4-10〉와 같이 해석되는 정보객체(Information Object)를 기반으로 하는 정보패키지 형태로 존재한다.(제2장 1. 전자기록의 개념 참조)

〈그림 4-10〉 데이터객체에서 정보객체로 해석되는 과정

*출처: CCSDS 2012, 2-4.

〈그림 4-11〉에서 보는 바와 같이 정보패키지는 내용정보(Content Information)
와 내용정보의 보존과 설명에 필요한 메타데이터인 보존기술정보(Preservation
Description Information), 그리고 내용정보와 보존기술정보가 어떻게 논리적 혹
은 물리적으로 인캡슐레이션(Encapsulation) 되었는지를 기술한 패키징 정보
(Packaging Information)로 구성된다. 정보패키지를 검색하는 데 필요한 패키지
기술정보(Descriptive Information About Package)가 패키지의 외부에 저장되어야
하며, 패키지를 기술하는 정보(Packaging Information)는 보존기술정보와 패키징
정보에서 추출된다.

〈그림 4-11〉 정보패키지의 개념과 관계

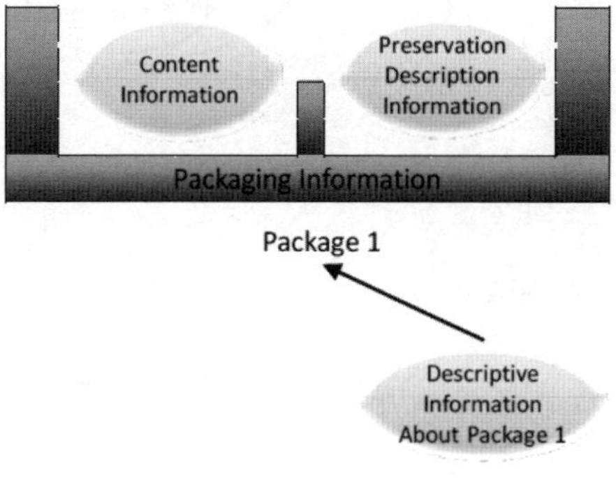

*출처: CCSDS 2012, 2-6.

OAIS 참조모형은 정보패키지를 제출정보패키지(SIP, Submission Information
Package), 보존정보패키지(AIP, Archival Information Package), 배부정보패키지
(DIP, Dissemination Information Package)의 3가지 유형으로 나누고 있다. KS W
ISO 14721에서는 SIP를 '제출정보패키지', AIP를 '영구보존패키지', DIP를 '보급정
보패키지'로 명명하고 있다.

〈그림 4-12〉와 〈그림 4-13〉에서 보듯이 생산자가 상호협약을 통해 결정된 내
용과 형태로 SIP를 제작하여 OAIS에 제출하며, OAIS에서는 SIP를 내용정보와 이

에 대한 보존기술정보의 집합으로 만들어진 AIP로 변환하여 저장한다. 그리고
AIP의 일부 혹은 전체가 DIP로 만들어져서 이용자에게 전달된다.

〈그림 4-12〉 OAIS 외부 데이터 모형

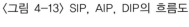

*출처: CCSDS 2012, 2-8.

〈그림 4-13〉 SIP, AIP, DIP의 흐름도

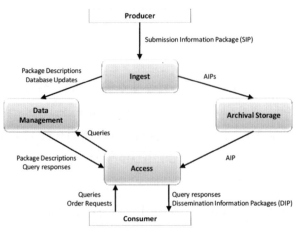

*출처: CCSDS 2012, 4-51.

■ 기능모형 개요

OAIS 참조모형에서는 아카이브의 기능을 정보의 입수(Ingest), 아카이브 저장 (Archival Storage), 데이터 관리(Data Management), 운영(Administration), 보존계획 (Preservation Planning), 접근(Access) 등 6가지로 정의하고 있다. KS W ISO 14721 에서는 Ingest를 '인수등록부', Archival Storage를 '영구보존저장부', Data Management를 '데이터관리부', Administration을 '총괄관리부', Preservation을 '보전 계획부', Access를 '열람검색부'로 각각 명명하고 있다.

기능들의 연관관계는 〈그림 4-14〉과 같으며 각 기능에서 하는 역할은 〈표 4-4〉와 같다.

〈그림 4-14〉 OAIS 기능 간의 연관관계

*출처: CCSDS 2012, 4-1.

〈그림 4-14〉의 기능 간 역할을 단계별로 설명하면 다음과 같다. 먼저, 생산자 가 SIP를 제출하면 Ingest 기능에서 받아 품질검사를 한다. Ingest는 미리 정해진 포맷대로 AIP를 생성하여 Archival Storage로 전달하는 한편 해당 AIP에 관한 기 술정보(Descriptive Information)를 추출하여 Data Management로 전달한다. 여기

까지가 새로운 정보패키지가 입수되어 저장되고 이용가능해지는 과정이다. 이용자가 접근도구(Access Aids)를 활용하여 AIP 기술정보를 탐색하고 요청하면 Access가 이 요청을 받아준다. Access는 Archival 이용자가 탐색하여 요청한 AIP를 Archival Storage에서 받아와 DIP로 제작하여 이용자에게 제공한다. 여기까지가 아카이브의 정보패키지가 이용되는 과정이다. 아카이브의 모든 활동은 Preservation Planning에서 안내하는 보존전략과 기법을 준수하며, Administration의 지원과 관리에 의거하여 수행된다.

〈표 4-4〉 OAIS 6개 기능 설명

입수/인수등록부 (Ingest)	생산자로부터 SIP를 받아들여 아카이브 내부에서의 저장과 관리를 위하여 그 내용을 준비하는 서비스 및 기능
아카이브저장/ 영구보존저장부 (Archival Storage)	AIP의 저장, 유지, 그리고 검색을 위한 서비스 및 기능
데이터관리/ 데이터관리부 (Data Management)	보존한 정보를 확인하고 문서화하는 기술정보와 아카이브를 운영하는 데 필요한 행정정보를 유지하고 접근할 수 있게 하는 서비스 및 기능
운영/총괄관리부 (Administration)	아카이브 시스템 전반의 운영을 위한 서비스 및 기능
보존계획/보전계획부 (Preservation Planning)	OAIS 환경을 감독하고 원래의 전산 환경이 노화되는 경우에도 OAIS에 저장된 정보에 이용자들이 장기간 접근할 수 있도록 보장하는 권고안 제안
접근/열람검색부 (Access)	이용자가 OAIS에 저장된 정보의 존재, 기술, 소재, 입수 가능성을 확인하고 정보 산출물을 요청하고 입수할 수 있도록 지원하는 서비스 및 기능

*출처: 한국기록관리학회 2010, KS W ISO 14721 용어 추가하여 보완.

5. 국제표준 ISO 16175

■ 제정 목적

이 표준은 '전자업무환경에서의 기록관리 원칙 및 기능요건(Principles and functional requirements for records in electronic office environments)'이라는 이름으로 ICA(International Council on Archives)가 주도하여 개발한 것이다. 이 표준의 목적은 업무환경에서 전자기록을 생산하고 관리하는 데 사용되는 소프트웨어를 만들 때 필요한 원리 및 기능요건을 수립하는 것이다. 또한, 현재 각 국가 내지 조직에서 개발한 기능요건 및 소프트웨어 명세서를 이 표준에 통합하여 전 세계적으로 일치시키려는 것이다. 이 기능요건 및 가이드라인을 소프트웨어 산업계가 이해하고 제품화한다면 전 세계의 기록사회 요구를 충족시킬 뿐만 아니라 기록을 통한 소통이 가능해질 것이다.

■ 모듈의 구성

이 표준은 다음과 같이 3개의 모듈로 구성되어 있다.

- 모듈 1 : 개관 및 원리 설명(Overview and Statement of Principles) – 배경정보, 모듈의 전체 구성, 기본 원리 및 기타 맥락을 설명하고 있음.
- 모듈 2 : 전자환경 하의 기록을 위한 가이드라인 및 기능요건(Guidelines and Functional Requirements for Records in Electronic Office Environments) – 기록관리시스템의 요건을 제시하고 있음. 활용 가이드라인 및 준수 체크리스트도 포함하고 있음.
- 모듈 3 : 전자환경 하의 업무시스템 기록을 위한 가이드라인 및 기능요건 (Guidelines and Functional Requirements for Records in Business System) – 업무시스템에 적용해야 하는 기록관리 기능의 요건을 제시하고 있음.

모듈 2는 전자기록관리시스템을 실행하려는 기관에 필요한 내용이며, 모듈 3은 업무시스템에 기록관리에 관한 기능을 통합시키려는 기관에 필요한 내용이다. 모듈 2와 3은 모듈 1과 함께 읽어야 한다.

■ 모듈2

이 모듈의 범주는 일반적으로 '전자기록관리시스템'라고 불리는 제품으로 한정한다. 즉, 업무시스템 내에서 여전히 이용되는 기록에 대한 요건 수립에 대해서는 다루지 않는다. 전자메일, 문서편집기, 스프레드시트, 이미지/동영상 응용프로그램 등을 통해 생산된 디지털 객체는 업무 가치가 있다고 확인되는 경우 모듈 2에서 제시한 기능 요건을 충족시키는 전자기록관리시스템 내에서 관리될 필요가 있다. 전자기록관리시스템에 의해 관리되는 기록은 서로 다른 다양한 매체에 저장될 수 있으며, 전자적 요소와 비전자적 요소 모두를 포함하는 혼합형기록집합체(Hybrid Record Aggregations)에서 관리될 수도 있다.

모듈2에서 제시하는 내용은 다음을 목표로 한다.
- 전자기록관리시스템에서 기록을 식별하고 관리하기 위한 과정 및 요건을 설명한다.
- 전자기록관리시스템 소프트웨어를 구축하거나 업그레이드 혹은 구매할 때 설계 명세서에 포함된 기록관리 기능성을 위한 요건을 개발하도록 한다.
- 상업화할 수 있는 전자기록관리시스템의 선정에 있어 기록관리 기능요건을 제시할 수 있도록 한다.
- 현행 전자기록관리시스템의 기록관리 기능성 내지 평가 준수(Assess Compliance)를 점검할 수 있도록 한다.

〈그림 4-15〉 모듈2 기능요건 구성

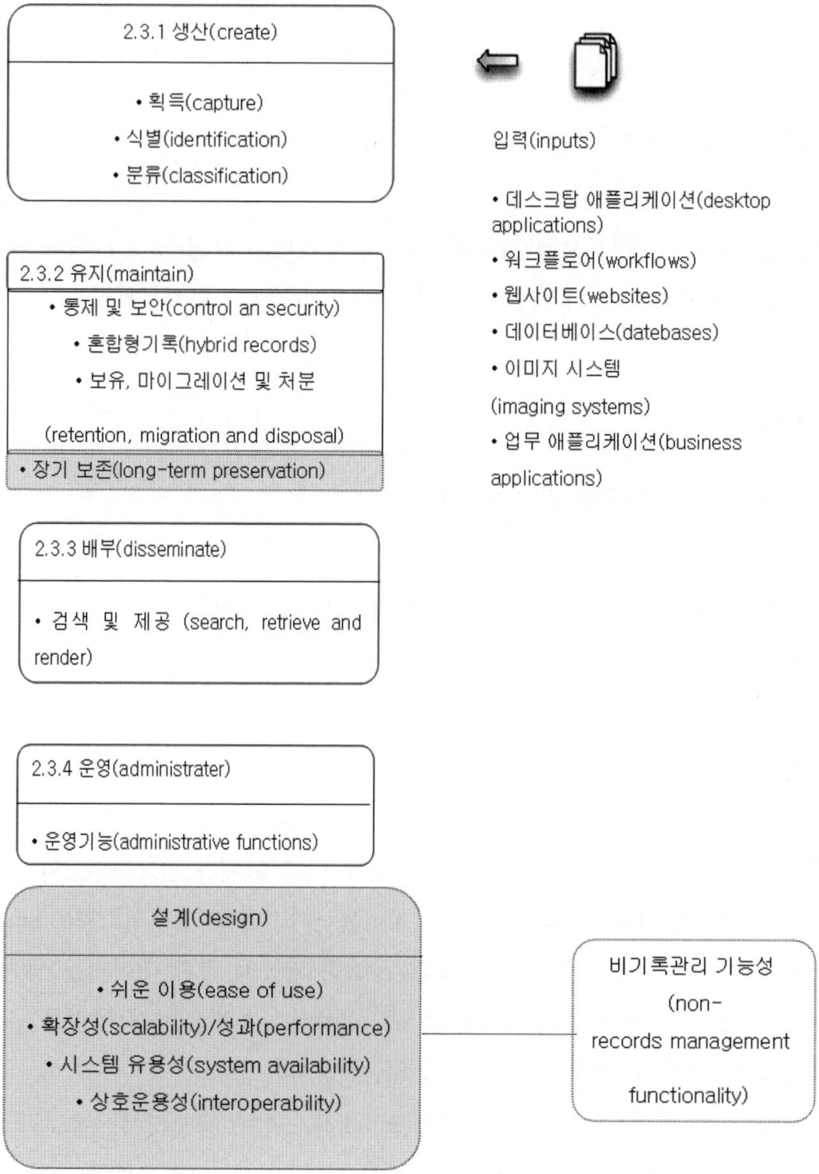

2.3.1 생산(create)

- 획득(capture)
- 식별(identification)
- 분류(classification)

입력(inputs)

- 데스크탑 애플리케이션(desktop applications)
- 워크플로어(workflows)
- 웹사이트(websites)
- 데이터베이스(datebases)
- 이미지 시스템 (imaging systems)
- 업무 애플리케이션(business applications)

2.3.2 유지(maintain)

- 통제 및 보안(control an security)
- 혼합형기록(hybrid records)
- 보유, 마이그레이션 및 처분 (retention, migration and disposal)
- 장기 보존(long-term preservation)

2.3.3 배부(disseminate)

- 검색 및 제공 (search, retrieve and render)

2.3.4 운영(administrater)

- 운영기능(administrative functions)

설계(design)

- 쉬운 이용(ease of use)
- 확장성(scalability)/성과(performance)
- 시스템 유용성(system availability)
- 상호운용성(interoperability)

비기록관리 기능성 (non- records management functionality)

*출처: 국가기록원 2009c, 54.

〈그림 4-15〉에서 보는 바와 같이 기능요건은 다음의 4개 그룹으로 나뉘어 제시되고 있다.

- 생산(create)   - 유지(maintain)
- 배부(disseminate)   - 운영(administer)

〈그림 4-15〉의 회색부분으로 표시된 기록의 장기보존 요건, 소프트웨어 설계 요건 그리고 비기록관리 기능성은 본 모듈에서 상술하고 있지 않다.

■ 모듈3

모듈 3은 다음을 목표로 만들어졌다.

- 조직의 전자기록관리 실무를 향상시키는 데 일조한다.
- 업무시스템 내 최소한의 기록관리 기능요건을 제시함으로써 제반 비용의 중복투자를 감소시킨다.
- 업무시스템 업체들을 위한 기록관리 기능요건 표준을 수립한다.

모듈3을 잘 활용하기 위해서는 업무시스템에 대한 이해가 필요하다. 이 표준에서는 전자기록관리시스템과 구별되는 기록생산시스템을 '업무시스템(Business Systems)'이라고 부르고 있다. 업무시스템은 "조직 활동에 관한 데이터를 생산·관리하는 자동화 시스템"으로 정의된다. 즉, 업무시스템의 일차적 목적은 조직과 고객 간의 업무처리행위를 용이하게 하는 것이다.

표준에서는 업무시스템의 사례로 전자상거래시스템, 고객관리시스템, 재무관리시스템, 인적자원관리시스템 등을 예시하고 있다. 이 표준에 호주와 뉴질랜드

작업팀이 주된 기여를 했던 점으로 미루어봤을 때 업무시스템이란 용어는 앞에서 살펴본 〈그림 4-16〉의 업무정보시스템 중에서 기록의 생산시스템만을 지칭하도록 정의한 것임을 알 수 있다.

〈그림 4-16〉 기록관점에서 본 기관 정보시스템의 범주

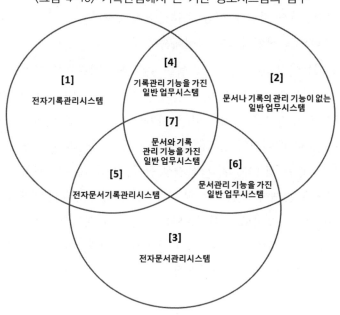

*출처: 임진희 2013, 320.

이 표준에서는 업무시스템의 특징으로 첫째, 시스템이 주기적으로 계속 업데이트되고, 둘째, 변형과 가공이 용이한 역동적인 데이터를 보유하며, 셋째, 현행의 최신 데이터만을 보유한다는 점을 지적하고 있다. 이러한 업무시스템의 일반적인 특징으로 인해 안정적으로 전자기록을 관리하기 위해서는 업무시스템에 기록관리 기능을 추가하거나 별도의 안정적인 전자기록관리시스템으로 이관하는 것이 필요하다고 볼 수 있다.

ISO 15489에 따르면 기록은 '업무의 처리행위나 기타 법적 의무의 수행 과

정에서 증거 및 정보로서 조직 또는 개인에 의해 생산·접수되어 유지된 정보'이며, 이러한 기록은 승인된 보유일정표 내지 처분지침에 명시된 기간 동안 유지되어야 한다. 기관이 스스로의 활동에 관한 내역을 설명하는 가장 기본적인 방식은 업무행위에 대한 증거를 기록의 형태로 남기는 것이다. 기록은 기관의 활동을 보호하며 의사결정을 최적화하는 데 필수적인 업무자산이다. 또한, 기록은 기관의 물리적·지적 자산에 대한 소유권을 입증해주고 모든 업무 처리과정이 효과적, 효율적으로 진행되도록 지원해준다.

기록관리 기능이 부재한 업무시스템을 운영하는 기관들은 이러한 증거와 정보를 유실할 수 있다. 그 결과 업무 능률을 저하시킬 뿐만 아니라 설명책임성 및 법적 준수를 충족시킬 수 없으며, 나아가 집단기억도 잃어버릴 가능성이 높다. 기록은 단순한 데이터의 집적물이 아니라 특정 사안의 원인과 결과, 과정과 산출물 전반에 관한 것이다. 기록의 가장 큰 특징 중 하나는 기록의 내용이 고정화된 형식으로 존재하게 된다는 점이다. 즉, 기록은 업무행위의 고정화된 재현이라 할 수 있다. 수시로 업데이트되는 역동적인 데이터를 보유한 업무시스템의 경우에는 기록정보를 유지하기가 용이하지 않다. 따라서, 관리가 필요한 전자기록이 생산되는 모든 업무시스템은 기록을 관리하는 기능을 추가해야만 한다(임진희 2013, 321-322).

우리나라 전자문서시스템은 〈그림 4-16〉의 [3]과 [5] 사이에 걸쳐져 있다고 볼 수 있다. 2004년도 이후에 보급된 신전자문서시스템의 경우 '[3]영역 전자문서관리시스템' 기능에 추가로 처리과에서의 기록관리 기능도 보유하고 있기 때문이다.

업무관리시스템은 [6]영역에 속한다. 문서관리카드라는 결재문서를 관리하는 기능과 더불어 과제관리, 일정관리, 회의체관리, 지시사항관리 등 다양한 업무 기능을 보유하고 있기 때문이다.

행정정보시스템은 전자문서시스템과 업무관리시스템을 제외한 모든 업무시스템을 통칭하고 있으므로 다양한 영역에 속할 수 있다. 현재 공공기관의 행정정보시스템 중에서 본격적인 기록관리 기능을 탑재한 시스템은 없으므로, 문서를 관리하는 기능이 있느냐 여부에 따라 주로 [2]영역과 [6]영역으로 구분될 수 있을 것이다.

현재, 기록관리 체계에 편입되지 못하고 있는 행정정보시스템들을 조사하여 생산되는 기록정보를 확인하고 이를 안정적으로 관리할 전략을 설계하는 것이 공공기관 기록관리 전문요원들에게 주어진 중요하고도 시급한 임무이다. 행정정보시스템에 대한 전수조사 및 중요한 업무정보에 대한 확인은 기관의 EA(Enterprise Architecture) 프로젝트 산출물을 이용하여 보다 용이하게 진행할 수 있을 것으로 기대한다. 이를 위해 기록관리 전문요원은 정보화 업무담당자들과 협력관계를 유지하고 의사소통할 수 있어야 한다. 또한, 행정정보시스템 업무정보의 가치를 평가하고 기록관리 대상을 선별하는 과정을 진행할 수 있어야 한다(임진희 2013, 323).

이 표준은 향후 공공기관 행정정보시스템의 기록관리를 위해 유용한 지침을 제공해주고 있다. 현재, 모듈3은 KS 표준으로 만들어졌으며, 또한 2012년 공공표준 "NAK/S 23 : 전자기록생산시스템 기록관리 기능요건"으로 발행되었다.

모듈3에서는 구체적인 실무적 적용방안까지는 제시하지는 않는다. 〈그림 4-17〉과 같이 업무시스템과 전자기록관리시스템의 통합 혹은 기능조정을 통해, 또는 업무시스템 내에 기록관리 기능의 삽입을 통해 구현될 수 있다. 개별 업무시스템별로 다음 세 가지 방식의 장단점을 고려하여 최적의 선택을 할 수 있어야 한다(임진희 2013, 326-327).

(1) 업무시스템 자체에 기록관리 기능을 설계·구현하는 방식
(2) 업무시스템을 지정된 전자기록관리시스템과 연계·통합하는 방식
(3) 업무시스템 내 이관기능을 이용하여 지정된 기록관리시스템으로 기록

및 관련 메타데이터를 직접 이관하여 관리하는 방식

〈그림 4-17〉 업무시스템에 기록관리 기능 구현 방식

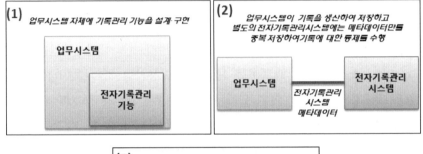

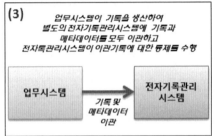

*출처: ISO 16175와 MoReq2010 그림 통합(임진희 2013, 327).

3절 국내 기록시스템 기능요건 표준

1. 공공표준 - 전자기록생산시스템 기록관리 기능요건 표준

■ 제정 이력

'NAK/S 23: 전자기록생산시스템 기록관리 기능요건' 표준은 전자기록생산시스템의 안정적인 기록관리를 위한 핵심요건들을 제시하여 각각의 기관이 업무, 기술, 규제 환경에 따라 해당 조직에 적합한 전자기록생산시스템을 구축할 수 있도록 기능요건을 제시하기 위해 제정되었다.

행정안전부 국가기록원장이 2012년 12월 26일 제정한 이 표준은 국가표준(KS X ISO 16175-3:2010 문헌정보-전자사무환경에서 기록에 대한 원리 및 기능요건-제3부: 업무시스템의 기록관리 지침 및 기능요건)을 참조하여 공공기관의 행정환경에 적합하도록 작성되었다. 전자기록생산시스템 소프트웨어 내의 기록관리 기능을 구현하기 위한 핵심요건을 제시함으로써 공공기관이 전자기록생산시스템을 통해 업무활동과 관련한 기록물을 적절하게 생산하고 관리할 수 있도록 하기 위해 제정되었다(NAK/S 23:2012(v1.0)).

공공기관이 전자기록생산시스템을 설계·개발하거나 이미 운영하고 있는 전자기록생산시스템의 기능을 평가·개선할 경우에는 이 표준에서 제시하는 요건을 준수하여야 한다. 이 표준은 전자기록물을 중심으로 서술하였으며 각절, 각 항별로 별도의 언급이 없더라도 전자·비전자기록물의 전자적 관리를 모두 포함하는 것을 원칙으로 한다.

■ 기능요건의 주요 내용

표준에서 제시하는 전자기록생산시스템 기록관리 기능요건 항목은 다음과 같이 목차가 구성되어 있다.

> 4 전자기록물 관리를 위한 기본원칙
>
>   4.1 전자기록물의 관리 원칙
>
>   4.2 전자기록생산시스템 구축 및 운영 원칙
>
>   4.3 공공기관의 전자기록물 관리에 대한 책무
>
> 5 전자기록생산시스템과 기록관리시스템과의 관계 유형
>
>   5.1 전자기록생산시스템에서 생산된 기록물이 기록관리시스템으로 이관되는 형태
>
>   5.2 전자기록생산시스템에서 생산된 기록물을 유지하면서 기록관리시스템이 통제하는 형태
>
>   5.3 전자기록생산시스템과 기록관리시스템이 통합된 형태
>
>   5.4 고려사항
>
> 6 메타데이터 생성 및 관리 기능요건
>
> 7 생산 및 등록 기능요건
>
> 8 분류 및 편철 기능요건
>
> 9 기록물 정리 기능요건
>
> 10 이관 기능요건
>
> 11 보유 및 처분 기능요건
>
> 12 검색 활용 기능요건
>
> 13 보고서 생성 및 관리 기능요건
>
> 14 감사증적 기능요건

■ 전자기록생산시스템 기록관리 기능 구현 형태

5장에서는 전자기록생산시스템별로 기록관리 기능을 어떤 형태로 탑재할 수 있을지 세 가지 형태를 보여주고 있다. 또한, 기관 단위에서 여러 전자기록생산시스템을 기록관리 체계에 통합하고자 할 때 어떤 형태가 가능한지 보여주고 있다.

〈그림 4-18〉은 〈그림 4-17〉에서 (2)와 동일한 유형을 지시하는 그림이다. 전자기록생산시스템에서 생산된 기록물과 기록물구성요소들을 메타데이터와 함께 기록관리시스템으로 이관하여 관리하는 경우이다. 이 유형은 집중화된 저장장치가 조직의 기록관리시스템에 탑재된 것으로 이 유형의 기록관리시스템은 다양한 외부의 소스에서 데이터를 이관 받아 보존할 수 있다. 유형은 대부분의 공공기관이 전자기록생산시스템(특히 업무관리시스템 혹은 전자문서관리시스템)을 이용하여 기록물을 생산하고 정해진 기간이 경과한 후 이관 전까지 관리하고 기록관리시스템에 이관하는 형태이다(NAK/S 23:2012(v1.0)).

〈그림 4-18〉 전자기록생산시스템과 기록관리시스템 별도 운영

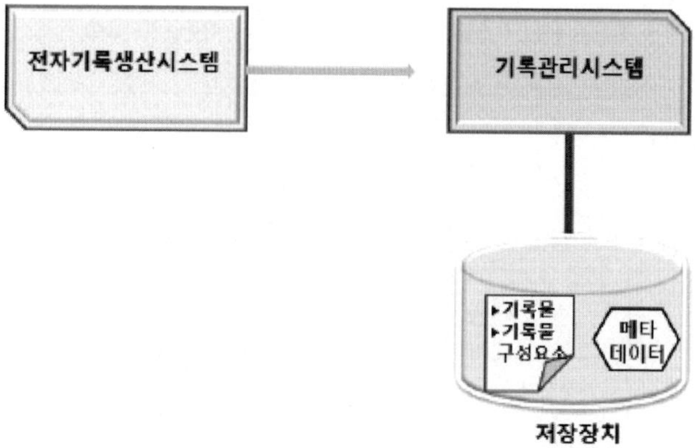

*출처: 국가기록원 NAK/S 23:2012(v1.0), 10.

〈그림 4-19〉는 〈그림 4-17〉에서 (3)과 동일한 유형을 지시하는 그림이다. 이 유형은 생성된 전자기록이 전자기록생산시스템에 그대로 보존되면서, 메타데이터 등 기록에 연계된 관련 데이터가 기록관리시스템과 연동되어 기록관리 전반에 대한 부분을 통제(관리)하는 유형이다. 이 유형은 비치성 전자기록물(예를 들어 데이터세트 등)을 생산·관리하는 전자기록생산시스템(예를 들어 행정정보시스템)의 경우에 적합한 형태로 생산시스템에서 기록물로 확정된 것에 대한 식별정보 등 관련 메타데이터만을 인수하여 관리하는 형태이다. 기 구축된 기록관리시스템에 이러한 기능을 구현하여 사용할 수 있으며 별도의 기록관리시스템을 구축할 수도 있다. 이 유형은 생산시스템에서 생성된 기록물이 타 시스템에서 생성된 기록물과 집합적으로 관리되며, 외부 기록관리시스템의 재활용이 가능한 이점이 있다. 다만 생산시스템이 업그레이드 될 경우 복잡한 문제가 발생할 가능성이 있으며 재난 복구 및 감사증적 유지 상 어려움이 있을 수 있다 (NAK/S 23:2012(v1.0)).

〈그림 4-19〉 전자기록생산시스템과 기록관리시스템의 연동

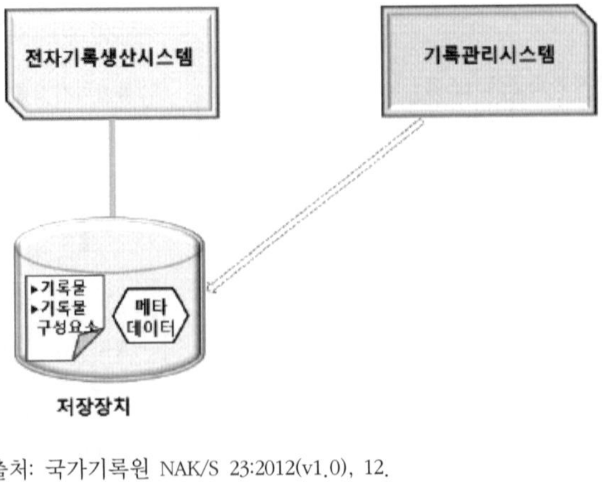

*출처: 국가기록원 NAK/S 23:2012(v1.0), 12.

〈그림 4-20〉은 〈그림 4-17〉에서 (1)과 동일한 유형을 지시하는 그림이다. 전자기록생산시스템 내에 기록관리시스템이 구비하여야 하는 기능을 모두 탑재하여 기록물의 생성부터 처분 및 장기보존까지 기록관리의 전반적인 기능을 수행하는 유형이다. 이 유형은 기록관리 통제와 과정이 단순화되고 유연하며 이해하기 쉬운 이점이 있다. 다만 현행 생산시스템을 새로이 개발해야 하는 비용이 발생하고 현행 활용되는 기록물과 보존기록물 등 관리해야 할 기록물의 증가로 인한 저장·관리상의 문제와 조직 전체에서 관련 기록물의 일관성 있는 관리가 확보되어야 한다. 교육행정정보시스템(National Education Information System, NEIS), 디지털예산회계시스템(D-brain System) 등에 포함되는 데이터세트류의 전자기록과 같이 장기간 축적되고 관리될 필요가 있는 경우는 동 생산시스템 내에 기록관리 기능이 모두 구현되는 것이 적합하다(NAK/S 23:2012(v1.0)).

〈그림 4-20〉 전자기록생산시스템과 기록관리시스템의 통합

*출처: 국가기록원 NAK/S 23:2012(v1.0), 13.

■ 기관의 전자기록 관리기능 통합 형태

〈그림 4-21〉은 기관 입장에서 운영 중인 다수의 전자기록생산시스템에서 생산되는 전자기록을 일관되게 관리하기 위한 기록관리 기능 구현 형태를 예시하고 있다. 기관은 다양한 업무 행위에 따라 특정 시스템을 구축하고 운영하며 또한 필요에 따라 변경하거나 새로운 시스템을 구축할 필요가 있다. 기관은 운영하고 있는 시스템의 수와 특징 및 유형에 따라 앞에서 살펴본 세 가지 유형을 각각의 전자기록생산시스템에 적용할 수 있다. 이 경우에는 세 가지 유형을 총괄하는 기능을 갖는 통합기록관리시스템이 필요하다. 기관의 기록 전체를 파악할 수 있고, 통제의 일관된 기준을 제공해주는 통합기록관리시스템이 있어야 기록관리 기능이 제한적으로 구현된 기록들을 통합할 수 있다.

기관이 어떠한 유형을 선택할지 여부는 다음과 같은 요소를 고려한 후에 결정할 수 있다.

- 특정 업무 기능에 대한 위험 수준을 포함한 업무적 필요성
- 별도형 내지 통합형 중 어떤 유형이 조직의 기록관리 접근전략으로 타당한지를 포함하는 기록관리체계
- 특정시스템에 대한 기술적 타당성
  - 조직이 기록관리시스템을 소유하고 있는지
  - 얼마나 용이하게 두 시스템의 통합이 가능한지
  - 현재 사용 중인 생산시스템의 기능성 수준 및 변화 필요성
  - 현존 시스템의 예상 수명
  - 요구되는 기능성을 반영한 시스템 업그레이드의 기술적 가능성

〈그림 4-21〉 기관의 전자기록생산시스템 기록관리 기능 배치 모형

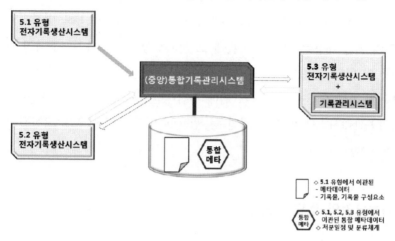

*출처: 국가기록원 NAK/S 23:2012(v1.0), 15.

2. 공공표준 - 기록관리시스템 기능요건 표준

■ 제정 이력

'NAK/S 6: 기록관리시스템 기능요건' 표준은 기록관에서 기관의 모든 공적기록을 철저하면서도 효율적으로 관리할 수 있도록 지원하기 위해 발간하였다. 공공기관의 현실에 맞춰 하이브리드 기록관리를 위한 기능요건과 전자기록물의 진본 유지를 위한 기능요건을 중점적으로 기술하고 있다. 기록관을 설치하여야 하는 각급 기관에서는 기록관으로 이관된 각종 기록의 전자적 관리를 위한 전자기록관리시스템의 개발이나 기능 평가 시 이 표준을 활용할 수 있다(임진희 2013, 337-338).

이 표준은 행정안전부 국가기록원장이 2007년 12월 28일(행정안전부 고시 제

2007-54호) 제정하여 2009년 12월 30일(행정안전부 고시 제2009-77호) 개정하였다. NAK/S 6:2007(v1.0)을 부분적으로 개정하여 NAK/S 6:2009(v1.1)로 변경되었다.

개정의 핵심 내용은 각급 기록관에 보급되고 있는 기록관리시스템의 기능 개선 사항 및 법령 개정 내용을 반영한 것이다. 또한 기록관리시스템의 이해를 돕고 상위 원칙과 요건을 확립하기 위해 전반적인 개요를 포함하였다. 이 표준은 추후 기록관리시스템의 기능 개선 등 필요에 따라 지속적으로 개정될 것이다 (NAK/S 6:2009(v1.1)).

■ 기능요건의 주요 내용

표준에서 제시하는 기록관리시스템의 기능은 〈그림 4-22〉와 같이 설명될 수 있다.

각각의 기능에 대한 핵심 요건은 다음과 같다.

- 분류체계 및 기록관리 기준의 통제 : 분류체계는 기록관리의 핵심 영역으로, 기록관리시스템에서도 분류체계는 조직의 기능, 활동 혹은 업무처리행위에 따라 기록물을 계층적으로 분류하고, 인수, 검색, 유지 및 처분의 기능을 원활히 할 수 있도록 사용되는 개념적·계층적 분류 도구이다. 기록관리시스템은 다양한 분류체계를 지원해야 하며, 전자기록물건을 전자기록물철로 구성하는 기능, 각종 기록관리 기준을 설정하고 관리하는 기능을 지원하여야 한다.
- 기록물 인수 : 기록관리시스템은 기록물의 신뢰성과 진본성 확보를 위해 기록물 인수 시 기록물 내용, 구조, 맥락을 함께 인수해야 하며, 이러한 인수 과정을 감사하고 추적해야 한다. 기록관리시스템은 다른 시스템으로부터 기록물과 그 메타데이터를 대량으로 자동화하여 이관받을 수 있어야 한다.

〈그림 4-22〉 기록관리시스템의 기능 모형

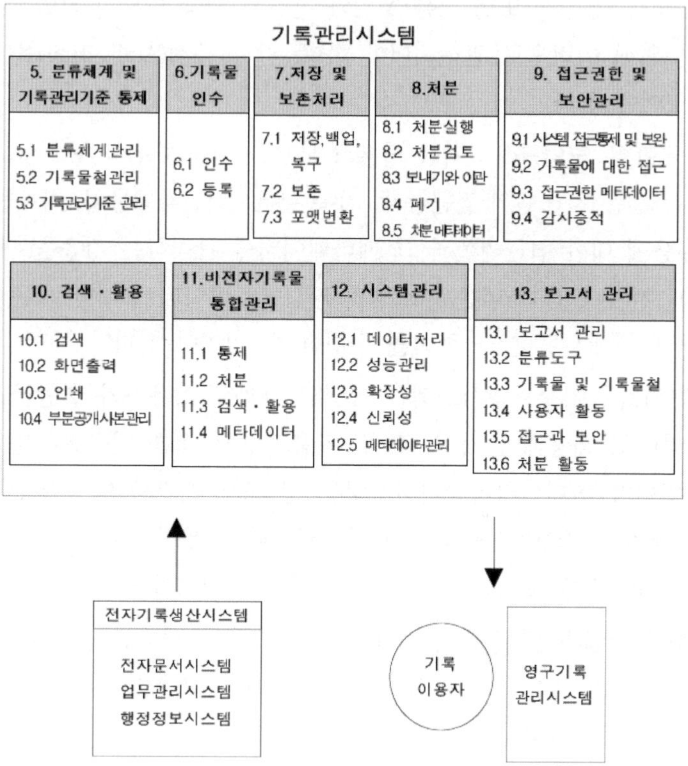

기록관리시스템

5. 분류체계 및 기록관리기준 통제	6.기록물 인수	7.저장 및 보존처리	8.처분	9. 접근권한 및 보안관리
5.1 분류체계관리 5.2 기록물철관리 5.3 기록관리기준 관리	6.1 인수 6.2 등록	7.1 저장,백업,복구 7.2 보존 7.3 포맷변환	8.1 처분실행 8.2 처분검토 8.3 보내기와 이관 8.4 폐기 8.5 처분메타데이터	9.1 시스템 접근통제 및 보안 9.2 기록물에 대한 접근 9.3 접근권한 메타데이터 9.4 감사증적

10. 검색 · 활용	11.비전자기록물 통합관리	12. 시스템관리	13. 보고서 관리
10.1 검색 10.2 화면출력 10.3 인쇄 10.4 부분공개사본관리	11.1 통제 11.2 처분 11.3 검색 · 활용 11.4 메타데이터	12.1 데이터처리 12.2 성능관리 12.3 확장성 12.4 신뢰성 12.5 메타데이터관리	13.1 보고서 관리 13.2 분류도구 13.3 기록물 및 기록물철 13.4 사용자 활동 13.5 접근과 보안 13.6 처분 활동

전자기록생산시스템

전자문서시스템
업무관리시스템
행정정보시스템

기록
이용자

영구기록
관리시스템

*출처: 국가기록원 NAK/S 6:2009(v1.1), 10.

- **저장 및 보존처리** : 기록관리시스템은 전자기록생산시스템으로부터 인수한 기록물의 진본성, 무결성 및 지속적인 접근 가능성을 보장하여야 한다. 기록관리시스템은 기록관리시스템으로 인수된 기록물의 진본성을 유지하기 위한 통제 및 보안 기능을 구비하고, 위치추적, 접근제어 및 업무처리 과정에서 발생하는 이력정보를 관리하여야 한다. 전자기록의 장기보존을 위해 보존포맷 변환, 마이그레이션 등의 기능 지원이 필요하다.

- 처분 : 처분 기능은 처분 검토, 보내기(Export), 이관, 폐기를 위한 세부 기능으로 나뉜다. 또한 처분 행위와 관련된 해당 업무의 적법성을 증명하기 위해 이력으로 관리되어야 하며, 감사 증적(Audit Trail)을 수행할 수 있어야 한다.

- 접근권한 및 보안관리 : 기록 진본성 보장을 위한 핵심 기능으로, 기록관리시스템은 시스템의 접근통제, 기록 분류체계, 기록물철, 기록물건, 본문내용에 대한 접근권한과 그 메타데이터를 관리하는 기능을 제공해야 한다. 기록관리시스템은 시스템의 기능 및 데이터에 대한 모든 유형의 접근에 대해서도 감사 증적을 수행할 수 있어야 한다.

- 검색 활용 : 기록관리시스템은 검색된 결과를 이용자가 열람하기 편리한 형태로 제공해야 하며, 검색·활용과정에 대한 접근권한을 관리할 수 있어야 한다. 기록관리시스템은 기록관리시스템을 통한 기록관리 업무행위, 시스템 운용 등의 처리현황이나 통계에 대해 사용자의 요구와 목적에 맞는 보고서를 생성·가공할 수 있어야 한다.

- 비전자기록물의 통합 관리 : 기록관리시스템은 기록관리 업무행위에서 일관성 있는 관리를 위해 전자기록물과 비전자기록물(메타데이터 포함)을 통합하여 관리할 수 있어야 한다.

- 시스템 관리 : 기록관리시스템은 안전하고 무결한 데이터 처리, 성능 분석, 장기 보존과 운용을 고려한 확장성, 안정적인 시스템 운용을 위한 신뢰성 확보가 요구된다. 기록관리시스템은 기록물의 무결성, 진본성, 신뢰성을 유지하기 위해 기록물의 구조와 맥락, 기록관리 업무행위를 메타데이터와 연결하고 지속적으로 관리하여야 하며, 메타데이터 값의 무결성을 보장하도록 검증해야 한다.

3. 공공표준 - 영구기록관리시스템 기능요건 표준

■ 제정 이력

'NAK/S 7: 영구기록관리시스템 기능요건' 표준은 기록 처리 과정의 문서화, 물리적 저장 매체와 보호, 분산 관리, 변환 및 마이그레이션, 접근 검색 및 이용, 보유 및 처분 등의 요건에 부합하면서 단계적 기록관리 원칙에서 필요한 기능을 정의하기 위해 마련되었다. 공공기록물 관리에 관한 법령에서 정한 영구기록물관리기관에서 영구기록관리시스템 설계 및 구축 시 이 표준을 활용할 수 있다(임진희 2013, 337).

이 표준은 행정안전부 국가기록원장이 2008년 12월 23일(행정안전부 고시 제 2008-52호) 제정하여 2010년 10월 4일(행정안전부 고시 제2010-66호) 개정하였다. NAK/S 7:2008(v1.0)을 부분적으로 개정하여 NAK/S 7:2010(v1.1)로 변경되었다.

이 표준은 영구기록물의 전자적 관리를 위해 영구기록물관리기관에서 구축·운영하는 영구기록관리시스템이 갖추어야 할 기능요건을 규정하고 있다(NAK/S 7:2010(v1.1)).

공공기록물 관리에 관한 법률에 따르면 중앙기록물관리기관인 국가기록원, 헌법기록물관리기관인 국회, 대법원, 헌법재판소, 중앙선거관리위원회, 지방기록물관리기관인 특별시·광역시·특별자치시·도 또는 특별자치도, 시·도 교육청, 시·군·구 등이 영구기록물관리기관을 설치할 수 있다. 이 기관들은 영구기록관리시스템을 도입할 때 NAK/S 7을 참조해야 한다.

■ 기능요건의 주요 내용

표준에서 제시하는 영구기록관리시스템의 기본적인 기능은 〈그림 4-23〉에서 보는 바와 같이 장기적으로 보존해야 하는 전자기록과 해당 메타데이터를 기록 관리시스템으로부터 인수하거나 개별적으로 수집한 후, 장기적으로 보존하고 기록이용자가 접근할 수 있도록 하는 것이다.

　영구기록관리시스템이 갖추어야 하는 기능 요소는 〈그림 4-24〉와 같이 더 세분화할 수 있다. 각 기능 요소에 대한 주요 요건은 다음과 같다.

〈그림 4-23〉 영구기록관리시스템의 기본 기능

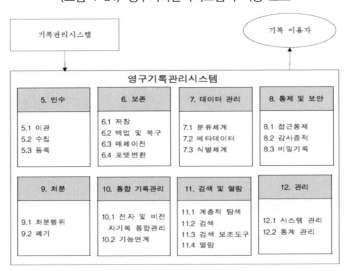

*출처: 국가기록원 NAK/S 7:2010(v1.1), 9.

〈그림 4-24〉 영구기록관리시스템의 기능 요소

영구기록관리시스템			
5. 인수 5.1 이관 5.2 수집 5.3 등록	**6. 보존** 6.1 저장 6.2 백업 및 복구 6.3 매체이전 6.4 포맷변환	**7. 데이터 관리** 7.1 분류체계 7.2 메타데이터 7.3 식별체계	**8. 통제 및 보안** 8.1 접근통제 8.2 감사증적 8.3 비밀기록
9. 처분 9.1 처분행위 9.2 폐기	**10. 통합 기록관리** 10.1 전자 및 비전자기록 통합관리 10.2 기능연계	**11. 검색 및 열람** 11.1 계층적 탐색 11.2 검색 11.3 검색 보조도구 11.4 열람	**12. 관리** 12.1 시스템 관리 12.2 통계 관리

*출처: 국가기록원 NAK/S 7:2010(v1.1), 10.

- 인수 : 인수는 기록관리시스템으로부터 보존 대상 기록물을 가져오는 이관, 기증·위탁·회수 등의 방법으로 개별적으로 획득하는 수집, 이 관 및 수집한 기록물에 고유식별자를 부여하여 공식적인 기록물로서 선언하는 절차인 등록으로 구성된다.
- 보존 : 보존은 인수 과정에서 검수 및 등록이 완료된 전자기록물을 저장 장치에 저장하는 기능과, 저장된 전자기록물을 지속적으로 보존·관리 하기 위한 행위(백업 및 복구, 매체이전, 포맷변환 등)로 구성된다.
- 데이터 관리 : 데이터 관리는 기록의 인수부터 보존·활용에 이르는 전 단계에 필요한 모든 정보를 체계적으로 관리하는 기능으로서, 분류체 계, 메타데이터, 식별체계로 구성된다. 데이터 관리는 기록이 장기적으 로 보존되는 동안 진본성과 신뢰성을 보장하고 이용가능성을 촉진한다.
- 통제 및 보안 : 기록물의 추적, 접근 제어, 기록 변경에 대란 통제를 통해 기록의 진본성·무결성을 보장하고, 보존 행위에 대한 신뢰성을 제시하 기 위한 기능으로서, 접근통제, 감사증적, 비밀기록 관리로 구성된다.
- 처분 : 처분은 영구적 보존가치를 지닌 기록과 그렇지 못한 기록을 적법 한 절차와 기준에 의해 식별하여 폐기 또는 보존기간 재책정 혹은 보류 하는 절차이다.
- 통합 기록관리 : 영구기록관리시스템이 관리하는 전자기록물 뿐만 아니 라, 비전자기록물을 통합하여 메타데이터를 통해 일관성있게 관리하는 기능이며, 전자 및 비전자기록물 통합관리, 기능연계로 구성된다.
- 검색 및 열람 : 영구기록관리시스템에서 보존하고 있는 기록물과 그 메 타데이터를 이용자가 열람·활용하기 위해 필요한 기능인 계층적 탐색, 검색, 검색 보조도구, 열람으로 구성된다.
- 관리 : 영구기록관리시스템을 구성하는 하드웨어·운영체제·네트워 크·저장장치 등을 통제하고 원활한 운영을 지원하는 시스템 관리, 시 스템 현황, 기록물 현황, 기록관리 업무처리 현황 등에 대한 통계 정보 를 제공하는 통계 관리로 구성된다.

■ 기능요건의 비교

공공표준인 기록관리시스템 기능요건과 영구기록관리시스템 기능요건의 목차 구성을 살펴보면 〈표 4-5〉와 같다. NAK/S 6의 6.기록물 인수에서는 이관, 등록으로 나누어 기능요건을 제시하고 있고, NAK/S 7의 5.인수에서는 이관, 등록, 수집으로 나누어 기능요건을 제시하고 있다. 기록관과 영구기록관리기관의 역할의 차이, 인수 대상 기록의 범위와 종류, 수량에 차이가 있기 때문에 인수 기능요건에 이러한 특징이 반영되어 있는 것이다. NAK/S 7의 9.처분은 영구기록관리 단계에서도 기록을 다른 곳으로의 이관하거나, 위탁 관리하던 기록을 반환하거나, 기록정보 객체의 일부를 폐기하는 등의 처분행위가 필요하다는 점을 반영한 것이다. NAK/S 6의 11.비전자기록물의 통합관리, NAK/S 7의 10.통합 기록관리 등에서 하이브리드 기록관리를 어떻게 할 것인지 제시하고 있다 (임진희 2013, 338).

〈표 4-5〉 공공표준 전자기록시스템 기능요건 목차 구성

NAK/S 6 : 기록관리시스템 기능요건	NAK/S 7 : 영구기록관리시스템 기능요건
머리말	머리말
1. 적용범위	1. 적용범위
2. 적용근거	2. 적용근거
3. 용어정의	3. 용어정의
4. 기록관리시스템 개요	4. 영구기록관리시스템 개요
5. 분류체계 및 기록관리기준의 통제	5. 인수
6. 기록물 인수	6. 보존
7. 저장 및 보존처리	7. 데이터관리
8. 처분	8. 통제 및 보안
9. 접근권한 및 보안관리	9. 처분
10. 검색 활용	10. 통합 기록관리
11. 비전자기록물의 통합관리	11. 검색 및 열람
12. 시스템관리	12. 관리
13. 보고서 관리	참고문헌
해설	해설

*출처: NAK/S 6, NAK/S 7.(임진희 2013, 338).

4절 국내 기록시스템 사례

1. 자료관시스템

■ 배경 및 이력

2004년 공공기관의 기록관리를 위해 자료관시스템이 도입되었다. 사무관리의 혁신으로 전자문서관리의 체계가 변화하였으며, "공공기관의 기록물관리에 관한 법률"의 기록물 등록 · 분류 · 편철 및 전자문서관리 조항이 시행되고, 기록물 분류기준표가 대대적으로 정리되었으며, 정보공개법에 의해 대국민 정보서비스에 대한 요구가 증대되어 기록관리를 위한 별도의 전문시스템이 필요해졌기 때문이다.

자료관시스템의 개발 목표는 기록물관리의 전산체계를 확립하고, 기록관리를 위한 시스템을 표준화하며, 「공공기관의 기록물관리에 관한 법률」을 차질없이 시행하여, 전자정부 구현의 일익을 담당하고자 하는 것이었다(정부기록보존소 2002).

2002년에 행정기관의 전자문서시스템 규격이 만들어졌고 이 규격을 충족하는 시스템에 인증이 부여되었다. 이전의 전자문서시스템에 비해 이 시스템을 신전자문서시스템이라 한다. 2004년 1월을 기점으로 그동안 기록관련 법령에 명시되어 있었지만 시행이 유보되었던 기록물 등록, 분류, 편철 및 전자문서관리조항이 전면적으로 시행되었다. 2003년 9월부터 행정기관에 신전자문서시스템이 도입되기 시작하여 2005년 현재 700 여개 기관에 확산되어 사용되기에 이르렀다. 2010년 규격이 개정되었으며 시스템에 대한 인증은 중단된 상태이다.

2003년에는 자료관시스템의 규격이 만들어졌고 국가기록원 주도하에 여러 업체에서 개발한 시스템을 시험하여 이 규격을 충족하는 시스템에 인증이 부여되었다. 자료관시스템은 기본적으로 신전자문서시스템의 자료를 온라인으로 이관받을 수 있도록 설계되었다. 2004년부터 자료관시스템이 도입되기 시작하였으나 2005년도에 작성된 기록관리혁신 로드맵의 추진으로 도입이 중단되었고, 2007년 「공공기록물 관리에 관한 법률」로 개정된 후 자료관시스템은 표준기록관리시스템으로 대체되었다(송병호 2009).

2007년 기록물관리법령이 개정되기 전까지 전자기록의 생산 및 관리에 사용되는 시스템은 〈그림 4-25〉와 같이 연결되어 있었다.

〈그림 4-25〉 2004년-2007년(법 개정 전까지) 기록관리 단계별 전자기록시스템 현황

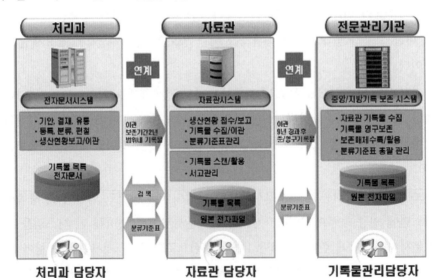

*출처: 정부기록보존소 2003.

■ 기능 개요

「공공기관의 기록물관리에 관한 법률 시행령」 제2조의 제6호에 의하면 "자료 관시스템"이라 함은 자료관 또는 특수자료관에서의 기록물의 수집·보존(복제 본 제작 및 보존매체수록을 포함한다)·활용·이관, 정보공개청구의 접수 등 기 록물의 관리가 전자적으로 수행되는 시스템을 말한다.

자료관시스템은 다음과 같이 정의할 수 있다. 첫째, 공공기관에서 생산된 각 종 기록물에 대한 수집·보존·활용·폐기 등 자료관의 기록물관리 업무처리 및 정보공개 지원을 위한 정보화시스템이다. 둘째, 처리과 전자문서시스템으로 부터 전자문서, 종이문서 등 모든 기록물을 자료관으로 이관받아 관리·활용하 는 전산시스템이다(정부기록보존소 2004).

자료관시스템은 〈그림 4-26〉에서 보는 바와 같이 처리과로부터 생산목록을 취합하고 전문관리기관으로 생산목록을 보고하는 기능, 처리과로부터 기록을 수집하고 전문관리기관으로 기록을 이관하는 기능, 기록을 매체에 수록하는 기 능, 서고관리 기능, 기록을 이용자에게 제공하는 기능, 폐기관리 기능, 기록물분 류기준표 관리(단위업무 신설/변경/폐지 관련) 기능 등을 구현하고 있었다.

〈그림 4-26〉 자료관시스템 기능 구조도

*출처: 정부기록보존소 2003.

자료관시스템의 세부 기능을 살펴보면 다음과 같다(정부기록보존소 2003).

- 생산현황 취합·보고 기능 : 생산현황 취합, 생산현황 보고, 생산현황 통계
- 기록물 인수 기능 : 인수일정 등록, 기록물 인수처리

〈그림 4-27〉 시스템 간 생산현황 취합/보고 처리도

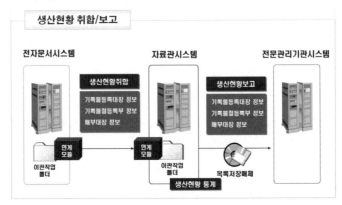

*출처: 정부기록보존소 2004.

〈그림 4-28〉 처리과 기록 인수 처리도

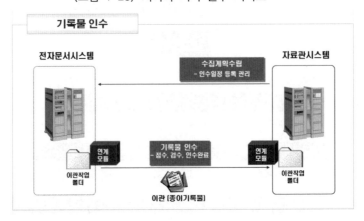

*출처: 정부기록보존소 2004.

- 구기록물 등록 기능
- 기록물 목록확인 · 분류 기능 : 인수기록물 목록확인 · 분류, 구기록물 목록확인 · 분류, 관리번호 부여의뢰
- 서고관리 기능 : 관리번호 부여, 보존상자 편성, 서가배치, 반출, 반입, 정수점검, 기록물철 재분류, 서고/서가 등록관리, 매체수록 의뢰
- 매체수록 기능 : 스캐닝, 광디스크 수록, M/F촬영, M/F 배치 및 조회
- 기록물 이관 기능 : 이관대상목록 접수, 이관대상목록 추가, 이관연기 신청, 이관연기 신청 결과 반영, 이관처리, 이관내역 조회, 이관연기목록 조회
- 기록물 폐기 기능 : 폐기 심사, 폐기심의서 작성 · 조회, 폐기심의결과 등록, 폐기 처리, 폐기목록 조회, 폐기보류목록 조회
- 분류기준표 관리 기능 : 변경신청서 접수 · 처리, 변경신청서 통보처리(자료관 → 전문관리기관), 변경신청서 신청처리(자료관 → 전문관리기관), 최신분류기준표 배포(자료관 → 처리과), 최신단위업무 반영 · 배포(전문관리기관 → 자료관 → 처리과), 분류기준표 이력 관리, 최신기관코드 반영

〈그림 4-29〉 처리과 기록 인수 처리도

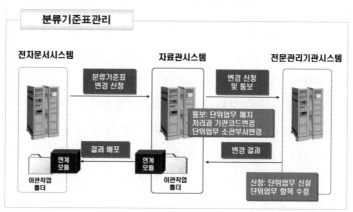

*출처: 정부기록보존소 2004.

- 열람처리 기능: 열람신청서 작성, 열람대장 조회, 열람현황통계
- 검색 기능: 기록물철 검색, 기록물건 검색, 검색 편의 기능
- 통계 기능: 기록물형태별 처리현황통계, 처리과 보유현황통계, 자료관 보유현황통계, 기타 현황통계
- 시스템 운영·관리 기능: 사용자·그룹관리, 구성관리, 사용자 및 현황 관리, 시스템 감시 및 제어
- 시스템 내부 자료관리 기능: 저장매체 관리, 전자파일 관리

2. 표준 기록관리시스템

▣ 개발 배경 및 이력

국가기록관리혁신 로드맵(정부혁신지방분권위원회 2005, 2006)에 따라 2006년 기록관리혁신을 위한 정보화전략계획 프로젝트(국가기록원 2006a)를 거쳐 2007 년 국가기록원이 주관이 되어 새로운 전자기록관리시스템을 개발하게 되었다 (곽정 2006).

자료관시스템을 대체하여 새로운 전자기록관리시스템을 개발하게 된 배경은 다음과 같다. 전자정부의 추진으로 공공부문에서 전자기록의 생산이 주를 이루 게 되면서 전자기록의 진본성 확보와 장기보존의 요구가 제기되기 시작하였다. 또한, 정부의 행정혁신이 강화되고 시민의 국정참여 요구가 증대됨에 따라 기 록관리의 패러다임도 기존의 업무 결과 기록 중심의 기록관리에서 의사결정 과 정 및 업무과정의 기록을 함께 관리하는 것으로 확대되었다. 또한, 기록의 보존 중심에서 지식자원화를 통한 활용 위주로 변화하게 되었다. 이러한 환경변화를 반영하기 위해 기존의 자료관시스템을 업그레이드한 새로운 전자기록관리시스 템을 개발하게 되었다(곽정 2006, 송병호 2009). 새로운 전자기록관리시스템은

국가기록원 주도로 개발되어 '표준기록관리시스템'이라는 명칭으로 공공기관에 무료로 배포되고 있다. 현재 중앙행정기관은 모두 표준기록관리시스템 소프트웨어를 도입하여 사용하고 있으며, 시·군·구와 교육청도 표준기록관리시스템을 도입하고 있는 중이다(국가기록원 2009a)(임진희 2013, 339-340).

1999년 제정된 「공공기관의 기록물관리에 관한 법률」이 2006년 10월에 「공공기록물 관리에 관한 법률」로 명칭이 변경되면서 법령이 내용이 전자기록관리체계를 중심으로 전면 개정되었다. 개정 내용 중 하나가 중앙행정기관·자치단체·교육청 등 모든 공공기관이 기록관리시스템을 운영하여 기록관리를 하도록 의무화한 것이다.

국가기록원은 2002-2006년 사이에 정보화전략계획을 수립한 이후 표준기록관리시스템을 개발하여 중앙부처, 지자체, 교육청, 기타 공공기관 등에 보급 중이다. 다음은 표준기록관리시스템 보급에 관한 그간의 추진 경과이다(국가기록원 2012a).

- 2005. 9 ~ 2006. 2 : 기록관리시스템 혁신 ISP 추진
- 2006. 7 ~ 2006.12 : 업무기반 표준기록관리시스템 1차 구축사업 추진
- 2007. 7 ~ 2007.12 : 기록관리시스템 고도화 및 4개 기관 시범운영
- 2007.10 ~ 2008.12 : 중앙행정기관 확산 및 기록관리시스템 안정화 지원
- 2009. 4 ~ 2009.10 : 지자체 시범운영 사업추진(부산광역시 외 10개)
- 2010. 8 ~ 2010.12 : 교육청 시범운영 사업추진(대전광역시 교육청 외 3개)
- 2011. 6 ~ 2011.12 : 국공립대 및 공공기관 시범보급 사업추진(부산대학 외 3개)

■ **표준기록관리시스템이 반영하고 있는 업무 프로세스**

표준기록관리시스템은 〈그림 4-30〉과 같은 기록관리 업무 프로세스를 전제로 하고 있다. 처리과(현용) − 기록관(준현용) − 영구기록물관리기관(비현용) 단계에 걸쳐 기록을 생산·관리하고 보존 가치가 있는 기록을 보존하여 검색·활용할 수 있도록 하는 업무단계를 구성하고 있다는 점이 기본적인 특징이다(국가기록원 2012a).

〈그림 4-30〉 기록관리 업무 흐름도

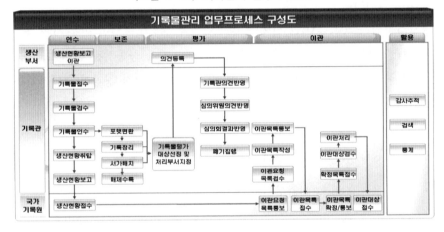

*출처: 국가기록원 2012a.

먼저 기록의 생산단계 업무를 살펴보면 다음과 같다. 기록의 생산시스템은 2008년 하반기 '통합 온-나라시스템'이 중앙행정기관에 보급됨에 따라 전자문서시스템으로부터의 생산방식은 폐지하고 생산시스템을 일원화하게 되었다. 2008년까지 전자문서시스템으로 생산한 전자기록은 기록관리시스템으로 이관을 완료하기 전까지는 전자문서시스템을 통하여 활용하도록 한다. 기록관리의 대상이 되는 기록은 단위과제카드, 문서관리카드, 메모보고, 지시사항 등 단위과제별로 생산되는 실적들이다. 기관에서는 매년 2월말까지 단위과제카드, 문서관리카드 등의 열람범위, 공개구분을 재분류하고, 미분류된 건에 대하여 분류정보를 부여하는 등 정리작업을 마쳐야 한다. 매년 기록 정리 작업후 생산부서별로 일괄하여 기록관으로 기록을 이관하도록 하며, 전자기록의 경우 온라인 연계를 통해 자동이관하도록 한다.

다음으로 기록관(중앙부처, 지자체, 교육청 등) 단계의 업무를 살펴보면 다음과 같다. 기록관은 생산부서에서 사용하는 통합 온-나라시스템, 전자문서시스템 등 생산시스템에서 생산된 전자/비전자기록의 목록파일과 전자문서파일 등을 인수받는다. 인수받은 전자기록의 진본성을 보장하기 위해 보존기간이 10년 이상인 기록물을 장기보존포맷으로 변환하고, 비전자기록을 정리하여 서가에 배치하는 보존관리를 수행한다. 기록은 5년 주기로 공개재분류 및 열람범위변경을 수행하고, 보존기간 만료 시 폐기심사 등을 거쳐 기록을 재평가한다. 매년 기관에서 생산된 기록의 생산현황을 취합하여 국가기록원에 전달한다. 기록관에서 10년간 보관했던 보존기간 30년 이상의 기록을 국가기록원으로 이관한다. 기록관에서 보유한 기록의 검색 · 활용 및 온라인 열람신청 처리, 비전자기록에 대한 반출, 반입처리, 단위과제별 보존기간 확정, 준칙관리 등을 수행한다.

다음으로 영구기록물관리기관 단계의 업무를 살펴보면 다음과 같다. 기관별 기록관리기준표의 보존기간을 최종심사하여 재조정해 준다. 매년 전체 행정기관으로부터 전년도 생산 기록의 현황을 보고받아 취합한다. 매년 차기년도에 이관되어야 할 기관 기록관별 이관대상 기록의 수집계획을 수립 · 시행한다. 품질관리를 통해 전자기록 및 비전자 기록의 인수를 처리한다. 영구기록의 보존관리, 평가, 활용 극대화를 위한 컨텐츠관리 등을 수행한다.

다음으로 분류체계 관리업무를 살펴보면 다음과 같다. 공공기록물 관리에 관한 법률에 기반 하여 기록분류체계를 확립하고 보존기간을 전자적으로 작성하기 위해 기록관리기준표 운영 규정을 마련하고 있다. 분류체계 및 보존기간 관리 처리절차는 다음과 같다. 먼저, 정부기능분류시스템(BRM)에서 과제 담당자가 단위과제를 신설하여 등록할 때 보존기간 정보를 입력하도록 한다. 기록관리시

스템이 정부기능분류시스템에 연계하여 단위과제 정보와 보존기간 정보를 받아
오고, 기록관 담당자가 보존기간 값을 검토·확정하게 된다. 최종 확정된 보존
기간 정보가 정부기능분류시스템에 연계되어 반영된다. 정부기능분류시스템에
반영된 최종 보존기간 정보는 이후 업무관리시스템의 단위과제카드에 자동 반
영되고, 기록관리시스템으로 연계되어 반영된다(국가기록원 2012a).

■ 표준기록관리시스템의 연계구조

기록관리시스템은 앞에서 살펴본 업무프로세스를 효율적으로 수행하기 위해
〈그림 4-31〉과 같이 여러 시스템들과 연계된다. 기록의 분류를 위해 정부기능분
류시스템(BRM)과 연계되며, 생산된 기록을 이관받기 위해 전자문서시스템과 통
합 온나라 시스템과 연계된다. 10년 이상 보관한 장기보존 기록을 이관하기 위
해 중앙영구기록관리시스템과 연계되며, 정보공개를 위해 통합정보공개시스템
과 연계된다. 전자기록 장기보존의 과정에서 전자서명 장기검증을 받기 위해
전자서명 장기검증시스템과도 연계된다.

〈그림 4-31〉 기록관리시스템의 연계 현황

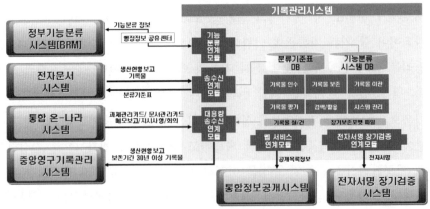

*출처: 국가기록원 2012a.

상세한 연계내역은 〈표 4-6〉과 같다.

〈표 4-6〉 기록관리시스템의 타 시스템과 연계 내역

From	To	연계내용
전자문서시스템	기록관리시스템	분류표 변경신청 생산현황보고, 이관 등
통합 온-나라시스템 (전자문서시스템)		과제관리카드 문서관리카드 등의 이관
표준기록관리시스템	전자문서시스템	분류표 승인정보, 생산현황보고 및 이관 완료정보
	통합 온-나라시스템	이관 완료정보
기능분류시스템	표준기록관리시스템	기능분류체계
중앙영구기록관리시스템		보존기간 재조정 승인정보 등
통합정보공개시스템		공개기록물 요청 목록 등
전자서명장기검증 관리시스템		전자서명
행정표준코드시스템		기관코드
표준기록관리시스템	기능분류시스템	보존기간 재조정 신청정보
	중앙기록관리시스템	생산현황보고 등
	통합정보공개시스템	공개기록물 목록 등
	전자서명장기검증 관리시스템	전자서명 인증 장기검증정보
	기록정보통합검색시스템	공개기록물 목록 등

*출처: 국가기록원 2012a.

■ 표준기록관리시스템 기능 개요

〈그림 4-32〉에서 보는 바와 같이 기관의 기록관리시스템은 비전자기록과 업무관리시스템, 전자문서시스템의 전자기록을 인수받도록 연계되어 있다. 업무관리시스템의 업무분류체계로 연계되어 있는 BRM시스템은 기록관리시스템과도 연계되어 기록분류체계로 참조되고 있다. 장기보존 대상 기록은 중앙영구기록관리시스템으로 이관할 수 있도록 연계되어 있다. 기록관리시스템에 보관 중

인 전자기록은 통합정보공개시스템을 통해 대국민 서비스를 할 수 있도록 연계
되어 있다.

〈그림 4-32〉 표준기록관리시스템의 기능 및 연계구조

*출처: 국가기록원 2012a.

〈그림 4-32〉에서 보는 바와 같이 표준기록관리시스템은 전자기록과 비전자기
록 보존의 기능을 모두 갖고 있다. 즉, 하이브리드 전자기록관리시스템인 것이
다.

표준기록관리시스템이 갖는 기능을 살펴보면 〈표 4-7〉과 같다.

〈표 4-7〉 표준기록관리시스템 기능 구성

대기능	중기능	소기능
기록관현황	기록관현황	일반현황/시설, 장비현황/기록물보유현황
기록물인수	연계인수	연계인수/생산현황접수/생산현황통보
	등록인수	기록물등록/기록물일괄등록
	분배파일인수	분배기록물인수/배치서버관리
기록물보존	포맷관리	문서보존포맷변환/장기보존포맷변환
	기록정리	기록정리
	서고관리	서가배치/정수점검/반출/반입
	디지털변환	총괄표/대상선정/스캐닝/스캐닝검사
	매체수록	광디스크수록/M/F촬영
기록물평가	공개재분류	공개재분류/공개심의/공개재분류현황
	열람범위재분류	처리부서지정/처리부서의견등록/재분류결과반영/재분류현황
	폐기	심사/심의/폐기집행/폐기현황
	재평가	심사/심의/재평가결과등록
기록물이관	이관	이관요청목록접수/이관목록작성/확정목록인수/이관처리/이관현황
	기관간인계	인계대상선정/인계처리/인계현황
	기관간인수	인계기관접수/인수처리/담당부서지정/인수현황
기준관리	기록관리기준표	분류체계관리/보존기간관리/기록관리기준표고시
	기준정보	준칙,기준관리/단위과제별기준작성
	분류체계지정	분류체계지정
	재분류	재분류
접근·감사 추적	접근관리	기록물철/기록물건
	감사추적	사용자별추적/기록물별추적/위치추적/감사추적/데이터문서화
검색·활용	검색	조건별검색/전문검색/분류체계검색
	열람	열람신청/기록물열람/열람추가신청/열람대장관리/처리부서지정/열람승인/열람신청Best/열람신청통계/나의열람이력
	통계	생산현황/보유현황/폐기현황/이관현황/공개구분/이용현황
시스템관리	시스템관리	사용자관리/그룹관리/불법사용자차단/권한관리/메뉴관리
	내부자료관리	볼륨관리
	환경설정	코드반영/기록관환경설정
	기록관현황	일반현황/시설,장비/현황보고
	마이그레이션	마이그레이션
	기록물관리	기록물건등록/기록물건수정/재편철
공개관리	공개관리	목록관리

*출처: 국가기록원 2012a.

■ 자료관시스템에서 개선사항

표준기록관리시스템은 2004년 공공기관에 잠시 도입되었던 자료관시스템을 대체한 시스템이다. 자료관시스템에 비해 표준기록관리시스템이 갖고 있는 우수한 특징을 정리하면 다음과 같다.

첫째, 업무기반의 전자기록관리체계를 표준화·시스템화했다는 점이다. 정부기능분류체계(BRM, Business Reference Model)를 기반으로 각급기관의 업무관리시스템·전자문서시스템의 기록을 시스템적으로 인수받아, 국제표준에서 요구되는 기능에 따라 전문적으로 관리한다는 점이다.

둘째, 전자기록의 장기보존 및 진본성을 보장하기 위한 기능을 강화했다는 점이다. 전자기록을 장기보존이 가능한 이미지로 포맷변환함으로써, 기술의 변화에도 검색·활용할 수 있도록 하고 품질검사, 장기서명 검증, 접근권한 관리 등을 통하여 기록의 무결성을 확보하고 진본성을 강화하고 있다.

셋째, 전자기록의 활용성을 제고했다는 점이다. 기록에 대한 평가내용 관리, 적극적 공개 및 다양한 검색·열람기능을 제공을 통해 기록물의 보존가치와 공개·열람 여부의 주기적 평가(5년 주기 공개 재분류 및 보존폐기 심사절차 강화) 기능을 구현하여 기록의 활용성을 높였으며, 통합정보공개시스템에 연계하여 언제든지 편리하게 이용할 수 있도록 구현하였다.

넷째, 기록관리의 기준관리를 강화하였다. 기록의 보존기간 작성관리 및 공개여부·비밀여부·접근권한 등 다양한 기준값을 저장하여 관리하도록 구현하였다(국가기록원 2008)(임진희 2013, 340).

■ 표준기록관리시스템의 특징

표준기록관리시스템에 적용된 기술적인 부분의 특징은 다음과 같다.

첫째, 아카이빙 스토리지의 적용이다. 기록관리시스템은 기록물의 진본성 및 무결성의 보장과 활용을 위해 아카이빙 스토리지를 도입하여 스토리지 구성상의 특징을 보유하고 있다. 기존 자료관시스템은 일반적인 스토리지를 활용하여 원본 문서의 무결성을 확인할 수 있는 방안이 존재하지 않았고, 위변조에 대한 방지 대책이 부재하였다. 또한 데이터, 응용시스템, 기록의 혼용으로 데이터의 증가에 따른 스토리지의 확장이 불가피하며 기록물의 진본성을 보장하기 위해 DVD 등 광매체 활용으로 기록의 검색·활용이 제약되었다. 이러한 제약을 극복하고자 기록관리시스템은 WORM(Write Once Read Many) 기능을 보유한 아카이빙 스토리지를 도입하여 활용하였다.

둘째, 장기보존관리체계를 구축하고 있다. IT의 발전으로 인해 문서를 생산했던 응용소프트웨어가 더 이상 존재하지 않거나, 운영체제나 플랫폼 환경의 차이에 의해 원문 그대로의 모습을 볼 수 없거나, 파일 자체를 열어볼 수 없는 경우의 문제점을 해결하기 위해 문서보존포맷이 필요하다. 기록관리시스템은 다양한 형태의 전자문서를 국제표준의 문서보존포맷(PDF/A-1)으로 변환하여 내용 보기를 가능하게 하며, 시각적 모양을 장기간 지속적으로 유지하도록 전자문서를 표현하여 필요시 정확하게 재현하여 이용자에게 제공한다. 기록관리시스템은 전자기록물의 진본성과 무결성을 보장하고 장기간 안전하게 보존하기 위해 전자기록물 원본, 문서보존포맷, 메타데이터, 전자서명을 하나의 패키지로 구성하여 보존한다.

셋째, 온라인 실시간 연계체계가 가능해졌다. 기록관리시스템과 유관시스템과의 연계는 기록관리를 위한 업무측면의 고려와 송·수신 시스템 간의 규격의 준수한다. 연계 시 발생하는 인프라 비용의 최소화와 안정적인 연계가 가능하도록 하는 인프라 측면, 대상 시스템 간의 신뢰성을 보장하기 위한 소프트웨어 및 네트워크에 대한 검토를 수행 하며 향후 확장성을 고려한 인터페이스 설계에 의해 구현되었다.

넷째, 기록관리시스템 구축 효과로는 공적행위의 철저한 기록관리가 가능해졌다는 점을 꼽을 수 있다. 결과만 기록으로 관리하던 관행에서 정책결정 과정을 모두 관리함으로써, 기록화대상이 대폭 확대되었고 행정의 책임성도 확보할 수 있게 되었다.

다섯째, 업무과정에 기반한 기록생산 및 통합관리가 가능해졌다. 업무관리에 사용하는 정부기능분류체계(BRM)를 도입함으로써, 업무와 기록관리가 연속성을 가지고 통합관리될 수 있도록 한다.

여섯째, 기술이 변화되어도 기록물의 장기적 활용이 가능해졌다. 그동안의 시스템은 기록물 생산당시 프로그램의 전자파일 형태로 보관되어 관련 프로그램이 없으면 원본파일을 볼 수 없었으나, 앞으로는 국제표준 규격 문서보존포맷인 PDF/A-1으로 변환·관리됨으로써 장기적으로 활용이 가능해졌다.

일곱째, 다양한 시스템과의 연계로 기록물 활용의 극대화를 이룰 수 있는 근간이 마련되었다. 기록물이 보존위주로 관리되어 공개 재분류 및 온라인 공개 서비스 기능이 미비하였으나, 앞으로는 공개 재분류 기록물은 즉시 통합정보공개시스템 및 국가기록포털시스템으로 연계되어 목록뿐만 아니라 원문까지도 제공받을 수 있다(국가기록원 2007b).

3. 중앙영구기록관리시스템

■ 개발 배경 및 이력

국가기록원에서는 과거 비전자기록의 목록을 관리하는 소프트웨어를 시작으로 내부 기록관리시스템을 확장해 오다가 2006년 기록관리 혁신을 위한 정보화 전략계획 프로젝트의 산출에 근거하여 CAMS 시스템을 본격적으로 구축하게 되었다(임진희 2013, 344).

중앙영구기록관리시스템의 개발 이력은 다음과 같다(국가기록원 2012b).

- 2006.12. : 중앙영구기록관리시스템(CAMS) 신규 구축
- 2007.12. : 시소러스 및 생산기관 변천연혁관리시스템 기능 추가
- 2008.12. : 행정박물, 구술기록물 등 특수기록물관리 기능 개발
- 2009.12. : 비밀기록물관리시스템 구축 및 CAMS 기능 보강
- 2010.12. : 열람활용기능 및 기록물 연계등록기능 보강
- 2011.12. : 특수유형 기록물 세부관리기능 보강

■ 기능 개요

국가기록원 2012년도 중앙영구기록관리시스템(CAMS) 고도화사업의 제안요청
서에 제시된 2012년 5월 현재 CAMS의 기능구성은 〈그림 4-33〉과 같고 각 기능
의 설명은 〈표 4-8〉과 같다.

〈그림 4-33〉 중앙영구기록관리시스템 기능구성 및 연계도

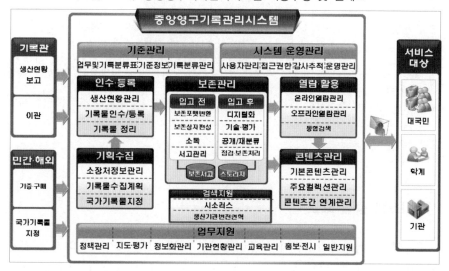

*출처: 국가기록원 2012b.

〈표 4-8〉 중앙영구기록관리시스템 기능설명

대기능		기능설명
1	기획수집	- 민간/단체(해외포함)에서 보유하고 있는 중요기록물을 조사하여 주제별 소재 정보를 구축·관리 - 민간/단체(해외포함)로부터 수집/기증(위탁)/복제기록물을 등록·관리 - 국가적으로 보존가치가 높은 민간 보유기록물에 대해 국가기록물로 지정·관리
2	등록관리	- 기록관리시스템에서 보고한 생산현황을 취합·관리 - 기록관별 이관목록을 확정하여 기록물 검수·인수 - 대량수집 시청각기록물 등 다양한 형태의 기록물을 수집하여 등록·관리 - 인수한 전자기록에 대한 바이러스체크, 메타데이터 오류 체크, 재전송 요청 등 - 인수 완료된 기록물을 Fond-Series별로 분류하여 관리번호 부여 및 비전자기록물 보존상자 편성·관리
3	보존관리	- 문서보존포맷 변환대상 기록물 검색관리, 변환적용, 처리결과 제공 - 영구보존포맷 변환대상 검색관리, 변환적용, 처리결과 제공 등 - 비 전자기록물에 대한 소독, 서가배치, 정수점검, 반입/반출, 스캐닝, M/F촬영 등 보존관리 기능 제공 - 보관 중인 기록물에 대한 보존기간재평가/폐기, 공개재분류, 열람범위변경에 대한 기능 제공
4	열람관리	- 국가기록원 소장기록물 열람예약, 방문열람 및 비공개에 대한 이의신청 정보 관리
5	기록분류표 관리	- 공통/고유업무 단위과제의 기록속성에 대한 공통업무처리일정표와 보존기간 책정 준칙 관리
6	기준관리	- 기록물 기술, 매체수록 및 상태평가(점검)에 대한 기준항목 관리
7	통계관리	- 기록물에 대한 각종 통계현황을 다양한 검색조건과 방법으로 검색할 수 있는 기능과 도식화된 통계화면(그래프), 인쇄 및 파일로 제공되는 기능 제공
8	검색·활용 관리	- 기록물에 대하여 다양한 검색조건과 방식을 통해 다양하고 신속한 기록물을 검색·활용할 수 있는 기능 제공
9	시스템 관리	- 사용자관리, 저장매체관리 등 중앙기록관리시스템을 운영할 수 있는 다양한 기능 제공

*출처: 국가기록원 2012b.

■ 시스템 품질 요소

중앙영구기록관리시스템의 어플리케이션 품질척도는 ISO/IEC 9126 품질규정 표준을 준수하도록 하고 있다. 기능성, 신뢰성, 사용성, 효율성, 유지보수성, 이식성 등 6개 품질 요소별 세부 측정기준을 수립하고 품질관리를 수행하고 있다.

품질요소의 세부내용은 〈표 4-9〉과 같다(국가기록원 2012b). 앞에서 살펴본 MoReq2010의 비기능적 요건들과 비교 검토해볼 필요가 있겠다.

〈표 4-9〉 시스템 개발 품질요소 세부내용

품질요소	고려요소	내용
기능성	적합성	업무수행을 위한 필요기능 반영여부
	정확성	사용자 요구기능의 충족여부
	상호호환성	타 시스템간의 정보 교환할 수 있는 정도
	유연성	새로운 기능의 추가, 다른 환경 적용키 위한 수정, 확장 용이 정도
	보안성	실행중 외부로부터의 접근에 대한 기록여부
신뢰성	성숙성	소프트웨어 결함발생 빈도
	오류허용성	소프트웨어 결함 또는 인터페이스 문제시 지정된 수준의 성능유지 범위의 오류 정도
	회복성	소프트웨어 결함이나 문제 발생시 정상복구에 소요되는 시간과 비용의 정도
사용성	이해성	이용자가 소프트웨어의 논리적 개념과 응용성 이해에 드는 노력의 정도
	운용성	소프트웨어를 이용하기 위해 설치 환경구성을 하는 데 필요한 노력의 정도
	습득성	소프트웨어 이용을 위한 자료 또는 관련 정보의 습득 용이성
효율성	실행효율성	소프트웨어 기능 수행에 따른 응답시간, 처리속도
	자원효율성	소프트웨어 기능수행에 따른 시스템 자원의 사용 정도
유지 보수성	해석성	고장원인, 취약점을 진단하고 변경부분을 식별하는 데 드는 노력의 정도
	안정성	소프트웨어 기능 수행 시 오류발생 빈도
	변경성	소프트웨어의 수정, 변경 시 변경의 용이성
	시험성	변경된 소프트웨어를 검증하는 데 드는 노력의 정도
이식성	환경적응성	다른 컴퓨터 환경에서의 적응의 용이성 정도
	일치성	이식성과 관련된 표준의 협정의 준수성
	설치성	정해진 환경에 소프트웨어 환경에서 시스템을 사용할 수 있는 기회 및 필요한 노력의 정도
	치환성	다른 소프트웨어의 환경에서 해당 시스템을 사용할 수 있는 기회 및 필요한 노력의 정도

*출처: 국가기록원 2012b.

4. 대통령기록관리시스템

■ 배경 및 이력

현재 대통령기록을 관리하는 전자기록관리시스템으로는 두 종류가 가동 중이다. 대통령비서실의 기록관리시스템(P-RMS, Presidential Records Management System)과 대통령기록관의 대통령기록관시스템(PAMS, Presidential Archives Management System)이다(대통령비서실 2006a, 국가기록원 2007a).

P-RMS는 2006년에 처음 개발되었으며 공공기관 범용적 목적이 아니라 대통령비서실이라는 기관의 기록관리를 위해 구축된 시스템이었다. 따라서 주요 인수 대상 기록은 e지원시스템에서 생산된 기록이며, 그 외에 구e지원시스템, 국정과제시스템, 관리자메일 시스템 등 일부 전자기록생산시스템이 인수대상 이었다. e지원시스템은 청와대 보고의 진행과정을 고스란히 문서관리카드에 남기도록 고안되었으며, 기록관리시스템은 이러한 기록이 진본을 유지하며 영구 보존할 수 있도록 구축되었다(대통령비서실 2006a). e지원시스템을 공공기관용으로 재개발한 것인 현재의 온-나라 업무관리시스템이다(임진희 2013, 348).

■ P-RMS 기능 개요

P-RMS는 〈그림 4-34〉에서 보는 바와 같이 대통령, 비서실, 국정과제위원회, NSC, 기록관리담당관 등이 생산하는 대통령기록을 인수받아 관리하는 시스템을 지향하였다. 당시의 주요 기록생산시스템이었던 e지원시스템, 신전자문서시스템, 홈페이지, 개별업무시스템 등과 연계하여 기록을 인수받아 당시의 법령에 따라 전문관리기관인 국가기록원에 이관하는 것을 목표로 하고 있었다.

P-RMS의 기능구성은 〈그림 4-35〉와 같이 크게 기록의 인수, 관리, 보존, 활용으로 이루어져 있다. 인수의 마지막 단계에서 전자기록의 진본성 유지와 안정적 보존을 위해 보존패키지를 구성하도록 설계되었다. 또한, 비밀기록을 다루기도 하는 대통령 기록의 특성 상 접근통제와 감사추적 기능을 상세화하였다.

〈그림 4-34〉 2006년도 P-RMS 목표시스템 개념도

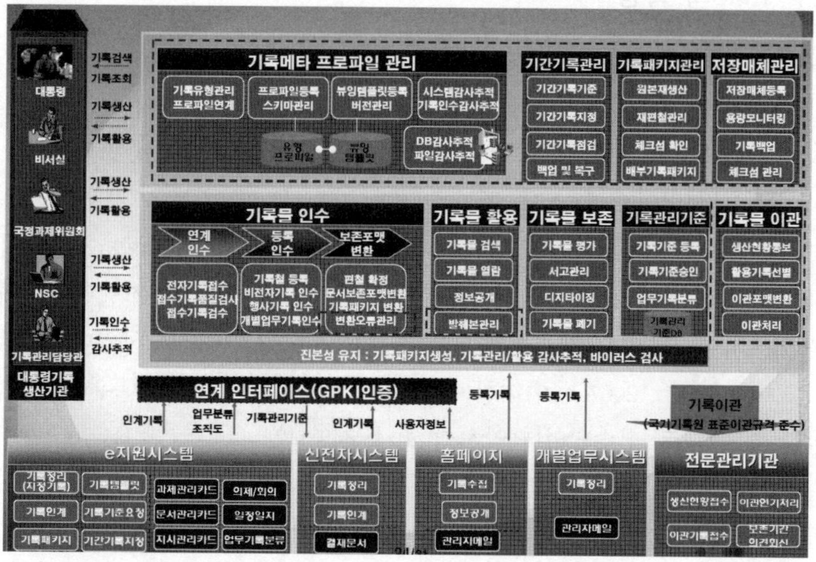

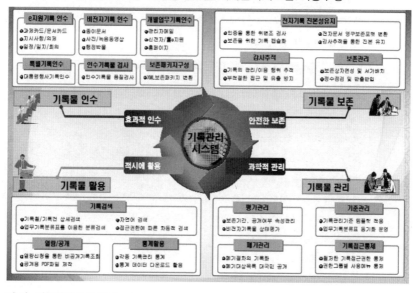

*출처: 대통령비서실 2006a 24.

〈그림 4-35〉 대통령비서실 기록관리시스템 기능구성

*출처: 대통령비서실 2006a 10.

■ P-RMS의 특징

P-RMS는 다음과 같은 몇 가지 특징을 가지고 있다. 그 첫 번째가 국제적으로 추진되는 각종 전자기록관리 표준을 준수한 시스템이라는 것이다. 기록관리시스템의 구축과정에서 전자기록의 선진국인 미국, 호주, 유럽연합 등의 선행사례를 상세히 분석하였으며, 국내 현실에 적용 가능하도록 기능을 설계하였다. 특히 호주 연방의 국가기록청과 빅토리아 주 기록관리 기구를 직접 방문하여 선진사례를 직접 관찰하였으며, 시스템 구축 후에는 미국의 카네기멜런대학에 용역을 발주하여 국제수준의 도달여부를 객관적으로 평가받기도 하였다(대통령비서실 2007a, 2007b, 2007c). 이러한 성과는 국가기록원이 표준기록관리시스템을 개발할 때 그대로 전수되었다(임진희 2013, 348-349).

〈그림 4-36〉 P-RMS 진단 결과

평가요소별 백분율 환산(%)

평가요소	배점	취득점수	백분율 환산(%)
기록 관리	641.28	589.44	91.92
시스템 관리	201.22	186.91	92.89
추가 기능	30.00	28.20	94.00
총계	*872.50*	*804.55*	*92.21*

부문별 백분율 환산(%)

부문	배점	취득점수	백분율 환산(%)
분류	121.67	96.67	79.45
획득	41.89	41.89	100.00
등록	80.00	70.32	87.90
메타데이터	20.00	19.50	97.50
저장	49.26	45.22	91.79
접근	80.00	80.00	100.00
검색	58.46	51.92	88.82
추적	20.00	18.33	91.67
처리	100.00	95.58	95.58
보안	60.00	60.00	100.00
확장성	10.00	10.00	100.00
이용가능성	48.94	38.83	79.35
리포팅	58.00	57.00	98.28
시스템 운영	27.20	24.00	88.24
시스템 설계	37.50	37.50	100.00
시스템 통합	5.00	5.00	100.00
시스템 유용성	10.00	10.00	100.00
기술 표준	14.58	14.58	100.00
혼합기록철 관리	30.00	28.20	94.00
Total	*872.50*	*804.55*	*92.21*

*출처: 대통령비서실 2007c [부록3-3]평가결과요약에서 발췌.

또 하나의 특징은 감사추적 및 보안기능이 강화된 시스템이라는 점이다. P-RMS는 진본성 유지 관리가 가능한 시스템을 구축하기 위하여 〈그림 4-37〉과 같이 국내 처음으로 ISO 14721의 정보패키지 모형을 참조하여 정부공인인증서를 삽입한 기록정보패키지를 설계하였다(CCSDS 2012, 임진희 2006, 대통령비서실 2006b, 2007a). 또한, 기록의 인수, 변환, 관리 각 과정에 관한 감사추적 데이터를 생성하도록 하였다. 지정이나 비밀기록의 경우는 국가정보원 암호이용시스템을 이용해서 암호화하는 기능 등 철저한 보안 및 진본관리가 가능한 시스템으로 구축되었다. 이 성과 또한 표준기록관리시스템에 상당부분 반영되었다. 전자기록 장기보존을 위한 정보패키지 모형은 민간영역의 공인전자문서보관소 시스템에도 반영되었다(한국전자거래진흥원 2006).

〈그림 4-37〉 대통령 기록패키지 변환 과정

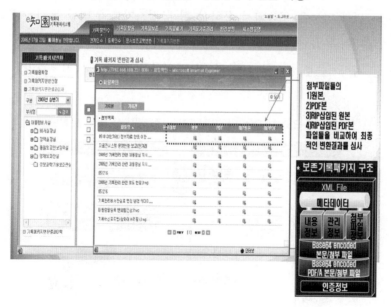

*출처: 대통령비서실 2006b 20-21.

또 하나의 중요한 특징은 전자기록의 생산 통제기능을 구현한 시스템이라는 점이다. 〈그림 4-38〉에서 보는 바와 같이 대통령비서실의 단위과제별 보존기간 기준가이드와 기록 건 유형별 공개여부, 비밀여부, 비치여부 분류 값을 사전에 조사·정리하여 기록관리 기준 템플릿 DB를 구축하여 P-RMS에 탑재하였고, e지원시스템에서 단위과제를 생성하거나 문서관리카드를 생성할 때 템플릿 DB 값을 참조하여 속성 값을 설정하도록 한 것이다. 이는 업무담당자가 자의적으로 관리 속성 값을 정하는 것이 아니라 기관의 성격과 업무의 특성을 고려하여 엄정하게 도출한 값을 일관되게 적용하는 것이 기록 통제의 핵심이라는 인식을 시스템적으로 구현한 부분이다. 즉, P-RMS와 e지원시스템이 직접 연계되어 있었고, 기록관리자가 주요한 전자기록의 생산 과정에 직접 통제를 할 수 있는 시스템적 기초가 구축되었던 것이다. 기록관리 기준 템플릿 DB는 2007년 공공기록물 관리에 관한 법령 개정 과정에서 '기록관리기준표'라는 이름으로 제시되어 있다. 그러나 표준기록관리시스템 개발 시 기록관리기준표를 업무관리시스템에 적용하기 위한 기능은 구축되지 못하여 현재 전자기록의 생산 통제 기능은 불충분한 상태이다(임진희 2008c, 2013, 349-350).

2006년 과학기술부와 13개 대통령자문위원회를 대상으로 기록관리기준표를

〈그림 4-38〉 P-RMS의 기록관리 기준 템플릿 적용 모형도

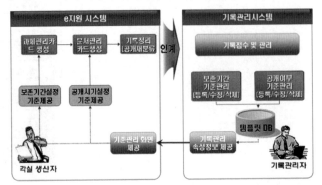

*출처: 대통령비서실 2006a 11.

개발한 사례가 있으며, 2008년에는 정부산하 공공기관의 기록관리기준표를 개발 방법론을 정리하고 철도공사를 대상으로 직접 개발한 사례가 있다(과학기술부 2006, 국가기록원 2008c, 대통령비서실 2006c). 그러나, 이 개발 사례 역시 표준기록관리시스템과 온-나라업무관리시스템의 기능구현 미비로 인하여 제대로 적용되지 못한 한계점을 갖고 있다.

■ PAMS 기능 개요

대통령기록물영구관리시스템은 〈그림 4-39〉 시스템 개념도에서 볼 수 있듯이 아카이브즈의 일반적인 업무 흐름을 따라 '입수', '처리/보존', '제공' 기능으로 구성되어 있다. 여기에 특징적으로 '지정/비밀 보호' 기능이 추가되어 있는데, 이는 비밀기록물을 포함하여 최고의 보호 조치가 필요한 '대통령지정기록물'을 철저히 관리하기 위한 기능이다. 2007년 5월부터 11월까지 진행된 시스템 구축

〈그림 4-39〉 2007년 PAMS 목표시스템 개념도

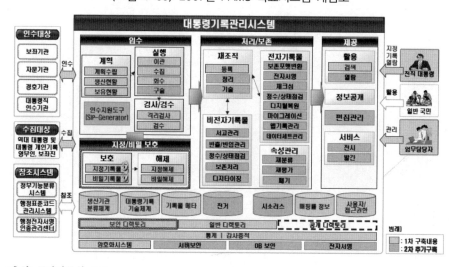

*출처: 국가기록원 2007a.

1차 사업을 통해 우선적으로 필요한 '입수'와 '지정/비밀 보호', 그리고 '처리/보존' 중 '등록' 기능이 구현되었으며, 2008년에 진행되는 2차 사업을 통해서 '처리/보존'과 '제공'까지 구현하여 대통령기록관리시스템의 전체 기능을 완성하게 된다(박석훈 2008, 57).

PAMS는 현재 우리나라에서는 가장 많은 수량의 디지털 기록을 이관 받아 관리하고 있는 시스템이다. 대통령기록이 임기 말에 한꺼번에 일괄 이관되는 특성상 2008년 초 대량의 전자기록 이관을 처음 경험하였고 2013년 초 두 번째의 경험을 하게 될 것이다. CAMS가 2015년부터 매년 공공기관으로부터 대량의 전자기록을 이관받게 되는데 PAMS의 선 경험에서 많은 교훈을 얻어 실패를 최소화하기 기대한다.

단원학습문제　　　　　　　　　**4장 전자기록시스템 설계**

01 ISO14721 OAIS 참조모형에서는 역할에 따라 정보패키지의 명칭을 달리한다.
다음 중 OAIS 참조모형에서 사용하는 정보패키지 이름이 아닌 것을 고르시오.

　① 전자정보패키지(Electronic Information Packages)
　② 제출정보패키지(Submission Information Packages)
　③ 영구보존정보패키지(Archival Information Packages)
　④ 보급정보패키지(Dissemination Information Packages)

02 ISO14721 OAIS 참조모형에서는 아카이브시스템에 필요한 6개의 기능 모듈을 제
시하고 있다. 다음 중 OAIS 참조모형에서 제시하는 기능 모듈이 아닌 것을 고
르시오.

　① 인수등록부(Ingest)
　② 열람검색부(Access)
　③ 데이터관리(Data Management)
　④ 고객관리(Customer Management)
　⑤ 영구보존저장부(Archival Storage)

03 ISO15489에는 DIRS(Developing and Implementing a Records System)가 포함되어
있다. 이에 대한 설명으로 잘못된 것을 고르시오.

　① 기록시스템 구축 방법론으로 기록시스템 구축의 체계성과 전문성을 실현한다.
　② 예비조사, 업무활동분석, 기록요구사항분석, 현행시스템평가, 기록관리 전략
　　확인, 기록시스템 계획, 기록시스템 실행, 실행 후 검토 등의 8단계로 구성
　　되어 있다.
　③ 정보시스템 공학에서 발전한 방법론을 기록관리 영역에 적용한 것이다.
　④ 맥락분석, 기능분석, 순차분석, 규칙기반 분석 등 업무활동분석의 방법론을
　　특화하여 제시하고 있다.

04 다음은 공공기관의 표준기록관리시스템(RMS)과 연계가 필요한 주요 정보시스템에 대한 설명이다. 이 중 맞는 것을 모두 고르시오.

① RMS는 분류체계와 보존기간 정보 연계를 위해 정부기능분류체계인 BRM (Business Reference Model) 시스템과 연계가 필요하다.
② RMS는 전자결재문서를 이관받기 위해 전자문서시스템과의 연계가 필요하다.
③ RMS는 전자기록의 원활한 유통과 활용을 위해 기관 내의 모든 행정정보시스템과 연계가 필요하다.
④ RMS는 과제관리카드와 문서관리카드, 메모보고 등의 기록을 이관받기 위해 업무관리시스템과의 연계가 필요하다.
⑤ RMS는 기관의 기록을 국가기록원 영구기록물관리기관에 이관하는 경우 중앙영구기록관리시스템과 연계가 필요하다.

05 다음은 해외 여러 나라의 전자기록관리시스템 기능요건 표준에 관해 설명하고 있다. 이 중 잘못된 것을 고르시오.

① 호주 국립기록관은 2006년 Functional Specifications for Electronic Records Management Systems Software 표준을 제정하였다.
② 미국 국방부는 1997년, 2002년, 2007년에 걸쳐 Electronic Records Management Software Applications Design Criteria Standard 인 Dod5015.02-STD를 제정하였다.
③ 영국 PRO(현재의 TNA)는 2002년, 2007년에 걸쳐 Electronic Recordkeeping System Standard를 제정하였다.
④ 북미연합은 2001년, 2002년, 2008년, 2010년에 걸쳐 Model(Modular) Requirements for the Management of Electronic Records을 제정하였다.

06 공공영역에서 전자기록관리시스템 조달을 하고자 했을 때 계획에서부터 조달계약을 맺을 때까지 거치게 되는 프로세스와 기록관리자의 역할을 설명하시오.

07 DIRKS 매뉴얼에서 기록시스템의 설계와 구현 과정을 8단계로 제시하고 있다. 8단계의 명칭과 각 단계의 과제를 설명하시오.

08 MoReq2010에서는 하나의 사안 파일 안에 보존기간이 다른 기록이 섞여있는 현실적 문제를 해결하시 위해 분류체계와 기록집합체 간의 새로운 관계모형을 제시하고 있다. 이 내용을 예를 들어 설명하시오.

09 MoReq2010에서 제시한 비기능 요건 중 확장가능성(Scalability), 가용성(Availability), 복구가능성(Recoverability)에 대해 예를 들어 설명하시오.

10 ISO 14721 OAIS 참조모형의 3가지 정보패키지 명칭과 역할에 대해 설명하시오.

11 ISO 14721 OAIS 참조모형의 6가지 기능 명칭과 세부기능을 설명하시오.

12 ISO 16175의 모듈 3가지의 구성을 설명하시오.

13 ISO 16175 모듈3에서는 개별 업무시스템 별로 기록관리 기능을 적용하는 방법을 3가지로 제시하고 있다. 3가지 방법의 장단점을 설명하시오.

14 표준기록관리시스템이 이전의 자료관시스템에 비해 갖추게 된 기능적 특장점을 설명하시오.

15 대통령비서실의 e지원시스템과 기록관리시스템에서 구현하였던 기록관리 기준 템플릿의 동작원리와 의미를 설명하시오.

5장_ 전자기록의 장기보존

개 요

전자기록이 지속적으로 보존가치를 가질 때 장기보존을 하게 된다. 앞에서 살펴본 바와 같이 전자기록은 컴퓨팅환경에 종속적이므로 진본성, 신뢰성, 무결성, 이용가능성을 유지하면서 장기보존하는 것은 쉽지 않은 과제이다. 기록관리기관은 지속적으로 전자기록의 종류와 양을 파악하고 관련 컴퓨팅환경의 변화를 분석하면서 나름의 장기보존 전략을 구축해야 한다.

기록관리자는 전자기록의 장기보존 전략유형별 장단점을 알고 있어야 한다. 또한 전자기록의 장기보존에 유리한 문서보존포맷과 장기보존포맷의 표준과 사례를 통해 전략의 구체적 실행을 계획할 수 있어야 한다. 우리나라 공공영역에서는 전자기록의 컴포넌트를 문서보존포맷으로 변환한 후 장기보존포맷인 NEO 형태로 인캡슐레이션하는 장기보존 전략을 채택하고 있다.

기록관리자는 전자기록을 장기보존하는 동안 이동과 보관에 사용할 저장매체의 종류와 특징을 잘 알고 있어야 한다. 또한, 비전자기록들 중 장기보존 대상이면서 접근이용 빈도가 높은 기록은 표준과 지침에 따라 디지털화하여 관리해야 한다. 영구보존 가치를 갖는 중요 기록을 관리하는 기관에서는 특히 업무연속성을 유지하고 위험관리를 철저히 하는 것이 기관 사명을 달성하는 핵심 성공요인이 된다.

이 장에서는 위에서 언급한 전자기록의 장기보존 전략, 보존포맷, 보존매체, 디지털화, 위험관리 등의 주제에 관해 국내외 실무 사례를 살펴보고자 한다.

이 장에서 숙지해야 할 내용은 다음과 같다.

■ 전자기록 장기보존 전략의 유형별 특징을 이해한다.

■ 전자문서 장기보존포맷의 국제표준을 이해한다.

■ 디지털기록매체의 종류 및 특징, 용도별 선정기준을 파악한다.

■ NEO의 내부 구조, Base64 인코딩의 방법과 특징을 이해한다.

■ InterPARES의 연구결과로 제시된 전자기록 장기보존 정책 프레임워크를 이해한다.

■ 위험관리 국제표준인 ISO 31000과 DRAMBORA의 프레임워크를 이해한다.

1절 장기보존 전략

1. 장기보존 전략의 유형

■ 에뮬레이션(Emulation)

에뮬레이션은 디지털 정보를 생산한 시점에서 사용된 하드웨어, 매체, 운영체제, 소프트웨어의 운용을 그대로 흉내 내어(Emulate) 그 내용을 읽어내는 프로그램을 통하여 재현하는 보존 전략이다. 새로운 정보 기술이 출현할 때마다 이전의 프로그램에 대한 소스 코드를 입수할 수 있거나, 이전의 프로그램을 그대로 재현할 수 있을 만큼 충분히 상세한 문서화가 이루어지거나, 또는 최신 버전과 이전 버전의 호환을 돕는 연계 소프트웨어가 있다는 보장을 전제로 한다. 그러나 이러한 전제들이 현실적이지 않다는 점이 이 선택을 유일한 해결책으로 단정하기 어렵게 하는 제약이다(한국기록학회 2008, 161).

다시 말해, 에뮬레이션은 새로운 시스템 상에 이전의 시스템에서 나온 기록을 읽고 처리할 수 있는 소프트웨어 응용프로그램을 개발하는 것이다. 에뮬레이션의 가장 기본 특징은 기록의 컴포넌트에 해당하는 비트스트림들을 포맷 변화없이 그대로 저장하면서 관리하는 전략이라는 점이다. 비트스트림은 그대로인데 컴퓨팅 환경이 변하여 예전에 그 비트스트림을 읽어 재현해주던 소프트웨어들이 구식화되므로 새로이 재현 소프트웨어를 만들어주어야 한다. 에뮬레이터로 불리는 이 재현 소프트웨어는 표현정보(RI, Representation Information)에 결정적으로 의거하여 만들어지게 된다.

에뮬레이션의 장점은 비트스트림은 그대로 두는 전략이므로 영구기록물관리기관의 경우 장기보존 대상 전자기록의 양은 해마다 증가하는데 컴퓨팅 변화에 따라 주기적으로 포맷변환을 하는 노력을 없앨 수 있다는 점이다.

반면에 에뮬레이션의 어려운 점은 시간이 흐를수록 에뮬레이터가 복잡해지고 제작이 난해해진다는 점이다. 왜냐하면, 기록의 생산포맷은 획일화하여 통일할 수 없으므로 새로운 포맷이 지속적으로 추가될 것이다. 이 모든 포맷들이 누적되므로 에뮬레이션해야 할 대상이 그만큼 많아지게 되는 것이다. 변화된 컴퓨팅 환경에서 에뮬레이션을 통해 과거의 모습 그대로 재현될 가능성 또한 확신하기 어렵다.

특정 포맷에 대해서 에뮬레이션을 하다가 어느 시점에 포맷 변환을 하고, 이후 다시 에뮬레이션을 할 수도 있다. 에뮬레이션 전략을 적용할 기록의 포맷을 선정하고 관련 표현정보를 확보하여 관리하는 일이 중요하다.

기록관리기관에서 이용자들이 다양한 포맷의 전자기록 컴포넌트를 편리하게 검색해볼 수 있도록 통합뷰어를 제공하기도 한다. 국가기록원 기록포탈에서도 뷰어를 제공하는데 뷰어가 에뮬레이터의 일종이다. 여러 종류의 문서를 하나의 소프트에어로 볼 수 있도록 비트스트림을 해석하여 재현해주고 있기 때문이다.

■ 마이그레이션(Migration)

마이그레이션은 한 세대의 컴퓨터 기술로부터 다음 세대로, 또는 한 가지 조합의 하드웨어·소프트웨어 설정으로부터 다른 것으로 정기적으로 디지털 자료를 옮기는 것이다. 마이그레이션은 현재로서는 가장 선호되는 디지털 데이터의 보존 전략이지만 대용량 자동 처리 등의 문제를 해결하기 위한 실험이 아직 진행 중이다. 인구 통계 데이터와 같은 대용량 데이터베이스의 마이그레이션 전략은 완성되었지만 멀티미디어 자료와 같은 더 복잡한 디지털 자료에 대한 전략은 미완성으로 남아 있다. 마이그레이션 과정은 복잡하고 많은 비용이 수반

되며 실행 중에 정보의 내용, 구조 등이 유실될 위험이 있다.[Lazinger(2002)](한국기록학회 2008, 94)

OAIS 참조 모형은 4가지 유형의 마이그레이션을 구분하고 있으나, 그 중 첫 번째인 매체(Refreshing)은 마이그레이션과 별도로 취급하기도 한다. 매체의 노화로 발생되는 문제를 방지하기 위하여 디지털 파일을 동일한 유형의 저장 매체로 복제하여 재수록하는 것이 매체 재수록이다.

공공기관의 경우 실무적으로 여러 상황에서 이미 전자기록을 마이그레이션하고 있다. 매년 업무관리시스템이나 신전자문서시스템의 전자기록을 기록관리시스템으로 이관하는 작업도 기술적 측면에서는 마이그레이션에 속한다. 만약 표준기록관리시스템을 도입하는 기관이라면, 신전자문서시스템에 이관을 못하고 쌓여있던 전자기록을 표준기록관리시스템으로 일괄 마이그레이션하게 된다. 혹시 자료관시스템을 도입하여 운용하던 기관이라면 자료관시스템에 보관 중이던 전자기록도 역시 표준기록관리시스템으로 일괄 마이그레이션하게 된다. 표준기록관리시스템의 전자기록을 매년 영구기록관리시스템으로 이관할 때도 대량의 전자기록이 마이그레이션된다. 하지만, 이 경우의 마이그레이션은 법적 절차에 따른 이관을 위한 마이그레이션이다. 전자기록의 장기보존 과정에서 전략으로 고려하게 되는 마이그레이션은 동일 기록관리기관 내에서 시스템이나 스토리지가 교체될 때 새로운 환경에 맞춰 기록을 이동시키는 의미의 마이그레이션이다.

앞에서 언급한 모든 마이그레이션은 기술적 측면에서는 모두 동일하지만, 기록관리적 측면에서는 주체, 대상 기록, 결과 등에서 서로 다르다. 마이그레이션의 대상이 기록의 컴포넌트로 국한되는 경우와 기록 집합체인 경우 고려해야 할 사항이 달라진다. 기록 컴포넌트를 구성하는 파일의 비트스트림만 이동하는 경우 기록 컴포넌트의 메타데이터에 파일의 위치정보를 변경해주고 감사증적에 마이그레이션 작업 내역을 남겨야 한다. 기록 집합체를 이동하는 경우 컴포넌트와 함께 메타데이터와 감사증적 정보가 통합성을 유지하면서 함께 이동해야

한다. 이 때, 데이터베이스에 저장된 메타데이터와 파일시스템에 저장된 컴포넌
트들이 연관관계를 잃지 않고 무결성을 유지해야 한다.

마이그레이션은 기록관리 과정에서 피할 수 없는 반복적 실행과정이다. 마이
그레이션을 효과적으로 수행하기 위해 기록시스템에는 기록정보 내보내기
(Export) 기능이 제대로 만들어져 있어야 한다. 시스템 기술자가 스토리지에 직
접 접근하여 비트스트림을 복사하여 이동하거나 데이터베이스에 직접 접근하여
데이터를 추출해내는 방식으로는 기록의 신뢰성과 무결성을 보증할 수 없다.
내보내기된 정합적인 기록정보를 기록시스템에 들여오기(Import)할 기능도 필
요하다.

■ 인캡슐레이션(Encapsulation)

캡슐화란 여러 내용물을 하나의 물리적인 컨테이너(Container)나 랩퍼(Wrapper)
에 함께 넣어 두는 것을 말한다. 전자기록의 캡슐화는 기록을 구성하는 요소들,
즉 컴포넌트와 메타데이터, 각각의 표현정보를 하나로 묶어 주는 것을 말한다.
이 때 전자기록의 인캡슐레이션에 사용되는 컨테이너는 논리적인 구조일 수도
있고 물리적인 구조일 수도 있다. 전자기록을 장기보존하는 데 인캡슐레이션을
고려하는 이유는 전자기록의 구성요소인 컴포넌트와 메타데이터가 컴퓨터 시스
템의 서로 다른 곳에 분산저장된다는 것에 연유한다. 기록관리시스템이 컴포넌
트와 메타데이터를 연결하여 하나의 기록을 구성해주는데 만약 이 연결정보가
망실되거나 연결정보를 해석하는 관리시스템에 오류가 발생한다면 기록의 구성
이 불가능해진다. 특히 장기간 보존되는 과정에서 여러 번의 마이그레이션을
거치면서 이러한 위험은 점점 더 높아지게 된다. 위험 완화를 위해 캡슐화 전략
을 채택할 수 있다.

전자기록을 장기보존할 때 캡슐화만으로 필요한 보존조치가 끝나는 것은 아
니다. 앞에서 살펴본 에뮬레이션 전략을 결합해야 한다. 만약, 컨테이너 안에

최초의 컴포넌트 비트스트림을 넣어 계속 보관하겠다면 기록의 재현 시 해당 비트스트림을 꺼내 보여줄 에뮬레이터가 함께 개발되어야 한다. 또한, 컴포넌트 비트스트림을 장기보존에 유리한 포맷으로 꾸준히 변환시키고자 한다면 하나의 기록에 대해 캡슐화가 여러 번 시행될 수도 있다.

물리적인 인캡슐레이션을 하고자 할 때는 기록의 메타데이터 변화에 대해서도 주목해야 한다. 기록이 관리되면서 메타데이터가 수정되거나 추가될 수 있다. 이러한 변화를 반영하기 위해 캡슐화를 다시 해야 할 수 있다. 캡슐화를 안정적으로 수행하기 위한 소프트웨어가 필요하며 시간과 노력이 소요된다.

물리적인 컨테이너를 고려할 때는 컴퓨터 시스템이 이해할 수 있는 포맷이 유리하다. 현재 호주 빅토리아주에서 사용하는 장기보존 인캡슐레이션 포맷인 VEO나 국가기록원에서 채택한 장기보존 포맷 NEO는 모두 XML 포맷에 기반하고 있다.

XML은 확장가능한 마크업 언어(eXtensible Markup Language)이다. 마크업 언어는 문서의 내용을 구체적으로 전달하기 위해 추가적으로 정보를 표시해주는 언어를 말한다. html 문서에서 태그를 붙여 내용을 구분해주는 것을 기억하면 된다. XML에서 확장가능하다라고 한 것은 기존에는 없었던 태그를 임의로 새롭게 만들어갈 수 있다는 의미이다. 즉, XML은 새로운 마크업언어를 만들어서 어플리케이션 간에 데이터를 전달하는 데 사용할 수 있다. XML로 만들어진 문서는 기본적으로 텍스트문서이다. 장기보존 포맷을 XML로 한 것은 캡슐화의 대상 정보를 태그로 표시하기 용이하며 비트스트림으로 된 컴포넌트도 XML 문서에 담을 수 있기 때문이다.

■ 변환(Conversion)

변환은 비트스트림을 원래의 데이터포맷에서 표준화되거나 장기보존에 적합한 포맷으로 바꿔주는 것이다. 변환은 '정상화(Normalization)', '안정화(Stablization)',

'표준화(Standardization)' 등의 의미로 이해해야 한다. 변환절차는 마이그레이션의 한 형태로 간주되기도 하지만, 구형의 데이터포맷에서 현재의 데이터포맷으로 마이그레이션하는게 아니고 장기보존포맷으로 마이그레이션하는 것이 원칙이다. 변환을 함으로써 반복적인 마이그레이션을 줄일 수 있다(김명훈 외 2004, 177).

■ 기타 전략과 비용 문제

디지털 객체를 장기보존하는 과정에서 기술의 구식화와 매체 손상에 대비하여 취할 수 있는 그 밖의 기술 혹은 전략을 살펴보면 〈표 5-1〉과 같다.

〈표 5-1〉 디지털 보존 기술의 종류

아날로그 보존	종이로 출력하여 보존하거나 마이크로필름으로 제작하여 보존한다.
기술 보존	운영시스템 하드웨어와 같은 시스템이 운영된 원래의 기술 환경과 원래의 응용 소프트웨어를 보존하는 것이다. 일종의 '컴퓨터 박물관' 해법이다. 이를 위해 구식이 된 필요 장비들을 모두 보관하는 것은 영구적인 해법이 되기에는 비용이 비싸고 비현실적이다. 구식이 된 기술을 영원히 유지할 수는 없다.
리프레쉬먼트	데이터를 똑같은 종류의 새 매체에 복사한다. 따라서 디지털 정보가 비트스트림의 변화 없이 한 장기보관매체에서 똑같은 종류의 또 다른 장기보관매체로 옮겨지고(예: 오래된 CD-RW에서 새 DVD-RW로) 콘텐츠의 외양은 동일하게 유지한다.

*출처: 김유승 2010, 254 표에서 발췌.

보존전략을 선택할 때 기록관리기관은 보존에 드는 비용을 감안해야 한다. 에뮬레이션의 경우는 에뮬레이터 개발비용 추산 시 재현해야 할 포맷의 개수가 주요 변수가 된다. 반면 마이그레이션의 경우는 변환하거나 이동해야 하는 비트스트림의 수량이 주요 변수가 된다. 에뮬레이션은 컴퓨팅 환경의 큰 변화에 따라 에뮬레이터를 개발할 필요가 있고, 마이그레이션은 포맷의 변화나 매체의 노후화와 같은 변수가 실행 요건이 된다. 이처럼 보존전략에 따라 보존조치의 실행 방식이나 횟수가 달라지고 비용도 달라지게 된다.

국내 전자기록관리 분야에서 비용 모형에 대한 연구로는 기록의 생애주기 동안 이루어지는 관리 활동을 중심으로 제안된 전자기록 관리 활동 비용 모형 (Cost Model for Management and Preservation of Electronic Records: CoMMPER)(안) 이 있다(현문수 2012). 이 모형은 먼저 전자기록이 수명이 다할 때까지 공공 전자기록을 관리하고 이후 이용을 보장하기 위해 수행해야 하는 활동을 확인하고, 각 활동 수행에 지출해야 하는 비용에 대한 문제를 논의하고 있으며, 기록관리 기관에 적용할 비용 모형 개발 방법론을 제안하고 있다. 향후 다양한 유형의 전자기록을 대상으로 관리 비용을 산출하고 적용하는 모형이 개발될 필요가 있다. 비용 모형을 토대로 공공 전자기록관리 활동을 재검토할 수 있을 뿐 아니라 실질적인 비용계획을 세워 전자기록 보존의 타당성을 확보할 수 있을 것이다.

2. 보존포맷 표준과 사례

■ 문서보존포맷 ISO 19005

이 표준의 이름은 "Electronic document file format for long-term preservation (PDF/A)", 즉 장기보존용 전자문서 파일 포맷 PDF/A이다. 이 표준은 〈표 5-2〉와 같이 전자문서를 장기간 보존하기 위해 필요한 3가지 종류의 문서보존 포맷을 제시하고 있다.

〈표 5-2〉 ISO 19005의 구성

Part	Name	Formal name	Release date	Standard	Based on PDF version
Part 1	PDF/A-1	Use of PDF 1.4 (PDF/A-1)	2005	ISO 19005-1	PDF 1.4(Adobe Systems, PDF Reference third edition, 2001)
Part 2	PDF/A-2	Use of ISO 32000-1 (PDF/A-2)	2011	ISO 19005-2	PDF 1.7(ISO 32000-1:2008)
Part 3	PDF/A-3	Use of 32000-1 with support for embedded files (PDF/A-3)	2012	ISO 19005-3	PDF 1.7(ISO 32000-1:2008)

*출처: 위키피디아 홈페이지, ISO 19005.

PDF/A-1는 PDF1.4를 기반으로 하며 '인쇄된' 형태로 문서를 인코딩하는 표준이다. 이 표준에서는 문서파일을 프린터로 출력했을 때의 이미지대로 비트스트림을 변형하여 저장하도록 제시하고 있다. 원래의 문서파일에 동적인 요소가 포함되어 있었을 때 PDF/A-1로 인코딩하면 정적인 형태로 변경된다. 따라서, 문자데이터나 래스터, 벡터 등의 이미지 데이터가 조합된 문서에 적용이 용이하다.

PDF는 시스템 간에 이동성이 좋고 배포용으로 광범위하게 사용되고 있으며 영구보존 문서용으로 채택되고 있다. 그러나, PDF 파일이 영구보존에 적합한지 여부는 PDF를 생성할 때 선택한 옵션에 따라 다르다. 특히 문서를 렌더링하는 데 필요한 폰트를 포함하는지 여부, 암호화를 사용하는지 여부, 원래 문서에서 인쇄하는 데 필요한 것 이상의 추가 정보를 보존할 것인지 등에 따라 달라진다. 국가기록원이 작성한 "전자기록물 문서보존포맷 기술규격"에 따르면 문서의 장기보존에 위배될 가능성이 있는 요소들로서 암호화, 내장파일, LZW압축, 투명성, 멀티미디어, 자바스크립트 등의 사용을 금지한다. 이 표준의 목표는 장기간에 걸쳐 전자문서의 내용을 제대로 보존하여 미래에도 이 문서들이 잘 검색되고, 일관되면서도 예상가능한 결과대로 표현되게 하려는 것이다.

PDF/A-2는 PDF 1.7(ISO 32000-1)을 기반으로 하며 PDF/A-1에 비해 다음과 같은 새로운 기능을 제공한다.

- JPEG2000 이미지 압축 기능
- 투명 효과와 레이어 지원
- 개방형태의 폰트 삽입
- PDF 고급 전자 서명에 따른 디지털 서명에 대한 규정
- 문서 집합을 하나의 파일로 만들어 영구보존하기 위해 PDF/A-2에
  PDF/A 파일들을 삽입할 수 있는 기능

PDF/A-2 표준에서는 적합성 수준을 정의하고 있는데, PDF/A-2a, PDF/A-2b, PDF/A-2u 등 3가지이다. 문서의 모든 텍스트가 유니코드(Unicode)로 매핑된다면 PDF/A-2u의 적합성을 갖게 된다. PDF/A-3는 PDF/A 내부에 XML. CSV, CAD, 문서 편집기 문서, 스프레드시트 문서 등 어떤 파일 포맷이라도 삽입하여 완전한 영구보존 객체를 만들 수 있도록 지원한다.

■ 해외 사례 : VEO

호주 빅토리아주 정부에서 생산, 관리되는 전자기록을 장기보존하기 위한 목적으로 VERS(Victorian Electronic Record Strategy)프로젝트를 추진하였다. 1995년 초기 발간된 보고서 'Keeping Electronic Records Forever'에 VERS의 기본적 아이디어가 제시되었다.

VERS는 이관 및 보존 포맷으로 가장 상위의 객체인 VEO(VERS Encapsulated Object)를 정의하고 있다. VEO는 장기포맷으로 변환된 기록과 기록물 보존 및 관리에 필요한 정보를 포함한 메타데이터, 무결성 보장을 위한 인증정보를 포

함한 전자서명, 텍스트 기반의 인코딩 정보를 구조화하는 XML 래퍼로 구성된
다. 즉, VEO는 기록물과 메타데이터로 구성되어 있으며 그 자체가 가지는 계층
적 구조에 따라 각각의 메타데이터 항목을 설정하여 기록의 관리 및 보존에 필
요한 정보를 관리하는 것이다.

　이러한 VEO는 기록 VEO, 파일(폴더) VEO, 수정된 VEO의 세 가지 유형으로
정의된다. 기록 VEO는 기록물의 콘텐츠와 관련 메타정보를 포함해서 구조화한
파일 포맷이고, 파일 (폴더) VEO는 여러 개의 기록물을 계층적으로 관리하는 폴
더와 관련된 정보를 구조화한 파일 포맷이며, 수정된 VEO는 최초 VEO를 포함
한 변경 정보를 재구조화한 파일 포맷이다.

　VERS의 메타데이터 스키마는 총 159개의 메타데이터 요소로 이루어졌다.

　VERS는 VEO를 설명하기 위한 메타데이터와 기록 VEO 메타데이터, 도큐먼트
와 결합된 메타데이터, 인코딩과 결합된 메타데이터, 전자서명과 관련된 메타데
이터, 파일 VEO의 메타데이터, VERS 메타데이터 스키마 버전 2에 추가된 메타
데이터 요소, 수정된 VEO 메타데이터로 영역을 나누어 설명하고 있다. VERS의
메타데이터 스키마는 기록 VEO, 파일 VEO, 수정된 VEO로 구조화 되어 있는데
메타데이터 요소 가운데 VEO 객체 자체를 설명해 주는 메타데이터는 기록물과
파일 메타데이터, 그리고 수정된 VEO 메타데이터 모두에 적용되는 메타데이터
이다.

　VEO는 호주 빅토리아주 보존기록관(PROV)의 디지털 자원 영구보존을 위한
장기포맷으로 전송단위로 사용되고 있다. VEO는 전자서명으로 구성된 텍스트
기반의 XML파일로 표현되어 기록물의 콘텐츠와 메타데이터의 무결성을 보장한
다. 또한 기록물 관련 정보를 캡슐화 방식으로 보존하여 진본성 훼손 위험을 줄
이며 기록에 속하는 모든 전자파일을 한꺼번에 캡슐화하기 때문에 서로에 대한
링크정보를 따로 가질 필요가 없고 기록에 대한 기술정보는 중복 포함하지 않
는다(이소연외 2008, 68-69).

　VERS에서는 장기보존포맷인 VEO안에 넣을 문서를 먼저 문서보존포맷으로 변

환할 것을 권고한다. 원문이 텍스트인 경우에 ASCII 값으로, 일반 전자문서는 PDF로, 이미지 파일은 TIFF로 포맷변환할 것을 권하고 있다. VEO는 〈그림 5-1〉과 같이 원문 문서 파일과 보존포맷으로 변환한 파일을 모두 Base64 인코딩 기법으로 텍스트화하여 XML 구조에 보관하도록 한 것이다.

〈그림 5-1〉 VEO 인코딩 구조

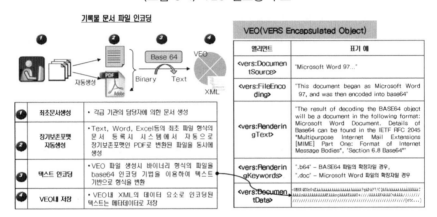

*출처: 국가기록원 2006a III-187.

3. 장기보존 매체

■ 디지털기록매체의 정의 및 특성

디지털기록매체는 0 또는 1의 이진수 형태로 부호화된 내용과 형식의 기록을 저장하는 매체이다. 즉 비트스트림을 저장하는 물리적인 공간이다. 디지털기록매체는 컴퓨터가 인식하도록 만들어진 매체다. 디지털기록매체는 테이프 기록매체 외에도, 하드디스크, 광디스크, 반도체 메모리를 이용한 저장매체 등 IT 기술의 발달에 힘입어 다양한 종류의 저장매체가 등장하게 되었다. 디지털기록매체는 네트워크로 연결되어 실시간으로 데이터를 저장, 검색할 수 있는 대용량의 스토리지부터 임시저장용도의 휴대형 매체까지 다양하다. 디지털기록매체는 아날로그기록매체에 비해 기록물을 수록하는 속도 및 검색시간이 획기적으로 줄어들었을 뿐만 아니라, 쉽게 사용할 수 있도록 컴퓨터에서 편의기능을 제공하고 있다.

디지털기록매체의 용량은 간단히 휴대할 수 있는 경우라도 수 테라바이트 (Tera Bytes)까지 늘어났을 만큼 저장 용량이 과거 아날로그기록매체에 비해 폭발적으로 증가하였다. 아날로그기록매체에 수록할 수 있는 기록물의 유형이 영상, 음성으로 한정된 반면, 디지털기록매체는 컴퓨터가 다룰 수 있는 모든 유형의 기록물(전자문서, 사진, 영상, 음성, 3D 등)을 저장할 수 있게 되었다.

한편, 디지털기록매체는 사용되기 시작한 역사가 짧아서 전자기록을 장기보존하기 위한 저장매체로서의 검증이 부족하며, 기술의 발전 속도가 빠른 관계로 사용이 가능하다 할지라도 생산중단 및 새로운 매체의 등장 등 매체의 교체주기가 빠른 것이 단점이라 할 수 있다. 이런 측면에서 디지털기록매체를 이용한 장기보존 전략은 수명이 오래가는 매체를 선택하는 것보다는 안정성 있고 비용이 저렴한 매체를 중심으로 주기적인 매체이전할 것을 고려하는 것이 바람직하다. 또한 디지털기록매체는 컴퓨터와 연결하기 위해 예를 들어 드라이브, 플레이어, 데크 등과 같은 별도의 전용장비를 필요로 하는데, 매체의 장기보존에 위협을 주는 요소 중의 하나로 전용장비의 구형화로 인하여 매체를 더 이상 사용할 수 없을 수 있다.

결론적으로 전자기록을 디지털기록매체를 이용하여 장기 보존하는 경우, 매체의 수명이 오랫동안 유지되는 매체를 찾는 것보다는 기술발전에 따른 매체의 변화를 감안하여 주기적인 매체이전 전략을 수립하는 것이 보다 효율적이라 할 수 있다.

■ 디지털기록매체의 분류

디지털기록매체는 이용자가 매체에 접근하는 방식에 따라 온라인(Online), 오프라인(Offline), 준온라인(Nearline) 매체로 나누어 볼 수 있다(NAK/S 13:2012(v2.0), 36-37).

- 온라인(Online) 매체 : 기록에 대한 즉각적인 검색과 접근이 가능하도록 하는 매체이다. 주로 대형 스토리지, NAS(Network Attached Storage), PC 하드디스크 등이 이에 해당된다. 일반적으로 업무목적 상 일상적 접근이 필요한 기록을 저장한다. 예를 들어, 네트워크를 통하여 이용하는 메일 및 전자문서가 온라인 매체에 저장되어 있다고 볼 수 있다.
- 오프라인(Offline) 매체 : 오프라인 매체는 네트워크를 통하여 직접 접속되지 않는 저장장치이다. 사용자가 오프라인 매체에 저장된 기록물에 접근하기 위해서는 별도의 중계장치가 필요하다. 대표적인 오프라인 매체로는 CD, DVD, 휴대용 하드디스크(Portable HDD), 반도체메모리(SSD, Solid Atate Device) 및 자기매체(Magnetic Tape) 등이 있다. 일반적으로 업무목적 상 자주 접근할 필요가 없는 기록을 저장하거나 임시로 기록을 저장할 때 사용한다. 오프라인 매체는 그 자체를 잘 보관해야 그 안의 기록이 보관될 수 있으므로 매체의 보존환경을 잘 마련해 주어야 한다.
- 준온라인(Nearline) 매체 : 준온라인 매체라 함은 탈·실장이 가능한 저장매체를 의미한다. 시스템에 실장이 된 경우 네트워크에 연결된 시스템을 통하여 기록물에 대한 접근이 가능하도록 하는 매체이다. 준오프라인 시스템의 대표적인 예로 CD 주크박스(CD Jukebox), 자기테이프 라이브러리 시스템(Magnetic Tape Silos) 등이 있다. 준온라인 매체는 사용의 불편함으로 인해 일반용도로 사용되기보다는 단기 및 중·장기 백업 등 특수목적으로 사용되고 있다.

온라인, 오프라인 및 준오프라인 저장매체의 수명은 제한되어 있다. 따라서 디지털기록매체의 상태를 지속적으로 관찰하고, 그 결과 주기적으로 적당한 새로운 매체로 이전(마이그레이션, Migration)하여야 한다. 구형 스토리지 시스템에 저장된 전자기록을 새로운 온라인 시스템으로 이동시키는 경우 또는 플로피디스크와 같은 구형의 오프라인 매체에서 광디스크와 같은 매체로 대체하는 것 등이 포함된다.

▣ 기록관리를 위한 디지털기록매체의 요건

기록관리를 위한 디지털기록매체가 갖추어야 할 요건은 다음과 같다(NAK/S 13:2012(v2.0), 24-25).

- 전자기록물은 모든 디지털기록매체에서 내용과 형식이 반드시 변경되지 않아야 한다.
- WORM(Write Once Read Many) 또는 쓰기방지 기능이 가능하여야 한다.
- 보존기간 동안 이용 및 기술지원이 가능하여야 한다.
- 공개표준(Open Standards) 기술의 적용을 받아야 한다.
- 컴퓨터 등 시스템에서 자동인식 및 탈·장착이 가능하여야 한다.

디지털기록매체 선택 시 온라인 컴퓨터 시스템에 의해 접근이 허용되지 않고, 물리적으로만 보존되는 오프라인 저장매체를 사용하여서는 안 된다. 오프라인 매체의 단독 사용은 기술의 발전 및 판독장비의 사양화 추세로 인해 매체에 수록된 기록물의 접근이 불가능해 질수도 있기 때문이다. 디지털기록매체 선택 시 상세한 고려사항은 다음과 같다.

- 전자기록물에 대한 접근의 용이성 및 접속 속도
- 전자기록물 크기, 수량 및 복잡한 특징을 수용할 만한 용량을 갖추고 있는지 그리고 종류가 다양한지의 여부
- 저장매체가 전자기록물의 보존기간을 충족시킬 수명, 신뢰성 및 내구성을 갖고 있는지 그리고 장기보존을 할 경우 전자기록물의 안정성 담보 및 호환성 측면에서 산업계의 지원이 가능한지의 여부
- 저장매체에 사용된 기술 표준이 공개되어 있는 지의 여부, 특허기술의 경우 시장에서의 보급이 제한적이며 장기간에 걸쳐 유지 또는 지원을 받기 어려움
- 저장매체만을 위한 물리적, 환경적 요구조건이 일반적일 것
- 저장매체를 확보하기 위한 예산과 조건이 사용기관의 일반 구매절차에 부합될 것

■ 기록관리 측면의 디지털 매체 분류

종이기록은 육안으로 상태를 확인하고 판단할 수 있으나, 디지털기록매체에 수록된 전자기록은 컴퓨터를 통하지 않고는 상태 및 내용확인이 불가능하다. 전자기록은 기록의 상태와 무결성을 지속적으로 확인하고 검증해야 한다. 영구 기록관리기관의 경우 대량의 전자기록을 장기간에 걸쳐 보존해야 하므로 상태를 확인해야 하는 디지털기록매체의 수량이 계속 증가하게 된다. 기록의 상태 확인을 위해 대량의 디지털기록매체를 확인하고 검증하는 것은 많은 비용과 시간을 필요로 한다.

전자기록의 무결성 검증이라는 기록관리 과제 측면에서 볼 때 디지털기록매체는 장기보존용, 이중보존용 및 임시저장용으로 분류할 수 있으며 이들의 특징은 다음과 같다(NAK/S 13:2012(v2.0), 37-38).

- 장기보존용 : 전자기록을 장기간 저장할 때 사용하는 매체이다. 전자기
  록의 상태를 24시간 감시하여 이상 유·무를 확인할 수 있고, 한 번 수
  록 된 기록이 변경될 수 없도록 하는 WORM(Write Once Read Many) 기
  능의 스토리지 계열이 적합하다.
- 이중보존용 : 재난 및 재해 등에 대비하여 장기보존 대상 전자기록을 분
  산보존할 목적으로 사용하는 매체이다. 분산보존하는 곳의 환경이 원
  본을 보존하는 곳과 동일한 컴퓨팅환경을 갖추고 있느냐 아니냐에 따
  라 선택할 수 있는 디지털기록매체의 종류가 달라진다. 기본적인 컴퓨
  팅환경만으로도 기록을 쉽게 읽고 재현할 수 있도록 자기인식 구조가
  가능한 매체가 적합하다.
- 임시저장용 : 기록의 등록, 인수 및 이관 등의 업무를 위해 기록을 임시
  로 저장할 목적으로 사용하는 매체이다. 전자기록은 매체를 이동하는
  횟수만큼 무결성이 손상될 가능성이 높아진다. 임시저장용은 이동과정
  의 오류를 최소화할 수 있도록 사용 시점에 가장 안정성과 신뢰성이 높
  은 매체를 선택하는 것이 필요하다.

■ 디지털기록매체의 유형 분류

디지털 정보를 수록하는 매체의 유형은 〈표 5-3〉과 같다(NAK/S 13:2012(v2.0), 38-39).

자기매체 종류에는 테이프 형태와 디스크 형태가 있다. 자기테이프는 아날로
그 매체에서도 사용되지만, 디지털기록매체에서도 사용되며 자성체에 디지털
신호를 기록한다는 점 외에는 아날로그 자기테이프와 별다른 차이가 없다. 정
보화팀에서 관리하는 서버의 대용량 데이터를 백업하고자 할 때 상대적으로 비
용이 저렴한 LTO(Linear Tape Open)라는 자기테이프를 선택하기도 한다. 하드디
스크는 초기에 컴퓨터에 내장된 저장매체로 사용되다가 이제는 휴대가 가능한
외장형저장매체로도 사용이 확장되었다. 자기디스크의 종류인 플로피디스켓

〈표 5-3〉 디지털기록매체의 유형 분류

구분	종류	특징	사용용도 분류	기록관리 분류
자기테이프	비디오 테이프, 오디오 테이프, LTO 테이프	자성층에 디지털 신호 기록	오프라인	임시저장용
자기디스크	하드디스크 (외장형 포함)	자성체를 도포한 알루미늄 합금의 원반 표면에 디지털 신호 기록	오프라인	임시저장용
광디스크	CD, DVD, BD, LD	레이저광에 의해 기록을 수록하고 검색	오프라인	이중보존용
반도체 저장매체	SSD, USB, CF, SD, MMC 등	플래시메모리 및 DRAM 등 반도체 메모리에 기록을 수록 및 검색	오프라인	임시저장용

*출처: 국가기록원 NAK/S 13:2012(v2.0), 39.

(Floppy Diskette)은 매체의 내구성이 작고 이미 구형화된 저장매체이므로 해당 매체에 저장된 기록은 빠른 시간 내에 검증된 다른 매체로 이전해야 한다.

자기매체는 전자장비를 포함하여 각종 자기장으로부터 이격시켜 보관해야 한다. 일시에 모든 데이터를 잃을 수도 있기 때문이다. 그 밖에도 자기매체를 관리할 때는 다음을 유의해야 한다.

- 자기테이프는 카트리지를 열거나 테이프 표면을 만져서는 안 된다.
- 자기테이프를 사용하기 전에 테이프의 장력을 유지하기 위하여 전체를 앞으로 돌린 후 다시 역으로 되감기를 한다. 기록 후에 테이프는 역으로 되감기를 하여야 한다. 테이프는 12개월 간격으로 안으로 감기 및 되감기를 할 것을 권장한다.
- 기록의 보존을 위한 경우, 기록 후 즉시 쓰기방지스위치(Write-protect Switch)를 이용하여 쓰기방지상태로 설정한다.
- 전자기록물의 이관 등 임시저장용으로 주로 사용하는 외장형 하드디스크의 경우, 충격에 매우 약한 특성을 갖고 있기 때문에 조심스럽게 다루거나, 충격 방지 하드디스크를 사용할 것을 권장한다.

광매체 종류로는 CD, DVD 등의 매체가 있다. 광매체를 관리할 때는 다음을 유의해야 한다.

- 광디스크를 만질 때는 가장자리와 가운데 구멍을 이용하며, 기록된 면을 만져서는 안 된다.
- 디스크에는 레이블을 부착하지 않는다. 레이블을 부착하는 경우 디스크의 무게중심이 바뀌게 되어 기록 시에 오류가 날 수 있다.
- 디스크 윗면에 마킹을 하고자할 때에는 수성잉크를 사용하는 부드러운 펜을 사용하여야 한다.
- 디스크의 반사면을 닦을 때에는 부드러운 천으로 가운데 구멍의 중심으로부터 바깥쪽으로 향하도록 닦는다. 절대로 원심방향으로 닦아서는 안된다.

반도체 저장매체 종류로는 USB, SSD 등의 메모리형 저장매체가 있다. 디지털 카메라, 노트북 등에서 주로 사용되고 있으며, 최근에는 휴대가 용이한 외장형 저장매체로 많이 사용되고 있다. 가장 최신의 매체기술이기 대문에 반도체 저장매체가 기록보존의 용도로서 적합한지의 여부는 검증이 필요하다. 현재로는 안정성과 신뢰성의 검증 미비로 임시저장용도로 사용하는 것이 적합하다. 반도체 저장매체를 관리할 때는 다음을 유의해야 한다.

- 반도체 메모리는 외부로 돌출된 금도금 리드(Lead)에 의하여 신호가 전송되므로 이 부분을 만져서는 안 된다.
- 레이블은 지정된 곳에만 부착한다.

■ 디지털기록매체의 복구

디지털기록매체의 오류 또는 이상으로 인해 전자기록물에 대한 판독 및 접근이 가능하지 않을 경우, 기록물의 복구과정에서 야기될 수 있는 위·변조 가능성의 배제, 복구절차의 투명성 등 사후 복구에 따른 기록물의 진본성, 무결성을 증명할 수 있는 방법을 마련하여야 한다. 전자기록물의 복구는 디지털기록매체 및 전자기록물의 속성 등에 관한 전문 지식과 해당 장비 또는 도구를 갖추어야 가능하므로, 문제 발생 시 다음과 같은 사항에 유의하여 조치를 취하여야 한다 (NAK/S 13:2012(v2.0), 28-29).

- 디지털기록매체에 기록물을 추가하는 등 모든 행위를 중단한다.
- 문제 발생 시 모든 행위를 즉각 중단하고 전원공급이 된 매체의 경우 전원을 차단한다.
- 인터넷 등에서 쉽게 구할 수 있는 복구 소프트웨어를 이용해서는 안되며 전문성이 결여된 복구는 상태를 악화시켜 자칫 모든 기록물의 전면적인 손실을 야기할 수 있다.
- 국가에서 생산된 자료를 취급하기 위한 어떤 인증 또는 허가사실이 없는 민간업체에 복구 의뢰 시에는 보안 등에 심각한 문제가 야기될 수 있음을 인식하여야 한다.

■ 디지털기록매체의 오류검출 기법

디지털기록매체에 수록된 비트스트림이 변치 않고 그대로인지를 확인할 수 있어야 한다. 일반적인 디지털 데이터의 오류를 검출하는 방법에는 검사합 (Checksum), 패리티비트(Parity Bit), 순환중복검사(CRC, Cyclic Redundancy Check) 등의 기법이 있으며 이를 디지털기록매체의 오류검출에 적용할 수 있다. 뿐만 아니라 중요 기록의 메타데이터에 변경이나 오류가 발생했는지를 확인할 때도

이 기법들을 응용할 수 있다.

검사합 기법은 데이터의 정확성을 검사하기 위한 용도로 사용되는 오류 검출 방식의 하나이다. 보통은 데이터의 입력이나 전송이 제대로 이루어졌는지를 확인하기 위해 입력 데이터나 전송 데이터의 맨 마지막에 앞서 보낸 모든 데이터를 다 합한 합계를 따로 보내는 것이다. 데이터를 받아들이는 측에서는 하나씩 받아들여 합산한 다음, 이를 최종적으로 들어온 검사 합계와 비교하여 오류가 있는지를 점검한다.

패리티비트 기법에서는 패리티비트를 이용하여 정확성을 검사한다. 여기서 패리티비트란 비트스트림에 부가되는 오류 검출용 비트를 뜻한다. 직렬 데이터 전송에서는 데이터 라인의 종류와 관계없이 항상 에러가 발생하므로 이 에러를 검출하는 방법이 필요하다. 비동기(非同期) 데이터 링크 제어에서는 이 에러의 검출에 패리티 비트를 사용한다. 비동기 통신에서는 데이터의 전송이 단속적으로 이루어지고 한 번에 하나의 문자가 전송되므로 비동기 에러 검출은 실행되어야 한다. 이것에 사용되는 것이 패리티 비트이다. 전송 에러를 검출하기 위해 같은 문자를 두 번 보내는 대신 패리티 비트를 사용하면 하나의 비트로 그 문자를 기술하는 정보를 제공할 수 있다. 이것은 데이터에 포함되는 논리 "1"의 수를 세어서 그 합이 짝수인지 홀수인지에 따라 패리티 비트의 값을 결정하는 방법이다. 짝수 패리티를 선택한 경우에는 문자 데이터에 포함되는 "1"의 수가 짝수이면 패리티 비트를 0으로 설정하고 홀수이면 1로 설정한다. 패리티 비트는 검출용 비트를 포함하여 "1"의 (또는 "0"의) 총수를 항상 짝수 또는 홀수로 유지시키는 작용을 한다.

순환중복검사는 데이터 전송 검사 방식의 하나이며, 블록(Block) 혹은 프레임 (Frame) 단위로 여유 부호를 붙여 전송하고, 그것에 따라서 전송 내용이 정확했는지의 여부를 조사하는 방법이다. 순환 중복 검사(CRC) 방식은 시간적으로 나뉘어져 발생하는 연속적인 오류(버스트 오류)에 대해서 효과가 있다(NAK/S 13:2012(v2.0), 부속서D).

2절 국내 공공기록 장기보존 전략 도구

1. NEO(NAK's Encapsulated Object)

■ 컴포넌트의 보존포맷 : PDF/A-1

우리나라 공공기록의 전자문서류 컴포넌트 보존포맷은 PDF/A-1이다. 문서보존포맷은 앞에서 살펴본 바와 같이 문서가 생산된 당시의 어플리케이션이 없어도 해당문서의 내용과 외형을 그대로 재현하여 내용보기를 가능하게 하는 포맷이다. 이 포맷은 문서의 보존을 위해 필수적인 요소들을 규정하여 문서의 내용과 구조를 보존한다. 또한 이 포맷은 문서의 생산, 저장 또는 표현에 사용된 도구와 시스템에 관계없이 시각적 모양을 장기간 지속적으로 유지하도록 전자문서를 표현하며 필요시 정확하게 재현하여 이용자에게 제공한다.

전자문서는 문서를 생산했던 어플리케이션이 더 이상 존재하지 않거나, 운영체제나 플랫폼 환경의 차이에 의해 원문 그대로의 모습을 볼 수 없거나, 심할 경우 파일 자체를 열어볼 수 없는 경우가 발생할 수 있다. 이런 문제점을 해결하기 위해 해당 어플리케이션의 버전 및 소멸에 영향받지 않고 전자문서의 내용보기를 가능하게 하는 문서보존포맷이 필요하다(NAK/TS 2:2008(v1.0), 4-5).

문서보존포맷을 정할 때는 다음과 같은 요소들을 고려하여 PDF/A-1로 결정하였다.

- 공개용 표준 여부 : 특정업체가 독점적으로 소유권을 가지고 있지 않아야 하며, 누구나 참조하고 이용할 수 있게 공개되어야 한다. 그리고 사용자에게 경제적으로 영향을 주지 않아야 한다.
- 편재성 정도 : 오랜 기간 동안 사용될 가능성이 있고, 많은 곳에서 사용되는 포맷. 그래서 포맷의 이용에 대해 지역이나 기간의 제한을 받지 않아야 한다.
- 안정성 정도 : 원래 생산된 문서를 문서보존포맷으로 변환할 때 원래 문서의 내용, 구조, 맥락정보 등을 훼손시키지 않고 보존해야 한다.
- 메타데이터 지원 여부 : 문서를 장기보존할 때 필요한 메타데이터를 지원하여야 한다. 메타데이터 항목으로는 생산자, 출처, 내용, 주제, 키워드, 보존과 기술적(記述的) 특성에 관한 사항 등 전자문서와 관련된 각종 정보를 지원한다.
- 상호운용성 지원 여부 : 운영체제나 플랫폼에 독립적이어서 서로 다른 시스템 간에 문서의 마이그레이션을 쉽게 하여 한 기관에서 생성된 문서보존포맷은 다른 기관 혹은 외부 이용자도 사용할 수 있어야 한다.
- 진본성 유지 가능성 : 문서의 내용, 외형 등이 시간의 경과에 상관없이 원래의 모습과 일치하며, 생산자가 생산하려고 했던 취지에 맞는 그 전자문서라는 증명이 가능하도록 문서가 훼손, 위조, 변조가 되지 않도록 하는 포맷이어야 한다.
- 표현력 정도 : 문서보존포맷은 원래 생산된 전자문서의 내용뿐만 아니라 문서의 외형과 구성 그 자체가 그대로 표현되어야 하며 복원될 수 있어야 한다.
- 검색기능 : 문서보존포맷은 문서 내부에서 이용자가 원하는 문서내용에 대한 검색기능을 제공하여야 한다(NAK/TS 2:2008(v1.0), 5-6).

◼ 전자기록의 장기보존포맷 : NEO

공공기록물 관리에 관한 법률 시행령 제 36조에 의거하여 기록물관리기관들은 소장하고 있는 기록 중 10년 이상의 보존기간을 가진 전자기록을 문서보존포맷과 장기보존포맷으로 변환해야 한다. 영구기록물관리기관의 경우 소장하고 있는 보존기간 30년 이상의 전자기록을 대상으로 포맷변환을 해야 한다.

장기보존 포맷이란 전자기록 원문, 문서보존포맷, 메타데이터, 전자서명을 XML을 이용하여 하나의 정보패키지로 묶은 포맷이다. 원문은 생산자가 처음 생산한 기록으로 진본성을 보장하기 위해 정보패키지 안에 포함하도록 한다. 문서보존포맷은 시간과 기술변화에 상관없이 이용자가 접근할 수 있도록 정보패키지 안에 포함한다. 장기보존포맷 메타데이터는 향후에 기록에 대한 이해와 활용이 가능하도록 하기 위해 정보패키지 안에 포함한다. 전자서명은 전자기록의 진본성 및 무결성 보장을 위한 것으로 인증정보와 잠김인증정보로 구성되어 있다. 인증정보는 기록물관리기관 인증서로 생성한 전자서명 데이터와 인증서로 구성되어 있다. 잠김인증정보는 장기보존포맷 생성시스템에 부여한 시스템 인증서로 생성한 전자서명 데이터와 인증서로 구성되어 있다. 이렇게 정보들을 패키징을 하는 이유는 시스템과 기관을 옮겨 다니면서 장기간 보존되는 전자기록의 관리를 편하게 해주며 기록물의 유실 및 훼손에 대한 위험성을 줄여주기 때문이다.

장기보존포맷을 설계할 때의 고려사항은 다음과 같다.

첫째, 자체 충족성이 있어야 한다는 것이다. 기록이 생산된 당시의 내용을 그대로 재현하여 읽고 이해할 수 있도록 하기 위하여 전자기록은 시스템, 외부데이터 등에 독립적이어야 한다. 시스템 의존적일 경우 시스템의 손실은 전자기록의 손실로 이어지고, 외부데이터의 손실 역시 전자기록의 손실로 연결되기 때문에 전자기록은 자체적으로 기록이 생산된 당시의 내용을 그대로 재현할 수 있는 충분한 능력을 가져야한다. 이러한 기록의 자체 충족성을 위해 텍스트 인코딩이 필요하다.

둘째, **자체 문서화가 잘되어 있어야 한다.** 전자기록은 자체적으로 기록물과 관련된 기술(記述)과 맥락에 대한 이해를 줄 수 있는 정보를 포함하여, 미래의 이용자들이 장기 보존된 기록물의 내용을 이해할 수 있도록 하여야 한다. 즉 기록을 기술(記述)하고, 다른 기록이나 기관 또는 조직과의 관계를 기술하고, 기록의 지속적인 관리 및 이용에 관련된 메타데이터를 포함하여야 한다. 메타데이터가 포함됨으로써 장기보존포맷이 독립적인 객체로서 기능할 수 있도록 한다.

셋째, **구조화된 텍스트 인코딩이 가능해야 한다.** 캡슐화하는 기록은 바이너리 데이터보다는 구조화된 텍스트 형식으로 인코딩하여야 한다. 텍스트 인코딩은 기록의 기술, 기록 간의 관계 등 기록이 가지고 있는 정보를 명확히 정의하고 식별할 수 있도록 하며, 해석 어플리케이션이 필요한 비트스트림과 달리 시스템으로부터 독립적이어서 기록이 시스템이나 외부문서에 의존하지 않게 해준다.

넷째, **무결성을 유지할 수 있어야 한다.** 전자기록이 위조 또는 변조 되지 않았음을 보장하여 기록의 법적증거를 확보하여야 한다. 무결성을 보장하기 위해 인증정보를 적용하여야 한다.

장기보존포맷은 기록 철 장기보존포맷과 기록 건 장기보존포맷으로 나누어진다. 기록 철 장기보존포맷은 기록 철 메타데이터, 분철 메타데이터, 전자서명으로 구성되고, 기록 건 장기보존포맷은 기록 건 메타데이터, 문서메타데이터, 인코딩된 원문 및 문서보존포맷 데이터, 전자서명으로 구성된다. 기록 철과 기록 건의 메타데이터가 수정되거나 파일이 추가되면 장기보존포맷을 수정하게 된다(NAK/TS 3:2008(v1.0), 1-6).

■ 기록 건 장기보존포맷 NEO의 생성과정

공공기관에서 중앙영구기록관리시스템으로 이관되는 전자기록은 기본적으로 장기보존포맷인 NEO(NAK's Encapsulated Objects) 구조로 변환된 상태에서 넘어 오도록 되어있다. NEO는 공공기관 전자기록의 장기보존포맷이다. 'N'은 국가기 록원의 영문명칭 NAK(National Archives of Korea)를 의미하며, 'EO'는 캡슐화한 객체라는 의미를 갖는다. '새롭다'는 의미를 담고 있기도 한 NEO는 우리나라 공 공기록의 장기보존포맷 명칭이자, 장기보존포맷 파일의 확장자이기도 하다. 전 자기록 한 건이 하나의 NEO 파일로 만들어지는 과정을 도식하면 〈그림 5-2〉와 같다(임진희 2013, 346-347).

〈그림 5-2〉 장기보존포맷 파일 생성 과정

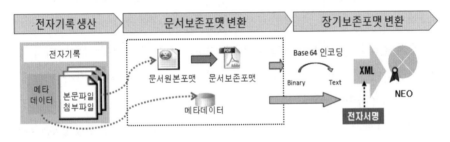

*출처: 국가기록원 2006c.

먼저, 전자기록 한 건은 메타데이터와 하나 이상의 전자문서를 본문과 첨부 파일로 포함하게 된다. 전자문서시스템과 업무관리시스템에서 생산되는 결재기 록의 경우, 기안하는 주요 내용을 담고 있는 본문파일을 필수적으로 작성하게 되고, 결재자들이 참고할 만한 내용을 별첨으로 붙이게 된다. 결재가 종료되면 한 건의 전자기록 생산이 완료된다.

10년 이상 장기보존해야 하는 전자기록의 경우 기관에서는 장기보존 포맷으로 변환할 것을 결정할 수 있다. 전자기록 한 건에 포함되어 있는 전자문서 파일 각각은 먼저 문서보존포맷인 PDF/A-1으로 변환된다.

다음 단계에서 메타데이터는 태그와 함께 XML 문서에 기재되고, 문서원본포맷 파일들, 문서보존포맷 파일들은 모두 Base64 인코딩 방식을 통해 텍스트로 변환되어 XML 문서에 기재된다. 전자기록의 진본성과 무결성을 확인하는 전자서명이 함께 기재된 최종 XML 파일은 NEO라는 확장자를 갖게 된다(국가기록원 2008a)(임진희 2013, 347).

■ Base64 인코딩(Encoding) 방법

NEO 생성과정을 이해하기 위해서는 Base64 인코딩이 무엇인지 알아야 한다. Base64 인코딩은 여러 포맷의 문서에 다양하게 응용되는 방법이다. XML 문서에 비트스트림을 넣을 때도 Base64 인코딩을 하게 된다. XML 문서 포맷의 기본 정의가 문서의 내용을 문자열로 모두 화면에 표시할 수 있도록 ASCII 값으로 저장한다는 것이다. 따라서, 전자기록 컴포넌트의 비트스트림도 문자열로 전환해서 넣어주어야 하는데 이 때 Base64 인코딩 방법을 사용하는 것이다.

XML 문서에 비트스트림의 인코딩 결과로 들어갈 수 있는 문자는 총 64 개다. 알파벳 대문자 26개, 소문자 26개, 숫자 10개, 그리고 "+", "/" 기호가 더해져 다음과 같이 총 64개로 이루어진다.

"ABCDEFGHIJKLMNOPQRSTUVWXYZabcdefghijklmnopqrstuvwxyz0123456789+/"

Base64 인코딩은 2진수로 만들어져 있는 비트스트림을 위의 64진수 문자로 변환하는 것이다. 64는 2의 6제곱이다. 따라서 비트 6개 당 하나의 64진수 문자로 매핑된다.

하나의 디지털 컴포넌트를 XML문서에 넣기 위해서는 먼저 비트스트림을 모두 6비트 단위로 쪼갠 후, 각각을 64진수 문자로 변환하고, 64진수 문자열을 XML 문서의 특정 태그 값으로 저장하면 된다. XML 문서를 저장하면 64진수 문자 하나는 8비트 ASCII값으로 인코딩되어 저장된다. 원래 비트스트림 6비트가 XML 문서에 인캡슐레이션되면서 8비트로 전환되어 저장되는 것이다. 결과적으로, Base64 인코딩을 거친 결과물은 원본보다 약 1/3 정도 크기가 커지게 된다.

XML 문서는 문자열로 구성되므로 메모장으로 열어볼 수 있다. 하지만, 사람이 인식할 수 있는 의미있는 문자열은 아니다. XML 문서에 Base64 인코딩되어 들어있는 내용을 재현하기 위해서는 다시 원래의 비트스트림으로 전환해주어야 한다. 앞에서 인코딩하던 것의 반대로 문자하나를 6비트로 바꿔주어 연결하여 하나의 비트스트림을 재생성하는 것이다. 그 비트스트림이 어떤 포맷이었는지에 따라 에뮬레이터나 뷰어, 필요한 소프트웨어를 이용하여 열어볼 수 있고 내용과 메시지 확인이 가능하다. 따라서, XML로 캡슐화된 전자기록은 이동이나 장기보존에는 용이하지만 접근활용에는 불편한 점이 있다. XML 문자열을 디코딩하는 데 컴퓨팅 파워가 필요하고 처리시간을 기다려야 하기 때문이다.

2. 전자서명 장기검증 체계

■ 무결성 검증을 위한 전자서명의 필요성

전자기록은 장기보존포맷 생성 시 전자서명법에 의거한 공인전자서명을 포함한다. 전자기록 장기보존포맷에 포함된 전자서명은 전자기록의 무결성을 확인하기 위해 사용된다. 장기보존포맷 생성 시 대상 전자기록에 대해 전자서명을 생성·보관하며, 무결성 확인이 필요한 시점에 보관한 전자서명 검증을 통해 해당 전자기록의 무결성을 확인한다.

기록관리 과정에서 무결성 확인을 위해 전자기록의 전자서명을 생성 및 검증 과정을 거치게 된다. 먼저, 〈그림 5-3〉과 같이 전자서명을 하고자 하는 대상 데이터에 대해 전자서명생성키(개인키)를 이용하여 전자서명을 생성하게 된다. 전자서명을 수행한 후에는 해당 전자기록, 해당 전자기록물에 대한 전자서명, 검증에 필요한 전자서명검증키(공개키)가 포함된 인증서를 함께 보관하게 된다 (NAK/TS 4-1:2011(v1.1), 5-6).

〈그림 5-3〉 전자서명 생성 과정

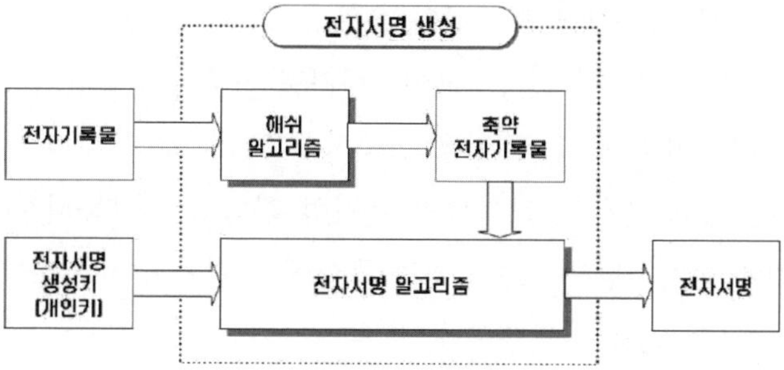

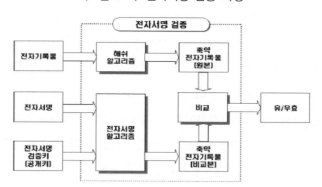

*출처: 국가기록원 NAK/TS 4-1:2011(v1.1), 6.

〈그림 5-4〉 전자서명 검증 과정

*출처: 국가기록원 NAK/TS 4-1:2011(v1.1), 7.

전자서명 검증 과정은 〈그림 5-4〉와 같이 전자서명 과정의 역순의 개념으로 처리된다. 전자기록과 전자서명 그리고 전자서명검증키(공개키)를 넣어 전자서명의 유효성 여부를 확인하는 과정으로 구성된다. 전자기록 전자서명에 대한 유/무효 여부가 확인되면 해당 전자기록은 전자서명이 생성된 시점부터 서명을 확인한 시점까지 위·변조되지 않은 상태에서 보관되고 있었음을 신뢰할 수 있게 된다.

그런데, 전자기록 전자서명에 사용하는 인증서에는 유효기간이 있다. 민간용 인증서는 보통 1년이 유효기간이며, 행정전자서명용 인증서는 유효기간이 2년 3개월이다. 이처럼 전자서명 인증서의 유한성으로 인해 전자서명 당시에는 유효한 인증서로 전자서명 한 전자기록이었더라도 인증서의 유효기간이 경과하였을 경우에는 해당 인증서의 유효성을 검증하지 못하므로 당시의 전자서명을 검증하지 못하게 되고 결국 전자기록의 무결성 확인이 불가능해진다. 전자기록 장기보존포맷에 전자서명을 포함시키는 동안에는 인증서의 유효성을 장기적으로 검증할 수 있는 방안이 필요하다.

■ 전자서명 인증서 장기검증 시스템의 필요성

전자서명 인증서 장기검증이란 전자기록의 진본성 및 무결성을 입증하기 위해 전자기록에 적용된 전자서명 인증서의 유효성을 장기적으로 검증하는 방법이다. 위·변조 및 훼손이 쉬운 전자기록에 대하여 진본성, 무결성 등을 시스템적으로 보장하기 위해 전자서명이 적용되지만, 오랜 시간이 지난 후 그 유효성 검증에 제한을 받기 때문에 전자기록을 장기적으로 보관·관리하는 경우에는 해당 전자서명의 효력을 지속적으로 확인할 수 있는 방법이 필요하다.

전자서명 인증서 장기검증은 전자기록의 전자서명 인증서에 대해 장기적으로 유효함을 검증할 수 있는 방법을 제공함으로써 전자서명이 적용된 전자기록에 대해 장기적으로 진본성, 무결성 등을 확인할 수 있게 해준다. 이를 위해서

타임스탬프 토큰(Time Stamp Token)과 인증서 검증정보를 활용하여 전자서명에 사용한 인증서가 유효한 상태에서 전자서명이 생성되었는지를 검증한다.

국가기록원은 "NAK/TS 4-1:2011(v1.1)전자기록물 전자서명 인증서 장기검증 기술규격"을 제정·공표하고 있다. 이 표준은 전자기록 전자서명 인증서의 유효성을 장기적으로 검증하는 기술에 필요한 처리절차와 데이터 구조를 정의하고 있으며, 기록물관리기관이 관리하는 전자기록에 적용된 전자서명의 인증서를 장기적으로 검증하는 경우에 적용한다.

전자기록 전자서명의 유효성 검증을 위해 시스템에 과거의 행정전자서명, 교육과학기술부 전자서명, 국방부 전자서명 및 민간 공인인증 일부기관의 인증서 폐기목록(CRL, Certificate Revocation List)을 지속적으로 유효성이 유지되는 형태로 보존하도록 한다. 전자기록의 전자서명에 사용된 인증서와 서명한 시점정보를 받아서 해당시점에 유효했던 인증서임을 검증할 수 있는 서비스를 제공하는 시스템을 약칭 장기검증시스템이라고 한다(NAK/TS 4-1:2011(v1.1), 3).

■ 전자서명 인증서 장기검증 방법

장기보존 전자기록의 전자서명 값과 해당 전자서명 인증서에 대한 검증은 해당 기록을 보존하는 동안에 항상 가능해야 한다. 특히, 기술적 측면에서 전자기록의 진본성과 무결성은 전자서명을 통해 보장되므로 전자서명의 완벽한 검증체계가 잘 유지되어야 한다.

만약, 전자기록 전자서명 값에 대한 검증만을 수행하고 전자서명 인증서 검증을 수행하지 않는다면 전자기록의 무결성을 보장할 수 없다. 전자서명 인증서를 확인하지 못한 상황에서는 전자기록 전자서명에 사용한 전자서명 키 및 서명 생성 시각 등을 임의로 조작하여 사용할 수 있고, 따라서 해당 전자기록의 전자서명을 신뢰할 수 없게 되기 때문이다. 완전한 서명 검증을 위해서는 전자서명 값과, 이를 수행한 인증서 정보 그리고 전자서명 수행 시점의 인증서 상태

정보가 모두 필요하다. 이 중 시간이 경과면서 신뢰할 수 없어지는 인증서 상태 정보가 문제가 되므로 인증서폐기목록(CRL)을 장기적으로 관리해야 하는 것이다.

〈그림 5-5〉에서 보는 바와 같이, 전자기록에 대한 전자서명 결과로 생성되는 장기보존포맷은 서명대상이 되는 전자문서와 전자서명값 그리고 전자서명 인증서 정보를 포함하고 있다. 전자기록 전자서명 인증서 장기검증시스템은 전자서명에 사용된 인증서의 서명 당시 유효성 정보인 인증서폐기목록(CRL)을 장기적으로 유효성이 유지될 수 있도록 관리하는 시스템이다. 이 시스템을 통해 장기보존포맷으로 관리되는 전자기록에 대한 장기적인 유효성 검증을 가능하도록 한다.

〈그림 5-5〉 전자서명 인증서 장기검증 절차

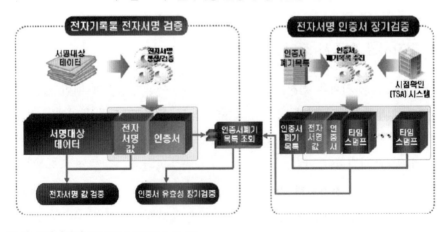

*출처: 국가기록원 NAK/TS 4-1:2011(v1.1), 10.

■ 시점확인(TSA, TimeStamping Authority) 시스템

시점확인(TSA, TimeStamping Authority) 시스템은 행위의 시점을 기만하거나 부인하지 못하도록 공인된 현재시점 정보(타임스탬프)를 제공하는 기관 또는 시스템을 지칭한다. 이 타임스탬프도 전자서명과 같은 무결성 검증 역할을 할 수 있어 전자문서의 생성시점이나 전자서명시점, 장기검증데이터 유효성 연장 시점 등을 확인하는 서비스 등에 사용하기도 한다(NAK/TS 4-1:2011(v1.1), 13).

국가기록원의 전자서명 인증서 장기검증시스템은 전자서명에 사용된 인증서의 서명 당시 인증서 폐기목록을 장기적으로 관리하는 시스템으로 단순히 인증서 폐기목록에 대한 관리를 하는 시스템이 아니라 수집된 인증서 폐기 목록에 대해 RFC 3126을 준용하여 관리하도록 구성되어 있다. 인증폐기목록 전자서명의 유효성을 장기적으로 늘릴 수 있는 방법으로 RFC 3126 표준을 활용한 것이다. 즉 인증서 폐기 목록에 대한 타임스탬프를 시점확인시스템으로부터 발급받고, 이후에 발급받은 타임스탬프의 유효기간이 도래할 때마다 다시 타임스탬프를 발급받도록 함으로써 인증서폐기목록의 유효성을 늘려가는 것이다. 전자기록에 대해 장기검증을 수행해야 한다는 점을 고려하여 전자기록에 대한 타임스탬프를 직접 발급받도록 하지 않아 처리 방법이 간략하고 수와 양에 관계없이 대량의 전자기록 전자서명 장기검증에 효과적인 방법이다(한국정보보보진흥원 2008, 35).

〈그림 5-6〉에서 보는 바와 같이, 전자서명 인증서 장기검증시스템을 적용하면, 장기검증을 하고자 하는 측에서는 전자기록의 전자서명을 검증한 후 인증서의 유효기간이 경과하였을 경우 검증하고자 하는 인증서와 전자서명이 수행된 시점을 전자서명 인증서 장기검증시스템에 제시하게 된다. 전자서명 인증서 장기검증시스템에서는 인증서에 포함된 인증서폐기목록(CRL)의 게시 위치를 확인한 후 요청한 전자서명 수행 일자의 전자서명 인증서 장기검증데이터를 전달해 주고, 검증하고자 하는 측에서 이 데이터의 유효성을 확인한다. 타임스탬프

생성 시 사용된 시점확인시스템의 인증서 유효 기간이 지났을 경우 해당 시점
확인시스템의 인증서에 대해서 장기검증데이터를 요청하여 유효성을 확인한
후, 신뢰할 수 있을 경우 포함된 인증서폐기목록(CRL)을 이용함으로써 전자서명
인증서 장기검증을 완료하게 된다(NAK/TS 4-1:2011(v1.1), 13).

〈그림 5-6〉 장기검증 데이터 요청 및 검증

*출처: 국가기록원 NAK/TS 4-1:2011(v1.1), 15.

3. 디지털화 기술과 지침

■ 국제 표준 ISO/TR 13028

이 표준의 이름은 "Implementation guidelines for digitisation of records", 즉 "기
록의 디지털화 이행 지침"이다. 이 표준의 제정 목적은 다음과 같다(KS X ISO
TR 13028: 2010).

- 원래 종이나 기타 비디지털 원천 기록을 디지털화의 방법으로 복제하여 디지털 형태로만 생산하고 관리하는 데에 필요한 지침을 제공한다.
- 기록의 신빙성(Trustworthiness)과 신뢰성을 보장하기 위한 디지털화와 비디지털 원천 기록의 폐기를 고려할 수 있도록 하는 모범실무지침을 제공한다.
- 기록의 법적 허용성과 증거로서의 가치에 영향을 미칠 수 있는, 디지털화 기록의 신빙성에 대한 모범실무지침을 제공한다.
- 필요한 기간 동안에 디지털화 기록에 대한 접근성과 관련된 모범실무지침을 제공한다.
- 장기 보유하는 데에 적합하도록 디지털화 기록을 생산하기 위한 지원전략을 명시하며,
- 디지털화 이후 비디지털 원천 기록의 관리를 위한 모범실무지침을 제공한다.

■ 기록디지털화 작업 수행지침

국가기록원은 기록의 디지털화 작업을 수행하는 절차와 방법을 "NAK/G 5:2011(v1.1) 기록물 DB구축 작업 가이드라인"으로 작성·배포하였다. DB구축이라는 말이 디지털화 작업보다는 더 큰 범주의 용어지만 공공기관에서의 DB구축은 지식정보를 데이터베이스화하거나 비전자기록을 디지털화한 데이터베이스 구축이라는 맥락에서 주로 사용되고 있다.

이 지침은 다음과 같은 공공기록물 관리에 관한 법령에 근거하여 작성된 것이다.

- 공공기록물 관리에 관한 법률 제6조 (기록물의 전자적 생산·관리)
- 공공기록물 관리에 관한 법률 시행령 제37조 (기록관 및 특수기록관의 보존기록물 중 전자적 형태로 생산되지 아니한 기록물의 전자적 관리)

- 공공기록물 관리에 관한 법률 시행령 제47조 (영구기록물관리기관 보존 기록물 중 전자적 형태로 생산되지 아니한 기록물의 전자적 관리)

공공기관은 기록의 디지털화 작업을 할 때는 "국가정보원기본지침" 및 "정보화용역사업 보안관리 실무 매뉴얼"을 기준으로 보안관리를 해야 한다. 보안관리의 대상은 작업장 보안관리, 시스템 보안관리, 기록물 보안관리, 인원 보안관리를 실시해야 한다(NAK/G 5:2011(v1.1), 4).

기록 DB를 구축하는 작업관리자는 데이터 품질을 높이기 위해 작업장의 서버를 최적의 상태로 유지하고, 안정적으로 데이터를 관리하기 위해 자료를 주기적으로 백업해주어야 한다. 또한, DB 작업자들이 입력, 조회하는 프로그램을 버전을 수시로 체크하여 효과적인 작업이 되도록 해야 한다.

작업관리자는 기록물 DB구축 작업의 공정 단계별 업무 처리절차와 데이터를 명확히 정의함으로써 산출물의 품질을 향상시켜야 하고, 작업관리시스템을 운영함으로써 작업공정을 효율적으로 관리해야 한다.

기록의 DB구축 작업절차는 자료준비 단계, 정리단계, 색인목록 등록 단계, 이미지 디지털화 단계, DB구축 완료단계, 예외처리 단계로 정의할 수 있다. 각 단계별 세부 활동까지를 프로세스로 연결해 보면 〈그림 5-7〉과 같다.

〈그림 5-7〉 DB 구축 업무 절차

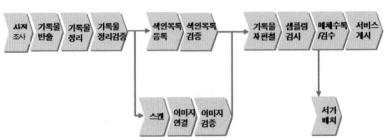

*출처: 국가기록원 NAK/G 5:2011(v1.1), 8.

기록물 사전정리 대상으로 선정한 기록물을 서고의 서가나 처리과로부터 수집한 후 기록물 확인절차를 거쳐 DB구축 작업장으로 반출한다. 기록물 정리 절차는 '기록물관리지침'에 따라 기록물 해철, 보수, 부착물정리, 중복·복사본 제거 등의 기록물 정리작업을 수행한다. 장기적인 보존과정에서 산화현상·열화현상과 같은 자연적인 훼손 또는 열악한 보존환경으로 인해 손상된(찢어진, 접힌) 기록물은 그 부분이 추가 훼손되지 않도록 보수한다. 기록물에 영수증, 사진 등이 한 면에 다수 부착되거나 중첩된 경우 각 1매씩 표준 규격(A4)용지에 부착하여 정리한다. 기록물이 중복되거나 복사본일 경우에는 처리과 담당자의 확인 후 제거할 수 있다. 분류된 기록은 순서대로 취합하여 편철하고 보존상자에 편성한다. 기록물철의 면표시는 우측 하단에 첫 번째 면부터 일련번호를 표시한다. 기록물 정리가 끝나면 그 결과를 지침에 의거하여 검증한다.

기록 건과 철의 색인목록을 작성한다. 색인목록 정보는 중앙기록물관리기관의 장이 정하는 기록물건 및 철 등록정보를 시스템에 입력하여야 한다. 등록정보에 오류가 없도록 1차, 2차에 걸쳐 전수검사를 하고, 작업자별 일일 표본검사를 하는 등 철저한 검증과정을 거치도록 한다. 검증과정에서 살펴보는 내용은 〈표 5-4〉와 같다.

〈표 5-4〉 색인목록 검사 내용

절차	내용	비고
철 목록 등록검사	• 등록된 기록물철의 메타데이터 정보 발췌가 적정한지 여부를 검사함 • 등록된 메타데이터 항목의 발췌누락, 항목 적절성, 오탈자 여부를 검사함	점검항목에 대한 가중치 적용
건 목록 등록검사	• 등록된 기록물철의 건 분류 적정한지 검사함 • 등록되어야 할 기록물건이 누락된 경우가 있는지 검사함 • 기록물 건 메타데이터 항목 정보 발췌가 적정한지 여부를 검사함 • 등록된 건 메타데이터 항목의 발췌누락, 항목 적절성, 오탈자 여부를 검사함	등록대상 기록물건 누락 여부에 대한 검사 강화

* 출처: 국가기록원 NAK/G 5:2011(v1.1), 16.

이미지 디지털화, 즉 스캐닝(Scanning)을 실시할 때는 전체 스캐닝 일정에 따라 계획을 세우고 세부계획을 작성하여 고품질의 스캐닝 결과물을 확보하도록 해야 한다. 스캐닝을 위한 프로그램은 최소한 다음의 기능을 갖는 것을 사용한다(NAK/G 5:2011(v1.1), 19).

- 스캐닝내용의 수정 기능 : 미리보기(확대/축소/회전), 삭제, 추가, 삽입
- 스캐닝모드의 조정 기능 : 해상도(dpi), 농도, 밝기, 색상, 원고 크기
- 저장기능 : 파일명 선택, 파일형식
- 급지방법 선택 기능 : 평판식(낱장식), 자동식
- 스캐닝방식 : 단면식, 양면식

스캐닝 작업으로 생성된 데이터는 *.jpg(문서, 사진 등) 혹은 *.tif(도면, 지도 등) 등으로 저장할 수 있다. 산출된 이미지를 검사 및 보정할 수 있는데, 보정의 대상은 이미지 기울기, 이미지 농도, 구겨짐, 접힘 등이며, 스캐닝 장비의 불량이나 장비의 기본설정 오류 등으로 원문과 색감이 상이하거나, 광학적 오류가 있을 때는 재스캐닝하기도 한다. 스캐닝 된 이미지의 품질을 보장하기 위해 원본과 스캐닝 이미지 사이의 일치성을 확인해야 하며, 필요시 허용오차를 정하여 관리할 수 있다.

입력된 색인정보와 스캐닝한 이미지에 대한 검증을 수행 후 색인정보와 스캐닝 이미지를 연결해 준다. 입력된 기록물건의 페이지 수와 스캐닝 된 이미지의 개수가 일치하지 않으면 재 스캐닝을 요청해야 한다.

담당자를 지정하여 전체 DB구축 물량에서 가능한 수량(최소 3% 이상 권장)을 대상으로 표본검사를 실시한다. DB구축 작업의 결과물은 사업자의 검사를 통해 품질을 검증받은 후 기록물관리시스템에 업로드한다. 업로드 절차는 다음과 같다.

- 기록물관리시스템 업로드용 규격파일을 생성하여 저장한다.
- 기록물관리시스템에 업로드된 색인정보 및 이미지파일에 대하여 검수한다.
- 검수결과 오류사항 발견 시 재작업 지시/시정조치 확인 후 교정확인서를 작성하고 재업로드한다.

검사가 끝난 기록물은 '기록물관리지침'에 따라 합철, 관리번호 부여, 보존용 표지 부착 등의 작업을 수행한 후 서가 또는 처리과에 배치하고 관련 정보를 시스템에 등록하여 활용한다(NAK/G 5:2011(v1.1), 23).

3절 업무연속성과 위험관리

1. 전자기록 장기보존 정책 프레임워크

■ InterPARES 프로젝트 개요

InterPARES 프로젝트는 진본성·평가·보존 및 전략 등 전자 기록의 기록 생애 주기 전반에 걸친 문제를 해결하기 위해 방안을 모색하는 다국적 연구 프로젝트이다. 캐나다 브리티시 컬럼비아 대학의 듀란티(L. Duranti)교수가 프로젝트 책임을 맡았으며, 1단계는 1999년에 시작되어 2001년에 완료되었고, 2단계는 2002년에 시작되어 2006년에 종료되었고, 3단계는 2007년부터 시작되어 2012년 마무리 중이다.

1단계에서는 캐나다·미국·영국·호주·중국·홍콩·프랑스·이탈리아·네덜란드·스웨덴·포르투갈의 기록 관리 전문가가 참여했으며, 참여 연구진은 진본성·평가·보존·전략의 4가지 프로젝트를 분담하였다. 1단계 프로젝트의 결과물인 방대한 보고서가 공식 웹 사이트(www.interpares.org)에 공개되어 있다. 프로젝트 보고서는 4가지 프로젝트 전담팀의 보고서와, 각국 환경에서 이 보고서가 제안하는 전략을 실행할 맥락을 기술한 부분, 그리고 용어집을 포함한 결론 등 크게 3부분으로 구성되어 있다.

2단계 사업은 예술·과학·전자 정부 분야의 복잡한 디지털 기록의 진본성·신뢰성·정확성 유지 문제를 생애 주기 관점에서 분석하였으며, 3단계 사업에는 우리나라 대표도 참여하였다(한국기록학회 2008, 291-292).

InterPARES 1이 기초 이론적 논의에 제한되었던 데 비하여, InterPARES 2에서

는 연구의 범위가 한층 확장되어 다양한 사례연구와 특화된 보고서 형식의 성
과물이 산출되었다. 생산자·보존자 가이드라인, 법령스터디 연구·정책프레임
워크를 위한 고려사항, 기록관리모형, 보존사슬(COP: Chain of Preservation)모형,
업무기반 기록관리(BDR: Business-Driven Record-keeping Model)모형, 디지털 파
일포맷, 전자기록의 장기보존을 위한 정책, 전략 및 표준개발을 위한 원칙프레
임워크(생산자원칙과 보존자원칙), 용어데이터베이스, 메타데이터 및 보존기록
기술 등록 및 분석 시스템인 MADRAS(Metadata & Archival Description Registry &
Analysis System) 등의 InterPARES 성과물은 InterPARES 홈페이지에 수록되어 있다
(이윤주, 이소연 2009, 197).

■ 진본 전자기록의 장기보존을 위한 정책 프레임워크 개요

'진본 전자기록의 장기보존을 위한 정책프레임워크'는 다음의 〈그림 5-8〉에서
보는 바와 같이 모두 네 개의 범주로 구성하였고, 각각의 범주 아래에 총 9가지

〈그림 5-8〉 진본 전자기록 장기보존 정책 프레임워크의 구조

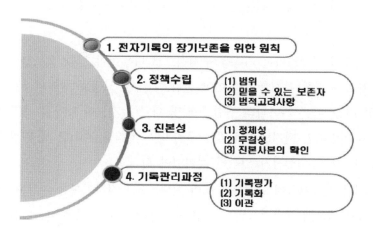

*출처: 이윤주, 이소연 2009, 204.

소범주를 나누고 있다. 네 가지 범주는 전자기록의 장기보존을 위한 원칙, 정책수립, 진본성, 기록관리과정이고, 두 번째 정책수립 범주 아래에 정책의 범위와 믿을 수 있는 보존자, 법적고려사항의 세 가지 소범주를, 두 번째 진본성 범주 아래에 정체성, 무결성, 진본사본확인의 세 가지 소범주를 포함시키고 있다. 또한 기록관리과정 범주에는 기록평가, 기록화, 이관의 세 가지 소범주로 구성하고 있다.

InterPARES 성과물을 중심으로 진본 전자기록의 장기보존을 위한 정책 프레임워크를 구성되었다. InterPARES 1에서는 벤치마크 요건과 베이스라인 요건, 지적 프레임워크(Intellectual Framework)가 참조되었으며, InterPARES 2에서는 생산자원칙(Creator Principle), 보존자원칙(Preserver Principle), 생산자 가이드라인(Creator Guidelines), 보존자 가이드라인(Preserver Guidelines)이 참조되었다. 다음부터 제시되는 정책 프레임워크의 내용은 이윤주와 이소연의 2009년 논문을 요약한 것이다.

■ 진본 전자기록의 장기보존을 위한 원칙

먼저, 전자기록의 장기보존을 위한 원칙을 살펴보면 다음과 같다.

첫째, 디지털 객체보다는 기록을 구체적으로 다루어야 한다. 즉, 업무 활동과정에서 따로 보관한 문서를 다루어야 한다. 기록은 고정된 형태의 문서양식과 안정적인 내용, 다른 기록과의 결합관계 및 파악이 가능한 내용을 가지고 있다는 점에서 일반적인 디지털 대상과는 구별된다. 기록은 최소한 세 명의 참여자 즉, 생산자, 저자, 수신자가 연관된 것이어야 한다.

둘째, 진본 전자기록에 초점을 두어야 한다. 진본 전자기록은 손상·손실되지 않은 것이기 때문에 전자기록의 진본성을 증명하는 것은 진본성에 대한 벤치마크 요건과 베이스라인 요건을 토대로 그 정체성을 파악하고 무결성을 확인하는 것이다. 기록의 정체성은 기록이 구별되는 독특한 특징으로서 다른 기록과 구별되는 그 기록만의 특성을 지칭한다. 기록의 무결성은 기록에 결함이 없이 완전함을 지칭하는 표현으로서 어느 기록이 무결성을 가지고 있다는 것은 기록이 완벽하고 모든 필수적인 측면에서 흠결이 없다는 것을 의미한다. 무결성이 있는 기록이라고 해서 반드시 그 기록이 처음 작성될 때와 완전히 정확하게 동일해야 한다는 것을 의미하지는 않는다. 전자기록의 경우, 원래의 목적을 달성하기 위해 전달하고자 하는 메시지가 변형되지 않았다면 그 기록은 필연적으로 완벽하고 변형되지 않은 것으로 간주한다.

셋째, 기록관리 및 기록보존에서 신뢰의 개념과 특히 신뢰성 있는 기록생산시스템과 믿을 수 있는 보관자로서의 보존자 역할 개념을 기반으로 한다. 기록은 신뢰성 있는 기록생산시스템에서 작성되고 관리되어야 하며 믿을 수 있는 보관자에 의해 보존되어야 한다는 데에서 출발한다. 즉, 신뢰성 있는 기록생산시스템은 생산자의 기록 작성, 관리 및 활용을 통제하고 그 시스템 내에서 기록의 진본성에 대한 환경적 가능성을 제공하는 전반적인 규칙을 구성한다. 믿을 수 있는 보호자로 판단되기 위해서는 보존자는 보관된 기록을 변형시키거나 타인으로 하여금 변형시키도록 할 어떤 사유가 없으며 모든 베이스라인 요건을 실행할 수 있는 능력이 있음을 반드시 보여주어야 한다.

넷째, 전자기록을 물리적 대상으로써 보존하다는 것은 불가능하며 그 기록의 재생산 가능성을 보존하는 것만이 가능하다는 것을 전제로 해야 한다. 전자기록의 재생산은 내용과 모든 필요한 문서양식의 요소, 그 기록이 재생산 이전에 보유하고 있던 모든 주석을 제공할 수 있음을 말한다.

다섯째, 전자기록의 물리적 요소와 지적요소는 반드시 동시에 발생되지 않으며 디지털 요소의 개념은 문서양식 요소 개념과 다르다는 점을 인식해야 한다. 디지털 요소는 전자기록의 전체 또는 일부 내용 및 그 내용을 명령, 구조화, 표현하는 데 필요한 데이터 또는 메타데이터를 포함하고 있으며 보존에 대한 특정한 방식을 요구하는 디지털 대상이라는 점이 문서양식의 요소와 구별된다는 것이다. 반면에 양식의 외부적 및 내부적 요소는 외적인 모습을 구성하고, 기록이 관련된 행위와 생산의 직접적인 배경을 알려준다.

■ 진본 전자기록의 장기보존을 위한 정책 수립

정책수립의 범위를 정할 때는 다음을 고려해야 한다.

첫째, 진본 전자기록의 장기적 보존을 위한 정책 프레임워크를 구축할 때 중요한 것은 정책의 범위를 정하는 것이다. 생산 시점부터 보존을 고려하여 생산하고 관리하도록 하는 연속적인 보존 정책(Chain of Preservation Framework)을 수립해야 한다. 영국의 국가기록원 TNA(The National Archives)에서 표방하는 끊김없는 업무절차(Seamless Workflow)와 같은 의미이다. 전자기록의 보존자는 보존의 목적과 범위를 정해야 하는데 이는 기록의 최종 이용자가 누구인지에 따라 달라진다. 진본 전자기록의 보존은 기록생산시점부터 시공간을 거쳐 지속적으로 진본기록을 전달하는 것을 목적으로 한다. 즉, 기록의 생애주기 전반에 걸쳐서 전자기록의 정체성과 무결성을 보장하는 것이다.

둘째, 정책수립 시 생산 단계에서는 믿을 수 있는(Trusted) 기록생산/관리시스템을, 보존 단계에서는 '믿을 수 있는 보관자(Trusted Custodian)'를 기반으로 하여 궁극적으로 진본이라고 신뢰할 수 있는 기록을 유지해야 한다는 원칙을 고려해야 한다. 전자기록 보존의 '신뢰'는 기록생산시스템, 기록관리시스템, 그리고 믿을 수 있는 기록 보관자'를 기반으로 수립된다. 보존단계에서의 신뢰성은 믿을 수 있는 기록보관자(Trusted Custodian)를 지정하여 생산자 기록의 장기보존 책임을 부여하는 데 달려 있다. 믿을 수 있는 기록보관자로 인정받으려면, 보존자는 우선 중립적인 제 3자(Neutral Third Party)이어야 한다.

셋째, 정책 수립 시 법적 측면을 고려해야 한다. 지적재산권과 개인정보보호, 법적 규제환경 등을 검토해야 한다. 생산자의 기록에 대한 제 3자의 지적재산권과 개인정보 보호의 권리와 의무를 분명히 확인하여 기록생산, 관리, 보존시스템에서 관리해야 한다.

■ 전자기록의 진본성 요건

진본성에 관련된 정책 프레임워크는 정체성과 무결성, 그리고 진본사본의 확인에 관한 소범주로 구성된다.

첫째, 정체성은 '문서나 기록을 고유하게 확인하여 다른 문서나 기록으로부터 구분할 수 있게 하는 특성의 전체로서 무결성과 함께 진본성을 구성하는 요소(the whole of the characteristics of a document or a record that uniquely identify it and distinguish it from any other document or record; with integrity, a component '로 정의된다. 기록의 속성을 표현하고 기록을 표현한 그 정보를 기록에 연계하는 것이 그 첫 번째 요건이다. 기록을 표현한 정보에는 저자나 작자 등 기록의 형성에 관여한 사람들의 이름, 기록 생산의 배경이 되는 행위나 사건명, 생산일이나 전송일, 기록의 결합관계, 첨부기록 지시가 포함된다. 보존자는 모든 필수적인 디지털 구성요소를 식별하고 메타데이터를 이용하여 내재적인 관계를 명확하게 해야 한다. 기록을 재생산할 수 있도록 텍스트를 포함한 디지털 구성요소 글꼴을 포함한 디지털 구성요소를 보존해야 하며, 기록이 안정적인 내용과 고정적 서식을 갖도록 하고, 기록의 서식은 법적 시스템이나 생산자의 업무요건에 따라 설계하여야 한다. 전자기록의 정체성을 확인할 때는 기록생산 및 관리 소프트웨어 어플리케이션이 기록 생산시점에서 자동으로 생산하는 정체성에 대한 데이터, 즉 생산자나 행위 명, 생산일자와 기록의 결합관계 등에 대한 데이터가 잘 기록되어 있는지, 그리고 정확한지를 확인해야 한다. 기록을 분류표(Classification Scheme)를 기반으로 그룹화하여 보존 기간을 할당하기 좋도록 해야 한다. 기록의 보존기간을 정기적으로 점검하고 장기 보존이 필요한 기록이 폐기되지 않도록 적절한 보호조치를 취해야 한다. 디지털 기록을 포함하는 퐁이나 시리즈에 대한 기술은 기록이 최초로 생산된 이래로 겪은 변화에 대한 정보를 포함해야 한다.

둘째, 무결성은 '기록이 모든 본질적 측면에서 완전하고 변경된 바 없는 상태일 때의 품질(the quality of being complete and unaltered in all essential respects)'로 정의된다. 진본성의 소범주인 무결성에서는 의도했거나 우발적인 손실로부터 전자기록을 보호하는 것과 매체와 기술의 노화에 대한 대응 조치를 취하는 것이 원칙이다. 원칙을 준수하기 위해 기록의 손실과 손상에 대비한 예방조치 및 문제를 미리 발견하여 복구절차를 실행해야 하며, 접근권한을 설정하여 실행해야 하고, 자료에 대한 접근을 확인할 수 있는 감사기록을 관리해야 한다. 적어도 가장 중요한 전자기록 사본을 오프라인으로 보관하고, 오프라인으로 보관하는 자료들을 정기적으로 온라인 대응물들과 임의적으로 비교해 보도록 하는 것을 일상 과정에 포함시켜 확립하는 것이 도움이 된다. 매체 손상과 기술 변화에 대응하여 기록의 무결성을 지속적으로 보장할 수 있는 절차를 효과적으로 수립하여 실행해야 하며, 정기적인 기술 업그레이드 절차를 수립하여 기술이 노화되지 않도록 해야 한다.

셋째, 진본확인(Authenticate)이란 '기록의 정체성을 확인한 후, 기록이 표방하는 바 그대로의 객체임을 구두나 서면으로, 또는 인장을 첨부하여 선언하는 것(to declare either orally, in writing, or by affixion of a seal that an entity is what it purports to be, after having verified its identity)'으로 정의할 수 있다. 원칙적으로 전자기록의 원본은 완벽하고 효력을 가지고 있는 기록이지만 전자 환경에서는 어떠한 원본도 그대로 유지될 수 없고 다만 그 기록의 재생산 가능성을 보존하는 것만이 가능하기 때문에, 전자기록을 생산 당시의 물리적 형태 그대로 보존하는 것은 불가능하다는 것을 전제로 정책을 수립해야 한다. 기록의 진본성 보존과 기록의 진본확인과의 차이를 분명히 구분할 필요가 있다. 전자기록의 진본성에 대한 평가는 벤치마크 요건을 토대로 해야 하며, 전자기록의 사본에 대한 진본성의 유지는 베이스라인 요건을 토대로 해야 한다. 업무과정에 따라 생산된 모든 전자기록을 진본으로 간주할 수 있으려면 그 기록들이 부적절하게 변형되지 않았다는 증거가 필요하다. 그리고 전자기록을 재생산할 때는 전자기록의 내용과 필요한 문서양식의 모든 요소 ,그리고 그 기록을 재생산하기 이전 부터 기록에 포함되어 있었던 모든 주석을 제공할 수 있어야 한다. 기록의 사본이 원본과 동일하다는 인정을 받기 위해 충족시켜야 하는 요건을 구체적으로 정해야 한다. 기록의 진본확인은 기록의 진본여부를 선언할 수 있는 권한을 위임 받은 법인이 특정한 시점에서 특정 기록이 진본임을 선언하는 것인데, 이는 권위 있는 선언의 형식을 취하며, 문자 또는 기호의 형식으로 그 기록이 진본임을 입증하는 기록에 첨부되거나 삽입된다. 전자서명으로 전자기록의 진본확인을 지원할 수 있지만 기록의 정체성을 수립하고 장기간에 걸친 전자기록의 무결성을 입증하기에는 충분하지 않다. 또한 기록의 어떤 사본을 원본과 동일한 것으로 인정할 것인지를 판단할 때 확인해야 하는 요건을 정해야 한다. 대체로 믿을 수 있는 보관자가 보존을 목적으로 생산한 사본을 진본사본으로 간주할 수 있다. 진본여부를 확인할 때 누가 어떻게 확인해야 하는지에 대한 규칙을 수립해야 하며 전자기록의 유지관리와 보존을 촉진하기 위해 진본확인 기술을 사용해야 한다. 또한 디지털 객체의 지적 요소가 다수의 소유자를 가지는 경우에는 소유자의 신원을 확인해야만 한다. 전자기록을 따로 분리해 두는 경우 검색을 위해서는 전자기록의 이동을 수반하게 되므로 전자기록이 변경될 위험성을 최소화하기 위한 기술 및 행정적 절차들을 취해왔다는 증거를 확보해야 한다.

■ 진본 전자기록의 진본성을 유지하는 기록관리 과정

진본 전자기록의 장기보존을 위한 정책 프레임워크의 마지막 범주는 기록관리과정이고 그 중의 첫 번째 소범주는 기록평가이다. 지속적 보존과정에 기록평가를 통합할 필요성이 있으며, 기록의 평가에 대한 개념은 기록의 지속적 가치, 진본성에 대한 평가 및 그 보존에 대한 실용성을 기준으로 장기적으로 보존해야 할 기록을 선별하는 것을 의미한다. 보존의 연속적 과정에 기록 평가를 통합해야 한다. 전자기록은 기록의 지속적 가치 뿐 아니라 진본 여부, 또 보존의 타당성(Feasibility)도 평가하여 장기적으로 보존할 기록을 선별해야 한다.

기록관리과정 범주 중의 두 번째 소범주는 기록화(Documentation)이다. 기록화는 기록의 진본성을 보장할 수 있는 방식으로 기록관리 및 보존의 절차를 수립하여 운영해 왔음을 입증하고자 모든 기록관리과정을 상세히 기록으로 남기는 것을 말한다. 장기간에 걸친 진본성의 보호와 평가를 위한 주요 수단이 지속적 보존과정을 철저하게 기록하는 것이다. 보존 기록의 진본성을 주장하려면 보존자는 최소한 기록생산자가 벤치마크 요건을 준수했음을 입증할 수 있는 증거를 남기고 유지해야 하며, 기록의 진본사본 생산을 위한 베이스라인 요건을 준수하였음을 입증할 수 있는 기록을 생산하여 관리해야 한다. 기록화의 내용에는 기록의 생산과 이용에 영향을 미치는 모든 업무절차가 포함된다. '보존하기로 결정한 기록의 획득' 시 '모든 처리과정의 기록화'가 필요하며, 생산자로부터 보존자로 기록을 이관한 후 가장 먼저 수행하게 될 정체성 검증, 바이러스 체크, 파일의 무결성 검증, 파일 변환, 인캡슐레이션 등의 과정과 효과를 철저하게 기록화해야 한다. 기록사본의 생산 시 재생산 과정의 통제 조치를 어떻게 수립하였고, 재생산된 기록의 내용이 변화하지 않았음을 보장하기 위해 어떻게 모니터링했는가를 기록화해야 한다. 보존자는 기록사본의 생산 시 접근을 지원하는 기술적 요건을 기록화해야 한다. 지속적 보존과정에서 보존기록 기술(Archival Description)을 잘 통합하여 기록의 진본성에 대한 집합적 증명을 할 수 있도록 해야 한다.

  기록관리과정 범주 중의 마지막 소범주는 이관이다. 전자기록의 무결성에 대한 위험은 상존하지만 반면 디지털 정보기술을 통해 무결성을 보호할 수도 있다. 하나의 시스템 내에서는 기록에 대한 일어난 모든 접근과 행위를 추적할 수 있다. 통제는 시스템 내에서만 가능하다. 기록이 해당 시스템에서 벗어나거나 시스템 자체가 변형되면 기록에 대한 체계적인 통제는 위험에 빠지게 된다. 따라서 진본성은 기록이 공간(사람과 시스템, 어플리케이션 사이에서 전송될 때) 또는 시간(기록이 오프라인에 저장될 때 또는 이들을 처리, 교환, 유지하기 위해 하드웨어 또는 소프트웨어를 업데이트하거나 교체할 때)적으로 이동할 때 가장 위험하다는 것을 알고 대비해야 한다. 보존자가 영구보존 기록을 획득할 때는 기록생산자와 합의한 계획 수립이 필요하다. 평가대상 기록의 진본성을 검증하는 작업이 평가 과정의 일부로 수립되어야 하며, 이는 기록의 정체성이나 무결성에 관계된 메타데이터를 관련된 기록과 함께 이관하고, 기록을 생산하고 유지해 온 기술적 · 행정적 환경에 대한 관련 문서도 함께 이관하여야 한다. 전자기록은 무한 복제가 용이하기 때문에 보존자는 한번만 이관되도록 보장하는 절차를 설정해야 한다. 이관 시 사용할 논리적, 물리적 포맷에 합의해야 한다. 일반적으로 획득과 보존에 대한 기술적 타당성을 확인한 후에 이관계획을 함께 개발해야 한다. 보존자는 기록생산자가 정기적 이관이 용이한 기록시스템으로 업그레이드하도록 장려할 수 있다. 이관과정에서 생산자의 기록이 가진 진본성을 검증해야 한다. 기록과 함께 기록의 정체성이나 무결성에 관련된 메타데이터도 이관되고, 기록에 연결되며, 기록이 생산되고 유지되는 모든 기술 및 행정적 환경에 대한 관련 문서도 첨부되었음을 검증해야 한다.

2. 위험관리 프레임워크

■ 기록관리 영역 위험(Risk) 관리의 필요성

위험은 여러 가지 의미로 해석되고 사람과 조직의 상황에 따라 달리 정의되지만 일반적으로 위험은 미래에 대한 불확실성(Uncertainty)에서 초래되는 것으로 인식된다. 주로 위험은 부정적인 결과가 초래될 가능성이 있을 때에 사용하며, 때로는 예상과의 편차나 안전과 관련된 다른 현안을 의미할 때도 있다.

위험은 대부분의 경우 예측하기 어려운 시기에 매우 다양한 형태로 일어날 수 있으며, 이로 인해 최근에 각 기관이나 조직들은 각자의 목적과 환경에 적합한 위험관리 프로세스를 수립하여 시행하고 있다. 위험관리를 효율적으로 하기 위해서는 우선 위험에 대한 명확한 구분과 분류가 필요하다.

기록관리의 위험은 위협적 사건에 의한 기록관리 위험과 업무 과정에서 생성된 기록관리 위험으로 구분한다. 기록 관리의 실패는 곧 기록 품질의 위험을 초래하고 이는 다시 업무 과정의 위험을 초래하며, 반면에 업무 과정에서의 기록관리 요건 적용의 실패는 기록 품질의 위험 요소로 작용한다. 이는 결국 해당 조직의 기록관리의 실패와 연결된다.

디지털 기록의 품질은 정확성, 완전성, 적시성, 보존성, 타당성, 이해성, 적절성, 신뢰성, 보증성, 공유성, 접근성, 검색성, 소통성 등 다양한 요소에 의해 결정된다. 따라서 기록관리 영역의 위험관리는 이러한 기록의 품질을 유지, 보존하는 데 목적을 둔다.

또한 디지털 기록 관리의 위험은 IT 기술발전에 의한 급속한 변화와 불확실성에 기인한다. 기술 집약적인 분야일수록 그 위험의 폭은 커지며 디지털 기록의 위험성은 기록 자체의 문제이기보다는 디지털 기록을 생산, 유통, 활용하는 업무과정 전반의 문제에 기인한다. 즉 IT 거버넌스에 의거한 업무환경의 변화는 조직의 분리와 통합을 가져오고, 프로세스를 변경한다.

기록관리 위험은 다른 위험과 달리 사후 보험이나 사후 복구가 어렵다는 특징을 가진다. 특히 증거적 가치 보존의 실패는 조직에 큰 손실을 초래할 수 있고, 이에 따라 조직의 존립여부를 결정할 만큼의 치명적인 결과를 가져올 수 있다. 따라서 기록관리의 위험관리는 사전 예방 차원에 집중하여 이루어져야 한다(정기애 외 2011, 193-201).

■ ISO 31000의 위험평가 프레임워크

ISO 31000은 위험관리체계에 대한 경영 표준이다. 위험관리를 보다 체계적으로 조직의 정책과 시스템 차원에서 관리되도록 제시하고 있다. 이 표준에서 제시하는 위험관리 프레임워크와 위험관리 프로세스는 〈그림 5-9〉와 같다.

〈그림 5-9〉 ISO 31000 위험관리 프레임워크와 프로세스

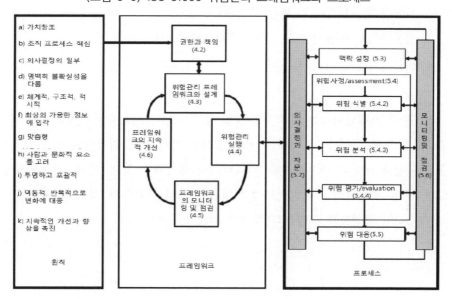

*출처: 정기애 외 2011, 197.

이 표준의 주요내용은 위험관리의 기본 원칙(4장)과 위험관리 프레임워크의 개요 및 일반사항(5장) 및 위험관리 프로세스(6장)로 구성되어 있다.

이 표준에서 제시하는 위험관리 기본 원칙은 다음과 같다.

- 위험관리는 가치를 창조하고 보존한다.
- 위험관리는 모든 조직 프로세스의 핵심부분이다.
- 위험관리는 의사결정의 일부이다.
- 위험관리는 명백하게 불확실성을 다룬다.
- 위험관리는 체계적이고 구조화되며 적시에 이루어져야 한다.
- 위험관리는 최상의 가용한 정보에 토대를 둔다.
- 위험관리는 맞춤형이다.
- 위험관리는 사람과 문화적 요소를 고려한다.
- 위험관리는 투명하고 포괄적이어야 한다.
- 위험관리는 역동적이고, 반복적으로 변화에 대응한다.
- 위험관리는 조직의 지속적인 개선을 촉진한다.

위험관리 프레임워크는 계획수립-실행-점검-수정(Plan-Do-Check_Act; PDCA)의 구조로 제시되고 있다. 〈그림 5-9〉에서 제시된 바와 같이 위험관리 프레임워크 구조는 첫째, 권한과 책임, 둘째, 위험관리 프레임워크 설계, 셋째, 위험관리의 실행, 넷째, 위험관리 프레임워크에 대한 모니터링과 점검, 다섯째, 프레임워크의 지속적인 개선으로 구분된다(정기애 외 2011, 198).

3. DRAMBORA 프레임워크

■ 개발 배경

DRAMBORA(The Digital Repository Audit Method Based in Risk Assessment)는 '위험평가에 기초한 디지털 저장소 감사 방법'으로 DCC(Digital Curation Center)35)와 DPE(Digital Preservation Europe)가 공동 작성한 것이다. 기관이 디지털객체의 장기보존에 적합한 기관인지 여부를 스스로 감사하고 인증하는 도구로 개발되었다.

이 도구를 이용하여 디지털 저장소는 자체 감사를 위해 기관의 기능과 의무, 업무활동과 중요 자산을 정의하고, 이와 관련된 위험요소들을 찾아내어 평가·측정함으로써 현재의 업무 수준을 평가할 수 있다. 위험도가 높은 위험요소를 적절히 관리함으로써 기관의 업무 수준을 향상시킬 수 있다(임진희 2011, 133).

■ DRAMBORA의 위험평가 프레임워크

DRAMBORA는 〈그림 5-10〉과 같이 6단계로 구성된 위험관리 프로세스와 10개의 단계 별 세부 태스크를 제시하고 있다.

첫 번째 '업무 배경 확인' 단계에서는 디지털 저장소의 의무와 조직의 목표와 목적을 확인함으로써 위험분석의 범위를 설정한다. 그리고, 기관의 사명이나 비전, 법적 의무를 상술하고 목표와 목적을 목록화한다.

두 번째 '정책과 규정 프레임워크의 문서화' 단계에서는 먼저 감사자가 계약 및 법률 담당자를 통해 증빙자료 및 참조자료 등 주요 문서를 획득한다. 이를 토대로 목표 수행을 위한 전략 계획을 문서화하고, 기관이 준수해야 하는 법령이나 계약서, 동의서 등을 목록화하며, 기관이 자발적으로 동의하여 활용하거나 참조하는 규정들을 목록화한다.

〈그림 5-10〉 DRAMBORA 위험관리 프로세스

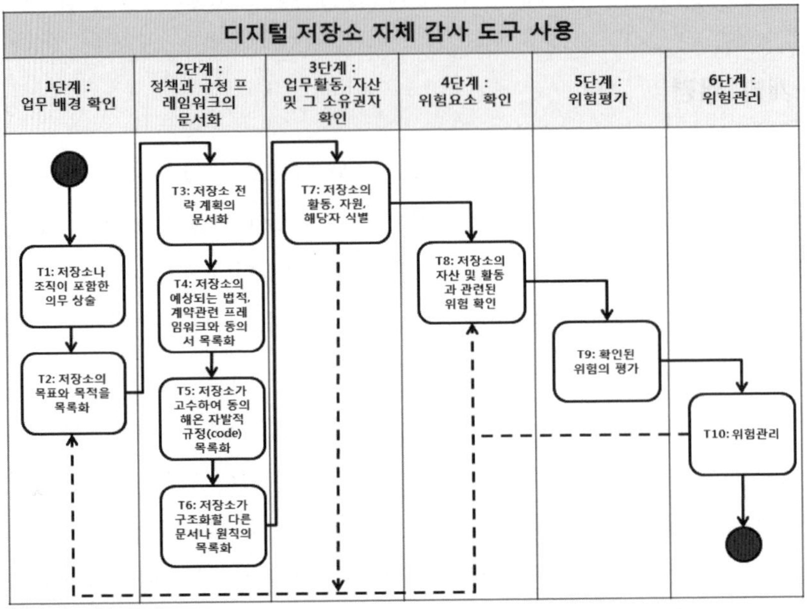

*출처: 임진희 2011, 136.

세 번째 '업무활동, 자산 및 그 소유권자 확인' 단계는 감사 수행자가 조직에 대한 전반적인 지식을 갖추고 위험을 식별하기 위한 기초 자료를 확보하는 단계이다. 기관의 주요 자산인 직원, 핵심기술, 핵심자산, 업무프로세스와 활동을 조사한다. DRAMBORA는 디지털 저장소가 수행하는 업무기능을 크게 지원기능과 운영기능으로 구분하여 총 8개의 기능(Functional Class)으로 정의하고 있다. 기능 하위에는 52개의 업무활동(Activities)을 정의하고 있다. 기능별로 업무활동과 관련된 자산을 확인함으로써 업무 활동의 영속성을 위협하고 자산 손실을 초래할 수 있는 모든 위험요소를 확인할 수 있도록 준비한다.

네 번째 '위험요소 확인' 단계에서는 디지털 저장소가 당면한 위험을 찾아내어 업무활동과 자산으로 범주화하여 목록화한다. 위험요소별로 정의, 유형, 책임자, 다른 위험과의 관계 등에 대해 기술해 준다. DRAMBORA는 8개의 기능별로 총 78개의 위험요소 목록을 제시하고 있다.

　다섯 번째 '위험평가' 단계에서는 앞 단계에서 확인한 위험이 어떤 속성을 갖고 있는지 파악하고 위험별 중요도, 위험의 발생가능성, 위험정도 등을 수치로 평가한다(〈표 5-5〉과 〈표 5-6〉 참조). 이 때, 위험의 방지와 처리를 위한 법적, 시스템적 도구나 위험에 대한 정보를 담고 있는 조직 내외부의 다양한 문건을 증빙으로 확보하여 객관적이고 정확한 평가가 이루어 질 수 있도록 해야 한다. DRAMBORA에서는 위험의 발생가능성과 발생 시의 영향도를 측정한 후 두 측정치를 곱하여 위험도를 산출하는 방식으로 평가한다.

〈표 5-5〉 DRAMBORA의 위험 발생가능성 지표

점수	위험 발생가능성 설정 기준
1	최소의 발생가능성, 백년 혹은 그 이상의 기간 중 한번 정도 발생
2	매우 낮은 발생가능성, 10년에 한번 정도 발생
3	낮은 발생가능성, 5년에 한번 정도 발생
4	중간 발생가능성, 1년에 한번 정도 발생
5	높은 발생가능성, 1달에 한번 정도 발생
6	매우 높은 발생가능성, 1달에 2번 이상 발생

〈표 5-6〉 DRAMBORA의 위험 영향도 지표

점수	위험 영향도 설정 기준
1	영향도 없음, 디지털 자원의 진본성과 이해가능성 손상 없음
2	무시해도 될 영향도, 국소한 부분에 영향을 미치지만 디지털 자원의 진본성과 이해가능성 손상을 완전히 복구시킬 수 있음
3	가벼운 영향도, 비교적 넓은 부분에 영향을 미치지만 디지털 자원의 진본성과 이해가능성 손상을 완전히 복구시킬 수 있음
4	중간 영향도, 전체적으로 영향을 미치지만 디지털 자원의 진본성과 이해가능성 손상을 완전히 복구시킬 수 있음
5	높은 영향도, 국소한 부분에 영향을 미치며 디지털 자원의 진본성과 이해가능성 손상을 일부 복구시키지 못함
6	상당히 높은 영향도, 비교적 넓은 부분에 영향을 미치며 디지털 자원의 진본성과 이해가능성 손상을 자체적으로 복구 시키지 못하며 제3자에 의해 복구시킬 수 있음
7	대재앙 수준의 영향도, 전체 디지털 자원의 진본성과 이해가능성을 복구시킬 수 없음

*출처: 임진희 2011, 153.

여섯 번째 마지막 '위험관리' 단계로 확인된 위험을 적절하게 관리하는 단계이다. 위험관리와 관련된 모든 내용을 포함하여 위험등록부를 작성하고, 조직이 수용할 수 있는 위험관리 계획을 수립한다. 위험 예방조치와 위험발생 후 조치 등 상황별 관리방법을 설계한다(임진희 2011, 137-138).

■ DRAMBORA의 업무활동 구성과 위험요소 목록

DRAMBORA에서 정의한 디지털 아카이브의 기능과 업무활동은 다음 〈표 5-7〉과 같다.

〈표 5-7〉 DRAMBORA가 정의한 기능 및 업무활동 목록

기능명	업무활동
S1. 조직관리	S1A1. 조직 목표와 사명을 정의
	S1A2. 보존소의 전 생애에 걸친 지속적 보존을 위한 계획
	S1A3. 식별된 커뮤니티에 대한 규정을 문서화하고 검토
	S1A4. 식별된 커뮤니티의 이해가능성 요구를 충족시키기 위한 규정 마련하며 문서화하고 검토
	S1A5. 식별된 커뮤니티로부터 피드백을 요청하기 위한 메커니즘의 설치와 이용
	S1A6. 정보 보존을 위한 디지털 콘텐츠의 특성 정의
	S1A7. 각 업무 활동을 관장할 정책과 절차를 규정하고 문서화하며 검토
	S1A8. 기록의 생산자와 예치자, 이용자와의 협상 및 합법적 동의
	S1A9. 법규 및 규제와 관련된 책임의 이행
	S1A10. 내외부감사와 위험분석을 포함하는 조직 평가 기법 활용
S2. 직원	S2A1. 충분한 자격이 있는 충분한 직원의 임명
	S2A2. 직원의 역할과 책임 및 관계를 규정
	S2A3. 직원 교육 요건을 확인하고 충족시키기 위한 메커니즘을 정의하고 개발
	S2A4. 내외부 감사 및 위험분석을 포함하는 직원 평가 기법 활용
S3. 재정관리	S3A1. 장단기 사업계획을 정의내리고 시행하며 검토
	S3A2. 재정적자 상황을 모니터하고 재정적자를 벗어날 수 있는 방안 모색
	S3A3. 사법권의 금융법을 준수
	S3A4. 내외부 감사와 위험분석을 포함하는 재정 평가 기법 활용

기능명	업무활동
S4. **기술 인프라** **및 보안**	S4A0. 전략적 IT 계획의 규정
	S4A0.1. IA 규정
	S4A1. 하드웨어와 소프트웨어의 지속적 적절성과 적합성 보장을 위한 모니터링
	S4A2. 하드웨어와 미디어 refreshment를 이행하기위한 방법론의 실행
	S4A3. 적절한 시기에 보안패치를 설치하고 소프트웨어를 업데이트 할 시스템을 유지시킴
	S4A4. 중요 시스템 변화의 효과 테스트
	S4A5. IT와 물리적 인프라 내에서 보안 기법 시행
	S4A6. 여분의 데이터와 스토리지 및 분산 보관하는 백업 자료를 유지
	S4A7. 재해복구와 업무지속성 계획을 착안하고 테스트
	S4A8. 내외부 감사와 위험분석을 포함하는 기술(technical)과 보안 분야 평가를 위한 기법 활용
C1. **획득 및** **입수**	C1A1. 수용 가능한 제출(입수) 포맷을 규정
	C1A2. 이관 받은 콘텐츠의 무결성을 모니터하고 기록
	C1A3. 입수된 콘텐츠의 완전성과 완벽성 증명
	C1A4. 이관 받은 콘텐츠의 물리적 기술적(technical) 통제 방안 설치
	C1A5. 콘텐츠 생산자와 예치자에게 보존 책임의 수락 또는 거절을 통보하기위한 메커니즘을 도입
	C1A6. 제출된 콘텐츠를 보존포맷으로 변환시킴
	C1A7. 보존포맷으로 전환되지 않는 제출(입수)된 콘텐츠의 처분
	C1A8. 내외부 감사, 위험 분석을 포함하는 기능 평가를 위한 기법 활용
C2. **보존 및** **저장**	C2A1. 보존된 콘텐츠에 유일하고 지속적인 식별자 부여
	C2A2. 보존 콘텐츠의 모든 변화를 문서화
	C2A3. 보존 콘텐츠와 컬렉션 레벨의 무결성을 모니터하고 입증
	C2A4. 물리적 보존 스토리지와 마이그레이션 전략을 실행하고 검토
	C2A5. 보존 전략을 규정하고 검토하며 실행
	C2A6. 내외부 감사 위험분석을 포함하는 기능 평가를 위한 기법 활용
C3. **메타데이터** **관리**	C3A1. 보존 콘텐츠를 위한 보존 메타데이터 획득
	C3A2. 보존 객체의 이용가능성을 확증하기 위해 필요한 의미론적 배경(semantic context)과 기술적 배경(technical context)을 정립하고, 문서화하며 모니터함
	C3A3. 발견을 용이하게 하는 적절한 기술 메타데이터(descriptive metadata)를 획득하거나 생성
	C3A4. 메타데이터와 보존 콘텐츠 간의 참조 무결성(referential integrity)을 유지
	C3A5. 내외부 감사, 위험 분석을 포함하는 기능 평가 기법 활용
C4. **접근 및** **배부**	C4A1. 콘텐츠를 발견·선택·접근하기 위한 메커니즘 제공
	C4A2. 인증과 승인된 접근권한과 제한을 반영한 허가된 서브시스템을 시행
	C4A3. 배포를 위해 보존 콘텐츠의 전환 시행
	C4A4. 제출 당시의 상태처럼 완벽하고 진본성을 갖춘 객체의 배포
	C4A5. 내외부 감사, 위험 분석을 포함하는 기능 평가 기법 활용

*출처: 임진희 2011, 163-164.

여러 디지털 아카이브가 기관의 위험요소를 도출하여 평가한 결과 공통적으로 위험도가 높게 나온 위험요소 78개의 목록은 〈표 5-8〉과 같다.

〈표 5-8〉 DRAMBORA의 기능별 고위험 위험요소 목록

번호	위험요소명	번호	위험요소명
조직 관리			
R01	관리 실패	R11	정보의 필수속성에 대한 보존 실패
R02	신뢰 혹은 명망 상실	R12	업무정책 및 절차 미숙지
R03	활동을 소홀히 하거나, 부족한 자원 할당	R13	업무정책 및 절차 비효율
R04	업무 목표 미달성	R14	업무 정책 및 절차 모순 및 통일성 없음
R05	필수사항 누락	R15	지적 소유권 위반
R06	커뮤니티 요건 변경	R16	계약상 책임에 대한 부분 법적 위반
R07	커뮤니티 요건 오해 및 소통문제	R17	법규 요건에 대한 부분 법적 위반
R08	저장소의 가동 중단	R18	법규 미준수에 대한 책임
R09	커뮤니티 피드백에 대한 미접수	R19	저장소의 성공 측정 불가능
R10	커뮤니티 피드백에 대한 미실행	R20	저장소의 성공 정도의 인식 오류
직원			
R21	핵심인력의 손실	R23	직원의 작업능력 퇴화
R22	직원의 보유 기술 퇴화	R24	직원 효율성이나 적합성 측정 불가능
재정 관리			
R25	저장소 기준 충족에 부족한 재정	R28	수입 제한에 따른 재정 고갈
R26	재정 할당 오류	R29	예산 감소
R27	재정 법률이나 법규에 근거하지 않는 경향		
기술 인프라 및 보안			
R30	하드웨어 오류 혹은 충돌	R39	지역(Local) 내 파손이나 침입 현상
R31	소프트웨어 오류 혹은 충돌	R40	불시 시스템 혼선
R32	저장소 목표의 통합에 대한 하드웨어 혹은 소프트웨어 지원 불가능	R41	고의적인 시스템 방해
R33	하드웨어나 소프트웨어의 불용화	R42	저장소 내 파손 및 이용 불가능
R34	매체 불용화나 구형화	R43	핵심 유틸리티의 이용 불가
R35	보안 취약성 포착	R44	제3자 서비스 손실
R36	미식별된 보안 모호, 취약성 혹은 정보 보안등급 하락	R45	제3자 서비스 내에서의 용어 변경
R37	하드웨어 저장 공간에 물리적 침입	R46	주요 도큐멘테이션 파손
R38	원격 혹은 지역 내 소프트웨어 침입	R47	기술적 인프라 및 보안 효율성에 대한 측정 불가능
획득 및 입수			
R48	구조적 모순이나 입수된 패키지의	R50	입수 중 정보에 대한 외부 변화나

번호	위험요소명	번호	위험요소명
조직 관리			
	유형적 오류		유지
R49	제출된 패키지의 불완전함	R51	기록 정보가 입수패키지에 흔적이 남지 않음
보존 및 저장			
R52	정보의 비밀성 손실	R61	사본들 간의 불일치
R53	정보와 서비스의 이용가능성 손실	R62	보존할 정보객체의 범위가 불분명함
R54	정보의 진본성 손실	R63	입수과정에 대한 효율성 검증 불가능
R55	정보의 무결성 손실	R64	정보참조 식별자의 무결성 불확실함
R56	정보 변경 미식별	R65	보존계획을 실행할 수 없음
R57	부인봉쇄 약속의 파기	R66	보존전략의 결과로 정보손실 초래
R58	정보의 신뢰성 손실	R67	보존효율성에 대한 검증 불가능
R59	정보의 출처 손실	R68	수취 및 저장, 혹은 배부패키지의 추적 불가능
R60	백업의 비적합성 혹은 손실		
메타데이터 관리			
R69	메타데이터에 대한 정보무결성 불확실	R72	이해 불가능한 모호한 정의
R70	문서화된 변경이력이 불완전하거나 불확실함	R73	정보의 기술 및 의미적인 이해 부족
R71	정보객체의 검색 불가능함		
접근 및 배부			
R74	정보제공 서비스의 비가용성	R77	배부 메커니즘의 효율성 검수 실패
R75	서브시스템에 대한 인증실패	R78	서비스 레벨이나 성능에 대한 손실
R76	서브시스템에 대한 승인 실패		

*출처: 임진희 2011, 165-166.

4. 국가기록원 전자기록장기보존 위험관리 사례

■ 전자기록물 재난복구체계 구축 사업

국가기록원은 2009-2011에 걸쳐 전자기록물 재난복구체계 구축 사업을 진행하였다. 〈표 5-9〉에서 보는 바와 같이 2009년에는 재난관리에 필요한 인프라를 구축하였고, 2010년에는 재난관리에 필요한 운영환경을 마련하였으며, 2011년 이후에는 재난관리 업무를 확대 운영하고 있다.

〈표 5-9〉 전자기록물 재난복구체계 구축 사업 계획

2009년	2010년	2011년~
재난복구 인프라 도입	재난복구 운영환경 마련	재난복구 운영 확대
◆ 이중/분산 인프라 도입 - 광매체자동수록시스템 도입 - 보존스토리지 도입 등 ◆ 기존시스템 연계 ◆ 모의훈련	◆ 재난복구시스템 개발 - 재난 예방관리 - 재난 대비관리 - 재난 대응관리 ◆ 전자기록물 위험평가 ◆ 모의훈련	◆ 재난복구 운영시스템 추가개발 및 보완 - 필수기록물 관리 - 재난 복구·검증관리 - 기능 보완 사항 반영 ◆ 재난복구 운영 확대

*출처: 국가기록원 2011c.

■ 2010년 전자기록물 장기보존 위험관리방안 연구용역 개요

2010년에는 기록관리 특성을 고려한 국가기록원 전자기록 위험평가를 시범적으로 실시한 바 있다. DRAMBORA프레임워크를 기반으로 하여 국가기록원 전자기록 장기보존 업무에 관련된 위험요소를 확인하였으며 세부 프로세스는 〈그림 5-11〉과 같다.

〈그림 5-11〉 2010년 국가기록원 전자기록 장기보존 위험요소 확인 과정

*출처: 국가기록원 2010.

이 사업의 세부 과제는 첫째, 전자기록에 피해를 줄 수 있는 위험요소 도출하고, 둘째, 식별된 전자기록의 위험요소를 평가하며, 셋째, 위험도 순위에 따른 위험관리 방안을 마련하는 것이었다. 매체오류, 네트워크 장애 등 전자기록의 위험요소를 44개 도출하였으며, 그 결과를 위험요소명, 위험유형, 위험속성 및 위험별 담당부서 등을 기술한 위험요소 프로파일로 정리하였다. 위험발생가능성, 위험영향도 등 위험요소에 대한 평가 측정 방법 마련한 뒤 44개의 위험요소를 국가기록원 내부 업무담당자들의 평가를 거쳐 위험수준을 정렬하였으며, 위험을 예방하고 사후조치하기 위한 위험관리부를 작성하였다. 특히, 위험 수준 상위 2개의 위험요소에 대해서는 전문가 워크샵을 거쳐 상세한 위험요소 관리 방안을 마련하였다. 전자기록에 위험이 발생했을 때 조치를 위한 비상대책반 역할분담을 설계하고, 임무카드를 작성하였으며, 재난 수준의 위험으로 판단할 수 있는 기준과 재난선포 방법들을 설계하였다(국가기록원 2010).

이 사업의 특징 중 하나는 DRAMBORA의 위험관리 방법론을 국가기록원 전자기록관리 업무에 적용해 보았다는 것이다. 앞에서 살펴본 프레임워크와 업무기능 및 업무활동 분류, 78개의 위험요소 목록 등을 국가기록원의 상황에 맞춰 맞춤화하여 빠른 속도로 업무를 점검해 볼 수 있었다.

이 연구에서는 국가기록원의 업무활동과 전자기록의 특성을 고려하여 '이관(DRAMBORA의 획득 및 입수)', '보존(DRAMBORA의 보존과 저장)', '메타데이터 관리', '기술 인프라 및 보안'의 4개 업무기능 영역에서 총 44개의 위험요소를 확인하였으며 결과는 〈표 5-10〉과 같다.

위험평가 결과 조치가 시급하게 필요한 최우선 순위의 위험요소 두 개를 선정한 결과 '기록정보의 무결성 손실' 과 ' 진본 사본(복본)들 간의 불일치' 가 선정되었다. 위험이 발생하지 않도록 어떠한 예방조치를 취할 것이며, 만약 위험이 발생한 경우 어떤 사후조치를 취해야할 것인지 설계한 샘플은 〈표 5-11〉과 같다.

〈표 5-10〉 국가기록원 전자기록 장기보존 시 위험요소

기능분류 (Functional Class)	위험 요소 ID	DRAM BORA ID	위험요소명
C2. 보존 및 저장	NR01	R52	기록정보의 기밀성 손실(Loss of confidentiality of information)
	NR02	R53	기록정보와 서비스의 이용가능성 상실 (Loss of availability of information and/or service)
	NR03	R54	기록정보의 진본성 손실(Loss of authenticity of information)
	NR04	R55	기록정보의 무결성 손실(Loss of integrity of information)
	NR05	R56	기록정보의 변경 미식별(Unidentified information change)
	NR06	R57	부인방지 약속의 불이행(Loss of non-repudiation of commitments)
	NR07	R58	기록정보의 신뢰성 손실(Loss of information reliability)
	NR08	R59	기록정보의 출처 손실(Loss of information provenance)
	NR09	R60	백업의 비적합성 혹은 손실(Loss or non-suitability of backups)
	NR10	R61	진본 사본(복본)들 간의 불일치(Inconsistency between redundant copies)
	NR11	R62	보존할 개별 전자기록물 범위 불분명(Extent of what is within the archival object is unclear)
	NR12	R63	입수 과정의 유효성 검증 불가능(Inability to validate effectiveness of ingest process)
	NR13	R64	참조식별자의 무결성 불확실(Identifier to information referential integrity is compromised)
	NR14	R65	보존계획의 실행 불가능(Preservation plans cannot be implemented)
	NR15	R66	보존전략 실행 결과 정보손실 초래(Preservation strategies result in information loss)
	NR16	R67	보존전략 및 보존활동의 유효성 검증 불가능(Inability to validate effectiveness of preservation)
	NR17	R68	입수·보존·배부기록패키지(SIP·AIP·DIP)의 추적 불가능 (Non-traceability of received, archived or disseminated package)
C3. 메타데이터 관리	NR18	R69	참조정보 메타데이터의 파손(Metadata to information referential integrity is compromised)
	NR19	R70	메타데이터 변경이력 문서화 불완전 혹은 실패(Documented change history incomplete or incorrect)
	NR20	R71	기록정보의 검색 불가능(Non-discoverability of information objects)
	NR21	R72	이해가능성 정의의 애매모호함(Ambiguity of understandability definition)
	NR22	R73	기록의 완전한 재현을 위한 제반 정보의 부족(Shortcomings in semantic or technical understandability of information)

〈표 5-10 계속〉국가기록원 전자기록 장기보존 시 위험요소

기능분류 (Functional Class)	위험 요소 ID	DRAM BORA ID	위험요소명
S4. 기술인프라 및 보안	NR23	R32	하드웨어 혹은 소프트웨어가 조직의 새로운 목표 지원 불가능 (Hardware or software incapable of supporting emerging repository aims)
	NR24	R33	하드웨어나 소프트웨어의 불용화(Obsolescence of hardware or software)
	NR25	R34	매체 불용화나 구형화(Media degradation or obsolescence)
	NR26	R36	보안 취약성 및 부당 이용의 미식별(Unidentified security compromise, vulnerability or information degradation)
	NR27	R44	제3자 서비스 손실(Loss of other third-party services)
	NR28	R46	중요 문서의 파손(Destruction of primary documentation)
S4 기술인프라 및 보안	NR29	R30	하드웨어 장애(Hardware failure or incompatibility)
	NR30	R31	소프트웨어 장애(Software failure or incompatibility)
	NR31	R35	시스템 보안 취약성 심화(Exploitation of security vulnerability)
	NR32	R37	시스템 공간의 물리적 침입(Physical intrusion of hardware storage space)
	NR33	R38	원격 혹은 로컬지역의 소프트웨어 침입(Remote or local software intrusion)
	NR34	R39	지역 내 파손이나 침입 현상(Local destructive or disruptive environmental phenomenon)
	NR35	R40	불시 시스템 혼선(Accidental system disruption)
	NR36	R41	고의적인 시스템 방해(Deliberate system sabotage)
	NR37	R42	영구기록물관리기관 내 파손 및 이용 불가능(Destruction or non-availability of repository site)
	NR38	R43	핵심 유틸리티의 이용 불가(Non-availability of core utilities)
	NR39	R45	제3자 서비스 내에서의 조건 변경(Change of terms within third-party service contracts)
	NR40	R47	기술적 인프라 및 보안 효율성에 대한 측정 불가능(Inability to evaluate effectiveness of technical infrastructure and security)
C1 획득 및 입수	NR41	R48	입수기록패키지의 구조적 비유효성과 기형(Structural non-validity or malformedness of received packages)
	NR42	R49	입수기록패키지의 불완전성(Incompleteness of submitted packages)
	NR43	R50	입수 과정에서의 입수기록패키지 변경(Externally motivated changes or maintenance to information during ingest)
	NR44	R51	입수기록패키지에서 보존기록 추적 불가능(Archival information cannot be traced to a received package)

*출처: 국가기록원 2010.

〈표 5-11〉 'NR04 기록정보의 무결성 손실' 위험의 위험관리등록부

위 험 관 리 등 록 부				

위험기본정보	위험요소 ID	NR04	위험요소명	기록정보의 무결성 손실 (Loss of integrity of information)
	위험 설명	망실·훼손·손상·변조 등에 의하여 기록이 변경되지 않고 완전한 상태를 유지하고 있음을 입증할 수 없다.		
	위험 사례	• 마이그레이션 등 관리상의 변경이 있었으나, 감사증적 이력과 일치하지 않아 이를 입증할 수 없는 경우 • 공공기록물관리법 시행령 제50조에 규정된 전자기록물 상태검사를 수행하지 않아 무결성 손실을 모니터링하지 못하는 경우		
	기본정보 변경일시	2010.08.13	변경사항	사례추가, 위험특성 수정

위험평가정보	점검주기	1년	위험식별일시	2010.07.03
	평가일시	2010.08.19	평가자명	김○○
	위험 특성	-운영 및 서비스 업무 -H/W, S/W 및 통신장비		
	위험요소 관할	-사회·경제·특수기록관리과 -보존관리과 -보존복원연구과 -기록정보화과	위험요소 확산관할	-기록관리부 -기록정보서비스부
	위험가능성	4.2	위험도	13.4
	위험영향도	3.2	위험등급	3
	평가 증빙자료목록			
	관리정보 변경일시	2010.08.19	변경사항	평가

위험관리정보	사전관리 방안	• 기록물관리 법령에 근거하여 전자기록물의 무결성에 관한 개념을 실무적, 구체적으로 정의 • 국가기록원이 장기 보존하는 전자기록물을 어느 수준으로 무결성 보장할 것인지 정책과 목표를 설정 • 전자기록물의 관리과정을 상세 분석하여 무결성 취약지점을 선별하고 대응책을 마련하는 업무절차 유지 • 소프트웨어, 하드웨어, 네트워크 등 보존관리에 사용되는 시스템적 요소들이 전자기록물의 무결성 보장 목표에 적합하도록 상태 유지 • 무결성 유지를 위한 법령, 정책, 목표, 업무절차, 시스템을 포함한 프레임워크를 문서화		
	사후관리 방안	• 이전 백업 자료로부터 기록물과 메타데이터 등 훼손된 정보를 복원		
	관리정보 변경일시	2010.08.23	변경사항	사전관리방안 추가

■ 2011년 전자기록물 장기보존 위험관리방안 연구 개요

2011년 연구에서는 2010년 도출한 국가기록원 전자기록 장기보존 위험요소에 대해 관리 대상과 방안을 확대 적용하고자 하였다. 이 사업의 세부 과제는 첫째, 국가기록원 전자기록 저장 및 보존분야의 기능요건을 도출하고, 둘째, 위험요소와 기능요건을 매핑하여 위험관리 방안을 마련하고자 하는 것이었다. 국가기록원의 전자기록 장기보존 업무의 기능요건을 도출하기 위해 ISO와 KS표준, InterPARES 연구보고서, 미국의 ERA, 공인전자문서보관소 기술규격 등 국내·외 사례 분석하였고, 기록관리혁신을 위한 ISP, 프로세스, 지침, 시스템 기능에 대한 현황조사 및 격차분석을 수행하였다. 분석 결과 전자기록 장기보존 업무를 3계층의 기능구조도로 정의하고 프로세스 정의서를 작성하였으며 2010년 도출한 위험요소를 업무와 매핑한 후 위험관리방안을 상세히 설계하였다(국가기록원 2011b).

이 사업의 특징 중 하나는 업무기능 정의 내역을 업무담당자들에게 확인하고 실제 업무와 시스템상의 구체적인 위험발생가능성과 영향도에 대해 토론하여 결과를 종합했다는 점이다. 전자기록 장기보존을 위한 업무의 전체적인 구성과 선후행을 통한 영향을 살펴볼 수 있고 업무진행과정에서 무엇에 유의해야 하는지를 검토해 볼 수 있었다는 점에서 위험관리를 통한 업무점검의 가능성을 확인할 수 있었다. 주기적으로 기관의 위험평가를 수행함으로써 위험관리 프레임워크를 지속적으로 정제해 나가게 되며 실제 기관 업무를 개선해갈 수 있다.

이 연구에서는 국가기록원 전자기록 장기보존 업무기능을 계층화하였는데 결과는 〈그림 5-12〉과 같이 총 6개 중기능과 총 13개의 소기능으로 정의되었으며. 각 기능은 〈그림 5-13〉와 같이 IDEF0 모형으로 설명되고 있다.

〈그림 5-12〉 국가기록원 전자기록 보존 및 저장 업무기능분해도

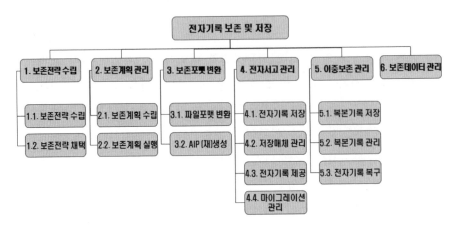

*출처: 국가기록원 2011b.

준수해야하는 기본 기능요건을 출처와 함께 정리한 것은 다음 〈표 5-12〉이며, 실제 업무 및 시스템과의 격차분석을 통해 조직적 측면, 프로세스 측면, 시스템 측면의 개선사항을 제시하고 있다. 또한, 2010년 도출한 44개의 위험요소들이 업무기능 및 기능요건과 어떻게 매핑되는지를 확인한 후 위험관리방안을 위험 요소별로 제시하고 있다.

〈그림 5-13〉[0: 전자기록물 보존 및 저장] IDEF0

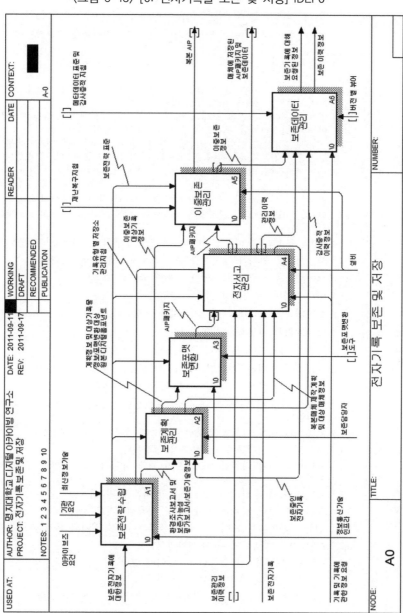

*출처: 국가기록원 2011b.

〈표 5-12〉 전자기록 보존·저장 기능구성 및 기능요건

중기능	소기능	기 능 요 건
1. 보존 전략 수립	1.1 보존 요건 분석	1.1.1 전자기록물 생산기관의 업무시스템 별로 전자기록물을 생산하는 방식과 환경을 조사하여 보고서를 작성한다.
		1.1.2 기관과 일반 국민이 전자기록물을 이용하는 방식과 환경을 조사하여 보고서를 작성한다.
		1.1.3 전자기록물의 보존 및 저장에 관련 있는 정보통신기술의 변화에 관해 조사하여 유력한 기술을 시험적용 해보아야 한다.
		1.1.4 전자기록물과 관련된 국내외 법령, 표준, 지침의 제개정 현황을 조사하여 현재의 전자기록물 보존활동에 미칠 영향을 분석한다.
		1.1.5 영구보존하기로 선별된 전자기록물과 입수단에 이관된 전자기록물, 현재 보존중인 전자기록물에 관한 정보를 분석하여 보존요건을 결정한다.
		1.1.6 전자기록물에 대한 보존가능성을 주기적으로 평가한다.
	1.2 보존 기술 채택	1.2.1 보존요건을 충족하기 위해 전자기록물을 장기적으로 보존하는 데 필요한 기술을 선정하고 각 보존기술의 적용 절차와 방법을 상세히 기술한다.
		1.2.2 디지털 컴포넌트의 보존포맷을 결정하고 보존포맷 변환 도구의 프로토타입을 개발한다.
		1.2.3 AIP의 구성과 구조를 설계하고 AIP생성 도구의 프로토타입을 개발한다.
		1.2.4 AIP 버전을 관리하고 버전별 뷰어 프로토타입을 개발한다.
		1.2.5 보존전략을 일관되게 수행하기 위한 표준을 개발한다.
2. 보존 계획 관리	2.1 보존 계획 수립	2.1.1 여러 유형의 보존계획 일정을 관리한다.
		2.1.2 보존계획에 처리대상 전자기록물을 지정한다.
		2.1.3 보존계획을 처분지침에 연결한다.
	2.2 보존 계획 실행	2.2.1 보존계획의 진행 프로세스를 통제할 수 있어야 한다.
		2.2.2 보존계획 실행에 대한 감사증적 정보를 남겨 이력을 관리한다.
		2.2.3 보존계획의 실행과정에서 처리성능을 모니터링한다.
3. 보존 포맷 변환	3.1 파일 포맷 변환	3.1.1 샘플 디지털 컴포넌트를 대상으로 포맷변환을 실행하여 처리절차와 품질을 점검한다.
		3.1.2 포맷변환 대상 디지털 컴포넌트를 하나 혹은 다수를 지정한다.
		3.1.3 보존포맷을 선택하여 포맷변환을 실행한다.
		3.1.4 포맷변환 결과 디지털 컴포넌트가 원래 파일의 기본 속성을 유지하는지 확인한다.
		3.1.5 포맷변환 전 후의 전자기록물 간의 관계를 명시한다.
		3.1.6 포맷변환 관련 정보를 전자기록물 메타데이터로 추가한다.
	3.2 AIP (재) 생성	3.2.1 샘플 전자기록물을 이용하여 AIP생성하여 처리절차와 품질을 점검한다.
		3.2.2 AIP버전을 선택하여 AIP를 (재)생성한다.
		3.2.3 AIP(재)생성 결과를 검증할 수 있어야 한다.
		3.2.4 AIP(재)생성 후 전자기록물 간의 관계를 명시한다.
		3.2.5 AIP(재)생성 관련 정보를 전자기록물 메타데이터에 추가한다.

〈표 5-12 계속〉 전자기록 보존 · 저장 기능구성 및 기능요건

중기능	소기능	기 능 요 건
4. **전자** **서고** **관리**	4.1 전자 기록 물 저장	4.1.1 전자기록물을 전자서고에 저장하기 위한 계획을 수립한다.
		4.1.2 저장할 전자기록물에서 보존요건에 필요한 중요 속성값을 확보한다.
		4.1.3 전자서고 내로 전자기록물을 이동하여 저장한다.
		4.1.4 새로 저장한 전자기록물이 기존의 전자기록물과 갖는 관계를 정의해야 한다.
		4.1.5 새로 저장한 전자기록물을 정리기준에 따라 정리배열 해야 한다.
	4.2 저장 매체 관리	4.2.1 전자서고의 공간 배분 계획을 수립한다.
		4.2.2 시스템에 수동으로 연결시키는 이동식 저장매체와 SDM(자가기술매체)을 저장매체로 사용할 수 있어야 한다.
		4.2.3 저장매체별로 오류를 감지하고 오류 시 다른 저장매체로 대체하여야 한다.
		4.2.4 이동식 저장매체가 전자서고에 등록되기 전까지 기관 내에서 저장매체가 보관되었던 물리적 위치를 추적할 수 있어야 한다.
	4.3 전자 기록 물 제공	4.3.1 배부단의 요청에 따라 AIP와 보존데이터를 제공해야 한다.
		4.3.2 전자서고에 저장된 전자기록물과 보존데이터는 위치에 상관없이 접근할 수 있어야 한다.
		4.3.3 뷰어를 통해 AIP의 구성과 내용을 확인할 수 있어야 한다.
	4.4 마이 그레 이션	4.4.1 전자기록물의 매체이전 계획을 수립한다.
		4.4.2 전자기록물의 마이그레이션 가능성을 확인한다.
		4.4.3 대량의 전자기록물을 새로운 저장매체에 마이그레이션한다.
		4.4.4 노후화된 저장매체는 적시에 새로운 저장매체로 교체한다.
		4.4.5 마이그레이션 대상 전자기록물이 빠짐없이 정확하게 이동하여 저장되었는지 점검하고, 오류가 난 전자기록물을 재이동하여 저장할 수 있어야 한다.
5. **이중** **보존** **관리**	5.1 복본 기록 저장	5.1.1 전자기록물에 대해 복본 제작을 계획한다.
		5.1.2 전자기록물 이중보존을 위해 복사본을 제작한다.
		5.1.3 저장매체 복사본은 복사본 제작의 목적에 맞춰 보관위치로 이송한다.
	5.2 복본 매체 관리	5.2.1 이중보존 중인 전자기록물은 복본의 존재를 확인하고 관리할 수 있어야 한다.
		5.2.2 저장매체의 복사본 제작 방식으로 이중보존 중인 전자기록물은 저장매체 복사본의 존재를 확인하고 관리할 수 있어야 한다.
	5.3 전자 기록 물 복구	5.3.1 복본 전자기록물 간 일치성이 확보되지 못할 때는 복본 전자기록물을 이용하여 전자기록물의 일치성을 확보해야 한다.
		5.3.2 저장매체의 복사본 제작 방식으로 존재하는 전자기록물의 무결성이 의심될 때는 저장매체의 복사본을 재제작 한다.
6. **보존데** **이터** **관리**		6.1 보존 대상 전자기록물에 관한 메타데이터와 전자기록물의 보존과정에 관한 감사증적데이터를 보존데이터로 관리해야 한다.
		6.2 전자서고 내에 보존데이터가 저장되어야 할 공간과 위치가 지정되어야 한다.
		6.3 보존메타데이터를 익스포트하여 SDM에 수록할 수 있어야 하며, SDM에 담긴 보존메타데이터를 시스템 임포트하여 저장할 수 있어야 한다.
		6.4 보존데이터는 보존 중인 전자기록물의 이력과 상태를 정확하게 반영하고 있어야 한다.
		6.5 재난으로 인해 훼손된 보존데이터를 복구할 수 있어야 한다.

*출처: 국가기록원 2011b.

5. 대통령기록관 디지털아카이브 업무진단 사례

■ 2008년 대통령기록관의 디지털 아카이브 발전전략 연구 개요

2007년 대통령기록물관리에 관한 법률이 제정됨에 따라 대통령기록관이 설립되고 대통령기록관시스템(PAMS)이 구축되었다. 대용량 전자기록을 장기보존하기 위하여 본격적인 디지털아카이브시스템 기능을 구현한 것은 국내 최초였고, 대통령기록관의 가장 우선적인 과제는 대통령기록의 안정적인 장기보존이었다. 이에 대통령기록관은 '신뢰할 수 있는 디지털 아카이브'로 발전하기 위해 국제 모범기준과의 격차분석에 기반한 대통령기록관의 디지털 아카이브 발전전략 연구를 수행하였다. 이 연구에서는 디지털 보존에 관한 연구·기술동향을 수집·분석하고 대통령기록관 업무와 시스템이 국제모범기준과 갖는 격차를 분석하여 업무와 시스템 발전전략을 수립하였다.

이 연구에서는 국제모범기준으로 ISO 14721 OAIS 참조모형을 살펴보고, 영국 국립기록관(TNA)과 데이터 아카이브(UK Data Archive)의 자가진단 사례, 미국 국립기록청(NARA)과 연구도서관그룹(RLG)의 합동T/F가 작성한 '신뢰할 수 있는 디지털 아카이브 심사·인증 : 기준 및 체크리스트(Trustworthy Repositories Audit & Certification: Criteria and Checklist)'(이하 TRAC), DCC(Digital Curation Centre)와 DPE(Digital Preservation Europe)가 개발한 '위험평가에 기반 한 디지털 아카이브 심사방법(Digital Repository Audit Method Based on Risk Assessment)'(이하 DRAMBORA)를 살펴보았다. 정보객체 (관리기능) 및 기술을 중심으로 살펴본 시스템 영역, 시스템에 영향을 미치는 업무기능과 조직 영역으로 나누어 진단과 개선안 설계가 이루어졌다.

■ 디지털아카이브 업무진단 영역별 평가지표 개발

연구의 진행 결과, (기관) 운영관리, 분류체계 및 기준정보 관리, 입수, 등록·

기술, 저장·보존, 처분, 서비스, 검색도구 제공, 시스템 관리, 접근통제·보안, 모니터링·감사증적·통계, 위험관리 등 총 12개 영역으로 진단영역이 확정되었다. 설정된 12개 영역 각각에 대해 각 영역별로 프로세스 맵 또는 기능차트 등을 만들고 업무기능을 분석한 후, 영역별 주요 업무기능 단위를 중심으로 구성된 54개의 '평가지표'가 도출되었다. 각 평가지표 별로 실제 자가진단을 시행할 수 있는 측정 가능하고 증빙이 가능하도록 작성한 208개의 '평가세부지표'를 도출하였다. 본 연구의 결과물로 생성된 이 지표는 전자기록관리기관의 감사인증 도구로 사용될 수 있어, 기관 스스로 정기적으로 자가진단을 실행하는 데에 활용함으로써, 발견된 미비점을 보완하고 향후 기관의 발전 전략에 반영할 수 있다(이해영 외 2010, 4-5).

〈그림 5-14〉는 디지털 아카이브로서 대통령기록관의 업무와 시스템을 평가하기 위한 지표를 도출한 과정이다. 〈표 5-13〉에서 보는 바와 같이 대통령기록관의 업무 진단을 위해 구분한 업무영역은 12개이며, 각 영역에서 54개의 평가지표를 도출하였다.

〈그림 5-14〉 디지털아카이브 업무 평가지표 개발 프로세스

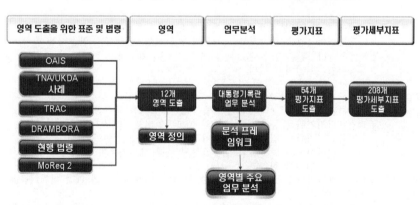

*출처: 대통령기록관 2008, 82.

〈표 5-13〉 디지털아카이브 업무영역별 평가지표

영역	평가 지표
영역 1: (기관) 운영관리	1.1 기록관리기관은 장기 존속을 위하여 구체적이고 실질적인 계획을 수립해야 한다. 1.2 기록관리기관은 사명, 책무, 업무기능 및 범위를 명시한 문서를 공식문서로서 채택하고 있어야 한다. 1.3 기록관리기관은 보유 기록의 생산자와 이용자를 정의하고 이들로부터의 피드백을 지속적으로 확보해야 한다. 1.4 기록관리기관은 표준화정책을 수립하고 지속적으로 추진해야 한다. 1.5 기록관리기관은 업무의 설명책임성을 유지하고 발전시켜야 한다. 1.6 기록관리기관은 기록의 보유와 관련한 계약 및 협의 내용을 공식문서로 증거해야 한다. 1.7 기록관리기관은 안정적으로 재정을 운영해야 한다. 1.8 기록관리기관은 조직과 직원을 전문성을 존중하고 강화하는 방향으로 운영하여야 한다.
영역 2: 분류체계 및 기준정보 관리	2.1 기록관리기관은 분류체계와 세부 구성기준을 작성하고 관리하는 지침을 제정하여 분류체계와 세부 구성기준의 생성·유지·관리에 적용하여야 한다. 2.2 기록관리기관은 지침에 따라 분류체계와 세부 구성기준 구조를 생성할 수 있어야 한다. 2.3 기록관리기관은 외부의 분류체계와 세부 구성기준을 임포트(import)하여 사용할 수 있어야 한다. 2.4 기록관리기관은 내부의 분류체계와 세부 구성기준을 외부로 익스포트(export)하거나 내부에 사본으로 복사할 수 있어야 한다. 2.5 기록관리기관은 분류체계와 세부 구성기준을 유지관리 해야 한다. 2.6 기록관리기관은 기록관리를 위한 기준정보를 생성·적용·유지·관리해야 한다.
영역 3: 입수	3.1 기록관리기관은 입수되어야 할 기록에 대한 명확한 정의를 포함한 정책과 절차를 가지고 있어야 한다. 3.2 기록관리기관은 입수기록을 정확하고 완전하게 입수하여야 하며, 이를 입증할 수 있어야 한다. 3.3 기록관리기관은 보존기록을 생성한 과정에 대해 기술해 두어야 하며, 보존기록에 대한 정의를 가지고 있어야 한다. 3.4 기록관리기관은 보존기록의 가독성과 완전성, 정확성을 입증해야 한다.
영역 4: 등록· 기술	4.1 기록관리기관은 입수 완료된 기록을 식별이 가능하고 관리될 수 있는 상태로 등록할 수 있어야 한다. 4.2 기록관리기관은 등록된 기록물의 고유식별자와 제목을 부여할 수 있어야 한다. 4.3 기록관리기관은 정확한 등록과 등록 편의를 위한 기능을 제공해야 한다. 4.4 기록관리기관은 메타데이터 기술 시 기술원칙을 준수해야 한다. 4.5 기록관리기관은 등록된 기록물의 메타데이터를 관리할 수 있어야 한다. 4.6 기록관리기관은 입력된 메타데이터를 검증할 수 있어야 한다.
영역 5: 저장· 보존	5.1 기록관리기관은 명문화된 보존전략에 따라 보존기록과 그 사본을 적절히 관리할 수 있어야 한다. 5.2 기록관리기관은 보존기록의 가독성을 유지하는 보존계획 관리 메커니즘을 갖고 있어야 한다. 5.3 기록관리기관은 데이터의 훼손 혹은 소실에 효과적으로 대응할 수 있어야 한다. 5.4 기록관리기관은 보존기록의 저장장소에 대해 정수점검, 상태점검, 출입통제 등의 적절한 조치를 취해야 한다.

〈표 5-13 계속〉디지털아카이브 업무영역별 평가지표

영역	평가 지표
영역 6: 처분	6.1 기록관리기관은 처분일정을 가지고 적절히 관리됨을 입증할 수 있어야 한다. 6.2 기록관리기관은 처분일정에 따라 처분 행위를 실행할 수 있어야 한다. 6.3 기록관리기관은 처분 검토를 실행할 수 있어야 한다. 6.4 기록관리기관은 기록물의 폐기를 실행할 수 있어야 한다. 6.5 기록관리기관은 처분 메타데이터를 유지해야 한다.
영역 7: 서비스	7.1 기록관리기관은 이용자 서비스를 제공해야 한다. 7.2 기록관리기관은 이용자의 이용편의를 제공해야 한다. 7.3 기록관리기관은 배부기록(DIP)을 생성하여 제공할 수 있어야 한다. 7.4 기록관리기관은 다양한 방법으로 보존기록물을 제공할 수 있어야 한다.
영역 8: 검색도구 제공	8.1 기록관리기관은 검색도구 제공 정책을 명문화하여 운영해야 한다. 8.2 기록관리기관은 다양한 종류와 기능의 검색도구 제공 서비스를 운영해야 한다. 8.3 기록관리기관은 안정적으로 검색도구 제공 서비스를 운영해야 한다. 8.4 기록관리기관은 검색도구 제공 서비스에 대한 평가를 주기적으로 시행하고 결과를 반영해야 한다.
영역 9: 시스템 관리	9.1 기록관리기관은 기록관리시스템을 최적의 상태로 유지하기 위해 형상관리 지침을 작성해야 하며, 기록관리시스템의 하드웨어·소프트웨어·네트워크에 대한 변화과정을 관리해야 한다. 9.2 기록관리기관은 기록관리시스템의 성능을 모니터링하면서 필요한 성능을 유지하고 나아가 성능을 향상할 수 있도록 조치할 수 있어야 한다. 9.3 기록관리기관은 기록관리시스템의 무결성과 시스템 내의 모든 기록 아이템의 무결성을 보장할 수 있어야 한다. 9.4 기록관리기관은 기록 정보패키지의 저장공간의 무결성을 보장할 수 있어야 한다. 9.5 기록관리기관은 정보기술의 진보를 지속적으로 모니터링하고 적절하게 대응할 수 있어야 한다.
영역 10: 접근통제· 보안	10.1 기록관리기관은 보존기록에 대한 체계적인 보호를 위해 보안정책을 수립, 시행해야 한다. 10.2 기록관리기관은 보존기록에 대해 적절한 접근통제를 시행해야 한다. 10.3 기록관리기관은 보존기록의 보안 관리를 위해 전자서명, 암호화 등의 방법을 사용할 수 있어야 한다. 10.4 특수 목적을 위해 운영되는 기록관리기관은 비밀, 지정기록 등에 대한 특별한 관리 정책과 방안을 가지고 있어야 한다.
영역 11: 모니터링· 감사증적· 통계	11.1 기록관리기관은 모니터링을 위한 정책 및 절차를 수립하고 시행해야 한다. 11.2 기록관리기관은 감사증적 정책을 수립하여 기록 및 기록관리 절차에 대하여 감사증적을 확보해야 한다. 11.3 기록관리기관은 소장 기록, 기록 이용, 기록 관리 등에 대하여 통계를 작성하고, 이를 활용할 수 있도록 해야 한다.
영역 12: 위험관리	12.1 기록관리기관은 기관의 위험에 대해 관리하는 절차와 방법을 갖고 있어야 하며, 적절한 대책을 세우고 있어야 한다. 12.2 기록관리기관은 백업과 복원을 위한 정책 및 절차를 갖추고 있어야 하며, 적절한 백업을 수행하여 복원 가능성을 보장해야 한다. 12.3 기록관리기관은 필수기록(Vital Records) 관리정책과 절차를 갖추고 재난 시 이용할 수 있어야 한다.

*출처: 이해영 외 2010, 32-24.

▣ 디지털아카이브 업무진단을 위한 세부 평가지표와 평가 서식

54개 평가지표 하위에 208개의 세부지표를 도출한 후, 각 세부지표의 의도를 명확히 제시하고 진단 시 업무담당자가 용이하게 진단할 수 있도록 이에 맞는 서식을 제시하고 0-5점의 평점을 부여하도록 하였다. 평가 세부지표는 측정 가능하고 증빙이 가능한 수준으로 작성하되, 전자기록관리기관의 업무에 있어서 우선순위의 변동, 정책의 변화 등에 따라 변수가 있을 수 있으므로, 너무 구체적인 내용이 아닌 어느 정도의 추상성을 가진 수준으로 작성되었다. 세부평가 지표는 각 전자기록관리기관의 현황과 배경 등에 따라 달라질 수 있다(이해영 외 2010, 39-40).

평가 세부지표는 사례를 살펴보면 〈표 5-14〉와 같다.

〈표 5-14〉 평가 세부지표 예시

1.1 기록관리기관은 장기 존속을 위하여 구체적이고 실질적인 계획을 수립해야 한다.

　1.1.1 기록관리기관은 자관이 장기적으로 안정적으로 운영될 수 있도록 법적 지위, 재정적 기반 등에 대한 종합발전계획을 수립하고 운영해야 한다.

　1.1.2 기록관리기관은 운영이 중단되는 상황에 대비하여 적절한 기능승계계획이나 임시조치 또는 기탁계획을 구비하고 있어야 한다.

....

1.8 기록관리기관은 조직과 직원을 전문성을 존중하고 강화하는 방향으로 운영하여야 한다.

　1.8.1 기록관리기관은 업무과제별로 이를 수행하기에 적합한 직무능력을 갖춘 직원을 적절히 배치하고 있어야 하며, 전문성을 강화 발전시킬 수 있는 평정 시스템을 운영해야 한다.

　1.8.2 기록관리기관은 모든 기능과 서비스를 수행할 수 있도록 필요한 만큼의 직원 수를 확보하고 있어야 한다.

　1.8.3 기록관리기관은 주요 직무를 중심으로 직원 대상의 전문성 개발 프로그램을 운영하여, 직원의 기술수준이 둔화 또는 퇴화하는 것을 예방하고, 전문역량을 강화해야 한다.

　1.8.4 기록관리기관은 핵심인력이 장기근속할 수 있는 체계를 유지해야 하며, 장기근속 핵심인력이 손실될 경우에 대비하여 핵심업무의 매뉴얼화 등 대책을 강구하고 있어야 한다.

....

11.1 기록관리기관은 모니터링을 위한 정책 및 절차를 수립하고 시행해야 한다.

11.1.1 기록관리기관은 네트워크, 하드웨어, 소프트웨어에 대한 모니터링과 기능별 응용 프로그램에 대한 모니터링을 위하여 상세 절차를 수립하고 이를 시행해야 한다.

11.1.2 기록관리기관은 모니터링 담당자를 지정해야 하며, 담당자는 모니터링 결과를 주 기적으로 보고해야 한다.

11.1.3 기록관리기관은 기록의 안정적인 보존을 위한 모니터링을 실행하고 결과에 따라 보존계획을 변경할 수 있어야 한다.

....

11.3 기록관리기관은 소장 기록, 기록 이용, 기록 관리 등에 대하여 통계를 작성함으로써, 이를 활용할 수 있도록 해야 한다.

11.3.1 기록관리기관은 소장기록에 대하여 소장 현황 및 처리 현황에 관한 통계를 작성하고 이를 제공해야 한다.

11.3.2 기록관리기관은 분류체계 등 기록관리를 위한 도구에 관한 통계를 작성하고 이를 제공해야 한다.

11.3.3 기록관리기관은 스토리지 공간 현황 등 기록관리를 위한 설비 및 시설에 관한 통계를 작성하고 이를 제공해야 한다.

11.3.4 기록관리기관은 이용자 유형 및 이용빈도에 관한 통계를 작성하고 이를 제공해야 한다.

11.3.5 기록관리기관은 소장기록현황, 처리현황, 이용현황 등에 관한 통계를 바탕으로 교차분석함으로써 기록처리 순서를 조정하거나 기록관리 프로세스를 재검토할 수 있어야 한다.

11.3.6 기록관리기관은 일, 주, 월, 분기, 연도별로 통계를 작성하는 것을 기본으로 하되, 필요시 임의기간을 대상으로 통계를 작성할 수도 있어야 한다.

11.3.7 기록관리기관은 통계가 기록으로서 획득될 수 있도록 해야 한다.

*출처: 이해영 외 2010 32-24.

평가 서식 개발에서 핵심은 평점의 근거로 증빙자료를 함께 제시하도록 한 것이다(이해영 외 2010 40). 대통령기록관 업무의 진단에 사용한 평가서식의 사례는 〈표 5-15〉와 같다.

〈표 5-15〉 디지털아카이브 업무진단 평가표 예시

영역	2. 분류체계 및 기준정보 관리	업무담당자 성명		
평가지표	2.1 기록관리기관은 분류체계와 세부 구성기준을 작성하고 관리하는 지침을 제정하여 분류체계와 세부 구성기준의 생성, 유지, 관리에 적용하여야 한다.			
평가세부지표	**2.1.1 기록관리기관은 기록의 분류체계를 생성, 유지, 관리하기 위해 필요한 항목을 기술하고 관리해야 한다.**			
업무담당자/ 부서	•정 : 정리기술과 등록·정리·기술 담당자 •부 : 정책운영과 정책수립·운영 담당자			
평가방법	•(O) 증빙자료를 반드시 제시하고 업무담당자/부서 스스로 평점 부여 •(×) 증빙자료 제시가 원칙이지만, 업무담당자/부서 의견 서술 후 평점 부여 가능 •(×) 증빙자료 제시 없이, 업무담당자/부서 의견 서술 후 평점 부여			
증빙자료	분류체계 관리지침의 관련항목			
제출 증빙자료목록	•	첨부 증빙자료	있음( ) 없음( )	
업무담당자/ 부서 의견	•	첨부의견	있음( ) 없음( )	
척도구분	5분 척도(균등 점수 할당)	배점	7점	
척도	•A : 매우 충분 •B : 충분 •C : 보통 •D : 부족 •E : 매우 부족			
업무담당자/ 부서 평점		최종평점		
평점변경사유	•			
관련 자료 및 지표	OAIS(X) TNA&UKDA(X) TRAC(X) DRAMBORA(X) 법령(X) 기타(X)			

업무 진단 및 평가는 일회성이 아니라 〈그림 5-15〉와 같은 프로세스로 주기적
으로 수행될 필요가 있음을 제안하고 있다.

〈그림 5-15〉 디지털아카이브 업무진단 및 평가 프로세스

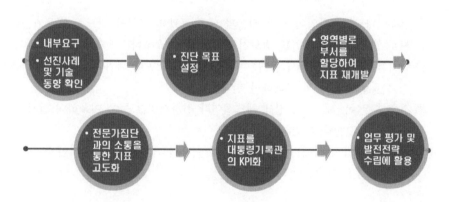

*출처: 대통령기록관 2008, 195.

01 전자기록을 전송 혹은 복제할 때 원본과 전송된 사본 또는 복제된 사본이 원본과 동일한 지에 대해 일치검증 평가가 필요하다. 다음 중 일치검증 평가의 절차와 방법에 대한 설명으로 잘못된 것을 고르시오.

① 전송이나 복제 작업의 결과 원본과 다른 포맷의 사본을 만드는 경우가 많으므로 변화의 허용범위를 검토하는 과정이 필요하다.

② 일치검증을 하기 위해서는 훼손여부를 확인하기 위해 해쉬값과 같은 추가적인 정보를 원본과 함께 관리해야 한다.

③ 전송 혹은 복제를 하기 전에 체크섬이나 전자서명값 등을 이용하여 전자객체 자체의 무결성을 확인하여야 한다.

④ 전송 혹은 복제 시에는 전자객체의 변형을 최소화하면서 효율적인 전송방법, 복제 방법을 선택한다.

02 전자기록을 활용하는 과정에서 사본인 배부기록을 작성하게 되는데, 기록관리기관에 보존하고 있는 원본기록과 배부기록 사본 간에 내용이 동일한지 내용적 동일성을 확인할 수 있어야 한다. 다음 중 전자기록의 원본과 사본 간의 내용적 동일성 확인 평가의 절차와 방법에 대한 설명으로 잘못된 것을 고르시오.

① 전자기록 사본이 만들어지게 된 원본 전자기록을 식별할 때 사본에 포함된 기록원본의 ID나 생산기관, 생산자, 생산일시, 기록명 등의 필수메타데이터를 이용하여 탐색할 수 있어야 한다.

② 공식적인 배부기록인 경우 원본기록을 관리하고 있는 기록관리시스템의 감사증적 정보를 통해 사본의 제작, 배부과정을 확인할 수 있어야 한다.

③ 기록관리시스템의 원본기록과 배부된 사본의 필수메타데이터의 종류와 값이 일치하는지를 확인한다.

④ 배부기록 사본을 화면에 디스플레이하거나 인쇄했을 때 원본과 그 모양이 달라도 된다.

03 전자기록은 소프트웨어와 하드웨어 등 정보시스템에 종속적이므로 전자기록을
보관하는 정보시스템이 변화하게 되면 해당 기록의 지속적 이용가능성이 위협
을 받게 된다. 다음 중 이러한 위협을 해결하기 위한 전자기록 장기보존 전략으
로 고려하기에 가장 적절치 않는 것을 고르시오.

① 스캐닝(Scanning)
② 마이그레이션(Migration)
③ 캡슐화(Encapsulation)
④ 에뮬레이션(Emulation)

04 전자문서를 장기적으로 보존·활용하기 위해서는 정보시스템에 독립적인 형태
로 변환하여 보관하는 게 유리하다. 다음 중 2005년 ISO 19005-1로 채택된 전자
문서의 장기보존 포맷 파일 확장자를 고르시오.

① .pdf
② .bmp
③ .jpg
④ .tiff

05 다음은 전자기록을 장기보존 하기 위해 채택할 수 있는 전략을 설명한 것이다.
전략에 따른 기술적 조치에 대해 잘못 설명하고 있는 것을 고르시오.

① 마이그레이션(Migration) - 접근성의 유지를 위해 전자기록을 구형의 하드웨
어와 소프트웨어 구성에서 현재의 구성으로 전송하는 보존 전략
② 에뮬레이션(Emulation) - 전자기록의 원래의 환경을 유지하기 위해 컴퓨터 자
체를 보존하는 전략
③ 변환(Conversion) - 전자기록을 원래의 데이터 포맷에서 표준화된 장기보존
포맷으로 전송하는 보존 전략
④ 인캡슐레이션(Encapsulation) - 전자기록과 메타데이터를 하나로 묶는 보존
전략

06 다음은 디지털기록매체의 오류를 검출하는 기법을 설명한 것이다. 기술명이 맞게 짝지어진 것을 고르시오.

> (A) 기법은 데이터의 정확성을 검사하기 위한 용도로 사용되는 오류 검출 방식의 하나이다. 보통은 데이터의 입력이나 전송이 제대로 이루어졌는지를 확인하기 위해 입력 데이터나 전송 데이터의 맨 마지막에 앞서 보낸 모든 데이터를 다 합한 합계를 따로 보내는 것이다. 데이터를 받아들이는 측에서는 하나씩 받아들여 합산한 다음, 이를 최종적으로 들어온 검사 합계와 비교하여 오류가 있는지를 점검한다.
>
> (B) 기법에서는 비트스트림에 부가되는 오류 검출용 비트를 이용하여 정확성을 검사한다. 전송 에러를 검출하기 위해 같은 문자를 두 번 보내는 대신 하나의 비트로 그 문자를 기술하는 정보를 제공하는 방식이다. 데이터에 포함되는 논리 "1"의 수를 세어서 그 합이 짝수인지 홀수인지에 따라 오류 검출용 비트의 값을 결정한다.
>
> (C)는(은) 데이터 전송 검사 방식의 하나이며, 블록(block) 혹은 프레임(frame) 단위로 여유 부호를 붙여 전송하고, 그것에 따라서 전송 내용이 정확했는지의 여부를 조사하는 방법이다.

① A=순환중복검사, B=패리티비트, C=체크섬
② A=패리티비트, B=체크섬, C=순환중복검사
③ A=체크섬, B=순환중복검사, C=패리티비트
④ A=체크섬, B=패리티비트, C=순환중복검사
⑤ A=패리티비트, B=순환중복검사, C=체크섬

07 다음은 우리나라 공공 전자기록 장기보존포맷인 NEO를 생성할 때 사용되는 Base64 인코딩의 방법과 특징을 설명한 것이다. 잘못된 것을 고르시오.

① Base64 인코딩은 여러 포맷의 문서에 다양하게 응용되는 방법이며 전자기록의 콤포넌트 비트스트림을 NEO에 넣는 방법으로 Base64 인코딩을 하게 된다.

② 비트스트림의 인코딩 결과로 들어갈 수 있는 문자는 총 64 개로, 알파벳 대문자 26개, 소문자 26개, 숫자 10개, 그리고 "+", "/" 기호가 더해져 다음과 같이 총 64개로 이루어진다.

③ 하나의 비트스트림을 모두 6비트 단위로 쪼갠 후 각각을 64진수로 변환하여 저장하게 되며, 그 결과 64진수 문자 하나는 다시 8비트 ASCII값으로 인코딩 되어 저장된다.

④ 원래의 비트스트림 6비트가 NEO 파일의 8비트로 전환되어 저장되므로 결국 Base64 인코딩을 거친 결과물은 원본보다 대략 3/4 정도로 크기가 줄어들게 된다.

08 다음은 전자서명 인증서 장기검증 체계의 필요성과 방법에 대한 설명이다. 잘 못 설명된 것을 고르시오.

① 기록관리 과정에서 무결성 확인을 위해 전자기록의 전자서명을 생성 및 검 증과정을 거치게 되며, 전자서명을 수행한 후에는 해당 전자기록, 해당 전자 기록물에 대한 전자서명, 검증에 필요한 전자서명검증키(공개키)가 포함된 인증서를 함께 보관하게 된다.

② 전자서명 검증 과정은 전자서명 과정의 역순의 개념으로 처리되며, 전자기 록과 전자서명 그리고 전자서명검증키(공개키)를 넣어 전자서명의 유효성 여부가 확인되면 해당 전자기록은 전자서명이 생성된 시점부터 서명을 확인 한 시점까지 위·변조되지 않은 상태에서 보관되고 있었음을 신뢰할 수 있 게 된다.

③ 전자기록 전자서명에 사용하는 인증서에는 유효기간이 있으므로 전자서명 당시에는 유효한 인증서로 전자서명 한 전자기록이었더라도 인증서의 유효 기간이 경과하였을 경우에는 해당 인증서의 유효성을 검증하지 못하기 때문 에 당시의 전자서명을 검증하지 못하는 상황이 발생하고 전자기록의 무결성 확인이 불가능해진다.

④ 전자서명 인증서 장기검증이란 전자기록의 신뢰성 및 이용가능성을 보장하 기 위해 전자기록에 적용된 전자서명 인증서의 유효성을 장기적으로 검증하 는 방법이다.

⑤ 전자서명 인증서 장기검증은 타임스탬프 토큰(Time Stamp Token)과 인증서 검증정보를 활용하여 전자서명에 사용한 인증서가 유효한 상태에서 전자서 명이 생성되었는지를 검증함으로써 전자서명이 적용된 전자기록에 대해 장 기적으로 진본성, 무결성 등을 확인할 수 있게 해준다.

09 다음은 우리나라 공공 전자기록의 장기보존포맷인 NEO를 설명한 것이다. 잘못된 것을 고르시오.

① NEO는 공공기관 전자기록의 장기보존포맷으로 'N'은 국가기록원의 영문명칭 NAK(National Archives of Korea)를 의미하며, 'EO'는 캡슐화한 객체라는 의미를 갖는다.

② 30년 이상 장기보존해야 하는 전자기록의 경우 기관에서는 장기보존 포맷으로 변환할 것을 결정할 수 있다.

③ 먼저, 전자기록 한 건에 포함되어 있는 전자문서 파일 각각은 먼저 문서보존포맷인 PDF/A-1으로 변환된다.

④ 메타데이터는 태그와 함께 XML 문서에 기재되고, 문서원본포맷 파일들, 문서보존포맷 파일들은 모두 Base64 인코딩 방식을 통해 텍스트로 변환되어 XML 문서에 기재된다.

⑤ 전자기록의 진본성과 무결성을 확인하는 전자서명이 함께 기재된 최종 XML 파일은 NEO라는 확장자를 갖게 된다.

10 다음은 비전자기록을 스캐닝 등의 디지털화를 거쳐 데이터베이스를 구축하는 과정을 단계로 나열한 것이다. 맞게 나열한 것을 고르시오.

① 자료준비 단계 → 정리단계 → 색인목록 등록 단계 → 이미지 디지털화 단계 → DB구축 완료단계 → 예외처리 단계

② 자료준비 단계 → 색인목록 등록 단계 → 이미지 디지털화 단계 → DB구축 완료단계 → 정리단계 → 예외처리 단계

③ 자료준비 단계 → 정리단계 → 이미지 디지털화 단계 → DB구축 완료단계 → 예외처리 단계 → 색인목록 등록 단계

④ 자료준비 단계 → 이미지 디지털화 단계 → DB구축 완료단계 → 정리단계 → 예외처리 단계 → 색인목록 등록 단계

11 전자기록 장기보존 전략 중 에뮬레이션과 마이그레이션의 차이점을 비교하여 설명하시오.

12 전자기록의 장기보존을 위해 우리나라 공공영역에서 채택하고 있는 문서보존 포맷과 장기보존포맷을 설명하시오.

13 전자기록의 장기보존용, 이중보존용, 임시저장용 등 각각의 목적에 따라 어떤 디지털기록매체를 선택해야 하는지 설명하시오.

14 디지털기록매체의 오류를 검출하는 기법 중 검사합(Checksum), 패리티비트 (Parity Bit), 순환중복검사(CRC) 기법의 원리를 설명하시오.

15 전자서명 인증서 장기검증 시스템이 필요한 이유와 현재 공공영역에서 전자서명 인증서를 장기검증하는 방법에 대해 설명하시오.

16 DRAMBORA(The Digital Repository Audit Method Based in Risk Assessment)의 위험평가 프레임워크 6단계마다 수행해야 하는 과제를 설명하시오.

참고문헌

과학기술부. 2006. 기록의 분류 및 관리기준 설정을 통한 기록관리시스템의 기반 구축에 관한 연구.

곽정. 2006. 행정기관의 기록관리시스템 개선모델 분석. 『기록학연구』, 14: 153-190.

공공기록물 관리에 관한 법률 [법률 제11391호. 1999년 제정. 일부개정 2012.3.21.]

공공기록물 관리에 관한 법률 시행령 [대통령령 제22673호. 1999년 제정. 일부개정 2011.2.22.]

공공기록물 관리에 관한 법률 시행규칙 [행정안전부령 제297호. 1999년 제정. 타법개정 2012.5.31.]

공인전자주소. 〈https://www.npost.kr/〉

국가기록원. 기록관 표준운영절차: 일반. NAK/S 10:2012(v1.1).

국가기록원. 기록관리시스템 기능 요건. NAK/S 6:2009(v1.1).

국가기록원. 기록관리 메타데이터 표준. NAK/S 8:2012(v2.0).

국가기록원. 기록관리시스템 데이터연계 기술 규격-제1부:업무관리시스템과의 연계. NAK/TS 1-1:2012(v1.2).

국가기록원. 기록매체 요건 및 관리기준. NAK/S 13:2012(v2.0).

국가기록원. 기록물 DB구축 작업 가이드라인. NAK/G 5:2011(v1.1).

국가기록원. 영구기록관리시스템 기능 요건. NAK/S 7:2010(v1.1).

국가기록원. 영구기록물관리기관 표준운영절차. NAK/S 9:2008(v1.0).

국가기록원. 전자기록물 문서보존포맷 기술규격. NAK/TS 2:2008(v1.0).

국가기록원. 전자기록물 장기보존포맷 기술규격. NAK/TS 3:2008(v1.0).

국가기록원. 전자기록물 전자서명 인증서 장기검증 기술규격. NAK/TS 4-1:2011(v1.1).

국가기록원. 전자기록생산시스템 기록관리 기능요건. NAK/S 23:2012(v1.0).

국가기록원. 2006a. 기록관리 혁신을 위한 정보화전략계획 수립 결과보고서.

국가기록원. 2006b. 중앙영구기록관리시스템 구축 결과보고서.

국가기록원. 2006c. 국가기록원 전자기록 영구보존기술 적용을 위한 테스트베드 구축사업
        최종보고서.

국가기록원. 2007a. 대통령기록관리시스템 구축사업 최종보고서.

국가기록원. 2007b. 참여와 시스템에 의한 기록관리 혁신.

국가기록원. 2008a. 기록관리시스템 교육교재-기록관담당자용.

국가기록원. 2008b. 디지털기록매체 요구기준.

국가기록원. 2008c. 정부산하 공공기관 기록관리기준표 및 전자적 이관체계 마련 연구.

국가기록원. 2009a. 표준기록관리시스템 범용성 보완 및 자치단체 시범운영보고서.

국가기록원. 2009b. 데이터세트 및 비표준문서 기록관리체계 시범구축 결과보고서.

국가기록원. 2009c. ISO 16175 한글판: 전자업무환경에서의 기록관리 원칙 및 기능요건.

국가기록원. 2010. 전자기록물 장기보존 위험관리방안 연구용역 최종보고서.

국가기록원. 2011a. 복합 전자기록물 장기보존 아키텍처 연구 보고서.

국가기록원. 2011b. 전자기록물 장기보존 위험관리방안 연구용역 최종보고서.

국가기록원. 2011c. 전자기록물 재난복구체계 구축 사업제안요청서.

국가기록원. 2012a. 2012년도 표준기록관리시스템(RMS) 기능보강 사업 제안요청서.

국가기록원. 2012b. 2012년도 중앙영구기록관리시스템(CAMS) 고도화사업 제안요청서.

국가법령정보센터. 〈http://law.go.kr〉

국립국악원. 2010. 국악아카이브 구축 전략 수립 연구 최종보고서.

국립예술자료원. 2010. 예술자료관리 전문화 방안 연구 최종보고서.

국립현대미술관. 2012. 국립현대미술관 서울관 정보자료관 구축전략 수립 연구 최종보고서.

김명훈, 서석제, 김자경. 2004.『전자기록관리의 이해』. (사)한국국가기록연구원.

김수정. 2011.『SNS 적용 기록정보서비스 활용에 관한 연구』, 석사학위논문. 중앙대학교 대
        학원, 기록관리학과.

김유승. 2007. 웹 아카이빙의 법·제도적 문제에 대한 고찰.『한국문헌정보학회지』, 41(3): 5-24.

김유승. 2008. 복합적 웹 아카이빙 정책에 관한 고찰. 『한국문헌정보학회지』, 42(4): 159-179.

김유승. 2010. 디지털 아카이빙: 디지털기록은 어떻게 보존해야 하는가? 『기록관리론』. 서
　　울: 아세아문화사 : 245-272.

김익한. 2003. DIRKS Manual의 실용적 적용. 『기록학연구』, 8: 212-267.

김익한. 2006a. 전자기록의 진본 평가 시스템 모형 연구. 『기록학연구』, 14: 91-117.

김익한. 2006b. 전자문서 진본성 유지를 위한 전략원칙. 명지대학교 기록과학대학원.

나라장터. 〈http://www.g2b.go.kr/〉

네이버 지식백과. 〈http://terms.naver.com/〉

대통령기록관. 2008. 국제모범기준과의 격차분석에 기반한 대통령기록관의 디지털 아카이브
　　발전전략 연구.

대통령비서실. 2005. 대통령비서실 기록관리 혁신을 위한 정보화전략계획 수립 결과보고서.

대통령비서실. 2006a. 대통령비서실 기록관리시스템 구축 설명자료.

대통령비서실. 2006b. 대통령비서실 기록관리시스템 구축 화면소개.

대통령비서실. 2006c. 대통령자문위원회 기록관리 재설계를 위한 정책연구.

대통령비서실. 2007a. 대통령비서실 기록관리시스템 고도화 완료보고.

대통령비서실. 2007b. 대통령비서실 전자기록관리시스템 해외표준 대비 격차분석 연구.

대통령비서실. 2007c. 청와대 대통령비서실 기록관리시스템의 국제수준 진단에 대한 연구.

대한민국학술원. 2010. 대한민국학술원 기록관 구축전략 연구 최종보고서.

두산백과사전 두피디아. 〈http://www.doopedia.co.kr/〉

문화재청. 2009. 문화유산 기록화 종합계획 수립 최종보고서.

문화재청. 2010. 기록정보자원 관리체계 합리화 방안 연구 최종보고서.

문화재청. 2011. 문화유산 기록정보자원관리 ISP 수립 최종보고서.

문화재청. 2012. 문화유산 허브뱅크시스템 구축 과업지시서.

문화재청. 2013. 문화유산 허브뱅크시스템 구축 과업지시서.

문화체육관광부 아시아문화중심도시추진단. 2010. 아시아문화정보원 상세 업무프로세스
　　및 매뉴얼 개발 연구 최종보고서.

박석훈. 2008. 대통령기록관리 시스템의 구축. 국가기록원.

박정수. 2007. 전자문서 장기보존을 위한 문서보존포맷. 『기록관리보존』, 11: 117-129.

서은경. 2004. 전자우편문서의 기록관리적 접근전략에 관한 연구.『한국기록관리학회지』, 4(1): 1-21.

서혜란. 2010. 기록과 기록관리: 기록이란 무엇이며, 어떤 원칙에 의해서 관리되는가?『기록관리론』. 서울: 아세아문화사 : 14-31.

설문원. 2005. 기록의 품질 기준 분석 -진본성, 신뢰성, 무결성, 가용성을 중심으로-.『기록학연구』, 11: 41-89

손동원. 2005.『사회 네트워크 분석』, 경문사.

송병호. 2005. 진본성 확보를 위한 전자기록물 관리방안.『한국비블리아학회지』, 16(2): 43-59.

송병호. 2009. 기록관리시스템의 현황과 전망.『기록학연구』, 21: 385-411.

안준모. 2002.『IT 아웃소싱관리』, 서울: 대청.

위키백과 한국어판. 〈http://ko.wikipedia.org/〉

윤종수. 2007. 웹 2.0과 저작권.『정보과학회지』, 25(10): 23-29.

이병훈, 박상호. 2003. 3D스캐닝 데이터를 이용한 단면 형상 가시화 시스템.『대한기계학회 춘추학술대회』, 1769-1774.

이소연. 2002. 디지털 아카이빙의 표준화와 OAIS 참조모형.『정보관리연구』, 33(3): 45-68.

이소연 외. 2008. 전자기록의 관리와 보존을 위한 국제협력 아젠다 개발. 국가기록원.

이소연. 2009. 디지털 아카이브의 장기보존 기능에 대한 연구.『한국정보관리학회 학술대회 논문집』, 73-78.

이소연. 2010. 전자기록관리: 디지털 시대의 기록은 어떻게 관리해야 하는가?『기록관리론』. 서울: 아세아문화사 : 213-244.

이윤주, 이소연. 2009. 진본 전자기록의 장기보존을 위한 정책프레임워크 - InterPARES 성과물에 기초하여.『기록학연구』, 19: 193-249.

이주연. 2010. 다중 개체 모형을 적용한 기록관리 메타데이터 표준 사례분석.『한국기록관리학회지』, 10(2): 193-214.

이해영, 김익한, 임진희, 심성보, 조윤선, 김효진, 우현민. 2010. 신뢰성 있는 전자기록관리기관 감사인증도구 개발에 관한 연구.『기록학연구』, 25: 3-46.

임진희. 2006. 전자기록의 장기보존을 위한 보존정보패키지(AIP) 구성과 구조.『기록학연구』,

13: 41-90.

임진희. 2008c. 기록관리기준표 실무를 지원하는 RMS(기록관리시스템)가 되어야.『계간 기록인(IN)』, 가을호: 84-84.

임진희, 조은희. 2009. 행정정보 데이터세트 기록의 선별 기준 및 절차 연구.『기록학연구』, 19: 251-291.

임진희. 2011. DRAMBORA를 응용한 전자기록 장기보존 업무 위험관리체계 연구.『기록학연구』, 27: 119-168.

임진희. 2013. 전자기록시스템: 전자기록을 생산.관리하는 정보시스템은 어떻게 만들어져야 하는가?『기록관리론』. 서울: 아세아문화사 : 292-340.

전자정부법 [법률 제11461호. 2001년 제정. 타법개정 2012.6.1.]

정기애, 이정훈, 남영준. 2011. 위험관리체계의 기록관리표준 적용방안 연구.『한국기록관리학회지』, 11(2): 189-215.

정부기록보존소. 2002. 자료관기록물관리시스템 설명회 자료.

정부기록보존소. 2003. 행정기관의 자료관시스템 규격.

정부기록보존소. 2004. 자료관시스템 개요 및 기능.

정부혁신지방분권위원회. 2005. 국가기록관리혁신 로드맵.

정부혁신지방분권위원회. 2006. 기록관리혁신 확산 교육.

지식경제부. 2012. 전자문서 유통제도 추진현황 및 계획.

지식경제부 정보통신산업진흥원. 2011. 2011년도 전자문서 산업실태조사.

텀즈. 〈http://www.terms.co.kr/〉

한국국가기록연구원. 2007. 기록물관리법 개정과 기록관리혁신 특강 – 4강: 기록물관리, 어떻게 달라져야 하나.

한국국가기록연구원. 2008. 국회인터넷자원아카이빙전략계획수립.

한국기록관리학회 저. 2010.『기록관리론(증거와 기억의 과학)』, 서울:아세아문화사.

한국기록학회 편. 2008.『기록학용어사전』, 서울: 역사비평사.

한국전자거래진흥원. 2006. 전자문서 정보패키지 기술규격.

한국정보공학. 2004. 신전자문서시스템 사용자 매뉴얼.

한국정보보호진흥원. 2008. 전자서명문 유효성 검증 시스템 개발 연구보고서.

한국행정학회, 행정자치부. 2007. 시스템 행정과 민주주의: 온-나라 시스템 심포지움 발표자료.

핸디소프트. 2004. 신전자문서시스템 사용자 매뉴얼.

행정자치부. 2002. 행정기관의 전자문서시스템 규격.

행정안전부. 2008. 사무관리실무편람.

행정안전부. 2010a. 전자정부법의 이해와 해설.

행정안전부. 2010b. 행정기관의 전자문서시스템 규격.

행정업무의 효율적 운영에 관한 규정 [대통령령 제23521호. 1991년 제정. 타법개정 2012.1.20.]

현문수. 2005. 데이터세트 기록의 관리 방안. 『한국기록관리학회지』, 5(2): 103-124.

현문수. 2012. 『공공 전자기록의 생애주기 전반에 걸친 관리 비용 모형에 대한 연구』, 박사학위논문. 韓國外國語大學校 大學院(한국외국어대학교 대학원), 정보기록관리학과.

확산사업단 교육팀, 2006. 12. 「온라인 정부업무관리시스템 사용자 따라하기」.

황윤영, 이규철. 2011. 복합전자기록물 보존을 위한 보존포맷. 『한국정보과학회 학술발표논문집』, 38(2C): 79-81.

황진현, 임진희. 2012. 시각예술기록정보 관리를 위한 데이터모델 설계. 『기록학연구』, 33: 155-206.

CCSDS(The Consultative Committee for Space Data Systems). 2012. Reference Model for an Open Archival Information System(OAIS).

DCC. 『Digital Repository Audit Method Based on Risk Assessment(DRAMBORA)』.

Department of Defense. 2007. Electronic Records Management Software Applications Design Criteria Standard. DoD 5015.02-STD. Washington D.C.: Department of Defense.

DLM Forum. 2010. Modular Requirements for Records Systems(Moreq2010).

ICA(International Council on Archives). 2000. ISAD(G): General International Standard Archival Description. 2nd edition. Paris: ICA.

ICA & IRMT. 1999. Managing Electronic Records. IRMT: London.

ISO(The International Organization for Standardiztion) 16175-1: 2010. Information and documentation - Principles and functional requirements for records in electronic office environments - Part 1: Overview and statement of principles.

ISO(The International Organization for Standardiztion) 16175-2: 2011. Information and documentation
  – Principles and functional requirements for records in electronic office environments –
  Part 2: Guidelines and functional requirements for digital records management systems.

ISO(The International Organization for Standardiztion) 16175-3: 2010. Information and documentation
  – Principles and functional requirements for records in electronic office environments –
  Part 3: Guidelines and functional requirements for records in business systems.

Joint DCC and DPE Tutorial The British Library. 2007. Context and Development of the
  DRAMBORA Toolkit.

KS X ISO TR 13028: 2010. 기록의 디지털화 이행 지침.

KS X ISO 15489-1: 2007. 문헌정보-기록관리-제1부 : 일반사항.

KS X ISO 15489-2: 2007. 문헌정보-기록관리-제2부 : 지침.

KS X ISO 16175-3: 2010. 문헌정보-전자사무환경에서 기록관리 원리 및 기능 요건-제3부 : 업
  무시스템의 기록관리 지침과 기능 요건.

KS X ISO TR 26122. 2008. 문헌정보-기록을 위한 업무과정 분석.

National Archives of Australia. 2007. DIRKS(Designing and Implementing Recordkeeping Systems):
  A Manual for Commonwealth Agencies. Canberra: National Archives of Australia.

The National Archives (UK). 2002. Requirements for Electronic Records Management System, 3:
  Reference Document.

※서술형 해답은 본문 중에서 찾아볼 수 있도록 객관식만 해답을 수록하였습니다.

1장 전자기록 생산 환경의 이해

1. ⑤ (접수하는 문서도 포함함)
2. 1,4,5 (신전자문서시스템이 도입되던 2004년에는 자료관시스템에 자동 이관할 수 있도록 설계되었으며, 신전자문서시스템은 인증된 제품 중 기관이 선택하여 도입하는 방식을 취하였다)
3. ① (정부기능분류체계(BRM, Business Reference Model)에 기반하고 있음. ④ 메모보고는 표제부, 경로부, 문서정보의 영역을 갖지 않음)
4. ⑤ (행정정보시스템이 표준기록관리시스템에 연계된 사례가 거의 없다)
5. ① (거래의 전체 혹은 일부를 전자문서에 의해 처리되는 거래임)

2장 전자기록의 구조와 특성 이해

1. ②, ④
2. ②, ④, ⑤
3. ① (업무정보는 업무의 진행과정에 따라 모든 과정정보가 저장되는 것이 일반적임)
4. ② (사운드파일포맷임), ④ (동영상파일포맷임)
5. ①
6. ④ (심층웹을 아카이빙 하기는 어렵다)
7. ① (②는 데이터베이스 아카이빙, ③은 직접이관, ④는 스냅샷 방식을 설명하고 있음)
8. ③ (한시적 가치의 전자메일 메시지는 보존기간 경과 후 삭제해야 함)

9. ①, ②, ③. (④는 답이 아님. 무결성은 비트스트림은 변경되었더라도 애초에 의도된 메시지가 변하지 않으면 유지되는 것으로 봄)

10. ①

11. ③

3장 전자기록의 관리 절차

1. ③

2. ①, ②, ③, ④

3. ④

4. ⑥ (접근이력, 처리상황 등의 관리정보는 해당 시스템으로 자동 생성되도록 하여야 하며, 임의로 수정·삭제할 수 없어야 한다.)

5. ④ 평가선별을 거쳐 보존 대상만 관리한다.

6. ②

7. ③ 기록관 표준운영절차에 따르면 I는 10월, L은 5월, M은 12월의 할 일임

8. ① 전자기록도 대부분 일시적인 가치를 지니는 유한 기간 보존 대상으로 보존기간이 만료되면 폐기를 해야 하며, 시스템 백업본이나 복제본을 모두 포함하여 함께 폐기해야 함.

4장 전자기록시스템 설계

1. ①

2. ④

3. ④ (ISO 26122를 설명하고 있다)

4. ①,②,④,⑤. (③에서 모든 행정정보시스템과 연계할 필요는 없고 RMS에 직접 이관할 시스템만 연계가 필요함)

5. ④ (북미연합이 아니라 유럽연합에서 제정한 것임)

5장 전자기록의 장기보존

1. ① (전송과 복제 시에는 포맷의 변화가 있을 수 없음)

2. ④ (육안으로 확인했을 때 원본과 사본의 렌더링에 차이가 없어야 함)

3. ① (스캐닝은 비전자기록을 디지털화하는 방법으로 선호됨)

4. ①

5. ② (에뮬레이션은 소프트웨어의 원래 기능이 현재의 컴퓨터에서 재현될 수 있도록 하는 소프트웨어를 생성하여 적용하는 보존 전략임)

6. ④

7. ④ (4/3 정도로 크기가 늘어나게 됨)

8. ④ (전자기록의 진본성 및 무결성을 보장하기 위한 것임)

9. ② (10년 이상의 보존기간을 갖는 전자기록에 대해 장기보존 포맷으로의 변환을 고려할 수 있음)

10. ①